相山年鉴

XIANGSHAN ALMANAC 2022

中共淮北市相山区委员会
淮北市相山区人民政府 主办
中共相山区委党史和地方志研究室 编

方志出版社
Publishing House of Local Records

图书在版编目（CIP）数据

相山年鉴. 2022 / 中共相山区委党史和地方志研究室编.—北京：方志出版社, 2022.12
ISBN 978-7-5144-5413-0

Ⅰ. ①相… Ⅱ. ①中… Ⅲ. ①区(城市)—淮北—2022—年鉴 Ⅳ. ①Z525.44

中国版本图书馆CIP数据核字(2022)第256564号

责任编辑： 李晓晓
责任校对： 刘玉霞
责任印制： 梅中英
出 版 者： 方志出版社
地　　址： 北京市朝阳区潘家园东里 9 号（国家方志馆 4 层）
邮　　编： 100021
网　　址： http://www.zgfzcb.cn
发　　行： 方志出版社图书营销中心（010-67110500）
印　　刷： 济南书来书往印刷有限公司
开　　本： 889 毫米 ×1194 毫米 1/16
印　　张： 19
字　　数： 502 千字
版　　次： 2022 年 12 月第 1 版
印　　次： 2022 年 12 月第 1 次印刷
定　　价： 220.00 元

淮北市相山区地方志编纂委员会

主　　任：沈慧星

副 主 任：任　宁

委　　员：陈晓枫　卓德政　周　浩　相加好　王莉红　王　钰
梁　辉　朱　飞　万福威　何　荷　宋雨倩　唐广建
李　冰　刘乾坤　徐子云　谢士宏　刘　波　李　璇
杨春华　杨彩侠　吴　杰　孟跟东　孙　刚　郭大庆
郭建峰　周绍亮　柳　泰　陆　恒　徐顺利　马心合
牛　旭　郑玉梅　崔海啸　魏真平　张学义　刘　杰
张友均　孙　川　王海英　程　斌　周　健　朱红军
刘　欢　陆小洁　李有权　胡恒强　蔡和新　许　伟
靳秀明　王平安　王佰成　罗秀萍　谢　娟　王毅松
杨　蔚　乔清华　张　源　王之成　任　健　侯公领
王　惠　周开丰　张　明　陈　静　张　强　刘士贵
王　前

《相山年鉴》编辑部

主　　编：张　源

副 主 编：陈金川

编　　辑：张　苹　吴玉梅　张晓寻　梁　琪　丁文明

特约编辑：亓军华

编辑说明

一、《相山年鉴》坚持以马克思列宁主义、毛泽东思想、邓小平理论、“三个代表”重要思想、科学发展观、习近平新时代中国特色社会主义思想为指导，坚持辩证唯物主义和历史唯物主义的立场、观点和方法，全面客观系统记载全区各行各业发展进程。

二、《相山年鉴》是淮北市相山区人民政府主办、相山区委党史和地方志研究室编纂的地方综合性年鉴。《相山年鉴（2022）》为总第五卷，其内容为2021年度相山区各级党委、政府的主要工作，各镇（街道）、各部门、各行业在政治、经济、文化、社会、生态文明建设方面取得的重大成就，是各级领导机关实施科学决策，各行各业和国内外各界人士获取信息、查询资料、了解相山的权威性工具书。

三、《相山年鉴（2022）》设特载、专记、大事记、相山概览、中国共产党相山区委员会、相山区人民代表大会、相山区人民政府、中国人民政治协商会议相山区委员会、纪检监察、民主党派、群众团体、法治、军事、经济管理、招商引资·开发区建设、工业、农业、商贸服务业、财税·金融、城建·环保、教育·科技、文化·旅游·体育、医疗·卫生、社会生活、镇 街道、人物及荣誉等。文字资料时限截至2021年12月31日，部分资料适当上溯下延。卷首编排部分时政图页，其时间下限为2022年6月。

四、《相山年鉴（2022）》采用分类编辑法，除特载、专记、大事记、镇 街道、人物、附录、索引外，其他内容分别设置类目、分目、条目三个层次。各个层次均不加序号，以字号、字体及编排方式加以区分，条目标题加【 】号标示。

五、《相山年鉴（2022）》初稿由区直部门、企事业单位、各镇（街道）以及有关的市以上驻相山单位提供。综合统计数据主要采自区统计局2021年统计公报，个别数据采用部门、单位的统计数字。如有部分数据合计数成相对数由于单位取舍不同而产生的计算误差，本书均未做机械调整。为了反映机构设置与事业发展的关系，在事业发展的记述上保持连续性和完整性，个别事物适当集中在主管部门栏目内记述。

六、《相山年鉴（2022）》行文使用规范语体文、记述体。数字用法、标点符号用法分别采用国家标准《出版物上数字用法》（GB/T 15835—2011）、《标点符号用法》（GB/T 15834—2011），计量单位采用国家技术监督局1993年12月发布的《量和单位》系列国家标准。历史上使用的计量单位，如斗、石、里、尺、磅、华氏度等，在引文时可照录。考虑到社会使用习惯，全书中亩不统一换算。

相山名片

XIANGSHAN MINGPIAN

◇国家知识产权强县工程试点区

◇全国农村承包地确权登记颁证工作先进典型地区

◇全国自然灾害综合风险普查试点区

◇安徽省法治政府建设示范县（区）

◇安徽省第三届文明城区

◇安徽省健康促进区

◇安徽省质量强县（市、区）

◇安徽省老工业基地调整改造资源枯竭城市转型发展真抓实干成效明显地区

◇省级美丽乡村建设先进县

时政要闻

2021年6月22—23日，中国共产党淮北市相山区第九次代表大会召开　　（陈文骁　摄）

2021年1月26—28日，淮北市相山区第十一届人民代表大会第六次会议召开　（黄鹤鸣　摄）

2021年1月25—27日，政协相山区第九届委员会第五次会议召开　　（黄鹤鸣　摄）

2021年2月9日，中共淮北市相山区第八届纪律检查委员会第六次全体会议召开

（区委宣传部　供图）

2021年9月26日，相山区2021年第五次环委会暨秋季秸秆禁烧、秋冬季大气污染防治、环长制工作推进会召开　（区委宣传部　供图）

2021年10月10日，相山区2021年"决战四季度增强新动能"加快重点项目建设专项行动动员会召开　（区委宣传部　供图）

经济发展

2021年12月25日，安徽淮北电路板行业高峰论坛暨安徽深淮集成电路有限公司投产仪式在相山区举行
（区委宣传部　供图）

2021年4月16日，2021淮北食品工业博览会市情说明会暨招商引资洽谈会签约仪式举行
（区委宣传部　供图）

2021年12月，深淮集成电路板生产车间
（区委宣传部　供图）

2021年10月，双创信息产业园项目
（区委宣传部　供图）

2021年10月，正在建设中的相山经济开发区双创信息产业园　（区委宣传部　供图）

2021年10月，相山区盛德宝项目
（区委宣传部　供图）

2021年9月，完美（淮北）生物科技开发有限公司鸟瞰图　（区委宣传部　供图）

2021年夏粮丰收
（区委宣传部　供图）

2021年6月，农业产业示范园内的火龙果喜获丰收
（区委宣传部　供图）

2021年6月，渠沟镇芳香小镇一角　（区委宣传部　供图）

1 2
3

1.2021 年 12 月，渠沟镇草莓种植园内，游客正在采摘草莓
2.2021 年 8 月，黄桃喜获丰收
3.2021 年 7 月，渠沟镇葡萄种植园一角

（陈文骁　摄）

2021年3月，黄里杏花盛开　　（区委宣传部　供图）

社会民生

2021年10月11日，相山经济开发区污水处理厂全景图　　（区委宣传部　供图）

2021年5月12日，相山区在绿金湖举行防灾减灾应急演练　　（区委宣传部　供图）

2021年12月10日，相山区中小学校长职级聘任证书颁发仪式举行　（区委宣传部　供图）

2021年12月1日，相山区司法局走进渠沟镇钟楼村开展《中华人民共和国宪法》宣传进乡村活动　（区委宣传部　供图）

2021年9月，淮北市古城路小学课后服务特色活动——舞蹈

（区委宣传部　供图）

2021年9月，淮北市古城路小学郭王分校的孩子们在上机器人辅导课

（区委宣传部　供图）

2021年8月29日，相山区文化馆舞蹈队勇夺中华人民共和国第十四届运动会群众展演广场舞项目第一名

（胡建英　供图）

2021年10月，相山区东街道幸福社区老旧小区首部加装电梯投入使用

（陈文骁　摄）

2021年10月26日，相山区实施老旧小区改造工程。图为相南街道黎苑社区施工现场

（陈文骁　摄）

2021年11月2日，相山区棚户区改造项目——龙源里项目施工现场　（冯树风　摄）

桓谭公园　　（赵晓琳　摄）

相山城区鸟瞰图　　（王圆圆　摄）

相城夜景

（牛旭东　摄）

黄里风光　　（周红　摄）

相山公园　　（张兰　摄）

2021年5月12日，相山区组织劳模燃气维修志愿服务队为辖区居民讲解燃气安全知识
（区委宣传部　供图）

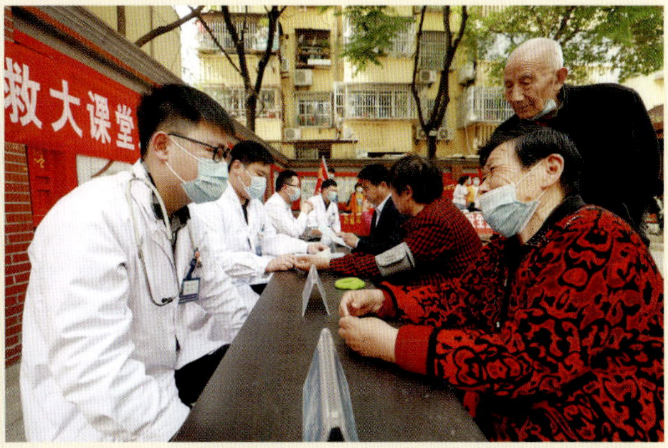

2021年4月29日，相山区西街道联合淮北矿工总医院开展“义诊进社区　服务暖民心”义诊活动
（区委宣传部　供图）

2021年6月29日，相山区举办“巾帼心向党·奋斗新征程”相山区最美家庭揭晓仪式暨庆祝建党100周年群众性文艺会演活动
（区委宣传部　供图）

2021年7月6日，相山区总工会组织开展“学党史　办实事——心系职工　爱心体检”活动
（区委宣传部　供图）

2021年4月2日，东街道供电社区开展睦邻公益集市活动
（区委宣传部　供图）

党史学习教育

2021年9月10日，党史学习教育中央第三指导组组长沙海林（一排中）率队到淮北调研，现场观摩相山区“小睦说党史”活动

（区委宣传部　供图）

2021年8月16日，相山区“举旗帜·送理论”党史学习教育微宣讲竞赛举办

（区委宣传部　供图）

2021年6月30日，相山区党史学习教育暨庆祝中国共产党成立100周年歌咏大会在淮北矿业会议中心举行

（区委宣传部　供图）

淮北市相山区行政区划图

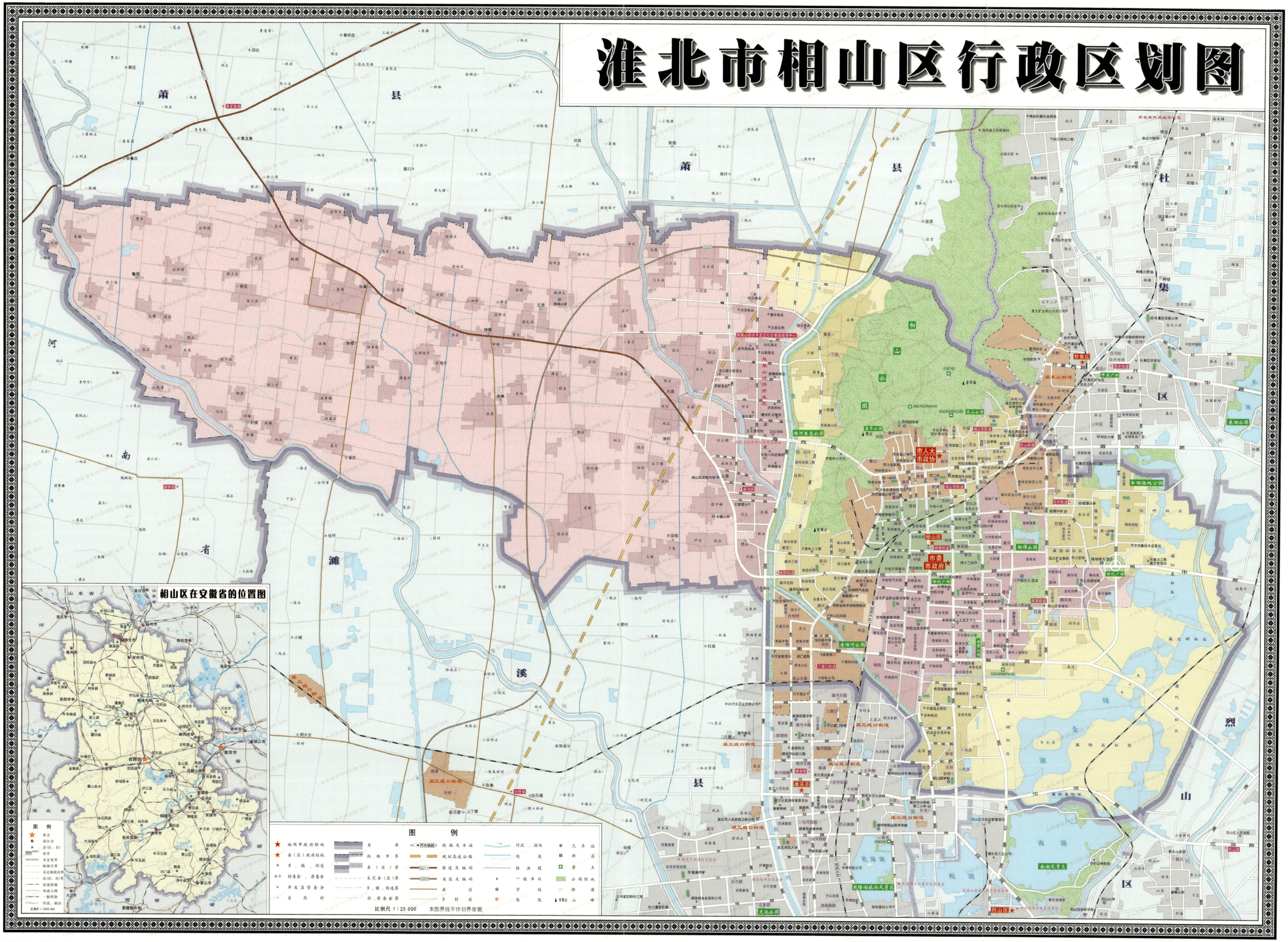

安徽省第四测绘院　编制　　　审图号：皖淮S（2019）001号

目　录

中国共产党相山区委员会

相山区人民代表大会

相山区人民政府

中国人民政治协商会议
相山区委员会

纪检监察

民主党派

群众团体

法　治

军　事

经济管理

招商引资・开发区建设

工　业

农　业

商贸服务业

财税・金融

城建・环保

教育・科技

文化・旅游・体育

医疗・卫生

社会生活

镇 街道

人物及荣誉

附 录

索 引

特 载

干在实处显担当 走在前列谋新篇 凝心聚力建设新阶段现代化品质相山

——在中国共产党淮北市相山区第九次代表大会上的报告

（2021 年 6 月 22 日）

中共相山区委书记 胡启书

一、回望走过的路，成绩来之不易，经验弥足珍贵

区第八次党代会以来的五年，是相山发展历程中极不平凡的五年。面对持续加大的经济下行压力、艰巨繁重的改革发展稳定任务特别是新冠肺炎疫情严重冲击，八届区委高举习近平新时代中国特色社会主义思想伟大旗帜，在省委、市委坚强领导下，团结带领全区党员干部群众，紧紧围绕"加快转型崛起，建设品质相山"总战略，咬定目标、矢志不渝，真抓实干、砥砺前行，圆满完成了区第八次党代会确定的各项目标任务，谱写了"产业品牌强、城市品位优、幸福指数高、作风品行硬"的崭新篇章。

五年对标看齐，政治意识不断强化，"两个维护"坚定坚决。区委坚决落实习近平总书记"对国之大者要心中有数"重要指示，始终把习近平新时代中国特色社会主义思想作为各项工作的"主心骨"和"定盘星"，先后召开区委全会 14 次、区委常委会 165 次、中心组学习会议 83 次，第一时间学习贯彻中央及省委、市委决策部署。带头开展大学习、大宣讲、大调研、大培训、大落实，研究制定推动长三角一体化发展实施方案、深入学习贯彻习近平总书记考察安徽重要讲话指示精神实施意见、"十四五"规划建议，做到学在深处、谋在新处、干在实处。带头开展"不忘初心、牢记使命"主题教育、"讲重作""讲严立"专题警示教育和党史学习教育，带领全区党员干部严守政治纪律和政治规矩，身体力行"四个意识""四个自信""两个维护"，始终在思想上政治上行动上同以习近平同志为核心的党中央保持高度一致。

五年尽锐出战，战贫战疫敢打必胜，全面小康圆满收官。树牢"不获全胜决不收兵"的攻坚导向，扎实推进脱贫攻坚"八大工程"，出台并落实"1+18"扶贫政策，区级财政累计投入 6671.5 万元，实施扶贫项目 110 个，户均帮扶措施全部达到 8 个以上，贫困户人均纯收入达到 8000 元，有效解决贫困人口吃

穿、教育、医疗、住房、饮水等方面突出问题，全区现行标准下497户1242人贫困人口实现全面脱贫。特别是我们提前布局乡村振兴，大力推进产业扶贫，持续壮大村级集体经济，全区13个村集体经济经营性收入达到482.67万元，其中超50万元村6个，为巩固拓展脱贫攻坚成果同乡村振兴有效衔接打下坚实基础。面对突如其来的新冠肺炎疫情，坚决贯彻习近平总书记关于疫情防控的重要讲话指示精神，坚持人民至上、生命至上，把疫情防控作为压倒一切的头等大事来抓，同时间赛跑、与病魔较量，在全市率先建立“三防两抓”“四级联防联控”等机制，迅速切断疫情传播渠道，不惜一切代价救治患者，在全省较早列入全域低风险地区、较早实现本地病例“清零”。全面落实党组织、党员、干部“三报到”制度，组建临时党支部40个、党员志愿服务队（站）170个，动员1万余名在职党员深入社区参与疫情防控，选派64名干部联系包保企业推进复工复产，疫情防控和经济恢复都走在全市前列，在大战大考中交出过硬答卷。

五年负重爬坡，综合实力显著提升，产业结构持续优化。围绕扩大经济总量、提升发展质量双重任务，积极克服经济下行压力，坚持稳中求进工作总基调，坚持不懈抓项目稳投资增动能，整体经济实力不断增强。“十三五”期间，全区地区生产总值年均增长5.8%，2020年达380.1亿元；人均GDP达87802元，是“十二五”末的近2倍；社会消费品零售总额、财政总收入分别实现194.1亿元、19亿元，年均分别增长9.3%、10.6%；在安徽省2019年度县域经济高质量发展考核中位列优秀等次。紧紧聚焦制约转型发展的深层次结构性矛盾，坚定不移推进产业转型升级，加快构建现代产业体系，五年来共滚动实施产业升级和技术改造重点项目75个，完成技改投资79亿元；生物科技、信息技术为主导的战略性新兴产业蓬勃发展，战新产业产值年均增长21.9%；万达广场、隋唐运河古镇、盉街建成运营，安徽快乐真棒商贸集团与上市企业山东家家悦集团实施战略合作，服务业增加值年均增长7.3%，2020年达249.4亿元。

五年开拓创新，改革开放纵深推进，发展活力充分迸发。下好创新“先手棋”，加快构建技术和产业、平台和企业、资本和金融、制度和政策“四大创新”体系，拥有国家大学科技园、源创客等“双创”平台6个、高新技术企业30家，全区万人有效发明专利拥有量8.51件，获评国家知识产权强县工程试点区。树牢招商“生命线”，每年春节后首个大会部署招商工作，全面推行产业链链长制，搭建食品工业博览会、VR产业峰会等招商平台，加大产业招商、以商招商、专业招商、驻点招商、协会招商力度，强力推进招商引资、招才引智，五年来新签约项目222个、新开工项目249个，家家悦淮北综合产业园、今麦郎食品工业园等一批重大项目相继落户。点燃改革“主引擎”，供给侧结构性改革成效显著，党政机构改革全面完成，财税金融、农业农村、生态文明等改革加快实施，开发区人事制度改革有序推进，“放管服”改革持续深化，政务服务事项全部实现“最多跑一次”“全程网办”，深化改革呈现全面发力、系统集成、多点突破的强劲态势。构建开放“新格局”，全面融入长三角一体化发展，与上海莘庄工业区、浙江长兴县签订战略合作协议，选派5批26名年轻干部赴上海学习锻炼，不断开创开放融通、互利共赢新局面。

五年拼搏奋进，融合发展步伐加快，城乡面貌焕然一新。城区功能加速完善，完成144个老旧小区、43个棚户区改造，建成公租房4528套，打通6条断头路，建成10个绿地游园，群众居住满意度持续提升。老工业区搬迁改造成效明显，111家老工业企业实现搬迁入园或关停重组，先后两次获省政府通报表扬。高标准编制凤凰新区规划，人才公寓、供热供水管网、西山北路、人民西路等基础配套设施加快完善，新区全面进入大开发大建设的新阶段。城管、应急、党建等智慧政务应用成效显著，7×24小时自助服务大厅建成投入使用，主城区5G网络实现全覆盖，垃圾分类试点全面铺开，物业服务革命扎实推进，城市精细化管理水平持续提升。扎实推进农村一、二、三产业融合发展，凤凰山国家农村产业融合发展示范园获评首批国家农村产业融合发展示范园，渠沟镇获评国家产业强镇，芳香小镇、健康食品小镇获评省级特色小镇，农村集体产权制度改革和农村“三变”改革全面完成，农村人居环境整治三年行动圆满收官，农村卫生厕所普及率达到94.62%，生活垃圾无害化处理率100%，获评全国首批农村生活垃圾分类和资源化利用示范区，郭王村、徐集村获评全国文明村镇，徐集村获评全国乡村治理示范村。

*五年接续发力，绿色理念深入人心，生态优势更加彰显。*高质量推进蓝天碧水净土保卫战，全面建立大气污染防治量化考核机制，完善三级大气污染防治网格化管理体系，秸秆禁烧连续七年实现“零火点”；深入实施“水十条”，深化河（湖）长制改革，在全市率先应用智慧河长平台在线监测系统，5条黑臭水体治理均已达到“初见成效”标准，6个入河排污口通过省级现场核查，累计获得水生态补偿金1350万元；全面实施“土十条”，推深做实林长制改革，土壤风险得到有效管控，获评全省第二次全国污染源普查先进集体，渠沟镇获评省级森林城镇。严格按照“四确保四不放过”要求，全力推动中央和省环保督察及“回头看”反馈问题立行立改、见底清零。加快发展方式绿色转型，获评全国第二批节水型社会建设达标县（区），单位GDP能耗和煤耗年度任务顺利完成，绿色低碳生产生活方式蔚然成风。

*五年精心培育，文化自信极大提振，精神力量广泛凝聚。*严格落实党委（党组）意识形态工作责任制，扎实开展意识形态领域风险排查、突出问题整治、阵地管理提升“三项行动”，网络空间不断净化，意识形态领域形势总体向好、安全可控。积极拓展外宣阵地和渠道，加强与人民网、新华网、《中国日报》等知名媒体深度合作，在省级以上主要媒体刊发相山改革经验和创新成果稿件2115篇。充分发挥主力军、主战场和主阵地作用，为淮北市成功跻身第五届、蝉联第六届全国文明城市作出突出贡献，连续三届获评全省文明城区，实现五大文明创建大满贯。积极培育和践行社会主义核心价值观，持续推动志愿服务制度化常态化，打造新时代文明实践中心（站、所）99个，创新打造翰林社区“三原色”、惠苑路社区“芳华理发”等优秀志愿服务特色品牌，成功推荐中国好人63人。加快文化旅游融合发展，隋唐运河古镇、凤凰山绿色食品博览园获评国家3A级旅游景区，南翔云集文化特色商业街即将开业运营，黄里杏花文化旅游节、渠沟芳香小镇金秋菊花展特色鲜明。积极回应群众精神文化生活新期待，广泛开展群众文艺展演、文化讲座、送戏进村，村级综合文化服务中心实现全覆盖，群众精神文化生活更加丰富多彩。

*五年倾心投入，民生福祉大幅提升，社会治理不断创新。*累计投入民生资金89.93亿元，滚动实施民生工程项目86个，8.8万人次从中受益，获评全省民生工程绩效奖补先进区。全力落实援企稳岗各项政策举措，大力实施“四进一促”专项行动，实现城镇新增就业6.3万人，全区城镇、农村居民人均可支配收入年均增长7.3%、8.9%。加大房地产领域历史遗留

"难办证"问题处理力度，132个项目已办理总产权，办理安置房和商品房转移登记67240套。新建、改扩建中小学11所、幼儿园4所，全面实施教师"无校籍管理"改革、校长职级制改革，义务教育由基本均衡发展向优质均衡发展推进。加快推进健康相山建设，与市人民医院共建紧密型城市医联体，获评省级健康促进区、2018—2020年全国计划生育优质服务先进单位。扎实做好"一老一小"文章，创新建立"1+3+N"的智慧养老服务体系，3岁以下托幼试点工作被省卫生健康委授予"试点创新奖"。城乡居民基本医保、大病保险、医疗救助"三重保障"机制更加完善。扎实推进法治相山、平安相山建设，政法队伍教育整顿有力有效，扫黑除恶专项斗争圆满收官，三级综治中心建设全面完成，智慧平安小区试点推进，信访工作保持全省领先，获评全国平安建设先进区、全国"七五"普法中期先进区、安徽省法治政府建设示范区。严格落实安全生产责任制，加强食品药品安全监管，全力保障人民群众身体健康和生命安全，成功入选全国综合减灾创建试点单位和全国自然灾害综合风险普查试点区。

五年携手共进，民主政治切实加强，团结局面更加巩固。大力支持和保证人大及其常委会依法行使监督权、重大事项决定权、人事任免权，召开区委人大工作会议，出台《关于加强新时代人大工作和建设的意见》，持续推进代表工作"2121"工程创新发展，民主法治建设卓有成效。创新打造"请你来协商"平台，积极推进政协协商嵌入"一组一会"，政协工作水平迈上新台阶。加强民主党派新成员和党外干部培训，深入推进民族团结和宗教管理工作，爱国统一战线进一步巩固发展。支持工会、共青团、妇联、残联、科协、工商联等群团组织依照宪法法律和各自章程开展工作，群团组织政治性、先进性、群众性进一步增强。坚持党管武装优良传统，推进军民融合深度发展，为淮北市实现全国双拥模范城创建"两连冠"发挥积极作用。

五年从严从实，党的建设提质增效，政治生态持续净化。认真落实新修订的干部任用条例，树牢正确用人导向，大力推行干部考察"政治CT"、干部综合调研，积极实施"三个百千"工程，加大优秀年轻干部培养选拔储备和一线考察识别干部力度，13名"90后"年轻干部走上领导岗位，面向村（社区）党政正职招录乡镇机关公务员3名，创新实施村（社区）工作者薪酬制度改革，区委党校正式成立，常态开展党员干部教育培训工作，干部人才队伍活力充分激发。纵深推进"一抓双促""三抓一增强"工程，整顿软弱涣散党组织20个，完善城市基层党建"三级联动"体系，推动街道社区减负增能，在全市率先推行"网格党支部+居民议事会"党建引领城市基层治理模式，惠苑路社区"一家人工作法"、东街道城市党建特色做法入选城市领域基层党建领航计划省级示范库。深入实施"双创两提升"，扎实推进工业园区、楼宇、商圈、行业协会等新兴领域党建，建成区党群服务中心、运河古镇"红帆益站"等一批党群服务阵地，获评省级"双强六好"非公企业和社会组织党组织3个。扎实开展"严强转"专项行动和"三个以案"警示教育，全面落实"基层减负年"工作要求，以彻底的自我革命精神力戒形式主义官僚主义。持续深化纪检监察体制改革，高质量推进政治巡察，八届区委实现巡察全覆盖，高标准推进省委巡视反馈问题整改工作。一体推进"三不"机制建设，精准践行监督执纪"四种形态"，全区纪检监察机关立案679件，结案692件，党纪政务处分621人。

五年的生动实践，为我们建设新阶段现代化品质相山积累了宝贵的经验财富。我们深切体会到：

——心中有党，才能把稳方向。五年来，我们坚持把习近平新时代中国特色社会主义思想作为指导推动各项工作的灵魂和主线，确保了中央及省、市委各项决策部署在相山落地生根、开花结果。站在新的起点上，只有坚定不移听党话、跟党走，才能始终保持正确航向，破浪前行、行稳致远，推动品质相山现代化建设不断前进。

——路子对了，才能不怕遥远。五年来，我们坚持把新发展理念贯穿到经济社会发展全过程和各领域，积极培育经济发展源动力，创造更多亮点特色、形成新的比较优势，推动相山发展持续走强、充满活力。站在新的起点上，必须完整、准确、全面贯彻新发展理念，锲而不舍创新创业创特色、提速升位快发展，走出一条富有相山特色的高质量发展之路。

——改革开放，才能追赶跨越。五年来，我们抢抓机遇乘势而上，争取支持借力发展，通过开放引进了一批大项目好项目，通过改革破解了一批体制机制障碍，实现了产业结构的大优化和发展质效的大提升。站在新的起点上，只有坚持不懈走改革开放之路，才能不断优化环境、促进招商引资、集聚生产要素、厚植发展优势，在区域经济发展中形成更强竞争力。

——依靠群众，才能赢得未来。五年来，我们坚持把人民群众的根本利益放在首位，坚持问政于民、问计于民、问需于民、问效于民，千方百计解民忧、惠民生、暖民心，群众的幸福感和满意度持续提升。站在新的起点上，必须时刻牢记让人民生活幸福是“国之大者”，全力解决人民群众的烦心事操心事揪心事，才能赢得群众的信任和拥护，形成万众一心、协力发展的大好局面。

——安全稳定，才能更好发展。五年来，我们统筹发展与安全，坚持依法治区、依法执政、依法行政共同推进，用法治思维和法治方式化解了一批群体矛盾和信访积案，有效维护了群众权益，夯实了稳定根基。站在新的起点上，只有不断深化依法治区实践，依法依规维护稳定，才能为未来发展创造更加和谐安定的社会环境。

——从严治党，才能永葆活力。五年来，我们坚持通过系统深入的警示教育、驰而不息的作风建设、利剑高悬的反腐倡廉，全力打造坚强有力的基层组织和实干有为的干部队伍，为推进各项事业提供了有力支撑。站在新的起点上，必须坚持真管真严、敢管敢严、长管长严，在守正出新的实践中不断提高各级党组织的创造力凝聚力战斗力。

过去五年的奋斗历程和辉煌成就，已经载入了相山史册，融入相山大地，铭刻在相山人民心中。五年的成绩来之不易，这是习近平新时代中国特色社会主义思想科学指引的结果，是市委、市政府正确领导、悉心指导的结果，是历届区委继往开来、接力奋斗的结果，是全区广大干部群众上下一心、苦干实干的结果，也是社会各方面关心支持、积极参与的结果。在此，我代表八届区委，向全区各级党组织和广大党员干部群众，向各民主党派、工商联、人民团体、社会各界人士、政法干警，向所有为相山改革发展稳定流过汗、出过力、拼过命的同志们、朋友们，致以衷心的感谢和崇高的敬意！

同时，我们也清醒地看到发展中存在的问题和不足：一是面对经济发展新阶段，产业发展的质量效益不够高，传统产业提升力度不够，战略性新兴产业比重较低，带动力强的大项目、好项目还不多；二是面对区域竞争新态势，重大项目支撑作用还不强，经济发展的内生动力、综合实力有待进一步提高；三是面对人民群众新期待，城乡融合和社会事业发展还不充分，基础设施欠账仍然较多，优质公共服务供给不足，富民步伐还需加快，社会治理现代化水平有待提升；四是面对从严治党新要求，领导班子和党员干部队伍建设仍然存在薄弱环节，创新意识、进取精神、执行能力有待进一步增强。对此，必须高度重视，认真加以解决。

二、远眺前行的路，方向清晰明确，拼搏正当其时

未来五年，是我们乘势而上开启新阶段现代化品质相山建设新征程的关键阶段。立足新的历史方位、时代背景和发展阶段，我们必须用历史的、辩证的、发展的眼光，看到发展基础，抓住难得机遇，明确目标方向，实现宏伟蓝图。

我们要科学应对新发展阶段出现的风险挑战。习近平总书记深刻指出，领导干部要胸怀两个大局，一个是中华民族伟大复兴的战略全局，一个是世界百年未有之大变局，这是我们谋划工作的基本出发点。当前，世界百年未有之大变局正在加速演进，国际环境不稳定性不确定性明显增加，全球疫情流行、保护主义上升、世界经济低迷、国际市场萎缩，特别是美国对中国极限施压，在贸易和高技术领域对华脱钩，全球产业链面临断裂和重组，这些都给我们未来发展增添了更大变数、更多挑战。与此同时，新一轮发展大幕已经拉开，我区“十三五”期间发展虽然取得历史性进步，但仍烙着发展滞后地区的“印记”，特别是面对区域发展咄咄逼人的新态势，要实现“市内领跑、皖北领先、全省靠前”的发展目标，我们必须坚持底线思维，主动趋利避害，既要破除乱局之扰、困局之难，更要抓住布局之时、破局之机，勇于开顶风船，敢于走上坡路。

我们要全面把握新发展阶段面临的难得机遇。习近平总书记深刻指出，当前和今后一个时期，我国发展仍然处于重要战略机遇期，但机遇和挑战都有新的发展变化。一方面，疫情对全球产业链供应链形成了前所未有的冲击，也倒逼新一轮科技革命和产业革命加速推进，我国作为近期唯一实现正增长的主要经济体，势必更加受到全球资本和技术的青睐，势必倒逼全球生产网络更加倚重中国等供应链基地和大规模消费市场中心，这都为我们抓好技术引进、承接新兴产业转移，带来难得的机遇。另一方面，中央明确提出要“构建以国内大循环为主体、国内国际双循环相互促进的新发展格局”，去年8月习近平总书记考察安徽时，强调安徽要在构建新发展格局中“实现更大作为”，淮北市既是长三角一体化发展组成部分，也是中原经济区、淮河生态经济带、淮海经济区的成员之一，随着省里“高水平打造皖北承接产业转移集聚区”“支持淮北打造绿色转型发展示范城市”等部署的积极推进，淮宿蚌、淮宿阜城际铁路和徐淮阜高速公路等一批重大工程加速建设，为我们加快更高质量发展提供了千载难逢的有利条件。只要我们抢抓机遇，乘势而上，顺势而为，就一定能干在实处、走在前列。

我们要充分认识新发展阶段具备的坚实基础。习近平总书记深刻指出，新发展阶段是社会主义初级阶段中的一个阶段，同时是其中经过几十年积累、站到了新的起点上的一个阶段。经过新中国成立以来特别是改革开放40多年的不懈奋斗，我们已经拥有开启新征程、实现新的更高目标的雄厚物质基础。同全国一样，通过持之以恒地打基础、促转型，我区新旧动能加速转换、产业结构持续优化、生态宜居日益彰显、民生福祉更加坚实、政治生态山清水秀，经济社会发展跨上新的更高平台，发展根基更牢、质效更优、后劲更足，总体上看是“确定性多于不确定性，有利条件多于不利因素”，已经具备追赶跨越的实力、到了厚积薄发的时候。更为重要的是，我们拥有一支勤奋敬业、埋头苦干，履职尽责、敢打硬仗的党员干部队伍，这是我们战胜一切困难、夺取更大胜

利的最大底气和信心所在。我们既要看到相山的机遇和优势，也要感到身上的责任和压力，更要充满前进的希望和动力，集中力量办好自己的事，在危机中育先机、于变局中开新局。

今后五年全区工作的指导思想是：高举习近平新时代中国特色社会主义思想伟大旗帜，深入贯彻党的十九大和十九届二中、三中、四中、五中全会精神，认真学习贯彻习近平总书记考察安徽重要讲话指示精神，按照“五位一体”的总体布局和“四个全面”的战略布局，立足新发展阶段，贯彻新发展理念，构建新发展格局，坚持稳中求进工作总基调，以深化供给侧结构性改革为主线，注重需求侧管理，以改革创新为根本动力，以满足人民日益增长的美好生活需要为根本目的，以党的建设为根本保障，统筹发展和安全，努力推动高质量发展、创造高品质生活、实现高效能治理，奋力建设经济强、百姓富、生态美的新阶段现代化品质相山。

围绕上述指导思想，新的五年，我区的主要奋斗目标是：

——奋战五年，让“经济强”的基础更加牢固。新的五年，我们要确立更高的追求、树立更高的标杆，围绕“市内领跑、皖北领先、全省靠前”的发展目标，奋勇争先，勇走前列，确保地区生产总值增速高于全省平均水平，人均生产总值大幅高于全省平均水平，到2025年，地区生产总值突破550亿元，财政总收入突破28亿元；固定资产投资、社会消费品零售总额年均分别保持7.5%、7%以上的增速，战略性新兴产业产值占规模以上工业产值比重达到25%以上，重点领域和关键环节改革取得明显成效，创新体系和创新环境进一步优化，更高水平开放型经济新体制基本形成。

——奋战五年，让“百姓富”的成果更加丰硕。新的五年，我们要把促进共同富裕摆在更加重要位置，持续加大民生投入力度，确保就业更加充分，居民收入增长高于经济增长，城乡居民人均可支配收入高于全省平均水平，文化、教育、就业、医疗、养老、体育等普惠民生水平显著提高，多层次社会保障体系更加健全，脱贫成果巩固拓展，人民生活品质持续提高。平安相山、法治相山建设不断深化，防范化解重大风险体制机制不断健全，市域社会治理现代化水平明显提高。

——奋战五年，让“生态美”的底色更加亮丽。新的五年，我们要围绕“打造全域绿色融合发展样板区”的目标要求，坚持生态优先、绿色发展，确保生产生活方式绿色低碳转型成效显著，能源资源利用率大幅提高，主要污染物排放总量持续减少，大气、水、土壤环境持续改善，“碳达峰、碳中和”工作有序推进。主城区基础设施建设和公共服务水平持续提升，凤凰新区基础设施、产业体系、公共服务更加完善，乡村振兴走在全省前列，城乡人居环境明显改善，全域一体化发展格局基本形成。

三、走好脚下的路，保持奋斗姿态，砥砺担当作为

建设新阶段现代化品质相山，是时代的要求、历史的重托、人民的期盼，全区上下务必统一思想、凝聚共识，紧扣经济强、百姓富、生态美的发展目标，完整把握、准确理解、全面落实新发展理念，着力实现“五大新突破”。

一是强化创新驱动战略引领，在推动产业转型升级上实现新突破。习近平总书记指出，加快科技创新是推动高质量发展的需要，是实现人民高品质生活的需要，是构建新发展格局的需要，是顺利开启全面建设社会主义现代化国家新征程的需要。我们必须把创新摆在现代化建设全局的核心位置，坚定不移下好创新“先手棋”，持续推动产业、技术、企业等各方面创新，不断培育发展新动能，增强发展新活力，努

力实现经济结构的全面优化和经济发展质量的全面提升。

围绕创新链布局产业链。着力锻造“长板”，扎实推进“三重一创”建设，壮大战略性新兴产业集群，大力发展PCB电路板、集成电路、光电显示、智能制造、虚拟现实、生物制造、大健康等战新产业，力争生物技术、信息技术产业产值均达到100亿元，争创省级战略性新兴产业集聚发展基地、国家级战略性新兴产业集群。着力加固“底板”，大力推进“个十百千”产业升级工程，加快推进技术改造、智能化改造、绿色化改造和技术创新“三改一创”，实施“机器换人、设备换芯、生产换线”，推动食品、建材、机械制造等传统优势产业向高值化、品牌化、服务化、平台化、绿色化方向转型升级。着力布局“新板”，围绕集成电路、柔性电子、人工智能等战略领域，谋划一批市场前景好、投资回报率高、能拉长产业链条、扩大产品规模、形成产业集聚的大项目好项目，力争在新一轮产业链重构中抢占先机。

围绕产业链部署创新链。加快贯通产学研，深化与中科院、上海财经大学、江南大学、淮北师范大学等高校院所合作，构建重大科研成果技术熟化、产业孵化、企业对接、成果落地全链条转化机制，力争取得一批原创成果，突破一批关键核心技术和行业共性技术。强化企业创新主体地位和主导作用，建立促进科技创新要素向企业集聚的体制机制，引导和鼓励企业持续加大研发投入，全面加强技术创新、产品创新、管理创新、商业模式创新，不断强化质量、品牌、专利、标准建设，力争高新技术产业增加值年均增长15%以上。大力发展创新平台，高水平建成国家大学科技园、双创信息产业园、智能制造产业园、光电信息产业园，全力打造“众创空间—孵化器—加速器—产业基地”的全产业孵化链条，高标准建设技术成果转化、公共技术服务、科技中介服务等平台，确保“十四五”时期全区建成国家级科技企业孵化器和众创空间8家以上，科技企业孵化器在孵企业数量达到300家。

围绕创新链做强人才链。认真落实市委“淮才必遇”“淮才优遇”部署要求，依据规划吸引人才，积极实施新时代“相城英才计划”，面向京津沪等人才资源富集城市，建立人才需求目录，采取“人才+项目+资本”招才引智模式，引进一批产业发展急需的创新型、应用型、技能型人才。依靠机制激励人才，推进编制周转池、首席科学家、股权激励、柔性引才等改革，引进“周末工程师”“候鸟专家”，为产业发展、重点工程建设提供技术支持和政策指导。强化服务留住人才，建设招才引智“绿色通道”，在人才认定和待遇享受、公共服务、住房保障、教育医疗、配偶安置、子女入学等方面探索实施“双跨双享”政策支持，着力引进培育一批省、市级创新创业团队。

二是推动城乡发展互促互进，在提升城市功能品质上实现新突破。习近平总书记指出，在现代化进程中，如何处理好工农关系、城乡关系，在一定程度上决定着现代化的成败。我们必须坚持全域统筹，促进城乡在规划布局、要素配置、产业发展、公共服务、生态保护等方面相互融合，切实筑牢新阶段高质量发展的坚实载体。

优化城区空间布局。坚持以科学规划为引领，统筹规划、建设、管理三大环节，进一步优化城市生产、生活、生态空间布局，重点打造“1+2”城乡发展格局。“1”，是中心城区，增强主城区辐射带动功能，同步提升城市品质、人居环境，打造宜居宜业宜创宜游的现代城区。“2”，是凤凰新区和渠沟镇，凤凰新区以高铁西站建设为契机，提高人口承载能力、辐射带动能力、要素吸纳能力，全面提升西部城区能级，打造科技创新集聚区、产城融合样板区、绿色发展示范区、城乡统筹先行区；渠沟镇以全省乡村振兴先行示范区建设为引领，推进巩固拓展脱贫攻坚成果同乡村振兴有效衔接，高起点、高标准推进乡村产业振兴、人才振兴、文化振兴、生态振兴、组织振兴，促进农业高质高效、乡村宜居宜业、农民富裕富足。

完善城市综合功能。坚持把“公园城市”理念融入城区规划、建设、管理全过程各环节，统筹做好老旧小区改造、棚户区改造、街头绿化、停车场建设、城区内涝治理、雨污分流，加快推进老工业区搬迁改造、既有住宅加装电梯，力争到2025年完成2000年底前建成的老旧小区改造，着力补齐“双基”短板。加快推进商业中心、商务中心规划建设，大力发展现代服务业，提升消费集聚力和外来消费吸附力，打造辐射萧砀、永城等周边地区的区域消费中心。加大新型基础设施投入，加快推进5G网络、数据中心、充电桩等新型基础设施项目，加强智慧城管、智慧河长、智慧环保等信息化平台建设和功能整合，实现跨部门、跨行业的协调发展和信息共享，提升城市管理、社会治理的数字化智能化水平。巩固提升全国文明城市创建成果，积极培育和践行社会主义核心价值观，放大好人文化效应，加快建设更高水平、更高质量的全国文明城市。

推进乡村全面振兴。加快推进农业现代化，实施农产品加工业“五个一批”工程，重点围绕设施蔬菜、特色水果、花卉、中药材开展全产业链发展培育，积极引进培育一批家庭农场、农民合作社、种养大户等新型经营主体，以主导产业、龙头企业延长产业链条，促进产业集聚，建设国家级现代产业示范区。深化凤凰山国家农村产业融合发展示范园建设，持续加强芳香小镇建设，大力发展乡村旅游、休闲农业、文化体验、健康养老等新产业新业态，实现乡村产业高质量、可持续发展。大力实施乡村建设行动，加强乡村公共基础设施建设，提升农村基本公共服务水平，实施农村人居环境整治提升五年行动，深化农村环境“三大革命”“三大行动”，加强农村生活垃圾、污水治理，不断改善农村生产生活条件。加快建设平安乡村，拓展“一组一会”功能作用，推进村委会规范化建设和村务公开“阳光工程”，积极创建民主法治示范村、农村法治教育基地。巩固农村集体产权制度改革成果，提高“三变”改革质量，发展壮大新型村级集体经济，全力争创国家级、省级城乡融合发展试验区。

三是自觉践行绿色低碳理念，在推进全面绿色转型上实现新突破。习近平总书记强调，要坚持不懈推动绿色低碳发展，建立健全绿色低碳循环发展经济体系，促进经济社会发展全面绿色转型。我们要坚决贯彻习近平生态文明思想，把实现减污降碳协同增效作为总抓手，加快推动产业结构、能源结构、交通运输结构、用地结构调整，推动经济社会发展全面绿色转型。

推动减污降碳协同增效。把“碳达峰、碳中和”纳入生态文明建设整体布局，提高资源利用效率，建立健全绿色低碳循环发展经济体系。抓住产业结构调整这个关键，推动战略性新兴产业、高技术产业、现代服务业加快发展，积极引进低耗能、低污染和高科技含量的先进生产能力，严格限制高耗能、高排放投资项目。强化企业创新主体地位，全面提升技术创新、产业创新能力，努力形成一批标志性绿色创新成果，以提高“含绿量”增强“含金量”。积极推进开发区绿色工程建设和园区循环化改造，推动绿色产品、绿色工厂、绿色园区和绿色供应链全面发展，加快淘汰落后产能，完善企业清洁生产机制，持续降低碳排放强度。

深入打好污染防治攻坚战。坚持精准治污、科学治污、依法治污，集中攻克群众身边的突出生态环境问题，让老百姓实实在在感受到生态环境质量改善。持续打赢蓝天保卫战，强化多污染物协同控制和区域协同治理，加强细颗粒物和臭氧协同控制，基本消除重污染天气。持续打好碧水保卫战，推深做实河湖长制，统筹水资源、水环境、水生态治理，推进河湖“清四乱”常态化、规范化，坚决治理城市黑臭水体，加快实施皖北“喝好水”工程，有效保护居民饮用水安全。持续打好净土保卫战，强化农业面源污染防控、土壤污染管控修复，不断改善土壤质量。严守资源环境生态红线，统筹推进山水林田湖草一体化保护和修复，开展刘东煤矿采煤沉陷区治理，支持渠沟镇争创国家级森林乡村。

完善生态文明制度体系。持续抓好中央及省市环保督察反馈问题整改工作，扎实推进突出生态环境问题“大起底”“回头看”，推行“环境专项监督长”制度，加快形成全域排查、全面治理、全过程监管、全方位提升的环保监督格局。加大刚性约束力度，强化绿色发展法律和政策保障，完善环境保护、节能减排约束性指标管理，持续保持环境违法“零容忍”的高压态势。加大宣传引导力度，增强全民节约意识、环保意识、生态意识，着力健全党委领导、政府主导、企业主体、社会组织和公众共同参与的环境治理体系。

四是坚持供需两端双向发力，在畅通区域经济循环上实现新突破。习近平总书记强调，构建新发展格局是事关全局的系统性、深层次变革，是立足当前、着眼长远的战略谋划。我们要牢牢把握扩大内需这个战略基点，一手纵深推进需求侧改革，一手抓好更高水平对外开放，在服务构建新发展格局中展现更大作为。

充分挖掘内需潜力。聚焦“两新一重”扩投资，发挥政府投资撬动作用，用足地方政府专项债券政策，激发民间投资活力，深化“四督四保”“三个走”“集中开工”等项目工作机制，谋划一批重点项目，加快补齐基础设施、农业农村、公共安全、生态环保、公共卫生、物资储备、防灾减灾、民生保障等领域短板。聚焦“线上线下”促消费，全面拓展消费需求，大力提升传统消费，培育新型消费，适当增加公共消费，放宽服务消费领域市场准入，严格落实带薪休假制度，扩大节假日消费，推进国家全域旅游示范区创建工作，打造长三角旅游目的地。聚焦“人流物流”建体系，加快家家悦淮北综合产业园二期、开发区综合保税型仓库等物流基地建设，建设一批骨干冷链物流和应急物资储备基地，协同推进淮宿蚌、淮宿阜城际铁路和徐淮阜、淮永高速公路项目，提升相山到苏鲁豫皖周边城市的通达性。

持续推进精准招商。按图索骥抓招商，围绕绿色食品、生物科技、信息技术、现代服务业等主导产业，全面实施产业链链长制度，实行“十个一”工作机制，有针对性地引进耦合关联度高的重点企业、关键项目，着力延链、补链、强链，努力提升主导产业科技链、价值链水平。高位高频抓招商，认真落实全市“百个县干招商组”专项行动，健全招商引资目标任务考核体系，加快专业化招商队伍建设，进一步提升招商工作的成功率、实效性。优化环境抓招商，持续深化“放管服”改革，着力推进行政审批制度改革，实行“企业吹哨、部门报到”机制，全面推行“一网、一门、一次”改革和7×24小时不打烊“随时办”服务，健全完善公平透明的市场准入机制、审慎包容的市场监管机制，坚决破除“玻璃门”“弹簧门”“旋转门”现象，让企业在相山放心投资、安心发展。

着力推动开放合作。主动适应国家全面扩大开放新格局，深化中原经济区、淮海经济区、淮河生态经济带等多领域合作，发展更高层次、更高水平的开放型经济。认真落实省委“1+5+N”部署，加强与长三角中心区、省际毗邻地区深层合作，全面落实国家和省市促进皖北承接产业转移集聚区建设若干政策措施，深入推进科技创新、产业合作、要素资源、体制机制等重点领域一体化进程，推动产业链、供应链、创新链、资本链、人才链、政策链“多链协同”，特别是加快沪皖相莘产业园、浙皖相长产业园建设，创新园区共建模式，着力打造承接长三角产业转移示范区。抢抓安徽自由贸易试验区政策机遇，推动跨境电子商务公共海外仓及物流体系建设，加快构建跨境电子商务境外营销网络，力争“十四五”末全区各类进出口企业达到50家以上。

不断优化载体平台。切实把全生命周期管理理念贯穿相山经济开发区规划、建设、管理全过程各环节，高标准编制和实施国土空间规划和产业规划，加快推进供热管网、标准化厂房建设，持续释放闲置或低效利用的厂房、土地和能耗指标，支持银行业金融机构在园区设立分支机构和服务网点，进一步降低用电、用气（汽）、用地、融资等要素成本。加快补齐园区商业业态、人才公寓、公交系统等生活性设施短板，不断完善生活区、商务区、办公区等服务功能，提升园区对产业和人口的集聚能力。深化管理体制改革、“标准地”改革、赋权改革，打造产业集聚、人才集聚、体制机制创新、科技创新的新型园区，力争工业产值和税收实现3年翻一番、5年翻两番目标，向国家级开发区加速迈进。

五是突出共建共享齐抓并举，在促进全民共同富裕上实现新突破。习近平总书记指出，共同富裕是社会主义的本质要求，是人民群众的共同期盼。我们必须坚持以人民为中心的发展思想，把促进共同富裕摆在更加重要位置，努力创造高品质生活，让人民群众获得感幸福感安全感更加充实、更有保障、更可持续。

提升群众获得感。坚持把富民增收作为最大的民生实事，统筹提高工资性、经营性、财产性、转移性收入，努力让群众的钱包更鼓。实施更加积极的就业政策，持续开展“四进一促”稳就业专项行动，有效保障高校毕业生、农民工、退役军人等重点人群就业稳定，动态消除“零就业”家庭，新增城镇就业5.5万人以上。全面实施全民参保计划，完善城乡居民基本医疗保险、大病保险、医疗救助“三重保障”机制，基本实现法定人员社会保险全覆盖。筑牢以城乡低保和农村“五保”、城乡困境儿童和妇女、老年人、残疾人为重点的兜底保障，健全退役军人工作体系和保障制度，强化各项社会救助制度统筹衔接，建立面向大多数群体、涵盖基本生活需求的福利制度，支持社会慈善事业发展，保障和解决好困难群众生活。

提升群众幸福感。坚持以政府“紧日子”保障群众“好日子”，持续加大民生投入，确保“三公”经费支出逐年下降，兜牢兜实基本民生底线。优先发展教育事业，深化与淮北师范大学基础教育领域战略合作，全面推行“集团+联盟”办学模式，持续推进校长职级制改革，争创全国义务教育优质均衡示范县（区）。深化医药卫生体制改革，强化与市人民医院全面合作，启动实施区疾病预防控制中心标准化建设，抓实抓细常态化疫情防控，构建健全公共卫生应急管理体系。聚焦“一老一小”，实施智慧养老建设示范工程，拓展“康养+医疗”“康养+旅游”等业态，推进普惠性婴幼儿托育体系建设，着力增加养老托育服务有效供给。完善公共文化服务体系，加快区档案馆、文化馆建设，加大非物质遗产和红色文化资源挖掘、保护、传承和利用，提升文化软实力。推进公共体育健身设施建设与开放，广泛开展形式多样的健康教育和全民健身活动，稳步提升群众身体素质和健康水平。

提升群众安全感。全面贯彻区委“1+9+N”总体方案，始终把维护政治安全放在首位，坚决抓好产业体系安全、财政金融安全等重点工作，全方位防控各领域重大风险。深入推进法治相山、法治政府建设，深化司法体制改革，积极实施“八五”普法工作，抓实筑牢“五大”法治宣传行动，依法解决信访矛盾问题，切实维护社会公平正义，争创全国法治政府建设示范区。持续深化平安相山建设，常态化机制化开展扫黑除恶专项斗争，坚决打击违法犯罪行为，落实最严格的安全生产、食品药品安全责任和管理制度，健全综合减灾、应急管理体系，确保社会大局和谐稳定。扎实推进市域社会治理现代化，纵深推进“雪亮工程”、智慧平安小区建设，切实增强群众安全感满意度。

四、踏实未来的路，坚持党要管党，全面从严治党

实现未来五年的宏伟蓝图，关键在党，关键在党要管党、从严治党。我们要全面贯彻落实新时代党的建设总要求和党的组织路线，以政治建设为统领，纵深推进全面从严治党，为相山新一轮发展提供最可靠、最坚实的组织保障。

一要突出思想淬炼、政治历练，着力提高政治判断力、政治领悟力、政治执行力。政治建设是党的根本性建设，决定着党的建设方向和效果。我们要坚决抓好党的政治建设这个首要任务，把政治建设的标准和要求贯穿于党的建设全过程各方面，以政治上的加强带动党的建设质量全面提升。要不断提高政治判断力。坚持从政治上观察形势、把握大局、明确方向，牢记初心使命，胸怀“两个大局”，心怀“国之大者”，增强对马克思主义、共产主义的信仰，对中国特色社会主义的信念，对实现中华民族伟大复兴的信心，自觉在思想上政治上行动上同以习近平同志为核心的党中央保持高度一致。扎实推进党史学习教育，精心组织开展“两优一先”表彰工作，推深做实“我为群众办实事”活动，引导广大党员干部群众学史明理、学史增信、学史崇德、学史力行。要不断提高政治领悟力。始终把学习贯彻习近平新时代中国特色社会主义思想作为长期战略任务，坚持“四个第一”等学习对标制度，认真落实党委（党组）中心组学习制度，严格执行领导班子决策前学习习近平总书记重要讲话和有关重要论述的制度机制，充分发挥党校主阵地作用，用活开放式党校、家庭党校、党群服务中心等平台，持续开展形式多样的理论宣讲，推动党的理论创新成果入脑入心，实现正本清源、凝魂聚气。要不断提高政治执行力。主动同党中央要求对标对表，把贯彻党中央精神体现到谋划重大战略、制定重大政策、部署重大任务、推进重大工作的实践中去，把增强“四个意识”、坚定“四个自信”、做到“两个维护”落实到具体行动上、体现在实际效果上，确保党中央大政方针及省委市委决策部署在相山精准落地、开花结果。

二要突出选准用顺、培优管好，着力打造忠诚干净担当的高素质干部队伍。为政之要，首在用人。我们要全面贯彻“20字”好干部标准，坚持把政治标准放在首位，严把政治关、品行关、廉洁关、形象关，围绕“五大体系”建设，统筹做好“选育用管”各环节工作，切实把好干部选出来、用出来、管出来、带出来。要精准选人用人。坚持事业为上、以事择人、人岗相适原则，坚持完善干部考察政治“CT”制度，围绕中心大局排兵布阵、调兵遣将，聚焦产业转型、创新驱动、招商引资、乡村振兴等重点任务选配领导班子和领导干部，着力打造适应新时代改革发展需要的高素质干部队伍。要抓好素质培养。加快建立源头培养、跟踪培养、全程培养的素质培养体系，突出党性教育、廉政教育、

警示教育，扎实开展干部交流轮岗、挂职锻炼，把理想信念教育、知识结构改善、能力素质提升贯穿干部成长全过程，不断提高党员干部把握新发展阶段、贯彻新发展理念、构建新发展格局的政治能力、战略眼光、专业水平。要突出知事识人。强化日常考核、分类考核、近距离考核，持续推进干部综合调研，综合运用“三案”精准管理、干部综合量化评价，认真落实干部谈心谈话、干部选拔任用进社区等制度，多到基层干部群众中、多在乡语口碑中了解干部，确保选出来的干部组织放心、群众满意、干部服气。要坚持正向激励。按照“三个区分开来”要求，认真落实容错纠错机制，持续开展暖心回访，积极推进诬告陷害澄清正名工作，对敢担当、敢作为的干部放手大胆任用，对不担当、不作为干部坚决调整问责，旗帜鲜明为敢于担当者担当、为敢于负责者负责，切实激发广大干部干事创业热情。

*三要突出全面进步、全面过硬，着力提升基层党组织的政治功能和组织力。*党的力量来自组织，党的全面领导、党的全部工作要靠党的坚强组织体系去实现。我们要切实加强组织体系建设，增强组织功能、提高组织质量，让党组织在新阶段现代化品质相山建设中发挥更大作用。要全面增强基层党组织的组织力。切实实施深化党支部建设提升行动、发展党员提质行动、党员教育管理提升行动“三提”行动，充分激发基层党组织内生动力和工作活力。持续抓好软弱涣散党组织整顿，不断扶持壮大村级集体经济，纵深推进党建引领信用村建设，特别是迅速开展换届后村、社区“两委”班子培训，尽快形成战斗力。要全面提升各领域党的建设质量。深入实施“双创两提升”，系统推进园区、楼宇、商圈市场、双创空间、行业协会等领域党建工作，打造非公党建2.0版本，认真贯彻落实机关党组工作条例，加强机关事业单位和国企党建工作，用好用活“智慧党建”平台，不断丰富内容、拓展功能，推动基层党建工作全面进步、整体提升。要全面发挥战斗堡垒作用。持续抓好“一抓双促”“三抓一增强”工程，探索推进社区工作者职业体系建设，持续深化街道体制改革、物业服务革命，巩固拓展“一家人工作法”“办公晨摊”等党建服务品牌，推深做实网格党组织与居民议事会相结合的城市社区治理模式。

*四要突出严字当头、一严到底，着力营造风清气正、干事创业的良好政治生态。*全面从严治党永远在路上。我们要始终保持“赶考”的清醒，保持对“腐蚀”“围猎”的警觉，把严的主基调长期坚持下去，一刻不停地推进党风廉政建设和反腐败斗争。要持续转变作风。认真践行“三严三实”，锲而不舍落实中央八项规定精神及省市区委实施细则，对群众反映强烈的公款吃喝、餐饮浪费等歪风陋习露头就打、反复敲打，严格执行整治形式主义官僚主义正负面清单，健全完善基层减负常态化机制，以求真务实的新风正气促进各项工作落实。要强化执纪问责。一体推进“三不”机制建设，精准运用“四种形态”，综合发挥惩治震慑、惩戒挽救、教育警醒的功效，推动全面从严治党向基层一线、向群众身边延伸，特别是要紧盯党中央惠民富民、促进共同富裕政策落实，持续纠治教育医疗、养老社保、安全环保等领域腐败和不正之风，解决好群众的“急难愁盼”问题，让人民群众感受到公平正义。要织牢监督网络。坚持把监督贯穿于党领导经济社会发展全过程，推动党内政治监督谈话规范化、常态化，持续放大政治监督谈话的综合效应，高质量推进新一轮区委巡察。紧盯关键问题、关键领域、关键少数，加强和改进对“一把手”及领导班子的监督和同级监督，强化对权力集中、资金密

集、资源富集行业和部门的监督，保持惩腐高压态势，进一步巩固山清水秀的政治生态。

党政军民学，东西南北中，党是领导一切的。要加强党的全面领导，充分发挥党总揽全局、协调各方的领导核心作用，进一步加强和改善区委对人大、政府、政协工作的领导，支持区人大及其常委会依法围绕全区中心工作、重点任务开展监督；支持区政协围绕团结和民主两大主题，履行政治协商、民主监督、参政议政职能。扎实做好意识形态和宣传思想工作，充分发挥好政务网站和微信微博的重要作用，把好政治思想导向，增强舆论引导能力，确保意识形态安全。加强与各民主党派、工商联和无党派人士的团结合作，做好新形势下民族、宗教、侨务和对台工作，巩固和壮大最广泛的爱国统一战线。加强党管武装，推动国防后备力量建设和双拥工作深入开展。认真做好老干部工作，充分调动工会、共青团、妇联等人民团体和社会各界的积极性、主动性、创造性，在建设新阶段现代化品质相山的实践中凝聚共识、凝聚智慧、凝聚正能量。

政府工作报告

——在相山区第十二届人民代表大会第一次会议上的报告

（2022 年 1 月 4 日）

相山区人民政府代理区长 张 利

一、2021 年和本届政府工作回顾

2021 年是中国共产党成立100周年，也是“十四五”的开局之年。一年来，面对复杂多变的外部环境、艰巨繁重的改革发展任务，我们坚持以习近平新时代中国特色社会主义思想为指导，全面贯彻落实党的十九大和十九届历次全会精神，深入学习贯彻习近平总书记考察安徽重要讲话指示精神，按照区第九次党代会决策部署，立足新发展阶段，贯彻新发展理念，融入新发展格局，统筹推进常态化疫情防控和经济社会发展，团结奋进、砥砺前行，经济社会各项事业取得新成效。

——经济实力跨越提升。以开局即决战、起步即冲刺的决心，顶住煤炭价格指数高位运行压力，保持战略定力，奋力攻坚克难，经济呈现稳中有进良好态势。地区生产总值、财政总收入分别突破 400 亿元、20 亿元，跃上新的台阶。预计全年实现地区生产总值 420 亿元，增长 6%；财政总收入 22.8 亿元，增长 19.8%；固定资产投资增长 9%；社会消费品零售总额 213.5 亿元，增长10%；城镇、农村居民人均可支配收入分别增长 9.5%、11%。

——发展动能更加强劲。抢抓长三角一体化发展机遇，加快建设皖北承接产业转移集聚区，引进亿元以上重大项目 18 个，川淮电路板、完美生物科技等 19 个项目建成投产，以生物科技、信息技术为代表的战略性新兴产业集聚发展，两大百亿产业集群加速构建。

——争先创优成果丰硕。坚持拉高标杆、争先进位，荣获平安中国建设示范县（区）、全国计划生育优质服务先进单位、全省质量强区、全省法治政府建设示范区、全省美丽乡村建设先进县（区）、省级健康促进区等荣誉称号。重点项目推进、民营经济、老工业基地搬迁改造工作获省政府通报表扬。

一年来，主要做了以下五个方面重点工作。

（一）坚持产业升级，转型发展实现新突破

项目建设支撑有力。始终把项目建设作为转型发展最重要的抓手，实行重点项目季度动态考核，建立红旗激励和黄牌警示制度，聚焦产业发展、民生保障等领域，全面实施重点项目 232 个，实际投资 167 亿元。金鼎世家、淮海健康养老服务中心等 30 个项目竣工建成，盛德宝科技、智茂宸电子等 60 个项目开工建设。积极争取上级资金支持，获批中央预算内资金 1.95 亿元，同比增长210%。

工业发展提质增效。深入贯彻市“五群十链”战略部署，着力推动主导产业链式集群发展，德兰和创、泽力新能源等 13 个链上重点企业产值增长 36.8%，预计工业投资增长 10%，新增规模以上工业企业 15 家，主导产业“四梁八柱”逐步构建。实施产

业升级和技术改造项目20个，10家企业在省区域性股权市场挂牌。深化与高校院所合作，入库产学研合作项目139个，获得科技成果80项。预计全社会研发经费投入11.2亿元，同比增长15%。净增高新技术企业19家，高新技术产业增加值预计增长22%。战新企业总数达15家，产值预计增长20%。强化要素保障，大学科技园二期12.5万平方米标准化厂房、信息产业园10.5万平方米标准化厂房、污水处理厂（一期）交付使用。实施亩均效益综合评价，出清“僵尸企业”14家，盘活土地1021.3亩。人良生物、极速时代等6家企业获评国家级两化融合管理体系评定企业。

服务业做优做活。放大中心城区服务业基础优势，持续增强主城首位度，新增规模以上服务业企业9家，年销售额亿元以上在库商贸企业达34家，预计完成服务业增加值276.5亿元，同比增长8.5%。隋唐运河古镇二期商业街、运河大观园、南翔云集文化特色街区建成，家家悦淮北综合产业园一期常温仓投入运营，源创客等孵化基地集聚科技企业200余家。隋唐运河古镇获评省级服务业集聚区、省级首批旅游休闲街区。

（二）坚持改革开放，活力迸发铸就新优势

综合改革深入推进。始终以改革创新为根本动力，加快破解发展难题。强化区域评估成果运用，推深做实“标准地”改革，71.5亩土地成功挂牌出让。深化开发区赋权改革，首批下放24项区级行政审批事项。新增私营企业3303户、个体工商户7132户。创新实施“园区贷”，实行“白名单”范围内免抵押、见贷即保，首批放贷2100万元，融资成本平均下降39.4%，有效缓解企业融资难、融资贵问题。推行顶格服务企业机制，举办3期企业家沙龙，解决企业反映问题28条，营商环境不断优化，各领域改革红利持续释放。

开放新格局加快构建。紧扣“一体化”和“高质量”两个关键词，切实加快融入长三角一体化发展步伐，出台《相山区建设皖北承接产业转移集聚区实施方案》，明确产业承接重点方向。组团赴徐州、昆山、深圳等地考察，推动政策对接、区块链接、产业承接。积极参加第四届中国国际进口博览会、世界制造业大会等大型展会，提升外向发展信心，寻求合作商机。实际利用外资7144万美元，新培育外贸进出口企业5家，外贸进出口总额增长35.7%。

“双招双引”成效显著。围绕主导产业，出台《相山区重点产业链链长制工作方案》，组建三个驻外招商团和两个驻外产业招商中心，开展精准招商。成功举办2021淮北食品工业博览会、安徽淮北电路板行业高峰论坛，签约翌光科技、珠海宏广等优质项目30个，其中20亿元以上项目1个，10亿元以上项目1个，5亿元以上项目3个，亿元以上项目13个，总投资77.25亿元，与主导产业契合度达95.2%。深入实施“相城英才计划”，引进高层次科技人才团队2个。

（三）坚持城乡并进，统筹融合迈上新台阶

城市面貌更新蝶变。聚焦城市更新，完成田庄二期、西城棚户区改造，竣工安置房2414套。投资7200万元实施25个老旧小区改造，惠及居民10977户。实施土楼村、电校周边等9个片区雨污分流工程。依靠群众共商共议，平衡多元主体利益诉求，推动能加尽加、愿加快加，在全市率先启动既有住宅加装电梯，运行4部，在建15部，解决老旧小区老年人上下楼民生难题。建成“智慧城管”指挥中心。实施文明创建九大提升行动，全国文明典范城市创建工作扎实开展。坚持产城融合，高标准编制高铁西站片区、渠沟镇、信息产业园等重点片区规划。人民西路、西山北路基本建成，淮宿蚌城际高铁、徐淮阜高速等项目加快推进，城市加速西进。

乡村振兴步伐稳健。巩固拓展脱贫攻坚成果同乡村振兴有效衔接。加快推动农业现代化，建设高标准农田1500亩，大力发展设施蔬菜、花卉等特色产业，新增新型农业市场主体29家，培育省示范家庭农场4家，羊肚菌、黑木耳等8个品种获评“三品一标”品牌。实施扶持壮大村级集体经济项目13个，50万元以上集体经济强村7个，其中100万元以上2个。完成农田水利沟渠畅通工程20公里，“四好”农村路扩面延伸54.9公里。提升改造刘楼、张集等6个村生活污水处理设施，农村人居环境整治实现全覆盖。黄里杏花节、芳香小镇金秋菊展、张楼葵花节吸引游客10万余人次。

（四）坚持绿色发展，生态建设取得新成果

打好生态文明建设战。落实“双碳”战略，加大重点用能企业节能管理，引导企业实施节能技术改造，节能降耗年度任务顺利完成。严把审批关，坚决遏制“两高”项目盲目发展，从源头上控制污染。尊龙建材等3家企业进入2021年全省工业领域节能环保“五个一百”推介目录。雷鸣科化、正大源2家企业获评省级绿色工厂。新增街头绿地（游园）3处、植树造林500亩，完成100万平方米绿化养护。

打好污染防治攻坚战。健全大气污染防治量化考核机制，$PM_{2.5}$平均浓度41.1微克/立方米、同比下降15.8%，优良天数比率78.4%、同比提高7.9%，环境空气质量排名居全市第一。落实“田长制”，建立耕地保护三级责任体系，开展土壤状况调查评估，深入推进固体废物污染治理专项行动，有效防控环境风险。实施凤翔沟、湘西沟、申家沟水环境综合治理项目，完成五条主要河流“一河一图一策一单”方案编制。饮用水源地水质达标率100%。

（五）坚持人民至上，民生福祉得到新提升

健康屏障有力构建。抓实常态化疫情防控，提升检测筛查、应急处置能力，累计接种新冠病毒疫苗112.2万剂次，在全市率先完成3岁以上人群接种任务，受到市级两次通报表扬。健全城乡医疗服务网络，新增医疗机构15家，新建公共卫生应急服务中心，区人民医院投入使用。常态化开展爱国卫生运动，创建无烟单位207家，完成省级卫生单位复审2家、省级卫生村（社区）复审31家。城乡医保参保人数达24.9万人，医疗救助9200人次，“基本医保+大病保险+医疗救助”三重保障制度更加完善。

社会事业全面发展。着力提升民生保障，投入资金5.8亿元实施29项民生工程。新增城镇就业13250人，城镇登记失业率控制在2.8%以内。淮北师范大学相山附属学校、滨河学校等7个新建、改扩建工程开工建设。在全市率先实施校长职级制改革，构建“重专业、搭台阶、能上下、促提升”的科学评价体系。全面落实“双减”政策，强化校外培训机构整治，课后延时服务实现全覆盖。智慧养老服务平台建成运营，养老机构床位总数达2029张。民生社区养老服务中心获批省医养结合示范创建单位。新增托育机构6家、托位520个，托育工作走在全省前列。实施“你点我检”食品安全工程，培育“食安安徽”品牌企业14家。区文化馆舞蹈队勇夺第十四届全运会广场舞比赛一等奖。新入选省级非遗项目4个（全市6个），凤凰山绿色食品博览园获批国家3A级旅游景区。

社会治理纵深推进。落实防范化解重大风险“1+9+N”总体方案，成立区国有资产管理委员会，开展防范和处置非法集资排查，严格政府债务限额管理。健全领导干部接访下访和阅批群众来信制度，扎实推进“四下基层”“四最”试点，多元化解社会矛盾纠纷。落实安全生产“党政同责、一岗双责、齐抓共管、失职追责”要求，安全生产形势稳定。加大房地产领域历史遗留“难办证”问题处理力度，133个项目实现办证无障碍，79608套住房办理分户不动产权。区应急广播系统建成使用，灾害风险普查进度位居全省第一。钟楼村荣获全国“民主法治示范村”称号。

各位代表！2021年经济社会高质量发展为本届政府工作画上了圆满的句号。过去五年，是相山发展进程中极不平凡的五年。在区委的坚强领导下，在区人大和区政协的监督支持下，我们始终沿着习近平新时代中国特色社会主义思想指引的方向，历经大战大考，践行初心使命，实现了“十三五”圆满收官、“十四五”精彩开局，经济社会发展取得了重大历史性成就。

五年来，我们奋勇争先下好“先手棋”，坚定不移推动转型升级、坚持创新驱动，综合实力实现大幅提升。始终坚持“工业强区”战略，开发区主导产业由食品制造单一产业成功调整为食品制造（生物科技）、信息技术两个产业，为新兴产业发展开辟了更加广阔的空间。滚动实施产业升级和技术改造重点项目50个，完成技改投资88.5亿元；生物科技、信息技术为主导的战略性新兴产业蓬勃发展，战新产业产值年均增长23.1%；拥有源创客、方正智谷等“双创”平台5个，高新技术企业48家，获评国家知识产权强县工程试点区。地区生产总值从324.1亿元增加到420亿元；财政总收入从11.2亿元增加到22.8亿元，实现翻一番；三次产业结构比调整为1.3∶33.0∶65.7，产业协调发展水平不断提升。

五年来，我们勇毅前行挺进“深水区”，坚定不移全面深化改革、扩大开放合作，发展动能实现换挡加速。全面完成新一轮政府机构改革，财税金融、农业农村、生态文明等领域改革加快实施，开发区人事制度改革有序推进，“放管服”改革持续深化，政务服务事项全部实现“最多跑一次”“全程网办”，深化改革呈现全面发力、系统集成、多点突破的强劲态势。推行产业链链长制，搭建食品工业博览会、VR产业峰会等招商平台，累计签约项目202个，利用省外资金471.1亿元。家家悦淮北综合产业园、今麦郎食品产业园、诺讯科技等一批重大项目相继落户。出台《推进长三角一体化发展相山区实施方案》，与上海莘庄工业区签订战略合作协议，加快融入长三角一体化发展。对外经贸联系更加活跃，累计实现进出口总额6.2亿美元。

五年来，我们运筹帷幄破除“分界线”，坚定不移统筹城乡协调、加速西向发展，城市功能实现扩容提质。城区配套加速完善，完成70个老旧小区、43个棚户区改造，建设公租房4528套，打通17条断头路。老工业区搬迁改造成效明显，112家老工业企业实现搬迁入园或关停重组，先后两次获省政府通报表扬。区政务服务中心建成使用，主城区5G网络实现全覆盖，垃圾分类试点全面铺开。在全市率先实现城乡供水一体化。人才公寓、供热供水管网、污水处理厂等项目加快建设，国土空间规划调整取得实质性进展，凤凰新区进入大开发大建设新阶段。扎实推进农村一、二、三产业融合发展，凤凰山农村产业融合发展示范园获评首批国家示范园。渠沟镇获评国家级农业产业强镇。郭王村、徐集村获评全国文明村镇。

五年来，我们咬定青山打赢“攻坚战”，坚定不移落实“两山”理念、实施精准治理，生态底色实现增绿添彩。认真落实“绿水青山就是金山银山”理念，高质量打好蓝天碧水净土保卫战。中央和省环保督察及“回头看”反馈问题立行立改、见底清零。全面推行环境专项监督长制度，完善三级大气污染防治网格化管理体系，秸秆禁烧连续八年实现

"零火点"，空气质量综合指数和 $PM_{2.5}$ 平均浓度为有数据记录以来最好成绩。深化河（湖）长制改革，在全市率先应用智慧河长平台在线监测系统，5条黑臭水体治理和6个入河排污口全部达到验收标准，获评全国第二批节水型社会建设达标县（区）。加强城市绿化建设，新增绿地30余万平方米、街头游园10处。推深做实林长制改革，森林覆盖率达26.01%，渠沟镇获评省级森林城镇。土壤风险得到有效管控，获评全省第二次全国污染源普查先进集体。

五年来，我们只争朝夕创造"新生活"，坚定不移推进共建共享、增进人民福祉，全面小康实现完美收官。坚持以民生为重，财政支出80%以上用于民生事业，每年办好"十件民生实事"。教育事业蓬勃发展，累计新建、改扩建义务教育阶段学校17所、幼儿园5所，新增学位12670个。建成三级养老服务中心92家。城乡医疗救助19447人次，发放救助资金1536万元。全区每千人口执业（助理）医师数5.2人、床位数13.2张，居皖北前列。深入开展农村人居环境整治三年行动，获批全国农村生活垃圾分类和资源化利用示范区。加快法治相山、平安相山建设，"扫黑除恶"专项斗争取得明显成效，获评全省法治政府建设示范区。打造更高水平的阳光信访和法治信访，区群众来访接待中心获评省人民满意窗口。安全生产和自然灾害防治形势总体平稳，成功入选全国综合减灾创建试点单位。全面打赢脱贫攻坚战，高质量完成脱贫攻坚目标任务。树牢文明创建"主战场、主力军、主阵地"意识，为淮北市成功跻身第五届、蝉联第六届全国文明城市作出突出贡献，连续两届获评全省文明城区，实现五大文明创建大满贯。圆满完成"七五"普法、第四次全国经济普查、第七次全国人口普查工作。

国防动员、消防救援、民族宗教、妇女儿童、残疾人、老龄、科普、侨务、双拥、档案、地方志等各项工作都取得了新成绩。

本届政府成立以来，我们扎实开展"不忘初心、牢记使命"主题教育和党史学习教育，建立领导班子决策前学习习近平总书记重要讲话和有关重要论述的制度机制，推动习近平新时代中国特色社会主义思想入脑入心、落地生根。严格落实中央八项规定及其实施细则精神，持续改进作风，大力压减和严控一般性支出，"三公"经费支出逐年下降。加大政务公开力度，主动回应社会关切，累计办理人大代表建议397件、政协委员提案318件，政府自身建设不断推进，治理能力不断提升。

各位代表！大战大考显本色，担当尽责显忠诚。过去五年，我们先后取得疫情防控阻击战、精准脱贫收官战、污染防治攻坚战、防汛救灾保卫战、文明创建阵地战的重大胜利。这些胜利充分证明：相山人民有力量，相山干部有担当，相山发展大有希望！今天的相山，多重国家战略利好叠加，区位、产业、人才等多重优势充分发挥，发展势能强劲澎湃，进入了蓄势崛起、跨越赶超的黄金时期。今天的相山，解决了许多长期想解决而没有解决的难题，办成了许多过去想办而没有办成的大事，迈上了生机勃勃、蹄疾步稳的崭新征程。今天的相山，城市魅力日益彰显，知名度、美誉度显著提高，全区人民自信心、自豪感和凝聚力不断增强，干部队伍精气神充分激发，展现出快步奋进态势。能够取得这些成绩，是习近平新时代中国特色社会主义思想科学指引的结果，是省委省政府、市委市政府和区委坚强领导的结果，是区人大有力监督、区政协大力支持的结果，是全区广大干部群众拼搏奋斗、共同努力、积极进取的结果。在此，我代表区人民政府，向全区广大工人、农民、知识分子和干部、职工，向驻区部队官兵和政法干警，向各民主党派、工商联、无党派人士、各人民团体、离退休老同志等社会各界人士，向所有关心、支持、参与相山建设发展的同志们、朋友们，表示衷心的感谢并致以崇高的敬意！

各位代表，五年的奋斗历程，给了我们许多深刻启示，也为今后发展积累了宝贵经验：必须始终用党的创新理论指引相山实践，坚持用习近平新时代中国特色社会主义思想武装头脑、指导实践、推动工作，自觉把忠诚拥护“两个确立”、坚定践行“两个维护”落实到行动上、体现在工作中，确保相山发展始终沿着正确的方向前行。必须始终用发展解决前进中的问题，把新发展理念完整、准确、全面贯穿发展的全过程和各领域，善于用市场的逻辑、资本的力量和平台的思维谋事干事成事，持续发力项目建设、产业发展、招商引资、园区建设等重点工作，在发展中破除障碍、壮大实力，创造机遇、解决问题。必须始终把以人民为中心作为价值取向，民之所盼即政之所向，始终坚持财力向民生集中、政策向民生倾斜、服务向民生覆盖，真诚融入群众，真心依靠群众，真情服务群众，办好群众牵肠挂肚的民生大事、天天有感的关键小事。必须始终把担当实干作为根本要求，牢记“一分部署、九分落实”，大力弘扬“钉钉子”精神，讲实话、办实事、出实招、求实效，让“马上就办、真抓实干”成为政府工作的鲜明导向。必须始终把廉洁自律作为第一操守，把严的主基调长期坚持下去，持续加强廉洁政府建设，一体推进不敢腐、不能腐、不想腐，营造风清气正的良好政治生态。

在肯定成绩的同时，我们还要清醒地认识到工作中存在的问题和不足。主要是：争先进位意识不强，有的甘于平庸、得过且过，工作不求过得硬、只求过得去，比学赶超、争创一流的氛围不够浓厚。思想不够解放，有的视野不宽、观念保守，考虑问题思路打不开、推进工作手脚放不开，对新政策新要求研究不深，破解难题能力不强。专业能力不足，有的对工作缺乏调查研究，对业务不钻研，解决复杂问题办法不多，特别是在抓经济工作、抓社会治理方面，不学、不懂、不问，存在“本领恐慌”。综合实力不强，经济总量不大，全社会研发投入强度、科技成果转化率不高，龙头企业数量不多。发展质量不优，现代服务业发展不足，工业行业规模偏小、附加值偏低，信息技术、生物科技等新兴产业支撑不够。民生保障水平不高，教育、医疗、养老等优质公共资源分布不均衡、供给不充分，与群众高品质生活需求相比有明显差距。机制不够灵活，向长三角、珠三角等发达地区对标学习借鉴不主动、不自觉，人才、科技、资本等吸引力不强，服务效能不高，营商环境需要进一步优化。对此，我们将坚持问题导向，以刀刃向内的勇气，恪尽职守、攻坚克难，走好新的赶考之路，不断把相山改革开放和现代化建设事业推向前进。

二、加快建设现代化美好相山

纵观发展大势，审视相山实际。今后五年，是相山机遇与挑战并存、动力与压力同在、彩虹与风雨相伴的五年。我们迎来了红利叠加、催人奋进的战略机遇期。随着新发展格局加快构建，我国产业分工布局将加快调整，长三角一体化发展、中部地区高质量发展、淮海经济区发展等多重战略机遇在我区叠加，特别是国家发改委出台沪苏浙一对一帮扶皖北8市方案，制约要素流通的思想束缚、空间阻隔、市场障碍将加快打破，为我区融入区域发展、更加有效集聚优质资源创造了有利条件。我们迎来了厚积薄发、拔节向上的发展爆发期。过去五年，相山区产业结构加快调整，重大项目加快建设，城市功能加快完善，为今后发展奠定了坚实基础、积蓄了强大势能。展望未来，相山的区位优势、产业优势、生态优势、人文优势将更加凸显，发展潜力将加速释放。我们迎来了中流击水、不进则退的跨越赶超期。未来五年，各地竞相发展的态势十分激烈，标兵渐行渐远、追兵越来越近，相山发展面临“慢进也是退”的压力和挑战，只有跨越发展才能实现赶超。我们要强化主城担当，以时不我待的紧迫感、如履薄冰的危机感、责无旁贷的使命感，进一步强化“答题意识”、树立“有解思维”、提升“解题能力”，在高质量发展的赛道上抢占先机、赢得主动。

今后五年，全区经济社会发展的指导思想和总体要求是：坚持以习近平新时代中国特色社会主义思想为指导，深入贯彻习近平总书记“七一”重要讲话精神，全面落实习近平总书记对安徽作出的系列重要讲话指示批示，按照“五位一体”的总体布局和“四个全面”的战略布局，立足新发展阶段，完整、准确、全面贯彻新发展理念，服务和融入新发展格局，抢抓省委推动皖北全面振兴政策机遇，对标市委“五个淮北”战略部署，坚持稳中求进工作总基调，以加快更高质量转型发展为主题，以深化供给侧结构性改革为主线，以改革创新为根本动力，以满足人民日益增长的美好生活需要为根本目的，统筹发展和安全，奋力争创全省十强区，向全国综合实力百强区迈进，加快建设创新相山、实力相山、美丽相山、共进相山、幸福相山，奋力谱写现代化美好相山新篇章。

今后五年的奋斗目标是：

——*建设活力更足的创新相山*。全面提升创新能级，以高层次创新园区、高效率成果转化、高水平人才支撑为核心的创新体系初步建成，“政产学研用金”协同创新体系更加完善，创新环境更加优化。建成市级以上“双创平台”6家以上，高新技术企业突破80家，实施市级以上科技计划项目10项以上，全社会研发经费投入年均增长10%左右，高新技术产业增加值年均增幅达到10%以上。实施战略性新兴产业规模三年倍增计划，战略性新兴产业产值年均增长25%以上，占规模以上工业产值比重达到25%。深化“放管服”改革，推进重要领域和关键环节改革，部分改革试点走在全省乃至全国前列，打造自贸试验区联动创新区。

——*建设产业兴旺的实力相山*。“双招双引”水平全面提升，每年引进重大项目40个以上，规模项目当年实际固定资产投资额超15亿元，打造具有重要影响力的皖北承接产业转移集聚区。切实扩大有效投资，到2026年累计完成固定资产投资1100亿元以上，年均增长10%以上。加快主导产业智能化、高端化、绿色化发展，实现规模以上工业企业技术改造全覆盖。推动相山经济开发区主要经济指标进入全省第一方阵，争创国家级经济开发区。2026年地区生产总值力争突破800亿元，第一产业增加值突破6.9亿元，年均增长6%；第二产业增加值突破350亿元，其中工业增加值260亿元，年均增长11%，建筑业增加值90亿元，年均增长20%；第三产业增加值突破450亿元，年均增长10%，打造现代服务业集聚区，争创全国综合实力百强区。

——*建设生态宜居的美丽相山*。落实碳达峰、碳中和行动方案，实施工业低碳行动和绿色制造工程，深入开展节能环保“五个一百”专项行动，新增国家级绿色产品5个、省级绿色工厂8家。持续推进减污降碳协同增效，切实抓好污染防治，单位GDP能耗、二氧化碳排放降幅、考核断面优良水体比例完成省市下达指标，主要污染物排放总量持续减少。加快实施皖北“喝上更好水”工程，饮用水源地水质达标率保持100%。严守资源环境生态红线，统筹推进山水林田湖草一体化保护和修复，城乡人居环境质量显著提升，绿色低碳生产生活方式成为自觉行动，打造绿色转型发展示范城区。

——建设全域融合的共进相山。坚持城乡区域协调发展，实施城区更新行动，完成老旧小区改造144个以上，推动既有住宅加装电梯与老旧小区改造共融互通，向规模化、片区化发展。实施绿化提升工程，建设一批街旁绿地、游园街点、滨水公园，构建“三季有花，四季常绿”的城区绿化格局。打造乡村全面振兴的“相山样板”，到2026年集体经济强村达到70%以上，建设长三角绿色农产品生产加工供应基地。以高铁西站片区建设为契机，布局高质量教育资源、医疗资源，配套商业、金融、区域总部等多种业态，推动凤凰新区基础设施、产业体系、公共服务更加完善，加速全域城镇化进程。

——建设富裕和谐的幸福相山。民生投入持续增加，文化、教育、体育、就业、养老、医疗等普惠民生保障能力显著提高，多层次社会保障体系更加健全。城镇新增就业5.1万人，城镇和农村居民人均可支配收入增速与经济增速同步，中等收入群体比例达40%以上，打造共同富裕试验区。城市治理科学化、精细化、智慧化水平大幅提升，突发公共事件应急能力显著增强，争创国家综合减灾示范区。以党员干部的奋进带动社会治理的共进，平安相山、法治相山建设不断深化，防范化解重大风险体制机制不断健全，市域社会治理现代化水平显著提升。

三、2022年主要工作

2022年是实施“十四五”规划、全面开启现代化美好相山新征程的关键之年，也是新一届政府的开局之年。经济社会发展的主要预期目标是：地区生产总值增长8.5%；一般公共预算收入增长10%；固定资产投资增长10%以上；规模以上工业增加值增长8.5%；社会消费品零售总额增长9.5%；城镇和农村居民人均可支配收入分别增长10%、11%。

实现上述目标，我们将重点做好五个方面的工作：

（一）聚焦强动能、激活力，高质量建设创新相山

提升科技创新能力。坚持创新在现代化建设全局中的核心地位，让科技创新成为推动高质量发展的强劲引擎。加快推进国家绿色光电子联合研究中心（淮北）、中安创谷科创产业园、青网（淮北）数字经济产业园、安徽科技大市场淮北分中心、淮北师范大学科技园等重大科创平台建设。深化与大学大院大所大企合作，搭建“政产学研企”互动共赢平台，建立PCB产业研究院、生物技术产业研究院，支持中煤科工爆破研究所建设省重点实验室，鼓励镇街、开发区设立创业社区，加快形成全域创新良好局面。设立区级科技重大专项，激发企业创新主体作用，引进培育高水平研发机构，引导行业领军企业牵头组建产业创新联盟，支持创新型中小微企业设立域外研发机构，申报省市重大科技专项10项以上，新认定市级以上工程技术中心5家以上。深入实施高新技术企业倍增计划、“专精特新”企业培育行动，新增高新技术企业10家以上、省级“专精特新”企业2家以上、高新技术产业增加值增长15%。出台相山区“科创十条”，设立科技成果转移转化基金，开发“科创贷”等科技金融产品，探索开展科创企业“贷投联动批量对接”试点，实现金融赋能科技创新。对接省市科创基金，创新“人才团队+科技成果+政府参股+股权激励”模式，力争吸引2个以上拥有核心技术的高层次人才团队在相山创新创业。

深化重点领域改革。对标宁波、青岛等先进地区，持续推进“放管服”改革，推行审批事项“联审联办”“应放尽放”，实现企业开办零成本，注册登记便利化。建立“企业直通车”机制，常态

化举办企业家沙龙，落实“企业吹哨、部门报到”，高标准建设企业服务中心，完善“一网惠企”平台，推行惠企政策“免申即享”，在融资服务、人才招聘、市场拓展等方面提供更多政策供给，用心用情支持民营经济发展，新增注册个体工商户6000户以上、民营企业2600家以上。开展政银企合作创新，深入推进“园区贷”“政银担”“科创贷”，鼓励金融机构提供信用贷、设备资产购置贷等贷款产品。出台加快推进企业上市挂牌若干政策，支持企业进入多层次资本市场，加强上市（挂牌）后备资源库建设，推动直接融资10亿元以上。深入推进开发区管理体制、机构改革和赋权改革。支持凤凰山实业公司市场化转型发展，完善企业监管体制，盘活存量国有资产，防范化解经营风险，提升资本运营能力。

强力推进“双招双引”。树牢招商引资“第一要事”理念，以优质重大项目增量带动产业转型升级。推动招商引资实现“任务导向型向增长导向型、注重工业项目向一、二、三产并重、少数人招商向全员招商、软约束考核向硬约束考核、注重投资个数向注重实际投资和税收、依靠新增要素保障向腾退存量要素”转变，发起高质量招商引资新攻势。支持头部企业成立产业联盟、行业商协会，推进以商招商、协会招商、基金招商，全年新签约工业项目40个（其中10亿元以上项目2个），新开工工业项目30个（其中10亿元以上项目1个），新竣工投产工业项目25个，实际利用省外资金135亿元。推进人才强区战略落地落实，深入实施新时代“相城人才计划”，加快完善招才引智“1+13”政策体系，启动建设人力资源产业园，注重科技人员和专业人才培养。深化与淮北师范大学战略合作，提升各类人才与城市发展、产业升级的匹配度。

全面扩大对外开放。抢抓长三角一体化、中部地区高质量发展等国家战略机遇，深入落实徐淮结对合作帮扶实施方案，与徐州市开展务实合作，推动协同发展。认真研究《区域全面经济伙伴关系协定》（RCEP）规则，积极开拓“一带一路”新兴市场。鼓励发展跨境电商，培育“互联网＋外贸”新业态，保持外贸进出口平稳发展，新增外贸进出口实绩企业3家，外贸进出口总额同比增长10%以上。加强与长三角、珠三角等地区战略合作，将“飞地经济”作为跨区域合作的突破口和契合点，探索打造“飞地园区”“共建园区”。持续办好淮北食品工业博览会、安徽淮北电路板行业高峰论坛、黄里杏花旅游文化节。

（二）聚焦抓实体、释潜能，全方位锻造实力相山

开展重点投资项目攻坚行动。落实“管行业必须管投资”要求，完善“四督四保”和领导联系推进制度，优化重点项目动态考核机制，实行项目全过程闭环管理。精心编排储备一批补短板、强基础、利长远的重点项目，计划实施重点项目265个，投资192.4亿元，其中：第一产业项目20个，年度投资同比增长110.2%；第二产业项目65个，年度投资同比增长32.5%；第三产业项目180个，年度投资同比增长12.2%。开工建设福鼎通讯电子、紫郡府等80个项目，建成滨河学校、御龙国际等项目40个。制定争取政策资金考核办法，积极争取上级资金，发挥财政资金撬动作用，吸引更多社会资本参与投资建设。

开展传统产业提质扩量行动。推动食品、建材、机械制造等传统产业智能化、绿色化、服务化改造，加快规上工业企业质量提升。全面推进规上工业企业技改全覆盖，鼓励企业“零增地”技改，实施产业升级和技改重点项目20个以上，实现工业投资增长20%、技改投资增长10%以上。支持保障淮矿集团、淮海实

业等大型企业创新发展，探索在基础设施、智能制造领域开展深度合作，实现互利共赢。开展优质企业梯度培育行动，实施工业强基项目，落实“三首”产品扶持政策，构建“头部企业+中小企业”集聚发展格局，新增规模以上工业企业25家，年产值超亿元企业6家以上。发挥土地容积率指标倒逼作用，依法依规对零散工业地块、工业低效土地、“僵尸企业”加快处置，释放土地1000亩以上。

开展新兴产业培育壮大行动。深化“三重一创”建设，围绕补链、强链、延链，大力发展生物科技、大健康、PCB电路板、光电显示、智能制造等战新产业，推进多成电子、北福通讯等电子信息产业链项目建成投产，扶持盛美诺、雷根生物等生物科技产业链企业发展壮大，战略性新兴产业产值增长25%。大力推进产业数字化、数字产业化，建设数字园区，壮大数字经济规模。实施工业互联网创新发展三年行动计划，推进信息化与产业链融合，支持企业信息化、智能化成果应用，培育创建省级智能工厂和数字化车间2家、深度“上云企业”10家以上。

开展服务业“锻长补短”行动。制定出台支持现代服务业发展政策措施，大力发展科技服务、研发设计、商务咨询、供应链金融等生产性服务业，推动家家悦冷链物流园、开发区电商物流园开工建设，谋划建设电商直播基地，引导电商、物流、仓储等关联产业集聚发展。坚定实施扩大内需战略，加快发展养老、托幼、租赁等生活性服务业，增加公益性和基础性服务业供给。推动淮海路传统商圈、友谊巷街区改造升级，丰富休闲娱乐、文创时尚、新零售等业态供给，引导万达广场、运河古镇、南翔云集等新兴商业圈优化布局、提升品质，支持发展知名品牌首店、潮店、网红店。新增规模以上服务业企业10家，服务业增加值达到300亿元，增长8.5%，打造区域性消费中心。

开展园区提档升级行动。对照国家级经济技术开发区标准，围绕“全省综合排名再进位”目标，出台促进开发区高质量发展政策措施，建立企业“赛马机制”，发挥“亩均论英雄”改革牵引作用，提升亩均税收、营业收入、容积率、技改投资等关键指标，实行资源要素差异化供给，工业亩均税收增长10%以上。深入推进开发区大建设，实施连片开发，完成1300亩征收任务，新建大学科技园三期、信息产业园二期、智能制造产业园等标准化厂房55万平方米，配套建设信息产业园邻里中心、保障性住房、公交总站、黄里变电站、凤霞路等项目，不断提升园区综合承载能力。

（三）聚焦优环境、增颜值，高品位建设美丽相山

打造公园城区。深化河道“四乱”专项治理，建设萧濉新河、洪碱河等生态廊道，打造城市绿带。支持绿金湖争创国家级幸福河湖、萧濉新河争创省级幸福河湖。实施国土绿化提升行动，新增造林绿化面积500亩，绿地面积5万余平方米，提升公园绿地服务半径，加大园林绿化管养力度，塑造生态绿城。以创建全域旅游示范区为抓手，实施黄里风景区基础设施、相山红色文化博物馆、前柳园花卉产业、电厂工业遗存等项目，打造自然景观游、红色文化游、乡村体验游、工业遗产游等特色板块，培育文化旅游新业态。

促进绿色发展。落实碳达峰、碳中和行动方案，严格能耗强度管控，加快推动产业绿色发展，创建绿色工厂3家，申报省工业领域节能环保“五个一百”项目2个以上。扎实推动减污降碳协同增效，加快培育循环经济、清洁能源等绿色新业态，严格执行国家环保准入政策，引进低耗能、低污染和高科技企业，限制高耗能、高排放投资项目，努力

形成一批标志性绿色创新成果，提高“含绿量”、增强“含金量”。

强化污染防治。巩固中央及省环保督察反馈问题整改成效，实施污染防治精细化、差异化监管。严格落实“五控”措施，压紧压实网格化责任，坚持$PM_{2.5}$和臭氧污染防治协同推进，促进空气质量持续改善，完成省市下达的约束性指标。以考核断面水质达标和消除劣Ⅴ类水体为重点，突出水源地保护、黑臭水体治理，抓实水污染防治。加强固废、危废规范化管理，推进化肥农药减量增效，做好土壤污染治理修复和风险防控。加快农村生活污水处理基础设施建设，持续改善农村人居环境。

构筑生态屏障。严格落实河（湖）长制、林长制、田长制、环境专项监督长制，加快形成全域治理、全程监管、全方位提升的环保监督格局。全面排查关联性、衍生性环境问题，防范生态环境领域“黑天鹅”“灰犀牛”事件。把牢建设项目环评准入关，持续开展环境执法检查，做好环境损害赔偿工作。

（四）聚焦提能级、促协调，高水平打造共进相山

实施城市功能提升工程。依托绿金湖生态优势资源，高标准、高起点谋划绿金湖大湾区建设，协同推进一实小、二中南湖校区建设，协同完成国际会展中心、歌剧院、美术院规划设计。突出建管并重，改造洪山路、惠民路、华松美食街等8条街巷，完善设施配套，提升街区文化特色。贯通跃进路、渠沟东路，推进惠黎西路建设，竣工龙源里、铂悦府等4个安置房。有序推进任圩片区、桥头片区等棚改项目征迁安置工作。合理布局社区综合服务设施，打造“15分钟便民服务圈、体育健身圈”。落实全国文明典范城市创建三年行动计划，组织开展背街小巷市容秩序、飞线充电、文明养犬等专项整治，建成6个生活垃圾分类示范片区，实现辖区234个老旧小区物业服务全覆盖，提升城市管理精细化水平。

实施新区建设提速工程。坚持谋划在先，深入开展新区现状评估、空间格局优化、土地综合整治。结合人口规模、用地规模、开发强度等因素，以高铁西站片区规划建设为契机，完成国土空间规划编制审批，研究土地利用、交通路网、智慧城市等重大专项，科学确定城市开发边界。启动凤凰大道、栖凤南路等骨干路网建设，推进公共交通向新区延伸。实施G237钟楼至萧县段一级公路改建工程，推动连通永城、萧县周边乡镇等级公路建设，强化高铁、高速项目保障，畅通区域间快捷联系通道。完善新区综合配套，加快刘东煤矿采煤沉陷区治理和桥头片区开发，建设淮北一中西校区，谋划建设淮北矿工医院西部院区，做好市民中心、政务服务中心、文化体育活动中心等项目前期工作，加快人口集聚。

实施乡村振兴样板工程。大力实施“两强一增”行动。推进科技强农，备案省级科技特派员工作站2家以上，建设黄里石榴和笆斗杏种质资源基地500亩、经济类花卉基地5000亩、淮山羊养殖示范基地2个，培育淮优区域公共农产品品牌6个。坚持全产业链建设理念，发展订单农业，完善蔬菜、芳香作物生产、加工和经营体系，新增省级农业产业化龙头企业1家，市级农业产业化龙头企业5家，实现一产、二产融合发展。推进机械强农，出台农机购置补贴政策，开展农业生产全产业链社会化托管服务试点，提高农作物耕种收全程机械化率。严格落实耕地保护制度，保障粮食生产安全，建设高标准农田3500亩，优质主粮种植面积达1万亩以上。增加农民收入，开展农民技能培训1200人次，新增新型经营主体10个以上，全面提升农村居民工资性收入和经营性收入。巩固农村集体产权制度改革成果，壮大村级集体经济，

50万元以上的村达到9个。打造省级长三角绿色农产品供应示范基地1家，市级供应示范基地5家，争创国家农业现代化示范区。加速推进"村村通"公交工程，建设"四好"农村路27.5公里。实施农村人居环境整治提升五年行动，创建省级美丽乡村中心村2个。拓展"一组一会"功能作用，加快建设平安乡村、文明乡村。

（五）聚焦重保障、惠民生，高标准建设幸福相山

积极推进共同富裕。巩固拓展脱贫攻坚成果，开展动态监测和帮扶，坚决防止返贫致贫现象发生。实施更加积极的就业政策，深入推进大众创业、万众创新，新增城镇就业1万人以上，城镇登记失业率控制在3%以内。拓展高校毕业生、技术工人、个体工商户和进城农民工等重点群体职业发展机会，逐步提高居民工资性收入，拓宽经营性、财产性收入渠道。深入实施全民参保计划，推动城乡居民基本养老保险参保扩面，参保缴费2.6万人以上。推行以社保卡为载体的"一卡通"服务居民模式。加快社会救助改革，低保、特困办理时限压缩至20个工作日内。支持社会慈善事业发展，推动慈善事业在实现共同富裕中发挥更大作用。

持续优化公共服务。全面深化集团化办学模式，拓展与淮北师范大学基础教育"1+N"合作，扩大教育优质资源覆盖面，推动教育从基本均衡向优质均衡迈进。深化"双减"工作，科学设置"1+X"综合课程，完善学生心理健康教育服务体系。深化紧密型医联体建设，支持区人民医院打造具有区域优势的特色专科。提升家庭医生签约服务水平。加快构建基本养老服务体系，健全养老服务综合监管制度，打造一批医养融合型高层次养老机构，促进养老服务提质升级。高标准完成城乡居民基本医保和大病保险参保缴费工作。加快推进儿童青少年近视防控适宜技术国家试点区工作，有效降低儿童青少年近视率。拓展完善区医疗保障信息中心功能，实现全区400余家"两定"机构远程智能监控全覆盖。组建区医保基金监管中心，严厉打击欺诈骗保行为，坚决守好老百姓"救命钱"。建成区全民健身中心，改扩建全民健身苑20个，补齐群众身边健身设施短板。

切实防范重大风险。坚持"外防输入、内防反弹"的总体策略，完善疫情防控"平战转换"机制，持续推进新冠疫苗接种，做到可知可控、精准防控，坚决巩固来之不易的疫情防控成果。持续推进平安相山建设，坚持和发展新时代"枫桥经验"，做好接访下访、包案化解、阅批群众来信工作，畅通群众诉求表达、利益协调渠道，做到接访不走过场、写信真管用。深入开展"1+11+N"安全生产专项整治三年行动，坚决遏制安全事故发生。发挥"相食安"智慧监管平台实效，推进"食安安徽"品牌建设，支持南翔云集争创省级餐饮质量安全街区。扎实开展药械专项整治，严把产品质量和特种设备安全关。持续巩固扫黑除恶成果，强化社会治安防控体系建设。加强国防动员和后备力量建设，做好退役军人服务保障。完成应急管理智慧指挥中心和物资储备库建设，持续推进综合减灾示范区和示范社区创建。

2022年，区政府将继续围绕广大群众关心的问题，重点办好十件民生实事：一是强化教育基础设施建设，完成区实验中学翠峰校区、钟楼中学等7所学校续建项目，新增学位7860个。二是持续提升养老服务智慧化和居家养老便利化水平，完成100户居家适老化改造。三是新增6所以上婴幼儿照护服务机构，增加托位310个。四是完善全民健身设施配套，建设15公里黄里风景区健身步道。五是投资2.44亿元实施黎苑一期、职大家属院等33个

老旧小区改造，惠及居民12177户。六是实施启明自建房小区、抗战路两侧等9个区域“城中村”人居环境治理和基本公共服务能力提升工程。七是加大既有住宅加装电梯试点工作推进力度，加装电梯25部以上。八是建设西山片区排涝工程，解决4.2平方公里排水问题。九是实施60公里沟渠畅通工程，打通农田水利“最后一公里”。十是实施渠沟镇农村道路“亮化”工程，增设路灯1000盏以上。

四、全面加强自身建设

各位代表！面对新形势、新任务，我们将持续加强政府自身建设，加快完善职责明确、依法行政的政府治理体系，忠诚履职、奋勇争先，为高质量发展提供坚强保障。

（一）加强政治建设。深学笃行习近平新时代中国特色社会主义思想，以衷心拥护“两个确立”、忠诚践行“两个维护”的政治自觉，始终在思想上、政治上、行动上同以习近平同志为核心的党中央保持高度一致。始终立足“两个大局”、心怀“国之大者”，弘扬伟大建党精神，传承红色基因、赓续红色血脉，坚持不懈锤炼忠诚、干净、担当的政治品格，切实推动“总书记有号令、党中央有部署，安徽见行动”的要求在相山落地落实。

（二）深化法治建设。坚持把习近平法治思想贯彻落实到政府工作的各方面和全过程，提高运用法治思维和法治方式抓改革、促发展、保稳定能力。严格按照法定权限和程序行使权力，扎实推进“八五”普法规划实施，争创国家法治政府建设示范区。依法接受人大法律监督，自觉接受政协民主监督，主动接受社会监督和舆论监督。

（三）狠抓能力建设。加强政府系统学习型党组织建设，强化政治理论和专业知识学习，注重政策研究，培养专业思维、专业素养、专业方法，切实增强“八种本领”，锤炼“五个过硬”，大兴调查研究之风，大兴埋头苦干之举，在调研和实干中增长才干、把握规律、找准症结，全面提高抓经济发展、抓社会治理能力。健全“赛马机制”，发挥督查考核“指挥棒”作用，以考核促争先，以实绩论英雄，激励全区上下在发展速度上争先进位、在发展质量上扛旗夺杯、在贡献份额上追赶超越。

（四）重视作风建设。始终把人民放在最高位置，严格落实领导干部直接联系群众制度、阅批群众来信制度，将心比心、换位思考，深切感受群众的“急难愁盼”，带着责任、带着感情解决好群众合理合法的利益诉求。认真履行全面从严治党主体责任，一以贯之落实中央八项规定及其实施细则精神，整治“庸、懒、散”作风，让“躺平式干部”躺不住、让混日子的没有市场。加强对重点领域、关键环节、重要岗位权力运行的监督制约，坚决同各种腐败现象作斗争，维护好风清气正的政治生态。

名词解释

1. **五群十链**：即培育壮大陶铝和铝基高端金属材料、先进高分子结构材料和精细化工、绿色食品和医药健康、高端装备制造、新型建材5个产业集群，聚焦提升陶铝新材料、铝基高端金属材料、先进高分子结构材料、绿色食品、医药健康、智能制造装备、纺织服装、锂电池、电子元器件、氢能源10条产业链。

2. **标准地**：在完成相关区域评估的基础上，带着固定资产投资强度、容积率、单位能耗标准、单位排放标准、亩均税收等基础指标出让的国有建设用地。

3. **园区贷**：根据企业成长性、税收、订单等状况，园区建立服务对象“白名单”，金融机构对白名单企业尽调，担保方见贷即保，解决园区中小微企业发展资金短缺难题。

4. **三品一标**：指无公害农产品、绿色食品、有机农产品和农产品地理标志的统称。

5.**“双碳”战略**：指我国提出的两个阶段碳减排奋斗目标，即二氧化碳排放力争于2030年达到峰值，努力争取2060年实现碳中和。

6.**双减**：有效减轻义务教育阶段学生过重作业负担和校外培训负担。

7.**政银担**：即政府支持的融资担保机构，包括政府、银行、担保机构三方合作，为小微企业解决融资难问题，各方对中小微企业融资承担风险责任。

8.**科创贷**：银行向纳入各级政府风险补偿基金支持范围的科技型中小企业发放的各类本外币信用总称。主要满足科技型中小企业在技术转化和产业化过程中的融资要求。

9.**飞地经济**：两个互相独立、经济发展存在落差的行政地区打破原有行政区划限制，通过跨空间的行政管理和经济开发，实现两地资源互补、经济协调发展的一种区域经济合作模式。

10.**“三首”产品**：首台（套）重大技术装备、首批次新材料和首版次软件。

11.**三重一创**：推进重大新兴产业基地、重大新兴产业工程、重大新兴产业专项建设，构建创新型现代产业体系。

12.**上云企业**：指以互联网为基础进行信息化基础设施、管理、业务等方面应用，并通过互联网与云计算手段连接社会化资源、共享服务及能力的企业。

13.**亩均论英雄**：指通过亩均效益综合评价和资源要素差别化配置，推动资源要素向优质高效领域集中，以最小的资源环境代价获得最大的产出效益。

14.**“五控”措施**：控煤、控气、控车、控尘、控烧。

15.**两强一增**：科技强农、机械强农、促进农民增收。

16.**一组一会**：以村民小组或自然村为基本单元建立一个党组织（即“一组”）、一个理事会（即“一会”）。

专 记

相山区党史学习教育工作综述

党史学习教育开展以来，相山区委牢牢把握党史学习教育目标要求和重要任务，强化领导、精心组织、从严督导、扎实推进，持续在学史明理、学史增信、学史崇德、学史力行上下功夫，全区广大党员、干部受到一次全面深刻的政治教育、思想淬炼、精神洗礼，理论自信更加坚定，政治意识不断强化，宗旨意识持续增强，革命精神大力弘扬，发展本领显著提高，各级党组织的创造力、凝聚力、战斗力不断提升。

一、聚力聚焦领会贯通

聚力聚焦领会贯通，在学深悟透精神伟力上取得了新成效。区委牢牢把握主题主线和根本任务，扎实开展党史学习教育和“四史”宣传教育，全区广大党员、干部学出了理论自信、思想自觉和情感认同，运用党的创新理论指导实践、推动工作能力显著增强。一是突出时段重点学。从党史学习教育动员大会开始到“七一”庆祝中国共产党成立100周年大会再到党的十九届六中全会召开，全区上下以全面系统学习党史为重点，以《论中国共产党历史》等指定书目为基础，统筹做好结合文章，采取集中学习、专题研讨、专家辅导等方式，持续掀起学习贯彻热潮，推动党史学习教育不断走深走实。二是抓住关键深入学。把党史学习教育作为党性教育的基础课和干部学习的必修课，突出抓好领导干部这个重点，发挥“关键少数”示范作用，认真谋划区委理论学习中心组学习，先后高质量开展11次专题学习，29人次进行交流研讨。依托区委党校、区党群服务中心开展学习培训15期800余人次。区委班子成员带头以普通党员身份参加所在支部专题组织生活会，全区各级党组织党史专题组织生活会和专题党课均高质高效完成。三是分类分众全面学。针对普通党员群体，依托各党支部“三会一课”“学习强国”学习平台等强化理论学习和政治教育，创新开展在职党员“党员一刻钟”微课堂推广至全市，得到省委简报点赞；针对“两新”组织党员，通过“党史车间课堂”等方式引导学习；针对流动党员，点对点实行“风筝式”学习，采取网上送学、微信送学等方式，确保流动党员学习“不掉队”“不失学”；针对离退休党员，依托社区“家庭党校”，把党史课堂搬到家里，把理论送到心中；针对青少年学生群体，精心打造“五个一”专题活动，教育引导青少年树立正确党史观。

二、聚力聚焦宣讲宣传

聚力聚焦宣讲宣传，在全员参与全面覆盖上掀起了新热潮。坚持统筹网上网下、集中发力发声，采取群众喜闻乐见的形式开展宣讲宣传活动，持续唱响学习宣传贯彻的最强音，全区党史学习教育氛围更加浓厚。一是理论宣讲遍地开花。组建区委宣讲团、劳模宣讲团、青年宣讲团等8类党史学习教育宣讲团，开展“举旗帜 送理论”党史专题宣讲312场、受众人数达10万余人次。区委主要领导带头宣讲，全区各基层党组织依托相山区新时代文明实践中心、红色驿站等阵地开展“打着快板说党史”“音乐党课”“情景式党史党课”等有特色、有亮点的宣讲活动。其中东街道“小睦说党史”直播党课把话筒交给居民、把讲台交给群众，变倾听者为讲述者，受到省委宣传部部长陶明伦点名表扬，省委党史学习教育集中采访团对第七集“小睦说党史”进行了现场专题采访。目前，“小睦”品牌已进一步擦亮做大，对全区重点革命遗址遗迹资源进行挖掘整理，正在以小切口把相山红色故事进一步传承好、传播好。二是主题活动丰富多彩。以学习贯彻习近平总书记“七一”重要讲话精神为主线，牢牢把握“党的盛典、人民的节日”基调定位，区级层面广泛开展了全民阅读主题演讲比赛、“唱支心歌给党听”歌咏大会、“百篇党史教育”有奖征文、党史知识竞赛等各类群众性文化活动20余场。同时，立足区情实际，深挖红色资源，制作《红色的印记·永远的丰碑》宣传册，拍摄“渠沟大烧杀”纪录片《记忆》，食博会期间在凤凰山食品博览园会展中心设置建党百年LOGO、淮海战役党史教育、非遗文化展区，成为全区党员干部红色教育的“打卡地”。全区各基层党组织紧密结合工作实际，组织开展了“党旗在基层一线高高飘扬”“学党史 颂党恩 缅先烈”“重温入党誓词”等各类“永远跟党走”群众性主题宣传教育活动800余场。三是正面宣传亮点纷呈。统筹运用各类媒体资源，加强新闻策划，利用新媒体传播快、受众广的特点，在政务微信“相山发布”开设“奋斗百年路 启航新征程”“百年党史天天读”“相山区基层党史学习教育在行动”“我为群众办实事”“党史题库”等专栏，刊发党史学习教育相关内容70余期，在新华网、《安徽日报》、“学习强国”平台等省级以上媒体刊发党史学习教育经验做法252篇（条），全力营造学党史、知党情、感党恩、跟党走的浓厚氛围。同时，依托社会宣传主阵地，有效利用楼宇电视、电子屏、阅报栏等载体，在全区广泛制播党史学习教育公益广告等，不断提高宣传覆盖面、渗透力。

2021年10月，东街道拍摄《小睦说党史：焦裕禄式好干部》

（区委宣传部　供图）

三、聚力聚焦实干笃行

聚力聚焦实干笃行，在解决群众急难愁盼上实现了新提升。全区各级党组织和广大党员干部牢固树立以人民为中心的发展思想，聚焦群众最急最忧最盼的事情，专项整治漠视侵害群众利益问题，广大群众的获得感幸福感安全感明显增强。一是“靶心”更加精准。启动“我为群众办实事”实践活动问题大排查大排解，系统梳理群众反映集中的、涉及民生重点领域的热点难点问题以及急需解决的现实问题，制定《相山区“我为群众办实事”实践活动实施方案》，明确56项“我为群众办实事”项目清单，由区级领导分别牵头推进，实施台账化管理，建立定期调度、督促检查、成效评估等工作机制。二是形式更加创新。全面推广“红色串门”活动，在为党员居民送去《中国共产党章程》、党史学习教育材料等“红色包裹”的同时面对面问民需、听民声、解民忧。截至2021年9月，已走访党员居民5000余户，收集意见建议200余条。同时在街道、社区整合优质资源，开办“红色便民集市”，设置“公益服务区”“公益咨询区”“义卖跳蚤市场”等，让居民在家门口就能够享受各类便民惠民服务。东街道结合线上微平台，创新建立“东街e睦邻”小程序，开设“政务服务”“党员帮办”等栏目，通过在线报事、议事、评事线上互动，及时了解居民群众关心的堵点难点问题，切实推动解决居民群众“急难愁盼”问题。三是成效更加突出。全区累计开展“我为群众办实事”实践活动4000余场次，群众幸福感、安全感、满意度持续提升。不断强化教育基础设施建设，淮北师范大学相山附属学校、滨河学校等7个新建、改扩建工程开工建设；智慧养老服务平台建成运营，养老机构床位总数达2029张，民生社区养老服务中心获批省医养结合示范创建单位；新增托育机构6家，增加托位520个；推行顶格服务企业机制，举办3期企业家沙龙，解决企业反映问题28条，营商环境不断优化；投资7200万元实施25个老旧小区改造，惠及居民10977户；实施土楼村、电校周边等9个片区雨污分流工程；完成农田水利沟渠畅通工程20公里，“四好”农村路扩面延伸54.9公里，打通农田水利“最后一公里”；在全市率先启动既有住宅加装电梯，运行4部，在建15部，解决老旧小区老年人上下楼民生难题；区应急广播系统建成使用，灾害风险普查进度位居全省第一。

四、聚力聚焦见行见效

聚力聚焦见行见效，在加快建设现代化美好相山上迈出了新步伐。全区各级党组织和广大党员干部坚持把开展党史学习教育同贯彻落实习近平总书记重要指示批示精神和中央、省委、市委决策部署结合起来，紧紧围绕“五个相山”建设，勇于担当负责，积极主动作为，切实把党史学习教育激发出的热情干劲转化为立足岗位、奋发进取的实际行动，全力以赴推动各项工作提质增效。一是转型升级持续加快。

2021年10月4日，施工工人正在进行老旧小区改造路面硬化施工

（陈文骁　摄）

2021年引进亿元以上重大项目18个，淮北市川淮电路板有限公司川淮电路板、完美（淮北）生物科技开发有限公司完美生物科技等19个项目建成投产，以生物科技、信息技术为代表的战略性新兴产业集聚发展，全面实施重点项目232个，实际投资167亿元。新增规模以上工业企业15家，主导产业“四梁八柱”逐步构建。重点项目推进、民营经济、老工业基地搬迁改造工作获省政府通报表扬。二是发展活力持续增强。出台《相山区建设皖北承接产业转移集聚区实施方案》，加快融入长三角一体化发展步伐，深化“双招双引”，围绕主导产业，出台《相山区重点产业链链长制工作方案》，组建三个驻外招商团和两个驻外产业招商中心，开展精准招商。成功举办2021淮北食品工业博览会、安徽淮北电路板行业高峰论坛，签约翌光科技第4.5代有机发光器件、珠海宏广科技有限公司高端消费类电子FPC等优质项目30个，其中亿元以上项目13个，总投资77.25亿元。深入实施“相城英才计划”，引进高层次科技人才团队2个。三是城乡融合持续推进。聚焦城市更新，完成田庄二期、西城棚户区改造，竣工安置房2414套。全国文明典范城市创建工作扎实开展，高标准编制高铁西站片区、渠沟镇、信息产业园等重点片区规划。人民西路、西山北路基本建成，淮宿蚌城际高铁、徐淮阜高速等项目加快推进。聚焦乡村振兴，加快推动农业现代化，新增新型农业市场主体29家，培育省示范家庭农场4家，羊肚菌、黑木耳等8个品种获评“三品一标”品牌。实施扶持壮大村级集体经济项目13个，50万元以上集体经济强村7个。黄里杏花节、芳香小镇金秋菊展、张楼葵花节吸引游客10万余人次。四是人居环境持续提升。落实“双碳”战略，节能降耗年度任务顺利完成。淮北尊龙环保节能建材有限公司等3家企业进入2021年全省工业领域节能环保“五个一百”推介目录。新增街头绿地（游园）3处、植树造林500亩，完成100万平方米绿化养护。健全大气污染防治量化考核机制，$PM_{2.5}$平均浓度41.1微克/立方米、同比下降15.8%，优良天数比率78.4%、同比提高7.9%，环境空气质量排名居全市第一。五是民生福祉持续增进。抓实常态化疫情防控，累计接种新冠病毒疫苗112.2万剂次，在全市率先完成3岁以上人群接种任务，受到市级两次通报表扬。健全城乡医疗服务网络，新增医疗机构15家，新建公共卫生应急服务中心，区人民医院投入使用。城乡医保参保人数达24.9万人，医疗救助9200人次。着力提升民生保障，投入资金5.8亿元实施29项民生工程。落实防范化解重大风险“1+9+N”总体方案，扎实推进“四下基层”“四最”试点，多元化解社会矛盾纠纷，加大房地产领域历史遗留“难办证”问题处理力度，133个项目实现办证无障碍，79608套住房办理分户不动产权。城镇、农村居民人均可支配收入分别增长9.5%、11%。

党史学习教育是一项长期工程，只有起点，没有终点。下一步，相山区委将按照党中央和省委、市委部署，在总结好这次党史学习教育成功经验的同时做好巩固拓展，抓好我为群众办实事实践活动，建好常态长效机制，助推现代化美好相山建设，确保党史学习教育“总结”不“终结”。

（赵　锋　朱雅楠　吴岳辰阳）

相山区庆祝中国共产党成立100周年工作综述

2021年，相山区坚持以习近平新时代中国特色社会主义思想为指导，认真学习贯彻习近平总书记在党史学习教育动员大会、庆祝中国共产党成立100周年大会重要讲话精神，紧紧围绕庆祝建党百年工作这条主线，牢牢把握“党的盛典、人民的节日”基调定位，统筹安排、协同推进，积极营造同庆百年华诞、共铸历史伟业的浓厚氛围。

组织收听收看庆祝大会。7月1日，相山区组织广大党员干部群众通过电视、网络、广播、远教站点、“e学习”远教联播平台等方式收听收看中国共产党成立100周年大会盛况，共同回顾中国共产党成立100年来波澜壮阔的光辉历程，共同祝福伟大的党带领中国人民迈进新征程、奋进新时代。中共相山区委召开区委理论学习中心组学习会议，集中观看庆祝中国共产党成立100周年大会现场直播盛况，学习中共中央总书记、国家主席、中央军委主席习近平的重要讲话。

庆祝建党百年文艺演出。6月19日，相山区在淮北隋唐运河古镇五凤门广场举办“学党史 颂党恩 跟党走”庆祝中国共产党成立100周年群众合唱展演活动，全区各群众合唱团队近300人参加活动。6月29日下午，相山区妇联联合区文明办在相山区志愿服务广场开展“巾帼心向党·奋斗新征程”最美家庭揭晓仪式暨庆祝建党100周年群众性文艺会演活动。各镇（街道）、开发区、村（社区）妇联主席、群众代表以及最美家庭代表等共计60余人参加活动。6月30日下午，相山区庆祝中国共产党成立100周年先进典型表彰暨歌咏大会在淮北矿业会议中心举行。区委书记胡启书参加大会并讲话，区委副书记、区长朱龙主持先进典型表彰大会，区人大常委会主任李清平以及区四大班子党员领导，区委各部委、区直各单位及各镇（街道）、开发区党政负责人，“光荣在党50年”老党员代表，部分“两优一先”、新时代担当作为和“品质相山”建设先进典型代表等参加大会。7月2日，中共相山区委、相山区委党史教育领导小组，组织千人共唱一首歌，把最美的心歌献给党，意气风发向着第二个百年奋斗目标迈进。

“光荣在党50年”纪念章颁发。6月27日，相山区召开“光

2021年6月30日，相山区举行党史学习教育暨庆祝中国共产党成立100周年歌咏大会 （区委宣传部 供图）

荣在党50年”老党员老干部座谈会。区委书记胡启书参加会议并讲话。座谈会上，胡启书向“光荣在党50年”纪念章获得者代表颁发纪念章，并合影留念。李光普、王振才、张裕坤、吕本为、费维林、张启龙6名老党员参会，追忆峥嵘岁月，重温奋斗历史。

庆祝建党百年征文和理论研讨。5月，相山区委党史学习教育领导小组办公室下发《关于开展庆祝中国共产党成立100周年“百篇党史教育”有奖征文活动的通知》，组织开展庆祝中国共产党成立100周年“百篇党史教育”有奖征文活动。共收集社会各界征文投稿116篇，评选出优秀征文7篇，优秀组织奖3家。

庆祝建党百年系列文化活动。围绕庆祝建党100周年主题，相山区各单位组织系列文化活动，庆祝中国共产党百年华诞。举办“百年辉煌　记忆相城”相山区书画摄影艺术展，展现党的光辉历史，讴歌党的丰功伟绩，抒发社会各界广大干部群众爱党、爱国、爱人民、爱相城的情怀。6月27日上午，相山区委书记胡启书、淮北市文化旅游体育局局长胡家培陪同相山区老党员、老干部参观庆祝中国共产党成立100周年相山区“百年辉煌　记忆相城”书画摄影作品展。三堤口街道党工委举行庆祝建党百年党群文艺会演，庆祝中国共产党百年华诞。相山区税务局与开发区党工委联合举办党史知识竞赛。相山区统计局开展“颂歌献给党”红歌传唱活动。相山区委组织部、相山区委宣传部、相山区老干部服务管理中心、相山区文化旅游体育局联合举办“党的光辉照我心”为主题的大型文艺演出。相山区教育局党委组织举办“为党育人　向党汇报”全区教育系统庆祝建党100周年演讲比赛。东街道开展书记上党课、举办党史知识闯关赛。新星社区党支部在科普活动室开展“学党史 铭党情 铸童心”绘画活动。西街道体育社区开展“学百年党史　汲取奋进力量”党史知识竞赛。东山街道东山社区举办“党在我心中　永远跟党走”庆祝建党100周年文艺会演。

庆祝建党百年系列宣传活动。组织拍摄小睦说党史系列短视频9期，创新传宣传方式，展示中国共产党百年奋斗光辉历程。编辑印刷《红色的印记 永远的丰碑——相山区革命遗址、英烈资料汇编》200册，大力弘扬先烈革命精神，更好传承红色基因。联合区委组织部、区委宣传部等部门，在相山发布上已推出“奋斗百年路　启航新征程——相山红色故事”专栏11期。系统整理党的历次学习教育活动资料，编纂《红色的洗礼——相山党的历次学习教育活动资料专辑》。相山发布等微信公众号开辟党史天天读栏目，重温党的历史故事，传承红色基因。

大 事 记

1 月

2 日　区委副书记、区长朱龙督查相山区集中隔离点疫情防控工作。

5 日　安徽省人民政府发布通报，淮北市相山区被评为 2019 年度全省计划生育目标管理责任制考核先进单位。

6 日　相山区十一届人大常委会第三十四次会议召开。区人大常委会党组书记、主任李清平主持会议并讲话，会议学习《法治社会建设实施纲要（2020—2025 年）》，表决通过人事任免事项。审议并表决通过区政府关于“七五”普法宣传教育工作开展情况的报告，关于全区环境质量状况和环境保护目标完成情况的报告，大会筹备处关于区十一届人大第六次会议筹备工作开展情况的报告和召开区十一届人大第六次会议有关事项。

8 日　中国共产党淮北市相山区第八届委员会第十二次全体会议召开。全会审议通过《中共相山区委关于制定国民经济和社会发展第十四个五年规划和二〇三五年远景目标的建议》《中国共产党相山区第八届委员会第十二次全体会议决议》。区委书记胡启书就《建议（讨论稿）》向全会作说明，并就贯彻落实全会精神作讲话。区委副书记、区长朱龙就全区经济工作作讲话。区委委员、区委候补委员出席会议。

13 日　区委书记、区疫情防控应急综合指挥部指挥长胡启书督查相山区基督教堂、相山经济开发区意合冷库、金百合农贸市场、惠我南黎饭店等场所疫情防控工作。

15 日　区人大常委会主任李清平督查全区疫情防控工作，实地察看海宫广场、淮北南翔云集文化特色商业街售楼部、纺织苑农贸市场、淮北大润发超市等场所。

16 日　区政协主席赵德华带队督查全区疫情防控工作，实地查看淮北万达广场、淮北久兴批发市场、海宫医院、敬贤堂药店、美丽神话 KTV、伊泽瑞尔网吧。

17 日　市委书记张永调研相山区经济社会发展情况，走访调研相山区党群服务中心、家家悦淮北综合产业园，听取相关工作情况汇报。

23 日　省委第十巡视组组长张强主持召开向区委书记胡启书的反馈会议，代表省委巡视组分别向区委主要负责人和区委领导班子反馈巡视情况。

25 日　政协相山区第九届委员会第五次会议开幕。会议应出席委员 156 人，实到委员 136 人。区领导胡启书、李清平、侯孝东、赵华、池圣洲、刘安顺、李延栋，区法院党组书记、院长崔晓光，区检察院党组书记、检察长施宏波，应邀出席大会。会议协商通过区政协九届五次会议议程；区政协主席赵德华作区政协常务委员会工作报告；区政协副主席田骊代表区政协常委会作提案工作报告。大会还对区政协九届三次、四次会议优秀提案，提案承办先进单位及先进个人进行表彰。历届区政协退休的主席、副主席参加会议。

26日　相山区第十一届人民代表大会第六次会议开幕。大会应到代表195人，因事因病请假17人，实到代表178人，会议由相山区人大常委会主任李清平主持。区委副书记、区长朱龙代表区人民政府作《政府工作报告》。区委常委、常务副区长赵华作《相山区国民经济和社会发展“十四五”规划和二〇三五年远景目标纲要草案编制情况的说明》。大会书面听取《区人民政府关于国民经济和社会发展“十四五”规划和二〇三五年远景目标纲要（草案）》《区人民政府关于2020年国民经济和社会发展计划执行情况与2021年计划草案的报告》《区人民政府关于2020年财政预算执行情况和2021年财政预算草案的报告》《区人民政府关于区十一届人大五次会议代表建议、批评、意见办理情况的报告》。

27日　政协相山区第九届委员会第五次会议闭幕。大会由区政协党组书记、主席赵德华主持。大会应到委员156名，实到130名。通过区政协九届五次会议提案审查情况的报告、区政协九届五次会议决议。区委书记胡启书参加大会并讲话。

28日　相山区第十一届人民代表大会第六次会议闭幕。

29日　相山区人民政府第二次全体会议召开。会议通报相山区2021年重点工作及责任分解。区委副书记、区长朱龙主持会议并讲话。

是月　相山区东街道翰林社区“三原色”社区服务获评第四批安徽省文明单位创建十佳品牌。

是月　相山区西街道洪山社区农家书屋入选安徽省第三届百家示范农家书屋。

2月

1日　区委书记、区疫情防控应急综合指挥部指挥长胡启书督查浅草湾集中隔离点、曲阳街道社区卫生服务中心、渠沟镇钟楼村、渠沟镇卫生院等场所。

5日　区委书记胡启书，区人大常委会主任李清平，区政协主席赵德华，区委常委、区人武部政委杨强国，先后到区人武部、相山公安分局、市武警支队、淮北军分区、市消防救援支队、区消防救援大队看望、慰问部队全体官兵以及公安干警。

6日　区委书记胡启书，区委副书记、区长朱龙，区人大常委会主任李清平，区政协主席赵德华，区委常委、组织部部长、统战部部长李延栋带领区有关部门负责人，走访慰问离退休老干部，代表区委、区政府向他们致以节日问候。

7日　相山区召开2020年度党（工）委抓党的建设述职评议会议。区委书记胡启书主持会议并讲话。

9日　区委书记胡启书走访辖区商场以及医学观察隔离点，督导检查疫情防控、安全生产、市场供应等工作，并看望慰问防疫一线工作者。

是日　相山区召开解决房地产领域历史遗留“难办证”问题专项治理工作领导小组会议。

是日　相山区召开2021年一季度安委会（消委会）暨食安委会全体会议，会议传达国家、省、市安委会全体会议精神，总结2020年全区安全生产、消防和食品安全工作取得的成效，分析存在问题，安排部署下一阶段安全生产、消防和食品安全重点工作。会后，区委副书记、区长朱龙带队到淮北金鹰国际购物中心、家家悦淮北物流配送中心、刘东煤矿等地督查节前安全生产工作，对督查中发现的问题现场提出整改意见和要求。

是日　相山区疫情防控工作领导小组暨应急综合指挥部会议召开，分析当前形势，研究部署春节疫情防控工作。会议听取渠沟镇关于农村疫情防控工作开展情况以及区督查考核办关于近期疫情防控工作督促情况的汇报，通报当前疫情防控工作形势，部署春节期间疫情防控工作。

是日　相山区纪委八届六次全会召开，回顾总结2020年全区纪检监察工作，安排部署2021年任务。

20日　相山区召开招商引资大会，同时套开工业经济、园区建设工作会议。区委书记胡启书到会并讲话，区委副书记、区长朱龙主持会议。区领导李清平、赵德华、侯孝东、赵华、池圣洲、刘安顺、杨飞、李延栋等参加会议。区委副书记侯孝东宣读《关于对2020年度全区优秀招商引资企业（项目）、优秀招商人员、优秀招商服务人员表扬的通报》《关于对2020年度全区优秀企业表扬的通报》。区委常委、常务副区长赵华作工作报告，并宣读《相山区政府关于聘请“招商大使”的决定》。相山经济开发区、家家悦集团负责人作交流发言。

24日　相山区委常委会2020年度民生活会暨中央、省委巡视整改专题民主生活会召开。

26日　相山区十一届人大常委会第三十五次会议召开。区人大常委会党组书记、主任李清平主持会议并讲话。会议书面学习习近平总书记在党史学习教育动员大会上的重要讲话精神，表决通过人事任免事项，审议并表决通过区十一届人大常委会2021年工作要点、《相山区人大常委会关于国家机关工作人员任后履职监督办法》。

是日　相山区政协党组召开2020年度民主生活会暨中央、省委巡视整改专题民主生活会。区政协党组书记、主席赵德华主持会议。

28日　相山区召开生态环境保护委员会2021年第一次会议，区委副书记、区长朱龙出席会议并讲话，区政府副区长任强主持会议。会议通报《相山区2020年污染防治攻坚开展情况和2021年工作安排》，对相关问题进行交办，并对下一步工作进行部署。

3月

5日　区政协主席赵德华主持召开九届二十三次常委会会议。

是日　相山区政法队伍教育整顿领导小组召开第一次领导小组会议。

6日　相山区人大常委会党组召开2020年度民主生活会。区人大常委会党组成员参加会议。区人大常委会党组书记、主任李清平主持会议并作总结讲话。会议书面通报相山区人大常委会党组中央脱贫攻坚专项巡视“回头看”整改暨深化“三个以案”警示教育专题民主生活会整改落实情况报告。

6—8日　区委副书记、区长朱龙到广西柳州市、南宁市进行招商引资考察。

8日　相山区中青年干部培训班在区委党校开班。此次中青年干部培训班是区委党校成立后举办的第一期培训班。区委书记胡启书参加开班仪式并讲话。区委常委、组织部部长、统战部部长李延栋主持开班仪式。

10日　相山区“学党史、抓整改、正作风”工作部署推进会召开，一体部署推进全区党史学习教育、中央和省委巡视反馈问题整改以及新一轮深化“三个以案”警示教育工作。

是日　相山区委农村工作会议召开，区委书记胡启书出席会议并讲话，区领导侯孝东、池圣洲、刘安顺、杨飞、李延栋、杨强国等参加会议。

14日　相山区四大班子成员和区直各部门、曲阳街道等单位的100余名干部群众，到曲阳街道黄里社区参加义务植树活动。

16—19日　区委副书记、区长朱龙带队到北京，浙江湖州、长兴进行招商引资考察。

18日　相山区政法队伍教育整顿首批政治轮训班开班。区委书记胡启书以“推深做实教育整顿　奋力打造政法铁军　为建设新阶段现代化品质相山提供有力法治保障”为主题，为参训的全区政法干警上主题党课。

是日　区委书记胡启书到相山经济开发区、渠沟镇实地调研环保问题整改工作，查看开发区污水管网清淤、湘西沟水体、淮北徽香昱原早餐工程有限责任公司污水处理设施，渠沟镇张集村物料堆场、朱蒙沟水体。

20 日　相山区委理论学习中心组学习会暨全区领导干部学习贯彻党的十九届五中全会精神集中培训班开班式在区委党校举行。区委书记胡启书出席会议并讲话。区委副书记、区长朱龙主持开班式，区人大常委会主任李清平，区政协主席赵德华，区委副书记侯孝东，区委常委，其他现职县处级领导干部参加开班式。

20—21 日　安徽省质检院党委副书记、纪委书记、副院长、高级工程师童宁带领专家组一行 5 人到相山区验收评审，创建安徽省质量强区工作。省专家组通过听取汇报、现场考察、查阅资料、召开座谈会等形式，从质量发展促进机制、质量技术服务机制、质量工作成效、质量安全水平 5 个方面，全面评审相山区“安徽省质量强区”创建工作。区委书记胡启书，区委副书记、区长朱龙等区领导出席评审会议，市市场监管局局长尹建军、副局长王红升及相关区直部门负责人参加验收评审会。

22 日　安徽省政法队伍教育整顿驻淮指导组到相山区指导工作并召开汇报会。指导组组长章松，市委常委、政法委书记、统战部部长钱界殊出席会议。

23 日　相山区人大常委会党组第一百零一次（扩大）会议召开，区人大常委会党组书记、主任李清平主持会议，学习十三届全国人大四次会议精神，党史学习教育和新一轮深化“三个以案”警示教育有关文件精神，研究关于开展党史学习教育工作方案、关于开展新一轮深化“三个以案”警示教育的工作措施，成立党史学习教育领导小组。

24 日　区委书记胡启书以“四不两直”方式先后到任圩派出所、区法院督导政法队伍教育整顿工作，现场查看学习教育开展情况、对部分干警进行理论学习测试，对发现的问题提出立即整改要求。

是日　区委书记胡启书、区委副书记侯孝东以普通党员身份，参加所在区委办公室党支部 2020 年度组织生活会，与支部党员面对面交流。

25—28 日　区委书记胡启书到广东深圳、珠海进行招商引资考察。

30 日　区委书记胡启书以“四不两直”方式先后到任圩司法所、区检察院、区公安分局督导政法队伍教育整顿工作，认真查阅教育整顿的各类工作台账、活动资料、学习笔记，听取各单位工作汇报。

是日　团区委、区教育局、区文明办联合举办的“十八而志　不负韶华”相山区 2021 年十八岁成人宣誓仪式在国泰中学举行。

是月　淮北市相山区相南街道惠苑路社区、南黎街道丁楼社区、东山街道翰林社区、三堤口街道庆相桥社区、曲阳街道任井社区、三堤口街道刘桥社区、曲阳街道滨河社区被国家减灾委员会、应急管理部、中国气象局、中国地震局命名为 2020 年度全国综合减灾示范社区。

是月　相山区渠沟镇钟楼村被司法部、民政部命名为第八批“全国民主法治示范村”。

4 月

1 日　区委召开理论学习中心组 2021 年第 5 次学习研讨扩大会议。区委书记胡启书主持会议并讲话。此次会议采取现场学习、理论学习和研讨感悟相结合的方式进行。区委各部委分管负责人员、区直相关单位主要负责人员、渠沟镇党政主要负责人员参加现场学习。

7日　区委书记胡启书带队到相山经济开发区督查湘西沟及凤翔沟治理工作。实地查看湘西沟及凤翔沟治理情况，对园区管网建设、水体检测及治理、企业监管等进行全面指导，现场指出存在的问题并提出整改要求。

是日　区政法队伍教育整顿领导小组第三次会议暨查纠整改环节动员部署会召开。区委书记、区政法队伍教育整顿领导小组组长胡启书参加会议并讲话。区委常委、政法委书记、区政法队伍教育整顿领导小组副组长池圣洲主持会议，并就贯彻会议精神提出要求。

8日　市委书记张永到各县区、开发区督导调研生态环境保护工作。在相山区西相阳沟，张永一行实地察看黑臭水体治理项目进展情况，听取相关部门工作汇报。

是日　区四大班子领导到淮北市反腐倡廉警示教育中心接受警示教育。

9日　区政协召开九届五十二次主席会议。区政协主席赵德华带队视察区商务局工作开展情况及2021淮北食品工业博览会筹备情况。先后查看凤凰山食博园、家家悦综合产业园项目。座谈会上，区商务局主要负责人详细汇报区商务局工作开展情况及2021淮北食品工业博览会筹备情况。视察组人员进行讨论发言。

11日　相山区召开党的建设工作会议，主要任务是坚持以习近平新时代中国特色社会主义思想为指导，深入学习贯彻党的十九届五中全会精神和习近平总书记考察安徽重要讲话指示精神，认真贯彻落实省市组织、宣传、统战部长会议、政法工作会议精神，总结工作、分析形势，安排部署今年和今后一个时期全区党的建设工 作。区委书记胡启书参加会议并讲话，区委副书记、区长朱龙主持会议，区领导李清平、赵德华、沈慧星、赵华、杨飞、杨强国出席会议。

是日　相山区召开区委人大工作会议。区委书记胡启书参加会议并讲话，会上印发《中共相山区委关于加强新时代人大工作和建设的意见》。

12—13日　省政府教育督导委员会办公室主任杨善竑督查调研淮北市义务教育优质均衡发展及学前教育普及普惠创建工作，市教育局党组书记、局长、教育系统党委书记刘辉，区委书记胡启书，区委副书记、区长朱龙等陪同调研。调研组一行深入太阳城学校、第二实验幼儿园、市第一实验小学西校区、第二实验小学凤凰城分校、相山区合众小学等校园，实地考察了解学校办学情况。

13日　省政法队伍教育整顿驻淮指导组副组长张业锁一行5人，到相山区委政法委调研指导政法队伍教育整顿工作。指导组一行查看区委政法委查纠整改环节工作台账，听取区委常委、政法委书记池圣洲关于相山区委政法委政法队伍教育整顿查纠整改环节近期工作开展情况的汇报。

15日　党史学习教育市委宣讲团成员、淮北师范大学马克思主义学院朱庆跃教授到相山区作党史学习教育专题宣讲报告。区委书记胡启书主持会议并讲话。

是日　相山区召开新一轮深化“三个以案”警示教育廉政党课报告会，区委书记胡启书作《学党史　守清廉　正作风　坚持从党史学习教育中汲取清廉力量》专题廉政党课报告。

16日　2021淮北食品工业博览会在凤凰山食品博览园会展中心开幕。展会的主题是“融合发展科技创新”，全国15个省、自治区、直辖市的150家食品企业应邀到会。全国政协委员、中国华文教育基金会理事长任启亮，全国政协参政议政人才库特聘专家庄聪生，中国食品工业协会常务副会长沈篪，中国商业联合会副会长傅龙成，中国食品工业协会副会长、安徽省食品行业协会常务副会长、秘书长邵栋梁，中国社会科学院食品药品产业发展与监管研究中心主任张永建，以及省直有关单位负责人员；方宗泽、谌伟、周天伟、胡亮，市政府秘书长徐涛等参加开幕式。任启亮宣布食博会开幕。

是日　市委书记张永到2021淮北食品工业博览会现场走访看望参展商，调研展会举办情况。市委常委、秘书长张力参加调研。在淮北食品工业博览会特装展区，张永一行详细了解布展内容、产品展销、安全保卫、后勤保障等情况，并与参展企业负责人交流。张永一行还先后调研非物质文化遗产展区、淮北凤凰山食品工业文化博览馆，就宣传推广淮北市非遗文化、推动食品产业发展提出具体要求。区委主要负责人参加调研。

是日　2021淮北食博会市情说明会暨招商引资洽谈会签约仪式举行，18个项目在仪式上签约，协议投资总额86.83亿元。市领导高维民、李公峰出席签约仪式。副市长高维民在致辞中简要介绍淮北市市情。仪式上，与会人员观看相山区宣传片，区政府负责人作招商推介，相关部门单位和企业家代表进行项目签约。

17日　区委全面深化改革委员会召开第十六次会议。区委书记、区委全面深化改革委员会主任胡启书主持会议并讲话。会议学习中央深改委第十八次会议、省委深改委第十一次会议和市委深改委第十二次会议精神，听取区委改革办关于《区委全面深化改革委员会2020年工作总结和2021年工作计划》的书面汇报，审议通过《区委全面深化改革委员会2021年工作要点》。

19日　中国共产党相山区第八届委员会第十三次全体会议召开，区委书记胡启书主持会议并讲话。会议听取《关于召开中国共产党相山区第九次代表大会的决议（草案）》的说明，审议通过《关于召开中国共产党相山区第九次代表大会的决议》。

20日　区委副书记、区长朱龙带队调研招商引资新开工项目建设情况。朱龙先后考察禾美环保食品检测实验站、三航机电电机、双创嘉智能光电、深淮电路板、深粤电路板等8个新开工建设项目。

22日　区委书记胡启书带队督查中央生态环境保护督察反馈问题整改工作，区政府副区长张长明，区直相关单位负责人参加。胡启书一行先后到淮北市油西环保建材有限公司、凤翔沟、洪山路菜市场等处查看。

23日　相山区民营企业座谈会召开。学习习近平总书记在全国民营企业座谈会上的讲话和省市相关会议精神，并对2020年优秀企业进行表彰。区委书记胡启书参加会议并讲话，7位民营企业家代表结合企业发展实际进行发言。

是日　区委副书记、区长朱龙调研养老托幼照护服务工作。实地查看爱弥儿托育园、昱德托育中心、爱乐祺托育淮北中心，前往多媒体教室、综合活动室、学生食堂查看，听取园所负责人员工作介绍，详细询问了解机构运营、行业规范、教学理念、发展难点等情况，并就照护服务工作发展提出具体要求。

24日　全区信访工作暨信访工作联席会议第一次全体（扩大）会议召开，区委书记胡启书参加会议并讲话，区委常委、政法委书记池圣洲主持会议并作全区信访工作报告。

27日　市委书记张永到相山区、杜集区督导调研中央环保督察信访件整改工作。张永一行首先到洪山路菜市场，仔细察看市场噪声及垃圾问题整改情况，并现场协调解决有关问题。张永指出，要持续提升市场管理水平，切实加强市场周边环境治理，确保问题改彻底改到位。在相山经济开发区，张永一行实地了解凤翔沟水体治理工作开展情况。

是日　蚌埠市禹会区政协主席王克玲一行到相山区考察学习"一组一会一协商"工作。王克玲一行先后到三堤口街道庆相桥社区"一组一会一协商"活动平台，渠沟镇徐集村徐氏祠堂、徐度刚家村民议事点，详细了解相山区将政协协商嵌入“一组一会一 协商”工作开展情况，并针对协商主体、协商内容、活动开展和取得成效方面进行深入了解。

28日 相山区政协召开政协联络组组长会议暨“一组一会一协商”工作推进会。会议传达学习市政协下发的《关于加强市政协界别召集人和镇（街道）政协委员召集人工作的意见（试行）》《关于加强和改进反映社情民意信息工作的意见》《淮北市政协反映社情民意信息工作的考核办法》文件精神。

是日 相山区“劳动最美——永远跟党走奋进新征程”庆五一劳模宣讲活动在两宫广场举行。宣讲会上对16名相山区“金牌职工”进行选树命名。市总党组书记、副主席刘妍梅，区委副书记、渠沟镇党委书记沈慧星，区人大常委会党组成员、副主任刘云，市总劳动经济部部长许文华、区总工会负责人等参加活动。

29日 2021年全省第四批贯彻“六稳”重大项目集中开工动员会举行，淮北分会场设在相山经济开发区科技创新信息产业园项目现场。市委书记张永在淮北分会场宣布项目开工。在开工现场，相山区委负责人介绍相山区开工重点项目情况。

30日 区委书记胡启书赴桐城市进行招商引资考察。

是月 相山区荣获全省美丽乡村建设先进县称号。

5月

6—11日 区委副书记、区长朱龙带队到合肥，海南海口，浙江宁波、杭州，江苏苏州、昆山等地开展招商引资考察。

7日 区委书记、区疫情防控应急综合指挥部指挥长胡启书调研全区新冠病毒疫苗接种工作，实地察看任圩街道社区卫生服务中心接种门诊、区人民医院接种门诊、淮北体育场集中接种点。

11日 市委书记张永深入基层公安机关、基层法院、基层司法所，调研督导政法队伍教育整顿工作。在相山区公安分局，实地察看信访接待中心、案件管理中心，翻台账资料、看总体方案、问时间进度，详细了解查纠整改阶段工作最新进展。

12日 区委书记胡启书带队调研民生工程项目建设情况。先后实地察看新华巷两侧老旧小区改造项目、渠沟镇南循环路“四好农村路”建设项目及孟庄幼儿园学前教育促进工程项目，详细了解项目推进过程中遇到的困难和问题，对项目进展进行指导，随后召开民生工程调度会。

14日 相山区十一届人大常委会第三十六次会议召开。区人大常委会党组书记、主任李清平主持会议并讲话。会议书面学习习近平总书记在庆祝中国共产党成立95周年大会上的讲话，表决通过人事任免事项，任命王晓勤为区人大常委会人事选举工作委员会副主任；任命左钱发、张长明、任宁、张运岭为相山区人民政府副区长，郭大庆为相山区科学技术局局长，周绍亮为相山区民政局局长，单光敏为相山区应急管理局局长，唐广建为相山区住房和城乡建设局（地震局）局长。审议并表决通过开展关于《中华人民共和国安全生产法》执法检查的决定，听取任后国家机关工作人员述职报告并进行满意度测评。区人民法院院长崔晓光、区人民检察院检察长施宏波、区委组织部、区政府办负责人，各街道人大工委主任、部分区人大代表列席会议。

是日 区人大常委会召开第36次会议，听取区人大常委会任命的国家机关工作人员述职报告并进行满意度测评。会上7人口头述职，69人书面述职。这是区人大常委会关于“一府两院”工作人员《任后监督办法》实施以来首次开展述职工作，是对“一府两院”工作依法开展监督的具体举措。

16日　省委宣传部副部长、省委网信办主任方晓利率省委疫情防控督导组到淮北市调研督导疫情防控工作。方晓利一行到相山区南黎街道桂苑社区详细了解医疗机构和公共场所疫情防控措施落实、疫苗接种组织等情况，并提出具体要求。

17日　区委书记、区疫情防控应急综合指挥部指挥长胡启书督查全区疫情防控工作，实地察看淮北体育场集中接种点、淮北飞亚医院、相山区浅草湾医学观察隔离点。

18日　区委副书记、区长、区疫情防控应急综合指挥部常务副指挥长朱龙督查全区疫情防控和疫苗接种工作，看望慰问奋战在防疫一线的医护人员。

19日　市委书记张永深入相山区调研老旧小区改造工作。市领导张力、胡亮、李公峰参加调研。在相山区新华巷片区、科委小区，张永一行看现场、听介绍、摸实情，详细了解小区改造规划设计、拆除违建等情况。

23日　相山区召开生态环境保护委员会2021年第三次会议暨中央环保督察问题整改、突出生态环境问题“大起底”“回头看”及“环境专项监督长制度”和秸秆禁烧工作推进会。区委书记胡启书出席会议并讲话，会议通报中央生态环境保护督察问题整改情况，并对突出生态环境问题“大起底”“回头看”、建立环境专项监督长制度、2021年秸秆禁烧工作进行部署，相关部门就环保督察问题整改及禁烧等工作表态发言。

24日　区委书记胡启书带队调研相山区基层党建和“小微权力”网络监督平台建设情况。

26日　相山区政协组织召开九届五十三次主席会议，视察区应急管理局工作。视察组一行先后察看帝景翰园小区消防设施情况、凤凰山排涝站防汛物资储备情况、安徽金冠玻璃有限责任公司安全生产管理情况。

是日　相山区2021年新型职业农民培训班在渠沟镇张集村党群服务中心开班。40名小麦、玉米、大豆等粮食作物的种植大户参加第一期培训。

27日　区委副书记、区长朱龙主持召开区政府第122次常务会议。会议听取区农业农村水利局关于曲阳街道前、后黄社区城乡供水一体化工程建设情况的汇报。区应急管理局关于全区近期安全形势及隐患排查整改工作情况的汇报。

是日　区委书记胡启书、区人大常委会主任李清平一行到第二实验幼儿园凤凰分园看望慰问少年儿童，送去节日礼物和温馨祝福，并向教育工作者致以亲切的问候。

是日　相山区人大常委会组织召开全区养老服务业发展情况调研工作汇报会。区人大常委会党组书记、主任李清平参加会议。听取区政府关于全区养老服务业发展情况汇报。

31日　区委举行理论学习中心组学习报告会，市委宣讲团成员、市委党校校委委员、副教授廖锋作题为《探索·奋斗·发展——百年党史的回顾与启迪》的专题辅导报告。区委常委、宣传部部长刘安顺主持报告会，并就推深做实全区党史学习教育工作进行安排部署。

是日　区委副书记、区长朱龙，区政协主席赵德华，区委常委、副区长左钱发一行到合众小学开展“六一”慰问活动。

6月

1日　区委副书记、区长朱龙督查中央环保督察反馈问题整改、“大棚房”问题专项清理整治行动“回头看”进展情况，副区长张运岭参加调研。

是日　区委副书记、渠沟镇党委书记沈慧星，区委常委、区纪委书记、区监委主任杨飞，到东街道幸福社区、相南街道桓谭社区及惠苑路社区调研指导基层“小微权力”监督管理平台使用情况。区纪委监委相关领导及街道主要负责人陪同调研。

3日 相山区召开全区民生工程推进会议。区委副书记、区长朱龙出席会议并讲话，区委常委、常务副区长赵华主持会议，副区长唐兵，各镇（街道）、开发区、区直成员单位主要负责人员及民生工程特邀监督员参加会议。会议总结回顾2020年民生工程工作实施情况，并对2021年工作任务进行全面动员和安排部署。

是日 相山区邀请上海市优秀加装电梯街道普陀区长风新村街道办事处副主任黄媛媛一行对全区既有住宅加装电梯工作进行指导。副区长张长明主持会议，市房产服务管理中心、区住建局、区市场监管局、区消防救援大队、街道社区负责人员及居民代表参加会议。

是日 全区严肃换届纪律暨新提拔重用区管干部集体廉政谈话会议召开。区委常委、纪委书记、监委主任杨飞出席会议并讲话，区委常委、组织部部长魏宾主持会议。

5日 区四大班子领导、区直相关部门主要负责人员，深入项目一线，对相山区公共卫生应急服务中心、翠峰中学、双创信息产业园、奥利斯智能装备科技有限公司奥利斯智能制造等11个重点项目进行现场观摩调度，检验全区重点项目建设成果，现场解决项目存在问题，并对下一步工作进行安排部署。

是日 相山区重点项目建设暨招商引资调度会召开。区发改委、经信局、商务局、投资促进局分别通报全区重点项目建设、工业投资、批零住餐及招商引资工作进展情况；10家企业参加会议，奥利斯智能装备科技有限公司、淮北矿业（集团）工程建设有限责任公司2家企业代表发言；区分管领导分别就分管工作作安排部署。区委书记胡启书出席会议并讲话。

6日 区委副书记、区长朱龙主持召开区政府第123次常务会议。听取区住建局关于相山区老旧小区（既有住宅加装电梯）补贴政策的汇报。区人社局关于相山区企业招才引智政策（试行）（送审稿）的汇报。

7日 区委副书记、区长朱龙深入企业开展“四送一服”活动，通过现场调研和座谈交办相结合的方式，深入了解项目建设过程中存在的问题，加快推进项目建设进度。

9日 市委书记张永深入濉溪县、相山区、烈山区，督导调研生态环境问题整改暨生态环境保护专项监督长制落实情况。根据中央生态环境保护督察交办信访件反映的问题，张永一行首先到相山区帝景翰园小区，仔细察看污水和垃圾问题整改情况，并现场协调解决有关问题。

是日 相山区党史学习教育领导小组办公室暨巡回指导组工作推进会召开。会议听取巡回指导组、镇（街道）、开发区、区直属部门代表们所作的工作汇报，并安排部署全区党史学习教育近期重点工作。

是日 区政协召开九届五十四次主席会议，听取区信访局工作开展情况。

10日 区委召开理论学习中心组2021年第7次学习研讨会。参会人员围绕安全生产、严肃换届纪律工作进行交流发言。

11日 相山区召开深化全国文明城市建设工作推进会。

16日 区委副书记、区长朱龙调研燃气安全、项目建设等工作。区住建局、区应急管理局、区消防大队主要负责人员陪同调研。

17日 中国共产党淮北市相山区第八届委员会第十四次全体会议召开。区委书记胡启书受区委常委会委托主持会议并讲话，区委委员、区委候补委员出席会议。会议决定中国共产党相山区第九次代表大会召开的时间和议程；审议通过中国共产党相山区第八届委员会工作报告（修改稿）、中国共产党相山区第八届纪律检查委员会工作报告（修改稿）及相应决议（草案）；审议通过中国共产党淮北市相山区第九届委员会委员、候补委员和纪律检查委员会委员候选人预备人选建议名单及相山区出席中国共产党淮北市第九次代表大会代表候选人预备人选建议名单；表决通过《中国共产党相山区第八届委员会第十四次全体会议决议》。

18日　区委副书记、区长朱龙主持召开区政府第125次常务会议。

19日　区委召开理论学习中心组2021年第8次学习研讨会议。会议采取“个人自学+专家辅导+交流发言”的方式进行。市委党史学习教育第一巡回指导组成员到会指导。市委党校副教授岳珍作题为《党领导改革开放伟大历程及经验启示》的专题辅导报告。区委理论学习中心组成员围绕学习主题，联系思想和工作实际作交流发言。

是日　相山区在隋唐运河古镇五凤门举办“学党史颂党恩跟党走”庆祝中国共产党成立100周年群众合唱展演活动，全区各群众合唱团队近300人参加活动。

20日　区政府召开第四次廉政工作会议。区委副书记、区长朱龙，区委常委、副区长左钱发，区委常委、区纪委书记、区监委主任杨飞，副区长黄思华、任宁、张运岭出席会议。区委常委、常务副区长赵华主持会议。会上，渠沟镇、区审计局负责人结合工作实际和各自职责发言。

22日　中共淮北市相山区第九次代表大会开幕。胡启书代表中共相山区第八届委员会作题为《干在实处显担当　走在前列谋新篇　凝心聚力建设新阶段现代化品质相山》的报告。大会听取《中国共产党淮北市相山区第八届纪律检查委员会工作报告》（书面）和《关于党费收缴、使用和管理情况的报告》（书面）。民革、民盟、民建、民进、农工党、致公党、九三学社等民主党派相山区负责人员及区工商联负责人，部分老干部代表、无党派人士代表应邀参加会议。

23日　中共淮北市相山区第九次代表大会闭幕。大会应到代表205名，实到代表201名。选举出九届区委委员31名、候补委员7名，九届区纪委委员17名，出席市第九次党代会代表65名。闭幕后，中共淮北市相山区第九届委员会召开第一次全体会议，选举胡启书为区委书记，朱龙、沈慧星为区委副书记。

是日　中国共产党淮北市相山区第九届纪律检查委员会第一次全体会议召开。会议选举产生新一届中共相山区第九届纪律检查委员会常务委员会委员、书记和副书记。区纪委九届一次全会召集人杨飞主持会议，主席团常务委员会成员魏宾参加会议，市委换届指导督导组组长、市委组织部副部长、市公务员局局长、市委非公工委书记明磊及督导组成员到会指导督导。会议应到纪委委员17名，实到会委员17名。通过中共相山区第九届纪律检查委员会第一次全体会议选举办法，选举产生王亚辉、王莉红（女）、朱林、李本胜、杨飞、杨彩侠（女）、吴杰为区纪委常务委员会委员，杨飞为区纪委书记，李本胜、王莉红（女）为区纪委副书记。

25日　省委常委、省委统战部部长，省政协党组副书记张西明到淮北走访慰问部分老党员、老干部和因公殉职党员干部家属。在相山区走访慰问区人大退休干部朱兆永，渠沟镇党委原委员（挂职）、土楼村党总支原书记任荣家属，八路军女战士宋岐，送去党组织的关怀和温暖。省委统战部副部长、省社会主义学院党组书记程小俊，市领导钱界殊、单强陪同。

是日　区委书记、区文明委主任胡启书带队“行走相山”督查文明创建和安全生产工作，区委常委、宣传部部长、区文明委常务副主任刘安顺，区直相关单位及镇（街道）负责人员参加。胡启书一行先后对相南街道海宫小区南区、西街道长乐巷、南黎街道惠民路现代花园南苑东侧、南黎街道学院社区小新庄、任圩街道仁和临时菜市场、东山街道马庄社区等点位进行督查，现场指出存在问题并提出整改要求。

27日　淮北市文化旅游体育局局长胡家培、区委书记胡启书陪同相山区老党员、老干部参观庆祝中国共产党成立100周年相山区“百年辉煌　记忆相城”书画摄影作品展。

是日　相山区召开“光荣在党50年”老党员老干部座谈会。区委书记胡启书参加会议并讲话。胡启书向“光荣在党50年”纪念章获得者代表颁发纪念章。

28日　淮北市规范村级“小微权力”运行工作观摩推进会在相山区召开，市委常委、市纪委书记、市监委主任李朝晖出席会议并讲话。会前，李朝晖一行先后到相山区相南街道惠苑路社区、东山街道翰林社区实地查看村级“小微权力”网络监督平台建设和使用情况。

29日　区妇联联合区区文明办在相山区志愿服务广场开展“巾帼心向党　奋斗新征程”最美家庭揭晓仪式暨庆祝建党100周年群众性文艺会演。

30日　退役军人事务部秘书局副局长陈国瑜率调研组到淮北市调研，并召开座谈会。省退役军人事务厅副厅长马旭升，淮北市党政军领导张永、任东、孙军、张力、章银发参加座谈会或陪同调研。在淮北调研期间，陈国瑜一行实地考察相山区东办退役军人服务站。

是日　相山区庆祝中国共产党成立100周年先进典型表彰暨歌咏大会在淮北矿业会议中心举行。

7月

1日　相山区召开区委理论学习中心组学习会议，集中观看庆祝中国共产党成立100周年大会现场直播。区委书记胡启书主持会议并讲话。全体中心组成员参加会议。

2日　淮北市相山区十一届人大常委会第三十七次会议召开。区人大常委会党组书记、主任李清平主持会议并讲话，副主任刘斌、朱正春、刘云、王俊及区十一届人大常委会组成人员参加会议。区委常委、区政府副区长左钱发，区委常委、区纪委书记、区监察委员会主任杨飞等列席会议。

是日　区委书记胡启书，区委副书记、区长朱龙到相山经济开发区调研重点项目建设和经济发展情况。区领导赵华、左钱发、魏宾以及区直相关部门、开发区负责人员参加调研。

4日　区委副书记、区长朱龙调研全区义务教育优质均衡创建工作。

5日　区委书记胡启书，区委副书记、区长朱龙带队到任圩街道实地调研重点工作。

6日　区委书记胡启书到渠沟镇调研大梁楼采煤塌陷村庄搬迁安置工程推进情况。区领导沈慧星、池圣洲、张长明以及区委办公室、区财政局、区住建局、渠沟镇负责人员参加调研。

是日　区委副书记、区长、区文明委主任朱龙“行走相山”督查文明创建工作，区委常委、宣传部部长、区文明委常务副主任刘安顺，区直相关单位及镇（街道）负责人员参加。

是日　区委副书记、区长朱龙主持召开区政府第126次常务会议。

7日　相山区人大常委会召开执法检查动员暨培训会，区人大常委会副主任刘云主持会议并讲话，市安监局党组成员、副局长韦群智应邀作《中华人民共和国安全生产法》培训。区人大执法检查组全体成员，镇、街道人大主要负责人员，区教育局、区经信局、相山消防大队、区民政局、区住建局、区商务局、区市场监督管理局、区应急管理局、渠沟镇、相山经济开发区分管负责人员，区人大代表中的部分企业界代表参加会议。

8—11日　相山区人大常委会党组书记、主任李清平带队到台州进行招商引资考察。区人大常委会副主任王俊、区人大常委会办公室负责人员陪同考察。

12日　区委书记胡启书带队到曲阳街道调研重点工作。区委常委、政法委书记池圣洲、副区长张长明等参加调研。

13—16日　安徽省财政厅民生办绩效评价组组长吴巍带队来相山区开展2020年度城镇老旧小区改造民生工程绩效评价工作，市住建局、市财政局、相山区政府及相关部门（科室）全程协助配合开展评价工作。

14日　区政协召开专题协商会议，组织政协常委围绕“加快全域城市化进程，提升城市核心竞争力”开展专题协商。区政协主席赵德华，副主席张仁喜、李世林、李良成、田骊和政协常委参加会议。副区长张运岭、区发改委、区住建局、区文旅体局和区城管局有关部门负责人员、致公党相山总支代表受邀参加会议。

是日　区委书记胡启书带队到相南街道调研重点工作。区委常委、政法委书记池圣洲，区委常委、组织部部长魏宾，副区长张长明，区委办、区民政局、区人社局、区自然资源和规划分局、区住建局、区文旅体局、区征收安置中心主要负责人员参加。

是日　相山区人大常委会党组副书记、副主任朱正春，区人大常委会各工委主任、副主任及部分区人大代表组成调研组，对相山区司法所建设和社区矫正工作进行实地调研。

17日　区委副书记、区长朱龙督查防汛和排涝工作。副区长张长明、张运岭陪同督查。区政府办、区防汛办、区督查考核办、南黎街道、渠沟镇、曲阳街道主要负责人员参加督查。

18日　相山区召开区委理论学习中心组2021年第11次学习会议暨习近平总书记“七一”重要讲话精神研讨班。区委书记胡启书主持会议并讲话。市委党史学习教育第一巡回指导组组长潘红旗到会指导。

19日　区委副书记、区长朱龙主持召开区政府第127次常务会议。

21日　淮北市相山区人大常委会召开宣传信息工作推进会议。

23日　区委副书记、区长朱龙召开全区防汛工作会议安排部署全区防汛工作。

26日　区委书记胡启书一行到安徽金冠玻璃有限公司制造车间看望慰问一线职工，区委办公室、区总工会、相山经济开发区负责同志参加。

是日　安徽省发展民营经济领导小组发布2020年度全省发展民营经济考核结果，相山区在2020年度发展民营经济考核中得分位居前列。

27日　区委书记胡启书，区委副书记、区长朱龙，区人大常委会主任李清平，区政协主席赵德华代表区四大班子和全区人民，向驻区各部队官兵、公安干警致以节日问候，并送去慰问金及慰问品。

是日　相山区召开2021年第四次生态环境保护委员会会议暨中央生态环境保护督察反馈问题整改推进会。

是日　区政协召开第五十五次主席会议，视察区投资促进局工作开展情况。区政协主席赵德华，副主席李世林、李良成，秘书长刁守华，住会常委和部分政协委员参加视察活动。区投资促进局、相山经济开发区有关负责人员陪同考察。

7月29日—8月1日　相山区在市委党校举办招商引资工作业务培训班，区委常委、副区长左钱发主持开班仪式，区领导沈慧星、张运岭、李世林及全区各部门、各单位160余人参加培训。

31日　相山区政府邀请芯谋市场信息咨询（上海）有限公司研究总监李国强在全区招商引资

业务培训班上授课。

是月 在2021年安徽省校园足球夏令营活动中，相山区朝阳小学荣获小学女子组第五名，长山路小学荣获小学混合组第六名。此外，古城路小学获2021年淮北市中小学篮球联赛小学男子组冠军、淮海路小学获得季军、九一零学校获小学女子组第六名、淮纺路中学获女子组第八名。

8月

3日 相山区召开区文明委常务班子文明创建工作推进会，区委副书记、区文明委第一副主任沈慧星参加会议，会议由区委常委、宣传部部长、区文明委常务副主任刘安顺主持，区政协副主席、区文明委副主任李良成参会。区直主创部门主要负责人员，各镇（街道）、开发区党（工）委书记，区城管大队、区物业管理中心、区环卫所、淮北侨银公司主要负责人员参加会议。

是日 区委书记胡启书带队到南黎街道调研重点工作。区委常委、政法委书记池圣洲，区委常委、纪委书记、监委主任杨飞，副区长张长明，区委办、区民政局、区人社局、区自然资源和规划分局、区住建局、区文旅体局、区征收安置中心主要负责人员参加。

4日 区委副书记、区长朱龙带队督查相山区乡村生态振兴工作开展情况。副区长张运岭，相山经济开发区、渠沟镇、区农业农村水利局、区生态环境分局、区住建局、区城市管理局、区自然资源和规划局分局主要负责人员参加。

是日 相山区召开全区疫情防控应急综合指挥部会议。区委书记、区疫情防控应急综合指挥部指挥长胡启书参会，区委副书记、区长、区疫情防控应急综合指挥部常务副指挥长朱龙主持会议。区领导沈慧星、刘安顺、黄思华就分管工作讲话。区指挥部成员单位主要负责人员，区指挥部办公室各专项工作组组长参会。

是日 区委书记胡启书采取“四不两直”方式督查常态化疫情防控工作。区委办、区委督查考核办、区卫健委负责人员参加。

6日 区委书记胡启书以普通党员身份，参加区委办公室党支部党史学习教育专题组织生活会，同支部党员一起，认真开展学习交流，分享体会感悟，查找差距不足，明确整改措施，推动党史学习教育的成果转化为前进动力和工作成效。党史学习教育市委第一巡回指导组组长潘红旗到会指导。

9日 区委书记胡启书带队到三堤口街道调研重点工作。区委常委、政法委书记池圣洲，区委常委、宣传部部长刘安顺，副区长、公安相山分局局长郑翔，副区长张长明，区委办、区司法局、区住建局、区自然资源和规划分局、区征收安置中心主要负责人员参加。

10日 相山区政府机关党支部召开党史学习教育专题组织生活会。区委副书记、区长朱龙，区委常委、常务副区长赵华，区委常委、副区长左钱发，副区长唐兵、张长明、任宁、张运岭以普通党员身份参加。区委党史学习教育第三巡回指导组组长、区政协副主席李良成到会指导。

是日 区委副书记、区长朱龙召开乡村人才振兴工作座谈会，副区长张运岭主持会议。区委组织部（分管）、区委编办、区教育局、区科技局、区民政局、区财政局、区人社局、区农业农村局、区文旅体局、区卫健委、团区委、区妇联主要负责人员参加会议。

12日 相山区“举旗帜·送理论”党史学习教育微宣讲区级总决赛举办。

13日 区委书记胡启书带队到东山街道调研重点工作。

14日 相山区召开区委理论学习中心组2021年第12次学习会议。区委书记胡启书主持会议并讲话。

是日 相山区召开文明委会议。

16日　相山区召开全区疫情防控应急综合指挥部会议。区委书记、区疫情防控应急综合指挥部指挥长胡启书参会，区委副书记、区长、区疫情防控应急综合指挥部常务副指挥长朱龙主持会议。区领导，区指挥部成员单位主要负责人员，镇（街道、开发区）党政负责人员，区指挥部办公室各专项工作组组长参会。

18日　区委书记胡启书带队赴东街道调研指导重点工作。

19—20日　区委副书记、区长朱龙赴长园集团开展招商引资活动。

20日　区委书记胡启书带队到西街道调研重点工作。区政协主席赵德华，区委办、区委组织部、区委政法委、区文明办、区民政局、区住建局负责人员参加。

21日　相山区召开全区疫苗接种攻坚任务紧急调度会。区委书记、区疫情防控应急综合指挥部指挥长胡启书参会并讲话，区委副书记、区长、区疫情防控应急综合指挥部常务副指挥长朱龙主持会议。

25日　相山区庆祝中国共产党成立100周年党史知识竞赛举行。

26日　市委书记、市文明委主任张永到相山区调研文明城市创建工作。市领导李加玉、张力、李公峰参加调研。相山区、相关部门负责人员参加上述活动。

29日　第十四届全运会群众展演广场舞决赛成绩公布，相山区队成绩优异，勇夺健身舞分项城市街道（社区）组一等奖。

30日　市委书记张永深入相山区调研老旧小区改造工作。市领导张力、胡亮、李公峰参加调研，区委主要负责人员参加调研。

31日　截至当日11时，相山区18岁以上人群累计接种新冠病毒疫苗38.3万剂次，任务完成率超100%。

9月

1日　相山区召开2021年三季度安委会（消委会）暨食安委会全体会议。区委副书记、区长朱龙出席会议并讲话，区委常委、常务副区长赵华主持会议。副区长黄思华、唐兵、郑翔、任宁、张运岭参加会议。区安委会（消委会）、食安委会全体成员单位主要负责人员，辖区重点企业负责人员，相山经济开发区应急环保部部长、各镇（街道）安监办主任参加会议。

2日　淮北市相山区十一届人大常委会第三十八次会议召开。区人大常委会党组书记、主任李清平主持会议并讲话，副主任刘斌、朱正春、刘云、王俊及区十一届人大常委会组成人员出席会议。区委常委、区纪委书记、区监察委员会主任杨飞，区政府副区长唐兵等列席会议。区人民法院院长崔晓光，区人民检察院检察长施宏波，区委组织部、区政府办、区发改委、区财政局、区农水局、区民政局主要负责人员，渠沟镇人大主席，各街道人大工委主任，部分区人大代表列席会议。

3日　“2021中国特色旅游商品大赛”结果正式公布，相山经济开发区天宏“怕上瘾非油炸方便面”获“2021中国特色旅游商品大赛”银奖。

7日　区委副书记、区长朱龙带队开展教师节走访慰问活动，向辛勤耕耘在教育战线上的广大教师和教育工作者致以节日的问候和诚挚的谢意。区人大常委会党组书记、主任李清平，区委副书记、渠沟镇党委书记沈慧星，区委常委、副区长左钱发，区政协副主席李良成参加慰问。

8日　以“深入实施质量提升行动　大力推进质量强区建设”为主题的相山区“质量月”暨区政府质量奖评选活动启动仪式在科创大厦举行。区委常委、副区长左钱发参加会议并作动员讲话，区质量发展委员会成员单位负责人及辖区企业负责人员参加。

9日　中共相山区委依法治区委员会办公室举办习近平法治思想专题培训，邀请市委党校法学与管理教研室主任费蕙蓉教授做专题培训。区政府副区长、公安相山分局局长郑翔主持会议并讲话，区领导及区直各单位、各镇（街道）、开发区主要负责人员参加。

13日　区委全面深化改革委员会召开第一次会议。区委副书记、区长、区委全面深化改革委员会副主任朱龙主持会议并讲话。

15日　区委副书记、区长朱龙督查“双节”期间疫情防控、安全生产和市场供应工作，副区长张长明参加督查。

是日　区委副书记、区长朱龙主持召开区政府第131次常务会议。

16日　区委召开理论学习中心组2021年第13次学习研讨（扩大）会议，专题学习习近平法治思想。区委副书记、区长朱龙主持会议并讲话。区委理论学习中心组成员，区纪委监委、区委政法委分管负责人员，区司法局班子成员参加会议。

是日　区政协召开九届五十七次主席会议，视察渠沟镇脱贫攻坚和乡村振兴衔接工作开展情况。区政协主席赵德华，副主席张仁喜、李世林、李良成，秘书长刁守华，住会常委和部分政协委员参加会议。

17日　相山区召开区文明委常务班子专题汇报会。区委副书记、区文明委第一副主任沈慧星参加会议并讲话，区委常委、宣传部部长、区文明委常务副主任刘安顺主持会议。区人大常委会副主任、区文明委副主任刘斌，区政府副区长、区文明委副主任张长明，区政协副主席、区文明委副主任李良成及区文明办、区市场监管局主要负责人员参加会议。

18日　相山区食安委召开全区“中秋、国庆”食品安全工作部署会。区市场监管局、区教育局、区住建局、区民政局、区商务局分别在会上作了行业监管食品安全工作汇报，全区学校、幼儿园负责人，各市场所（分局）负责人员参加会议。

19日　区委副书记、区长朱龙带队督查宜必思酒店（淮北南黎路店）隔离点、曲阳社区卫生服务中心和油坊村疫情防控工作。区政府办、区卫健委负责人员陪同参加督查活动。

20日　区委副书记、区长朱龙带队调研市政重点项目征收工作，副区长张长明陪同。

26日　相山区举办电子信息产业链企业家沙龙。区委副书记、区长朱龙与电子信息产业企业家代表互动交流、通报形势、听取意见。市经信局党组成员、副局长张海军，区领导赵华、左钱发、任宁参加。

是日　相山区召开区生态环境保护委员会2021年第五次会议暨秋季秸秆禁烧、秋冬季大气污染防治、环长制工作推进会，区委副书记、区长朱龙参加会议并讲话，区委副书记、渠沟镇党委书记沈慧星主持会议。区领导赵华、池圣洲、刘安顺、左钱发、魏宾、黄思华、唐兵、郑翔、张长明、任宁参加会议。

是日　区委召开常委会，传达学习市第九次党代会及市委九届一次全会精神，区委副书记、区长朱龙主持会议并讲话。

27日　相山区人大常委会党组召开第一百零九次会议，传达学习淮北市第九次党代会精神。区人大常委会党组书记、主任李清平主持会议。

是日　由市委督查考核办、市民生办、市住建局、市农业农村局、市交通运输局、市传媒中心等部门抽调专人组成的专项督查组，对相山区2021年实施的民生工程项目开展重点督查。区委常委、常务副区长赵华，区委督查考核办、区财政局、区住建局、区农业农村水利局等相关单位负责人员参加会议。

28日　市委书记张永前往安徽（淮北）新型煤化工合成材料基地及濉溪、相山、烈山经济开发区，调研园区发展情况。

29日 区政协召开九届二十五次常委会会议，就全区经济社会发展情况和区政协委员提案办理工作开展情况进行视察。区政协主席赵德华，副主席张仁喜、李世林、李良成、田骊、秘书长刁守华和政协常委参加会议。区政府副区长任宁，区委督查考核办和区发改委主要负责人员列席会议。

30日 区委副书记、区长朱龙主持召开区政府第132次常务会议。

是日 区委召开理论学习中心组2021年第14次学习研讨会议，区委副书记、区长朱龙主持会议并讲话。

是月 安徽省青年工作联席会议办公室印发通知，相山区入选《安徽省中长期青年发展规划（2018—2025年）》实施试点。

是月 2017—2020年度全国群众体育先进和全国体育系统先进名单揭晓，相山区文化旅游体育局，相山区东街道供电社区获“全国群众体育先进单位”称号。

是月 由中共相山区委、相山区人民政府主办，相山区党史和地方志研究室编纂的《相山年鉴（2021）》出版发行。

10月

8日 区委副书记、区长、区文明委主任朱龙采取“四不两直”方式督查全区文明创建工作，区委常委、宣传部部长、区文明委常务副主任刘安顺，区直相关单位及街道负责人参加。

10日 相山区召开“决战四季度增强新动能”加快重点项目建设专项行动观摩动员会，动员全区上下以专项行动为抓手，全力以赴推进重点项目建设，促进经济社会持续健康稳定发展，推动“十四五”开好局、起好步。区四大班子领导、区直相关单位及街道负责人参加。

是日 相山区中小学校长职级制评审现场答辩在翠峰小学举行，全区共有42名中小学校（园）长参加。

11—12日 省应急管理厅机关党委二级调研员陈典文等一行5人到相山区开展妇儿工作结对共建调研。

12日 中国少年先锋队淮北市相山区第二次代表大会在第二实验小学报告厅举行。

是日 学习贯彻习近平总书记“七一”重要讲话精神市委宣讲团宣讲报告会走进相山区。区委副书记、区长朱龙主持会议，区四大班子领导，检察院检察长，区直部门、人民团体主要负责人员，镇（街道）、开发区党（工）委主要负责人员参加会议。

14日 相山区村（社区）“两委”换届工作会议召开。区委副书记沈慧星出席会议并讲话，区委常委、组织部部长魏宾主持会议。区村（社区）“两委”换届选举工作领导小组成员，各镇（街道、开发区）党（工）委书记、分管副书记、组织委员、村（居）委换届工作负责人员、村（社区）党组织书记、村（居）民委员会主任参加会议。

15日 相山区在濉河花园小学举行2021年国际减灾日科普活动。活动由市减灾救灾委员会主办，相山区应急管理局承办，区教育局、区消防救援大队协办，多支社会救援力量参与。

是日 区委宣传部（区委网信办）联合区经济和信息化局、公安相山分局、区总工会、团区委、区妇联等单位在淮北市两宫广场开展主题为“网络安全为人民，网络安全靠人民”的2021网络安全宣传周集中宣传活动。

是日 全省“举旗帜·送理论”习近平总书记“七一”重要讲话精神专题宣讲报告会走进相山经济开发区，32名非公企业党支部负责人员参加报告会。

19日 相山区召开商贸服务企业发展座谈会。区委副书记、区长朱龙出席并讲话，副区长任宁主持会议。区发改委、区财政局、区商务局、区文旅体局、区统计局主要负责人员，市汽车服务协会、市物流协会、市快递协会及淮北云集文化产业有限公司、淮北金鹰国际购物有限公司、淮北万达广场商业管理有限公司、安徽家家悦真棒超市有限公司等12家商贸企业参加会议。

22日　市纪委监委“锻造铁军六项行动”现场会在相山召开。市委常委、市纪委书记、市监委主任李朝晖出席会议并讲话。

是日　区委副书记、区长朱龙接受淮北融媒体中心记者专访。他表示，相山区将对标对表“五个淮北”，努力实现增强发展动能活力、提升区域经济实力、推进全面绿色转型、改善人民生活品质、推动共建共治共享的“五大新突破”，扎实推进更高质量转型发展，为建设经济强、百姓富、生态美的新阶段现代化美好淮北贡献相山力量。

是日　全区安全生产、疫情防控、信访、社会治安综合治理会议召开。区委副书记、区长朱龙出席会议并讲话，区政府副区长、公安相山分局局长郑翔主持会议。

24日　区委召开理论学习中心组2021年第15次学习会议。区委副书记、区长朱龙主持会议并讲话，区委理论学习中心组成员参加会议。

26日　相山区召开文明创建工作推进会。区委副书记、区文明委第一副主任沈慧星出席会议并讲话，区政协副主席、区文明委副主任李良成主持会议，区政府副区长、区文明委副主任张长明参加会议。区纪委监委分管负责人，区委督查考核办、区直主创部门主要负责人员，各镇（街道）、开发区党（工）委书记，区城管大队、区环卫所、区物业管理中心、淮北侨银公司、渠沟中联公司负责人参会。

是月　全市第四届“举旗帜·送理论”党史学习教育微宣讲竞赛获奖情况公布，相山区参赛选手司胜男的《赓续红色基因　传承淮海战役精神》获优秀微视频奖，刘珺石的《大漠英雄》、张斌的《青春中国》获优胜奖，区委宣传部获优秀组织奖。

是月　全国示范性老年友好型社区名单公布，相山区东街道供电社区上榜。

11月

1日　区委全面深化改革委员会召开第二次会议，区委副书记、区长、区委全面深化改革委员会副主任朱龙主持会议并讲话。区委全面深化改革委员会副主任、成员参加会议。

2日　相山区政协党组书记、主席赵德华带队调研民生工程建设情况，副区长唐兵，区财政局、区教育局、区住建局、区农业农村水利局等单位主要负责人员参加调研活动。

是日　区委副书记、区长、区文明委主任朱龙调研全区文明创建工作，区委常委、宣传部部长、区文明委常务副主任刘安顺，区政府副区长、区文明委副主任张长明，区直相关部门及街道负责人员参加。区直主创部门主要负责人，各镇（街道）、开发区党（工）委书记，区城管大队、区环卫所、区物业管理中心、市政园林所、凤凰山实业公司、淮北侨银公司、渠沟中联公司负责人员参会。

是日　相山区召开全区招商引资调度会。区委副书记、区长朱龙参加会议并讲话，区委常委、常务副区长赵华主持会议，区委常委、副区长左钱发参加会议。相山区招商团（一团、二团、三团）全体团员、区委督查考核办公室、区生态环境分局、区投资促进局、相山经济开发区、凤凰山实业公司主要负责人员参加会议。

3日　相山区选举委员会召开第一次会议。区选举委员会主任朱正春主持会议，区选举委员会组成人员、选举委员会办公室主任、副主任，组织选举组、宣传教育组、纪检信访组组长、副组长参加会议。

是日 相山区十一届人大常委会第三十九次会议召开。区人大常委会党组副书记、副主任朱正春主持会议并讲话，副主任刘斌、刘云、王俊及区十一届人大常委会组成人员出席会议。区人大常委会党组书记、主任人选李梅，区政府副区长张长明等列席会议。区人民检察院检察长施宏波，区纪委监委、区人民法院、区委组织部、区政府办、区委督查考核办、区财政局负责人员，渠沟镇人大主席、各街道人大工委主任，部分区人大代表列席会议。

4日 相山区召开区委常委会扩大会议，区委副书记、区长朱龙主持会议并讲话。区委、区人大常委会、区政府、区政协领导班子成员；区法院院长、区检察院检察长；其他副县级以上领导干部；区委巡察组主要负责人员；区直各单位、各驻区单位、各人民团体主要负责人员；镇（街道）、开发区党政主要负责人员参加会议。

5日 相山区举行“园区贷”业务合作座谈会暨签约仪式，区委常委、常务副区长赵华主持会议并见证签约，副区长唐兵，区财政局、区投资促进局、相山经济开发区负责人员及相关金融机构、企业负责人员参加会议。

9日 相山区选举委员会召开第二次会议。区选举委员会主任朱正春主持会议，区选举委员会组成人员、选举委员会办公室主任、副主任，组织选举组、宣传教育组、纪检信访组组长、副组长参加会议。

是日 相山区教育局联合区应急局、区卫健委、区消防应急救援大队、区公安分局开展以“防范安全风险，建设平安校园，全区教育系统安全综合演练暨119消防安全月启动仪式”为主题的应急疏散演练活动。区委副书记、区委教育工作领导小组组长沈慧星，市教育局党组成员、总督学王月辉，区委常委、宣传部部长、区委教育工作领导小组副组长刘安顺，区人大常委会副主任刘斌，区政协副主席李良成参加活动。区属各中小学校校长、幼儿园负责人、培训机构负责人员参加演练活动。

10日 相山区人大换届选举工作动员大会召开。市人大常委会党组成员、副主任张香娥到会指导，区委副书记、区长朱龙参加并讲话，区人大常委会党组书记、主任候选人李梅主持会议。区领导沈慧星、刘安顺、杨飞、魏宾、李拥军、刘斌、朱正春、刘云、王俊参加会议。市人大常委会人选工委有关负责人员，区人大换届选举领导小组成员，区、镇选举委员会成员和工作机构成员，渠沟镇、开发区、各街道、淮矿集团、淮海实业集团选举工作组组长、副组长，各选区选举工作小组组长、副组长和选民登记员，辖区内县级以上单位和独立的科级单位的负责人员，各行政村（社区）书记、主任，辖区各企事业单位负责人员参加会议。

12日 相山区委党校（行政学校）举行揭牌仪式。相山区2021年中青年干部培训班、科级干部培训班同步开班。市委组织部副部长王锋，市委党校校委委员、副校长邓景丽，区委副书记、区长朱龙，区委副书记、渠沟镇党委书记沈慧星，区委常委、组织部部长、区委党校校长魏宾出席仪式并揭牌。

15日 安徽省旅游休闲街区创建认定结果公示，隋唐运河古镇街区成功入选“安徽省旅游休闲街区”。

16日 相山区人大常委会党组书记李梅深入东街道，督查指导区镇人大换届选举工作。

是日 相山区召开区委常委会第14次会议，传达学习中国共产党第十九届中央委员会第六次全体会议公报、习近平总书记在中央人大工作会议上的重要讲话精神等内容。

17日 区委副书记、区长朱龙主持召开区政府第134次常务会议。

18日　淮北市相山区十一届人大常委会第四十次会议召开。区人大常委会党组副书记、副主任朱正春主持会议并讲话，副主任刘斌、王俊及区十一届人大常委会组成人员出席会议。区人大常委会党组书记、主任人选李梅，区委常委、区纪委书记、区监察委员会主任杨飞，区政府副区长张运岭等列席会议。区人民检察院检察长施宏波，区人民法院、区委组织部、区委宣传部、区委统战部负责人员，区政府办主要负责人员，渠沟镇人大主席、各街道人大工委主任，部分区人大代表列席会议。

19—20日　区委副书记、区长朱龙带队到合肥走访安徽大学、中国科学技术大学先进技术研究院、安徽中安创谷产业园等部分高校、科研院所和工业园区。区领导刘安顺、唐兵、张长明参加。

24日　安徽省质量工作领导小组发布文件，同意命名淮北市相山区为“安徽省质量强县（市、区）”。

24—26日　相山区举办2021年宣传思想工作暨意识形态与通讯员培训班。区委常委、宣传部部长刘安顺参加开班仪式并讲话，副区长任宁主持开班仪式，各镇（街道）、开发区组宣统员、通讯员，区直各单位通讯员，优秀志愿者代表参加。

26日　区委副书记、渠沟镇党委书记沈慧星，区委常委、区纪委书记、区监委主任杨飞一行到渠沟镇实地调研相山区民生工程农村公路提质改造项目。区纪委监委、区住建局、渠沟镇相关负责人员参加调研。

27日　区委全面深化改革委员会召开第三次会议。区委副书记、区长、区委全面深化改革委员会副主任朱龙主持会议并讲话。区委全面深化改革委员会副主任、成员参加会议。

29日　相山区在大学科技园举办绿色食品制造产业链企业家沙龙暨学习贯彻省第十一次党代会精神宣讲报告会。市委宣讲团成员、区委副书记、区长朱龙作宣讲报告并讲话，区委常委、宣传部部长刘安顺主持报告会，副区长任宁，区直有关部门、开发区主要负责人，企业家代表参加会议。

30日　区人大常委会党组书记、主任候选人李梅带领执法检查组，对8月6日区人大常委会开展全区《中华人民共和国安全生产法》执法检查提出的问题整改落实情况进行实地调研。

12月

2日　相山区十一届人大常委会第四十一次会议召开。区人大常委会党组副书记、副主任朱正春主持会议并讲话，副主任刘斌、刘云、王俊及区十一届人大常委会组成人员出席会议。区委常委、区纪委书记、区监察委员会主任杨飞、区政府副区长唐兵等列席会议。

3—7日　区委副书记，区长朱龙到广东佛山、广州、珠海，浙江杭州等地开展招商引资活动。先后考察拜访佛山镭戈斯数控设备有限公司、珠海方正科技PC日产业园、珠海及成通讯科技有限公司、华南师范大学华南先进光电子研究院、深圳万科物业公司。

5日　珠海及成通讯科技股份有限公司阳极氧化中心项目成功落户相山经济开发区，区委副书记、区长朱龙参加签约仪式。

8日　相山区第十二届人大代表投票选举日，全区96个选区、361639位选民严格按照法律法定程序，规范有序地组织选民积极参加投票选举。

9日　相山区人大常委会党组书记、主任候选人李梅，副主任刘云带领区人大常委会调研组，对全区2021年环境质量状况和环境保护目标完成情况进行实地调研。区委常委、区政府副区长左钱发参加调研。

10日　相山区举行中小学校长职级聘任证书颁发仪式。区委副书记、区委教育工作领导小组组长、渠沟镇党委书记沈慧星参加活动并讲话，区领导刘安顺、魏宾、刘斌、李良成，区委教育工作领导小组成员单位主要负责人员参加此次活动。区委教育工作领导小组副组长、副区长张运岭主持仪式。

12 日　区委召开理论学习中心组学习贯彻党的十九届六中全会精神专题（扩大）会议。区委副书记、区长朱龙主持会议并讲话。区委理论学习中心组成员，区直相关单位负责人员参加会议。

15 日　平安中国建设表彰大会在北京举行。相山区被命名为“2017—2020 年度平安中国建设示范县”，区委常委、政法委书记王玉岭参加平安中国建设表彰大会，并受到党和国家领导人的会见。

16 日　相山区召开“决战四季度增强新动能”加快重点项目建设专项行动推进会。区委副书记、区长朱龙参加会议并讲话，区委常委、常务副区长赵华主持会议并通报“决战四季度增强新动能”加快重点项目建设推进及“红旗”激励、“黄牌”警示情况。区领导李梅、赵德华及其他四大班子成员参加会议。

是日　相山区召开文明创建工作调度会。区委副书记、区文明委第一副主任沈慧星主持会议并讲话。区委常委、宣传部部长、区文明委常务副主任刘安顺，区人大常委会副主任、区文明委副主任刘斌，区政府副区长、区文明委副主任张长明参加会议。

16—18 日　区委副书记、区长朱龙到合肥、宣城拜访考察合肥锻压集团有限公司、青网科技控股集团有限公司，宣城蚂蚁乐居智慧城市综合体家居展示馆。

17 日　学习贯彻中共十九届六中全会精神市委宣讲团走进相山，市委组织部常务副部长梁巧作宣讲报告。区委常委、宣传部部长刘安顺主持报告会。区四大班子领导、法检两长，各镇（街道）、开发区、区直各部门主要负责人员参加。

20 日　相山区召开领导干部大会，宣布中共安徽省委、中共淮北市委关于相山区委、区政府主要负责人员职务调整的决定。市委常委、组织部部长单强出席会议并讲话，市委组织部常务副部长梁巧宣布任职文件，朱龙任相山区委书记，不再担任相山区人民政府区长职务；张利任相山区委委员、常委、副书记，提名为相山区人民政府区长候选人。

22 日　相山区委副书记、区长候选人张利带队“行走相山”督查文明创建工作，区委常委、宣传部部长、区文明委常务副主任刘安顺参加。

23 日　区第十二届人民代表大会初任代表培训班开班。区人大常委会党组书记、主任候选人李梅在开班仪式上作动员讲话并作党的十九届六中全会精神专题宣讲。区人大常委会副主任刘斌、朱正春、刘云、王俊，区十二届人大初任代表，镇（街道）人大主要负责人员，区、镇（街道）人大工作者等 200 余人参加培训集中“充电”。

24 日　相山区 2021 年四季度安委会、消委会、食安委会暨药安委会全体会议召开。会议总结 2021 年以来安全生产、消防安全和食品药品安全工作，分析当前形势，部署下一阶段重点任务。区委副书记、区长候选人张利参加会议并讲话，区委常委、常务副区长赵华主持会议，副区长黄思华、张长明、任宁、张运岭参加会议。

25 日　安徽淮北电路板行业高峰论坛暨安徽深淮集成电路公司投产仪式在相山举行。副市长高维民在论坛上致辞，区委副书记、区长候选人张利在投产仪式上致辞，区委常委、常务副区长赵华参加活动。

是日　区委书记朱龙主持召开区委议军会议，深入学习贯彻习近平关于国防和军队建设重要论述及军委国防动员部领导讲话、市委议军会精神，听取各镇（街道）、开发区党工委书记党管武装工作述职汇报，研究部署民兵建设和征兵工作。

27日 相山区召开十一届人大常委会第四十二次会议。区人大常委会党组副书记、副主任朱正春主持会议并讲话，副主任刘斌、刘云、王俊及区十一届人大常委会组成人员出席会议。区人大常委会党组书记、主任人选李梅，区委常委、常务副区长赵华，区委常委、区纪委书记、监委主任杨飞等列席会议。会议表决通过关于接受朱龙辞去区人民政府区长职务请求的决定和关于接受施宏波辞去区人民检察院检察长职务请求的决定，决定任命张利为区人民政府副区长、代理区长，任命毛强为区人民检察院副检察长、代理检察长，同时表决通过《关于相山区第八个五年（2021—2025年）法治宣传教育的决议》和区十二届人大一次会议议程（草案）、日程（草案）、各项名单（草案）、区人大常委会工作报告（草案）。

30日 市委书记张永到相山区金冠玻璃有限责任公司、开元颐居酒店，调研安全生产、疫情防控工作。

是日 区委副书记、代区长张利带队督查“两节”期间安全生产、疫情防控工作。区政府办、区应急管理局、相山消防救援大队、区住建局、区市场监管局、区商务局、区卫健委及相关街道负责人员参加督查。

是月 全区88个村（社区）“两委”换届工作圆满完成。

相山概览

自然理地

【位置面积】 相山区位于淮北市区中心，区境东、北分别与烈山区、杜集区、宿州市埇桥区、萧县接壤，西、南与濉溪县、河南省永城市相邻。区人民政府驻孟山北路85号。下辖1个镇、8个街道和1个经济开发区，土地总面积141.7平方千米，常住人口55.6万人。

【地貌】 相山区地处淮北市辖区西北部，境内地势北部为相山，东、南和西部为平原，除东北部有少量低山地形分布外，其余为广袤平原，地势平坦，坡度大多在15度以下。

【山脉】 山脉分布在相山区北部，系泰山余脉。北起宿州市萧县龙城镇东北祁村，南止于相山区曲阳街道，自东北向西南延伸。主要山峰有义安山、苗山、程蒋山、相山等。山脉西南入相山区后，形成相山山脉，东西宽约7千米，南北长约10千米，面积2000余公顷。相山最高海拔342米，为境内最高山峰，鹰山最高海拔276米，方山最高海拔249.1米。

【土壤】 境内土壤划分为潮土、黑色石灰土、红色石灰土3类，共同特征是0.05～0.1毫米的粗粉含量相对较高。潮土占土壤总面积88%，为主要耕作土壤。黑色石灰土分布于北部相山石灰岩残丘中上部，系由石灰岩残积物所发育；所处地区石骨嶙峋，侵蚀严重，土层浅薄，系非耕作土壤。相山绿化带即为此土壤类型。红色石灰土分布于北部黄里山区和相山南石灰岩残丘的山麓地带，系由石灰岩残积、坡积物发育。

【资源】 *土地资源*。截至2021年，相山区土地总面积141.7平方千米。其中，耕地4214.12公顷，园地504.21公顷，林地1240.49公顷，草地187.79公顷，城镇村及工矿用地6228.42公顷，交通运输用地469.64公顷，水域及水利设施用地1245.04公顷，其他土地82.39公顷。

矿产资源。境内已发现的矿产品种有煤、高岭土、耐火黏土、白云岩、大理石、石灰石等20余种。其中，煤炭资源分布在任圩街道东南部和渠沟镇中西部，有相城煤矿、李楼煤矿、刘东煤矿、张楼矿区以及原计划开采的刘西煤矿。已探明的煤炭储量27920.4万吨。石灰石主要分布在相山山区，因地处城区或郊区，到20世纪90年代末被禁止开采，禁采矿山被绿化树木覆盖。

森林资源。据统计，境内林业面积1567公顷，活立木蓄积量96247立方米，森林覆盖率17.6%，森林资源以中幼龄为主。按林种分，防护林507.5公顷，蓄积量14659立方米；用材林451.7

公顷，蓄积量37672立方米；特用林338.7公顷，蓄积量12432立方米；经果林269.1公顷，蓄积量31484立方米。

生物资源。境内有野生植物800多种，其中乔木118种，灌木177种，竹类9种，藤本148种，植物类药材571种。多数野生植物分布在相山、黄里、北山等山区，如银杏、杨柳、紫穗槐、罗布麻、黑三棱、菟丝子、盖草、半夏、芦苇、香蒲、白茅、眼子菜、菹草、白苹、黑藻、柴胡、玄胡、狼毒、酸枣、百合、枸杞、银花、甘草、车前草、益母草、薄荷、小蓟、野菊花、扁担木、牡荆等，其中酸枣、牡荆、柘树、构树为本地野生植物优势种。境内有野生动物100余种，其中兽类有20余种，优势种为草兔、北方刺猬、尖嘴老鼠、大仓鼠、小伏翼、地老鼠、貉、黄鼬、狗獾、猪獾、豹猫等。鸟类有50多种，优势种为猫头鹰、鹰、白鹭、麻雀、山雀、斑鸠、家燕、斑嘴鸭、绿翅鸭、白骨顶鸡、赤颈鸭、苍鹭、白尾雁、白尾鹞、杜鹃、啄木鸟、太平鸟、灰喜鹊、大嘴乌鸦、鹞子、野雉等。两栖类和爬行类有20余种，优势种为青蛙、花背蟾蜍、泥蛇、黑斑蛙、蝎子等。被列为国家二级保护的野生动物有6种，省重点保护的有20余种。区境塌陷湿地较多，形成独特的湿地生态，生物多样性丰富，孕育多种野生植物、野生动物和微生物。植物类湖滨处有荻、蒲、芦苇等挺水植物，浅水处有荇菜、莲、芡实等浮水植物，深水处有苦菜、眼子菜、黑藻等沉水植物。湿生植物主要有鸭跖草以及莎草科、禾本科的植物等。湿地动物中，浮游动物以原生动物轮虫、桡足类为优势类群。栖息动物以鲤科鱼类为主，主要有草鱼、鲢鱼、鲤鱼、青鱼、鲫鱼、鲇鱼等经济鱼类。微生物主要是厌氧生物。部分低洼地和湖滩已改造成水产养殖地和生态林业示范地。

（区自然资源和规划分局）

【气候】2021年，相山区总的气候特点是：气温偏高，降水异常偏多，日照偏少。四季当中，除春季气温接近常年外，其余三个季节气温均较常年同期偏高。年内相继出现了强降水、高温、大雾、寒潮等灾害性天气。

气温。2021年，相山区平均气温16.1℃，比常年同期偏高0.2℃。年极端最高气温为38.5℃，出现在6月7日，年极端最低气温为−12.7℃，出现在1月7日。最长连续高温日数4天（6月5—8日）。

降水。全年降水量1294.4毫米，比常年偏多460.9毫米。年一日最大降水量153.8毫米，出现在7月28日。全年暴雨日数6天，出现在7月3日、7月15—16日、7月28日、8月9日及8月23日。

日照。年日照时数2174.8小时，比常年偏少77.7小时。

积雪和冻土。2021年，相山区最大积雪深度1厘米，出现在1月1日。年最大冻土深度12厘米，出现在1月9—10日。

2021年淮北市相山区各季气温、降水概况一览表

表1

项目／时间	气温（℃）		降水（毫米）	
	2021年	历年	2021年	历年
12—2月	2.9	4.1	52.0	39.9
3—5月	15.3	15.3	143.9	178.9
6—8月	26.5	27.0	494.8	898.9
9—11月	16.2	17.2	142.7	182.1

强降水。7月15—16日，相山区连续出现暴雨，累计降雨量130～200毫米，强降水造成部分道路、农田积水。7月26—29日，受台风“烟花”影响，相山区普遍出现100毫米以上降水，并伴有7—8级大风，造成城市内涝、农田积水等灾害。

大雾。1月27日、10月21日、12月10日和12月15日相山区出现能见度小于200米的雾，局部地区能见度不足50米，给交通运输和市民出行带来不利影响。

寒潮。全年出现6次寒潮天气过程，其中11月6—8日为年内最强寒潮过程，48小时最低气温降幅达15℃以上，并伴有7～9级大风。12月24—26日的寒潮天气过程使气温降至下半年以来最低，26日早晨最低气温为-8.9℃。

高温、干旱。6月5—8日连续出现4天35.0℃以上的高温天气，高温持续时间较短，极端性不强。6月下旬气温偏高，降水持续偏少，土壤失墒较快，气象干旱发生发展，截至6月30日，部分地区出现轻到中度气象干旱，对农作物生长不利。

（张永芹　马致华）

人文历史

【建置沿革】夏禹分天下为九州，本地属徐州。《元和郡县图志》和《太平寰宇记》载，约公元前21世纪，商汤十一世祖相土，由商丘东迁于此。此后，本地即为相，山即名为相山。商承夏制，相地仍属徐州。约公元前14世纪，商王河亶甲迁都相城。周灭商后，周武王分封诸侯，以纣王兄微子启代殷，立国号宋，相地属宋。春秋时期，据《舆地志》《括地志》载：公元前588年—前579年，宋共公瑕为避水患，将宋国国都由睢阳（今河南商丘）迁至相城。前286年，齐、楚、魏灭宋，尽分宋地，相地归楚。

秦统一六国，分天下为36郡。秦王政二十二年（前225年）设相县，属泗水郡，相城为郡治所在地。西汉高祖四年（前203年）改泗水郡为沛郡，治所仍在相。元狩六年（前117年）封大将居翁为相城侯。王莽篡汉后，改相县为吾符亭。东汉建武二十年（44年），光武帝刘秀封其子刘辅为沛王，改吾符亭为相县，沛国国都仍在相。建安二十四年（219年），曹操析沛国置谯郡（今亳州市），相属沛国。三国时，境域属魏。西晋太康二年（281年），复置沛国，国都置于相县。南北朝时，战争频仍，境域归属屡有更易。南朝宋元嘉八年（431年）置南兖州，皆相县故地。北齐天保七年（556年）废相县，并入符离县。隋大业元年（605年）相地分属彭城郡萧县、符离县。唐代至元代，相地属徐州之萧县。明洪武四年（1371年），相地属中都临濠府徐州之萧县。清雍正十一年（1733年）相地属江苏省徐州府之萧县。

民国初年，废除府州建制，相地分属安徽省宿县和江苏省萧县。1938年，相地被日本侵略军占领。1942年，日伪政权以江苏省徐州为中心，设置伪淮海省，相山属之。抗日战争时期，在国民党政权、抗日民主政权、日伪政权同时并存的情况下，三者在本地政区设置较为复杂。1945年，国民党县政权只管辖县城及附近地区，边远地区则为共产党领导的人民政权所控制，相山地区曾先后归属宿西县、萧宿县等人民政权。1948年11月相继解放，分属皖苏第三专区之宿西县和萧县。

中华人民共和国成立后，相山地区分属皖北行政公署宿县专区。1950年7月1日，析宿县西境置濉溪县，本地分属皖北行政公署宿县专区之濉溪县和萧县。1960年4月，濉溪市成立，多属濉溪市。1961年6月，成立濉溪市郊区，辖相山、杜集、高岳3个公社。

1963年11月，经中共濉溪

市委批准设濉溪市相山办事处。1964年4月，濉溪市郊区撤销。1971年1月，撤销相山办事处，设濉溪市相山区。1971年4月，更名为淮北市相山区。

（区民政局）

【行政区划】 1971年在相山办事处基础上设置相山区，面积81平方千米，人口20万人。设相山东、相山西、高岳、三堤口4个街道办事处。

1984年3月，安徽省人民政府决定撤销淮北市郊区，将原郊区所属相山、蔬菜、任圩3个乡划归相山区，同时把高岳办事处更名为东山办事处。

1992年3月，撤乡并镇，将相山乡、蔬菜乡合并为渠沟镇，将濉溪县土楼乡划归渠沟镇，同时将原蔬菜乡的程庄村、滂汪村划入杜集区。相山区辖渠沟、任圩2个镇和相山东、相山西、东山、三堤口4个街道办事处。1996年设立刘桥街道办事处。1997年设立相南街道办事处。

2004年8月，经安徽省民政厅批准，将濉溪县濉溪镇的虎山北路、庆相桥2个社区划入相山区三堤口街道办事处；9月，撤销任圩镇建制，设立任圩街道办事处。以任圩镇行政区域为任圩街道办事处的管辖范围。

2006年3月，经安徽省民政厅批准，濉溪县钟楼乡划归渠沟镇。

2007年10月，根据安徽省小村并大村精神，渠沟镇30个村合并为14个村。

2008年4月，以原任圩街道办事处丁楼村的管辖范围设立南黎街道办事处。以原任圩街道办事处的权园、园林、康乐、锦华苑、曙光社区居委会管辖范围设立人民路街道办事处。5月，渠沟镇的渠沟村、任井村、刘庄居委会和三堤口街道办事处濉河居委会划出，设立曲阳街道办事处。到2013年，相山区下辖1个镇、10个街道办事处。

2017年11月，经淮北市人民政府批复，撤销刘桥街道办事处，将原刘桥街道办事处管辖的行政区域划归三堤口街道办事处管辖。撤销人民路街道办事处，原属人民路街道办事处管辖的权园社区、部分园林社区管辖的区域划归任圩街道办事处管辖；原属人民路街道办事处管辖的锦华苑社区锦河湾小区（北区）划归任圩街道办事处的余庄社区管辖；原属人民路街道办事处管辖的锦华苑社区（除上面划走部分）、曙光社区、康乐社区、城里社区划归南黎街道办事处管辖。以人民路为界，将人民路以南原属相南街道办事处管辖的区域划归南黎街道办事处。将任圩街道办事处李桥社区的首府小区划归南黎街道办事处李楼社区管辖，将李桥社区的港利小区划归南黎街道办事处梅苑社区管辖。以长山路为界，将长山路以东、惠苑路以北、铁路以南，原属相南街道办事处城里社区管辖的区域，划归南黎街道办事处管辖。

至2021年年底，相山区辖相山经济开发区、渠沟镇和任圩街道、东街道、西街道、相南街道、东山街道、三堤口街道、南黎街道、曲阳街道8个街道。下辖行政村13个、社区71个。

【人口】 截至2021年，全区户籍人口44.3万人，比上年增加0.7万人。其中，男性22.1万人，增加0.3万人；女性22.2万人，增加0.4万人。城镇人口37.7万人，乡村人口6.6万人。

【少数民族】 相山区共有少数民族22个，常住人口2255人，包括回族、满族、朝鲜族、土家族、瑶族、蒙古族、彝族、哈尼族、苗族、羌族、壮族、侗族、藏族、维吾尔族、黎族、畲族、达斡尔族、傈僳族、布依族、拉祜族、佤族、傣族。

【历史名人】 相土（生卒年不详）。夏初商部落首领。虞舜时期，洪水泛滥，江河横流，人们深为水患所苦。舜任命禹继承父业，继续治水。是时，契帮助大禹治水有功，被封为司徒，掌管教化。契祖孙三代都封在河南商丘，其家族逐渐发展成为一个强大部落。《史记·殷本纪》称：契死后，其子昭明为部落首领；昭明死后，其子相土为部落首领。《荀子·成相篇》记载，昭明住在砥石（今河北元氏县），后迁至商（今商丘南）定居下来。《史记·殷本纪》载："相土佐夏，功著于商。"相土辅佐夏王南征北战，功勋卓著。《诗经·商颂·长发》称："相土烈烈，海外有截。"相土是个有作为的人，其势力曾东扩到山东沿海一带，甚至连海外都被他征服。相土祖先契原居于商丘，《史记·殷本纪》载："自契至汤八迁。"这八次迁徙中，涉及相土的有两次。他迁都泰山之下，后来又从泰山之下迁回商丘。其时，商族社会经济有所发展，相土尤善于代表本族对外交换，经常在外面活动。史家推测，相土往来于商丘与泰山之间时，在相山居住过。《元和郡县图志》说相城盖相土旧都。传说相城先民旧称相山族，是相土后裔。

华元（生卒年不详）。河南外黄县（今民权县西北）曲棘里的稷里人。宋戴公（?—前766年在位）五代孙，宋太宰华督（？—前682年）之孙，春秋宋国大夫，供职于相城数年。公元前610年任执政大夫，历宋文公22年，宋共公13年，至宋平公六年（前570年）引退。高居卿位40年，堪称宋国的"四朝元老"，是宋国著名政治家。

薛广德（生卒年不详）。字长卿，西汉沛郡相（今淮北市）人。初以鲁诗教授学生，由于萧望之举荐，先任博士，后任谏议大夫。薛广德精通鲁诗，对儒学也很有研究。汉宣帝刘询尊崇儒学，甘露三年（前51年），在未央宫石渠阁召集薛广德等儒生，讲论"五经"异同。之后汇集议论，编成《石渠议奏》一书，也称《石渠论》。元帝刘奭，初元五年（前44年）任薛广德为御史大夫。

高相（生卒年不详）。沛郡（今淮北市）人，西汉学者，治易学。高相与西汉易学大师费直大约是同时期人物。高相的学说主要是阴阳灾异之类，然而却没见其专著和文章，他自言师从一个叫丁将军的人。正史中关于高相的事迹记载很少，只知道他将自己的学说传授给儿子高康及兰陵（今山东枣庄东南）母将永。后来高康因通晓易学做了郎（帝王的侍从），母将永则做了豫章（今江西南昌）都尉（辅佐郡守并掌全郡的军事）。

桓谭（约前23—56年）。字君山，沛国相（今淮北市）人。东汉哲学家、经学家，唯物主义无神论者。桓谭在哲学上最大的贡献是论形神，即论述人的形体与精神的关系。他认为，人的生命是由形体和精神相结合而成的，精神和形体的关系如同火光和烛体一样，火光的强弱以烛体的长短多少为转移，精神的强弱也是以形体的强弱为转移，一切有生命的东西都必然经过生长、衰老和死亡，这种自然规律是客观存在的，是不以人的意志为转移的。桓谭对当时世俗迷信诸如占筮、祭祀、占梦、求雨等作辛辣的批判。桓谭长于文学，精通音律，善于鼓琴，兼通天文历史，博览通晓诸子学说，爱读庄子的书，但以儒学为宗。桓谭"见刘向《新序》，陆贾《新语》，乃为《新论》"（《太平御览》卷六〇二），《新论》计17卷29篇，此书在东汉影响很大。另有《桓谭集》《琴操》等散记记录在《隋书》《旧唐书》《新唐书》等著作中。

范迁（?—65年）。字子庐，东汉沛国相（今淮北市）人。曾任渔阳太守，东汉永平四年（61年）任司徒。范迁为官清廉，足智多谋。东汉初，北匈奴不断地侵扰中原，勒索财富。范迁任渔阳（治今北京密云西南）太守期间，以智慧和谋略处理与匈奴的关系，是时匈奴不敢侵扰，人民生活安定，生产得到恢复发展。范迁身居公辅，宅院仅有数亩，土地也不过百亩，后来也都留予其侄。永平八年（65年），范迁卒于任上。

【古迹遗址】 点将台。光绪《宿州志》载："襄王城东有方顶村，上下土台十余座，相传春秋时襄公会盟之所。"民间则传说西汉开国大将韩信曾在土台上点兵点将，号令千军，因此得名为"点将台"。点将台原有3座，由西向东编号为M1、M2、M3，经查为汉墓。M1、M2于1976年因修筑淮北发电厂铁路时被发掘。M3为仅存的一个，该墓占地近1000平方米，现存高度7～8米，是相山区现存大型墓葬之一。

相城故址。位于相山南麓，故城东起市交通局办公楼，西至濉溪路，北起相山脚下，南止符夹线路南。东南角位于淮北火车站南城里村的窑厂，西南角位于市玻璃厂，东北角位于淮北矿工医院南门，西北角位于市委党校北相山路，南门位于桓谭路南，东门位于长山路与古城路交叉口北，西门位于城南路西头北侧。1963年文物普查时遗留的部分城墙清晰可辨，均为夯土筑城，底部宽60～70米，高2.5米，城郭西北缺角，在相山古城的东北，南城墙与西城墙上曾出土楚国货币（裤形，铭文为"殊布当釿"）、战国铜短剑、铜镞等文物。

桓君山藏书处。位于原淮北火车站南、城里村菜地。现有明崇祯年间任文石所立碑记"桓君山藏书处"，碑高约1.95米，现露出地面高为60厘米、宽40厘米、厚33厘米。是处原是桓谭起居讲学之处。

天藏寺遗址。位于显通寺西山坳中砦山南麓。据史书记载：该寺大殿檐长12米，宽7米。雕梁画栋，群峰环抱，一水萦回，金碧辉煌。塑如来、文殊、普贤三尊佛。两厢十八罗汉形态各异、栩栩如生。三尊佛像后造假山，绘云龙其上，大鹏金翅鸟，昂首听经。神台背后，依势造千佛山，大殿之后释迦牟尼像依山石雕琢而成，高4米，闭目合掌，形神肃穆。寺庙大殿已毁，后有一石室，相距一步，室中供天然石佛像，东有石井。石井向上不远处还有一石窟，观音抱子闭目安详端坐窟中。寺西有一株古银杏距今千余年，有民谣曰：树上有一庙，庙上有一井，井上又一庙，一步两庙，三块砖盖个庙，一丈二尺高的神。据古残碑上记载：明代天启初年有一住持僧来此地，对在三山之间峡谷中已有的这座古老破旧寺院进行重修扩建。因年久失修，旧址已不复存在。2007年，此寺原主持真慈带徒弟果缘化缘重建，在原址下端建佛堂4间，植银杏1株，后陆续建起斋堂，重塑佛像，现有房屋13间，佛像数十尊。

【革命纪念地】 将军亭。位于"万丈碑"西北处的砦山（又名战捷山）上。淮海战役期间，华东野战军在青龙集一带围歼杜聿明集团时，华野代司令员、代政委粟裕登临此处用望远镜观战。1998年末，又修建纪念亭和纪念碑。

将军碑林。位于相山风景区西北部，占地2000平方米，由主碑、前委碑林、将军碑林三部分组成。布局严谨、错落有致。主碑重150吨，其正面为"将军碑林"。石碑背面为将军碑记，碑林内30幅碑刻中汇集老一辈无产阶级革命家墨宝，党和国家领导人题词、参战部队及老将军、老战士题咏，具有较高观赏价值、艺术价值和教育价值。

相山区烈士陵园。位于渠沟镇徐集村，占地面积0.78公顷，由广场、纪念碑、纪念亭、浮雕墙、革命历史展览室和无名烈士墓及有名烈士墓区组成，陵园共有烈士墓562座。

（区档案馆）

风景名胜

【相山风景区】 国家AAAA级旅游景区，三面青山环抱，自然生长的绿树山花覆盖整个公园，浓绿中显露出来的古代庙宇、亭台及现代游乐设施分布有致，是人们访古探幽、游乐观光的好去处。主要景点有奏鸣台、观光塔、钓鱼台、牛鼻洞、饮马池、将军亭、人工湖以及儿童乐园、动物园等。

饮马池。位于叠翠峰南麓，系一矩形石壁，不足2平方米，相传是宋共公饮马之处。池水明澈清透，虽无源而终年不涸，虽不活而经久不腐。

钓鱼台。位于相山主峰两侧的山腰处，乃壑岗山一块突出的飞崖，相传为姜太公钓鱼之台。当春夏之季，云雾缭绕，此台好像伸入大海的礁石。站在台上，云雾在脚下翻腾，恰似浩瀚海洋。

叠翠峰。位于相山庙西，此峰岩层纹理清晰，如书平直，宛如精工巧匠精心打造而成，峰上四季风光各有不同，春则山花烂漫、夏则峰青岗翠、秋则枫叶满坡、冬则苍松挺拔。

奇峰。位于摩崖石刻“渗水崖”之北，此峰怪石林立，像一条巨龙卧于深涧，唯奇峰处一峰突起，如鹤立鸡群，四周山峰宛如俯首拱拜。

摩崖石刻。也叫渗水崖，位于显通寺山腰处的石壁底部处，横刻着同寺内渗水崖碑文相同的文字，此处林木茂盛，较为隐蔽，对研究相山人文有重要的参考价值。

万丈碑。位于钓鱼台西的山脊上。原为苏豫皖三省界碑。原碑高2米左右，碑两面分别刻有“主山万丈”和“南无阿弥”。

牛鼻洞。位于显通寺西北虎山腰的陡壁上，因洞口形似牛鼻而得名。相传此洞与大海相通，古人从此洞放进一只鸭子，而这只鸭子从东海而出。洞内深不可测，洞外树木丛生，树叶悬垂而遮挡洞口。

秘霞洞。位于相山东岭，清光绪《凤阳府志》记述，小仙洞有丹灶、药井，传说是王子晋修炼处。

雪泉。又名三眼井，位于儿童乐园北面的山坡处。据《宿州志》记载：山下有雪泉，春暖时雪水滔滔，有一块露出山石，长25米，宽10余米，有自然风化的石孔洞3个，常年有水，旱季也不干涸。洞距为30厘米、17厘米，直径分别为23厘米、32厘米、39厘米。

小仙洞。位于相山东岭偏南处，洞口偏西南，距山脚约50米。洞口前有一石台，高1.5米左右，洞口狭窄，洞内呈方形。西壁有一摩崖浮雕，一佛两面各侍一金刚。佛像下方的文字已经漫漶。北壁有一洞，洞口在1米高的石崖上。

白云洞。位于相山东南山脊的西坡。相传洞中有一镇山的白龙，冬眠不出，春夏苏醒，保护山民，造福乡里。每当春夏之际或阴雨前后，洞口四周云雾缭绕，确有峰生云霭，峦吐烟雾之胜。洞中深不见底，通向远方。康熙《宿州志》载：白云洞，相山顶，天将雨，则云触石而起。元末有异人居之。

奏鸣台。在相山公园显通寺南大道东侧，为显通寺的附属建筑，是当年迎接官绅上山朝拜祭祀奏乐的高台。

天井洞。位于万丈碑以西的山脊上。此洞为天然溶洞，深约10米，洞口直立，呈葫芦形，洞内渐宽，可容数十人。洞内钟乳岩石姿态各异，其状似珊瑚、金针菇、菜花……因洞口朝天，洞身如井，故称天井洞。

牛角洞。位于显通寺以东，奇峰的东侧，山洞形似牛角，与牛鼻洞相对。牛角洞在山的东面，牛鼻洞在山的西面，遥相呼应。

香炉峰。位于相山南幽谷之中，有一峰凸出，酷似香炉。相传相山神灵毓秀，百姓平安，风调雨顺，玉帝赐香炉峰，以赏相山众山神护卫有功。

相山天池。位于相山公园中部，饮马池以南，儿童乐园以北。始建于1992年，1993年8月竣工，总占地面积1公顷，开挖湖面6729平方米，湖周长4794米，湖最深处为4米，湖岸边深1.2米。相山天池碧波荡漾，鱼翔浅底，艇船游弋，四周竹树环绕，垂柳拍岸，草坪叠翠，景色宜人。华灯初上，火树银花，疑似仙境，湖光山色，相映成趣。

动物园。1974年建成，在相山公园东南部。东至长腿山脚，北到奏鸣台，西至主干道，南到公园大坝，面积5.33公顷。1982年建成猴山、鹿苑、骆驼舍、牦牛舍、猛兽舍、水禽舍等动物舍，1984年建成金鱼廊，2003年建成东北虎繁育中心，现有动物34科153种2800多头（只）。其中国家一级猛兽有东北虎、华南虎、非洲狮、狗熊、金钱豹、狼等，国家一级水禽有丹顶鹤、天鹅、鸳鸯、鸵鸟等。

市树市花园。占地1.3公顷，市树国槐150余株、银杏260株，市花梅花260余株，月季2000余株。

植物科普园。位于动物园北侧，1999年5月建成，占地面积8000平方米。有国家一级树种水杉、二级保护树种银杏、金钱松，园林植物140余种，其中常绿植物40余种，如枇杷、蚊母树、广玉兰、竹子、石楠、构骨等。

盘趣园。位于公园中门东侧，原为公园苗圃，又称小花园，面积3600平方米，绿化率95%。1975年建成，汇聚许多南北优秀园林植物，南方植物有红豆杉、杨梅、胡颓子、猫乳、茶梅、席树、乌桕、重阳木等，北方植物有白皮松、华山松、拐枣、香柏等。每年举行3～5次花卉展。

刘开渠纪念馆。位于相山公园内，占地面积4977平方米，1995年5月被确定为安徽省爱国主义教育基地。纪念馆长方形院落由3部分组成，左右对称整齐的两幢平房和两幢二层小楼构成了纪念馆的门面，中间四幢首尾相接的二层楼房则是展览厅。后院为陵园，半圆形墓碑石上，镌刻着赵朴初题就的“人民艺术家雕塑宗师刘开渠之墓”金字。综合展厅展有刘开渠为毛泽东主席雕塑的半身坐像和中央领导人李铁映及国内外各界名流、友人、书画界知名人士的祝贺作品。第一展厅展示刘开渠的生平经历，第二展厅展有刘开渠大师的雕塑艺术照片、信件和生前荣获的奖状、证书及精美的雕塑代表作品，第三展厅陈列着多名党和国家领导人在刘开渠遗体告别仪式上的签名和照片以及建馆的有关文件、资料照片。

电视台观光塔。是淮北市标志性建筑，集广播、电视节目发射于一体，塔顶海拔高度462.8米。每至夜晚，塔身呈五彩斑斓，通体透亮，光芒四射。

【黄里风景区】 位于相山西麓，大沙河、湘西沟、蒋河交汇于黄里村西北，村东山坳中有天藏寺与相山庙隔山相望，南连曲阳，北接徐里，依山傍水，是淮北市的西花园。面积631.1公顷，其中山坡地304.3公顷，果园林227.1公顷，老林3.6公顷，村庄96.1公顷。

黄里风景区里丁姓墓园侧柏林地，面积约3.6公顷，内有百年古树11株，树龄最大270余年。由于原为古墓风水树，历代均有村人查禁补植，为安徽省淮北平原唯一一片长绿古树林自然景观。

漫山遍野古树苍柏，有天藏寺、祭雨台、日晷、仙人井等诸多古迹遗址，更有天然钟乳石溶洞隐于山体之中。笆斗杏、软籽石榴等美名远扬，是生态观光和休闲旅游基地。

【隋唐运河古镇】 古镇位于淮北市长山路与南黎路交会处，占地面积约35公顷，规划总建筑面积约60万平方米，总投资约25亿元。2016年5月，隋唐运河古镇项目被列入《2016全国优选旅游项目名录》，皖北地区仅此一家。2016年11月8日，隋唐运河古镇项目被省新闻出版广电局评定为“安徽省广播影视产业园区”，全省仅有3个项目获此殊荣。2018年，获评国家AAA级旅游景区。古镇标志形象建筑“五凤三阁”景区于2016年9月底开始试运营并对公众免费开放。2017年12月28日，古镇一期商业街区正式开放试运营，并举办“隋唐文化节”等活动，年接待游客100余万人次。古镇街区被中央级媒体刊登报道，成为淮北市民休闲旅游标志景点。

（区档案馆）

国民经济和社会发展

【概况】 2021年，相山区实现地区生产总值413.0亿元，同比增长4.5%，高于全市1.1个百分点，总量和增速均居全市第2位；固定资产投资增长9.2%；实现社会消费品零售总额220.3亿元（占全市的42.3%），同比增长13.5%，三区一县第2位；一般公共预算收入8.8亿元（税收收入占95.4%），增长18.6%；城镇、农村居民人均可支配收入分别增长9.0%、10.6%，计划执行情况总体良好。

【经济提升】 2021年，相山区坚持经济工作向重大项目聚焦，始终强化项目意识，用高质量项目推动高质量发展。深入落实“四督四保”制度和区领导联系推进重点项目机制，完善项目督查调度及动态考核体系，实行“红旗”激励和“黄牌”警示制度，促进项目早开工、早建成、早投产。2021年，全区实施重点项目232个，年计划投资162.5亿元。世茂云图、林溪雅苑等项目加快建设；双创信息产业园一期、运河大观园等30个项目竣工交付或投产；安徽盛德宝新材料科技有限公司半导体新材料、安徽智茂宸智能科技有限公司电子等60个新开工项目启动建设。紧盯中央宏观调控政策，抢抓国家发行专项债、加大中央预算内投资力度等重大机遇，聚焦“两新一重”、产业发展、园区建设、老城区改造、社会事业等重点领域，凝心聚力谋划申报项目，积极向上协调争取资金，为重点项目实施夯实资金保障。成功争取老旧小区改造、城镇雨污管网、沪皖相莘产业园标准化厂房等2021年中央预算内投资项目12个，涉及资金约1.95亿元，占全市相同领域资金比重50.7%；累计获批双创信息产业园、公共卫生服务提升工程等政府专项债项目11个，审定总额度95.5亿元，已发债10.2亿元。“双招双引”成效明显。牢固树立招商引资“生命线”意识，组建长三角驻外产业招商中心，围绕绿色食品（生物技术）、信息技术及现代服务业，制定产业招商目录和路线图，大力实施产业链招商。成功签约翌光科技第4.5代有机发光器件、安徽诺讯智能科技有限公司诺讯智能制造、深圳市银泰福控股有限公司智能终端等优质项目30个，总投资额77.25亿元。全力优化人才发展环境，拟定《相山区招才引智若干政策》，落实人才认定、待遇享受、住房保障、教育医疗、配偶安置、子女入学等方面支持，累计引进高层次科技人才团队2个，淮北国科环保科技有限公司获批市第十批“555”产业创新团队。

【创新发展】 科技创新赋能加速。下好创新“先手棋”，加快构建重大科研成果技术熟化、产业孵化、企业对接、成果落地全链条转化机制，与淮北师范大学合作共建大学科技园，已入驻高新技术企业10余家。强化企业创新主体地位和主导作用，引导和鼓励企业持续加大研发投入，全面加强技术创新、产品创新、管理创新、商业模式创新，淮北德兰和创生物科技有限公司、安徽盛美诺生物技术有限公司等20余家企业与高校院所签订产学研合作协议，入库产学研合作项目139个，获得科技成果80项。全社会研发经费投入11.2亿元，同比增长15%。净增高新技术企业19家，预计高新技术产业增加值增长22%。安徽汉芳生物科技有限公司摘得2021年长三角科技创新联合攻关专项，安徽省正大源饲料集团有限公司、安徽雷根生物技术有限公司等4家企业获批省重点研究与开发项目，安徽贝宝食品有限公司、中煤特殊凿井（集团）有限责任公司等5家企业获得省级研发资金支持。工业发展提质增效。出台《相山区重点产业链链长制工作方案》，加速建链补链强链，实施荣丰（淮北）食品有限公司、安徽味知轩食品有限公司等企业产业升级和技术改造项目20个，预计工业投资增长10%，新增规模以上工业企业15家。园区建设持续完善，信息产业园污水处理厂一期投入使用，集中供热管网基本建成，国家大学科技园三期开工建设，开发区承载能力不断提升。腾笼换鸟力度持续加大，出清“僵尸企业”14家，盘活土地1021.3亩。积极推动“企业上云”，培育安徽曦强乳业集团有限公司、安徽苏太太食品有限公司等深度“上云企业”16家。深化“三重一创”（建设重大新兴产业基地、推进一批重大新兴产业工程、组织一批重大新兴产业专项，构建创新型现代产业体系。）建设，加快战略性新兴产业集聚发展，战新产业产值预计增长20%。今麦郎饮品（淮北）有限公司、安徽盛美诺生物技术有限公司等5家企业获评省智能工厂和数字化车间。服务业质量显著提升。统筹推进服务业重点项目建设，家家悦淮北综合产业园一期、运河大观园竣工建成，淮北南翔云集文化特色街区、安贞大厦项目进展顺利，黄里景区基础设施及配套设施提升工程加快推进。开展“约惠相城·云享欢乐购”、新品云发布暨供需企业联谊会等活动，持续挖潜消费潜力，全区限额以上消费品零售额增长10.5%。做好服务业重点企业培育，新增安徽旗沃、淮北智慧城投等规模以上服务业企业9家。用足、用活国家、省级、市级各类服务业扶持政策，指导48家企业申报政策奖励资金212万元，全年服务业实现增加值276.5亿元，同比增长8.5%。推动先进制造业和现代服务业融合发展，相山经济开发区获批安徽省“十四五”首批两业融合试点园区，隋唐运河古镇获评省级服务业集聚区。

【深化改革开放】深化“放管服”改革，实施企业开办帮办代办服务，优化精简审批环节，平均提交材料时间减少55%，投资活力持续激发。推行建设工程一窗“综合受理、容缺受理”，工程建设立项和施工许可阶段可容缺28项申请材料。深入参与长三角地区证照管理一体化建设，积极推进政务接轨，实现79个政务服务事项“跨省通办”。探索实施“标准地”改革，全面完成区域规划环评、区域能评等10项区域评估，开发区71.5亩地块成功挂牌。推进开发区赋权改革，下放25项区级行政权力，缩短办事流程，提高行政效率。创新实施“园区贷”，向安徽阜邦生物科技有限公司、安徽尊龙环保节能建材有限公司等7家企业首批放贷2100万元，有效解决企业融资难、融资贵问题。10家企业在省区域性股权市场挂牌。建立顶格倾听、顶格协调、顶格推进服务企业机制，举办企业家沙龙，常态化开展“四送一服”，营商环境不断优化。以开放汇资源拓空间。紧扣“一体化”和“高质量”两个关键词，切实加快融入长三角一体化发展步伐，出台《相山区建设皖北承接产业转移集聚区实施方案》，明确产业承接重点方向。组团赴徐州、昆山、深圳等地考察，深化与上海莘庄、浙江长兴战略合作关系，先后选派8名干部到上海市嘉定区、闵行区、普陀区等地挂职锻炼，加强沟通对接，探索共建园区、共享税收的合作机制，大力发展“飞地经济”。积极参加第四届中国国际进口博览会、世界制造业大会等大型展会，成功举办2021淮北食品工业博览会、安徽淮北电路板行业高峰论坛，共集中签约项目24个。安徽中拓电气有限责任公司、淮北森丁商贸有限公司等外贸进出口企业5家，实际利用外资7144万美元，外贸进出口总额增长35.7%。长三角旅游目的地加快建设，黄里杏花节、芳香小镇金秋菊展、张楼葵花节集聚人气。国家级全域旅游示范区创建通过省级初审，凤凰山绿色食品博览园获批国家AAA级旅游景区，隋唐运河古镇获评安徽省旅游休闲街区。

【城乡统筹发展】 坚持城市扩能提质，建安路、教育巷等8条街巷提升改造，土楼村、启明社区等9个片区雨污分流工程加速推进。25个老旧小区改造基本完成，惠及群众10977户。规范、有序推进既有住宅加装电梯工作，全市首台既有住宅加装电梯在东街道幸福社区成功启用，现已建成运营4部，在建15部。增建城管岗亭16座，常态化开展“门前三包”、停车秩序整治、“僵尸车”处置等行动，市容环境明显改善。“智慧城管”平台二期工程启动运行，城市服务能力向“一屏观天下”目标迈进。扎实推进垃圾分类工作，实施“一街道一特色”，打造全市标杆。推进老旧小区物业全覆盖，开展物业服务质量提升年活动，物业企业服务水平全面提升。城市布局持续完善。坚持产城融合，稳步实施新区建设，高标准编制高铁西站片区规划，人民西路、西山北路基本建成，淮宿蚌城际高铁、徐淮阜高速等项目加快推进，城市加速西进。有序推进老工业企业搬迁改造，安徽省正大源饲料集团有限公司、安徽金冠玻璃有限责任公司等112家老工业企业搬迁任务全面完成，老工业基地搬迁改造工作获省政府“真抓实干、成效明显”表扬激励。乡村振兴全面铺开。深入实施乡村振兴专项行动，开工建设乡村振兴项目36个，完成24个，涉及资金6.67亿元。新增新型农业经营主体24家，培育省示范家庭农场4家，羊肚菌、黑木耳等8个品种获评“三品一标”品牌。深化农村人居环境“三大革命”“三大行动”，实施刘楼、张集等6个农村生活污水处理改造提升项目，徐集中心村和鲁楼前柳园省级美丽乡村加速建设。农村集体产权制度改革及“三变”改革纵深推进，实施扶持壮大村级集体经济项目13个，50万元以上集体经济强村达7个（张楼村、油坊村集体经济达100万元以上）。将巩固拓展脱贫攻坚成果摆在突出位置，全面落实教育、医疗、住房、饮水等保障政策，谋划巩固拓展脱贫攻坚成果项目16个，涉及资金2070万元，建立组、村、镇、区四级监测预警网格475个，巩固脱贫攻坚成果同乡村振兴实现有效衔接。

【生态环境保护】 全力推进大气污染防治，全面排查各类污染源，开展“五控”（控煤、控气、控尘、控车、控烧）专项行动，建筑工地“六个百分之百”（施工工地周边100%围挡；物料堆放100%覆盖；出入车辆100%冲洗；施工现场地面100%硬化；拆迁工地100%湿法作业；渣土车辆100%密闭运输）措施有力落实，城区主干道机械化清扫率达到100%。常态化开展秸秆禁烧工作，连续八年实现“零火点”。$PM_{2.5}$平均浓度41.1微克/立方米，同比下降15.8%；优良天数比率78.4%，同比提高7.9%。扎实推进水污染防治，实施凤翔沟、湘西沟、申家沟水环境综合治理，饮用水源地水质达标率100%。稳步推进土壤污染防治，开展土壤状况调查评估，推进“固体废物非法转移、倾倒、处置”等专项行动，全年未发生域外危固废进区倾倒现象。绿色低碳加快发展。全面贯彻习近平生态文明思想，落实碳达峰、碳中和重大决策，强化源头管控，坚决遏制“两高”（高耗能、高污染）项目盲目上马。组织安徽尊龙环保节能建材有限公司、安徽中成检测有限公司等3家企业申报工业污染防治、绿色制造体系、节能环保“五个一百”等政策项目，能效水平持续提升。安徽雷鸣科化股份有限公司、安徽省正大源饲料集团有限公司2家企业获评省级绿色工厂。新增植树造林面积500亩，森林覆盖率达26.01%，绿色生态屏障加速构筑。

【社会事业】围绕解决好群众“急难愁盼”问题，投入5.8亿元，实施29项民生工程，全年民生领域支出占财政总支出86.2%。就业形势稳定可控，发放稳定就业补贴693.57万元，新增城镇就业13250人，完成全年目标任务的139%。城镇登记失业率控制在2.8%以内。民生保障坚实有力，城乡医保参保人数达24.9万人，医疗救助9200人次，“基本医保+大病保险+医疗救助”三重保障制度更加健全。把处理房地产领域历史遗留“难办证”问题作为系统工程、德政工程、民心工程，133个项目已办理总产权，79608套住房办理分户不动产权。群众幸福感更可持续。教育质量持续提升，淮北师范大学相山附校、翠峰中学等7个新建、改扩建工程开工建设，全区39所公办中小学实现宽带网络全覆盖。健全城乡医疗服务网络，新增医疗机构15家，区人民医院投入使用。区级智慧养老服务平台建成运营，全区养老机构床位总数2029张，超额完成每千名老人40张床位目标，朝阳养老公寓获评省级智慧养老示范机构。新增托育机构6家、托位数520个，3岁以下婴幼儿照护服务工作走在全省前列。文化事业繁荣发展，群众体育成果丰硕，获评全国群众体育先进单位，相山区文化馆舞蹈队获第十四届全国运动会群众展演广场舞项目第一名。群众安全感更有保障。慎终如始抓好常态化疫情防控，强化重点地区及境外到淮北人员管控，坚决守住“零输入”底线。有序做好疫苗接种工作，累计接种新冠疫苗1122397剂次，已全程接种483632剂，在全市率先完成18岁以上人群接种任务。落实安全生产“党政同责、一岗双责”要求，安全生产形势稳定，灾害风险普查进度位居全省第一。加快法治相山、平安相山建设，“扫黑除恶”专项斗争常态化开展，“八五”普法全面铺开。相山区被命名为2017—2020年度平安中国建设示范县，获全省法治政府建设示范区、省级质量强区，钟楼村获全国“民主法治示范村”称号。（区发改委）

中国共产党相山区委员会

综 述

【概况】2021年，相山区实现地区生产总值413亿元，增长4.5%；财政总收入22.9亿元，增长20.1%；固定资产投资增长9.2%；社会消费品零售总额220.3亿元，增长13.5%；城镇、农村居民人均可支配收入分别增长9%、10.6%。年内获平安中国建设示范县（区）、全国计划生育优质服务先进单位、全省质量强区、全省法治政府建设示范区、全省美丽乡村建设先进县（区）、省级健康促进区等称号。

【产业转型】2021年，相山区立足产业基础和优势，协同推进三次产业转型发展，地区生产总值、财政总收入分别突破400亿元、20亿元，跃上新的台阶。传统产业焕发新生机。开展存量企业新一轮技术改造行动，引导和支持企业增强技术创新能力，实施产业升级和技术改造项目20个，培育深度“上云企业”16家，4家企业（全市共5家）获批省重点研究与开发项目，6家企业获评国家级两化融合管理体系评定企业，安徽汉芳生物科技有限公司获批长三角科技创新联合攻关专项（全市仅1家）。新兴产业成为新引擎。着力培育以绿色食品（生物科技）、信息技术为主导的战略性新兴产业，持续深化产学研合作，入库产学研合作项目139个，获得科技成果80项，登记技术合同482份，战略性新兴产业产值、高新技术产业增加值增速分别达到20%、24%，全区战新企业总数达15家，净增高新技术企业19家。现代服务业得到新提升。放大中心城区服务业基础优势，大力发展现代服务业，新增规模以上服务业企业9家。家家悦淮北综合产业园项目一期常温仓投入运营，隋唐运河古镇获评省级服务业集聚区、省级首批旅游休闲街区，相山经济开发区获评“十四五”首批省级先进制造业和现代服务业融合发展试点园区。现代农业孕育新优势。坚持以新型经营方式推进农业发展，新增新型农业经营主体24家，培育省示范家庭农场4家，羊肚菌、黑木耳等8个品种获评“三品一标”（无公害农产品、绿色食品、有机农产品和农产品地理标志）品牌，渠沟镇桥头村获评省级农村电商提质增效示范村，黄里杏花节、芳香小镇金秋菊展、张楼葵花节吸引游客10万余人。

【深化改革】2021年，相山区坚定不移推动更深层次改革，实行更高水平开放，为推动高质量转型发展提供强大动力。深化重点领域改革。推行顶格服务企业机制，举办3期企业家沙龙等亲商活动，在全省率先开通7×24小时不打烊“随时办”服务，营商环境持续优化，新增私营企业3303户、个体工商户7132户。推行“亩均论英雄”改革，全面实行开发区“标准地”制度，完成处置“僵尸企业”14家，盘活土地1021.3亩。创新实施“园区贷”，实行“白名单”范围内免抵押、见贷即保，首批放贷2100万元，融资成本平均下降39.4%，有效缓解企业融资难、融资贵压力。精准发力“双招双引”。出台《相山区重点产业链链长制工作方案》，组建3个驻外招商团和2个驻外产业招商中心，推动产业招商、精准招商，翌光科技第4.5代有机发光器件、珠海宏广科技有限公司高端消费类电子FPC等优质项目落户，全区新签约30个、新开工工业项目21个，重点项目完成投资167亿元，与主导产业契合度达95.2%。深入实施“相城英才计划”，引进高层次科技人才团队2个。加强区域合作交流。抢抓长三角一体化发展、淮海经济区等战略机遇，积极推动政策对接、区块链接、产业承接，组团赴徐州、昆山、深圳等地考察。成功举办2021淮北食品工业博览会、安徽淮北电路板行业高峰论坛。积极参加第四届中国国际进口博览会、世界制造业大会等大型展会，实际利用外资7144万美元，新培育外贸进出口企业5家，外贸进出口总额增长35.7%。

【协调发展】2021年，相山区加快推进新型城镇化，积极打造城乡一体、全域协调发展格局。持续优化人居环境。实施城市更新行动，完成田庄二期、西城棚户区改造，实施老旧小区改造项目22个和土楼村、电校周边等9个片区雨污分流工程，在全市率先启动既有住宅加装电梯的项目，新增街头绿地（游园）3处、植树造林500亩，完成100万平方米绿化养护，“智慧城管”指挥中心建成投入使用。加快推动西向发展。坚持产城融合，高标准编制高铁西站片区、渠沟镇、信息产业园等重点片区规划。加快打通对内对外通道，人民西路、西山北路基本建成，淮宿蚌城际高铁、徐淮阜高速等项目加快推进，新区全面进入大开发大建设的新阶段。扎实推进乡村振兴。持续推进巩固拓展脱贫攻坚成果同乡村振兴有效衔接，实施扶持壮大村级集体经济项目13个，50万元以上集体经济强村7个，其中100万元以上2个。扎实开展美丽乡村建设，完成农田水利沟渠畅通工程20千米，“四好”农村路扩面延伸54.9千米，完成刘楼、张集等6个村生活污水处理设施提升改造工程，农村人居环境整治实现村庄全覆盖。

【减污降碳】2021年，相山区坚持生态优先绿色发展，推动减污降碳协同增效，着力提高经济发展含“绿”量。污染防治常态长效。扎实开展新一轮“三大一强”专项攻坚行动，健全大气污染防治量化考核机制，$PM_{2.5}$平均浓度41.1微克/立方米、同比下降15.8%，优良天数比率78.4%、同比提高7.9%，环境空气质量排名居全市第一。开展土壤状况调查评估，深入推进固体废物污染治理专项行动，土壤安全总体良好，实施凤翔沟、湘西沟、申家沟水环境综合治理项目，完成五条主要河流“一河一图一策一单”方案编制，饮用水源地水质达标率100%。环保机制有力有效。扎实推进环保督察反馈问题整改，2021年中央环保督察交办信访件办结率达100%。全面落实突出环境问题包保整改责任制，持续深化河（湖）长制和林长制，积极推行环境专项监督长制和田长制，严肃查处各类生态环境违法案件18件。低碳发展走深走实。严把审批关，坚决遏制“两高”（高耗能、高污染）项目盲目发展，加大重点用能企业节能管理，引导企业实施节能技术改造，节能降耗年度任务顺利完成，安徽尊龙环保节能建材有限公司等3家企业进入2021年全省工业领域节能环保“五个一百”推介目录，安徽雷鸣科化股份有限公司、安徽省正大源饲料集团有限公司2家企业获评省级绿色工厂。

【民主法治】2021年，相山区切实发挥区委总揽全局、协调各方作用，进一步唱响主旋律、坚定主心骨、汇聚正能量。推动社会主义民主政治建设。支持人大及其常委会依法行使职权，任免国家机关工作人员43人次，推深做实“2121”工程，不断发展全过程人民民主。支持人民政协发挥专门协商机构作用，“请你来协商”平台不断健全完善，有事多商量、好商量、会商量的政治优势进一步发挥。大统战工作格局加快构建，圆满完成3个民主党派换届工作，统一战线呈现开拓进取、团结和谐的良好局面。工会、共青团、妇联等群团组织作用进一步发挥。国防动员和后备力量建设持续加强，军政军民团结大好局面进一步巩固。强化主流意识形态引领。持续开展区委巡察意识形态专项检查，制定《意识形态风险防控工作方案》，强化阵地管理、注重宣传引导，牢牢掌握意识形态工作的领导权话语权，确保大庆之年意识形态领域安全。持续唱响主旋律。精心组织开展“两优一先”表彰工作，举办庆祝中国共产党成立100周年主题展、征文演讲比赛、党史知识竞赛等系列活动，广泛开展“永远跟党走”群众性主题活动，营造共庆百年华诞、共创历史伟业的浓厚氛围。

【社会民生】2021年，相山区坚持把共同富裕作为社会主义的本质要求，更好满足人民群众品质化多样化的生活需求。扎实抓好民生实事。统筹推进29项民生工程，全年民生领域支出占财政一般公共预算支出的86%。扎实开展“我为群众办实事”实践活动，在全社会征集“为民办实事”项目建议，经梳理后确定56个重点项目，由区级领导牵头推进，真心真情真意办好人民群众牵肠挂肚的民生大事和天天有感的关键小事。大力提升公共服务。强化公共就业创业服务，城镇新增就业13280人，登记失业率控制在2.8%以内。教育体制改革不断深化，全面落实“双减”政策，在全市率先实施校长职级制改革，淮北师范大学相山附属学校、滨河学校等7个新建、改扩建工程开工建设。加快推进健康相山建设，新增医疗机构15家，新建公共卫生应急服务中心，区人民医院投入使用。用心用情关爱“一老一小”，智慧养老服务平台建成运营，民生社区养老服务中心获批省医养结合示范创建单位，新增托育机构6家、托位520个，托育工作走在全省前列。提升文化供给水平。扎实开展全国文明典范城市创建工作，组织实施九大专项提升行动，全区注册志愿者达80762人，占常住人口的18.4%。进一步提升文化软实力，区文化馆舞蹈队勇夺第十四届全运会广场舞比赛一等奖，新入选省级非遗项目4个（全市6个），凤凰山绿色食品博览园获批国家AAA级旅游景区。

【风险化解】2021年，相山区全面贯彻总体国家安全观，努力建设更高水平平安相山、法治相山。着力维护国家安全。深入落实“1+9+N”防范化解重大风险方案体系，分领域进一步细化完善风险监测预警指标，突出中国共产党成立100周年大庆安保主线，认真落实国家安全工作机制，加强国家安全宣传教育，坚决维护国家政权安全、制度安全、意识形态安全。着力维护社会稳定。一体推进法治相山、法治政府、法治社会建设，积极实施“八五”普法工作，获评全省法治政府建设示范区。扎实推进平安相山建设，高质量开展政法队伍教育整顿，常态化推进扫黑除恶斗争，健全领导干部接访下访和阅批群众来信制度，扎实推进“四下基层”（信访接待下基层、现场办公下基层、调查研究下基层、宣传党的方针政策下基层）“四最”（最多投一次、最多跑一地、最多交一回、最后访一回）试点，钟楼村获全国“民主法治示范村”称号，相山区获评平安中国建设示范县（区）。着力保障群众安全。慎终如始做好常态化新冠肺炎疫情防控工作，累计完成新冠病毒疫苗接种112.2万剂次，在全市率先完成3岁以上人群接种任务，受到市级两次通报表扬。严格落实安全生产责任制，加强食品药品安全监管，成立药品安全委员会，灾害风险普查进度位居全省第一，综合减灾示范区创建工作居全国前列。

【党的建设】 2021年，相山区从党的百年奋斗历史中汲取前进力量，全面从严管党治党，以高质量党建引领高质量发展。切实加强政治建设。扎实开展党史学习教育，深入学习贯彻习近平总书记在庆祝中国共产党成立100周年大会上的重要讲话精神，举办“四个专题”学习和各类学习研讨班，依托红色文化资源开展主题教育25场次，开展基层巡讲宣讲312场，带动全区干部群众学史明理、学史增信、学史崇德、学史力行。把学懂弄通做实习近平新时代中国特色社会主义思想作为长期政治任务，深入学习宣传贯彻中共十九届六中全会精神及省市党代会精神，引导全区上下衷心拥护“两个确立”，自觉践行“两个维护”，不断提高政治判断力、政治领悟力、政治执行力。选优建强干部队伍。圆满完成区、镇党委和人大政府政协换届，高质量完成村（社区）“两委”换届，树立“面向基层、突出实干”选人用人导向，实施近距离考察识别干部，开展年轻干部队伍调研，择优选派8名年轻干部赴上海学习锻炼，全区30岁以下副科级干部数量增长12.4%。优化干部考核培养，创新推行公务员平时考核，区委党校建成投入使用，举办相山区中青年干部培训班、科级干部进修班。不断夯实基层基础。抢抓淮北创建“全国城市基层党建示范市”机遇，在全市率先出台城市基层党建工作“1+9”方案，构建“1+10+88+N”党群服务中心体系，组织实施城市基层党建“领航”计划、“焕新提升”工程，完善“网格党支部+居民议事会”党建引领城市基层治理模式，培育“翰林茶馆”、东街e睦邻等党建品牌。纵深开展农村基层党建“一抓双促”（抓党建、促脱贫攻坚、促乡村振兴，促进基层党组织全面进步、全面过硬）工程，选派22名干部驻村助力乡村振兴，试点推行支部领办合作社试点，大力推动党建引领村级集体经济发展，不断提升党组织带领村民致富能力。持续强化正风肃纪。扎实开展新一轮深化“三个以案”（以案示警、以案为戒、以案促改）警示教育，建立形式主义、官僚主义问题整改“四清单”，系统排查、全面整改问题55个，完善、新建各项制度19项。高标准启动九届区委巡察，扎实推进省委巡视“回头看”反馈问题整改工作，22个问题已完成整改16个、基本完成整改4个，移交的问题线索和信访件均已全部办结。一体推进“三不”（不敢腐、不想腐、不能腐）机制建设，精准有效运用“四种形态”，全区纪检监察机关立案102件，结案143件，党纪政务处分143人。

区委领导班子全面加强自身建设，着力打造让党中央和省委、市委放心、让全区人民满意的坚强领导集体。带头践行“两个维护”。召开区委全会、常委会会议、理论学习中心组学习研讨会67次，第一时间学习贯彻习近平总书记最新重要讲话和指示批示精神，始终在政治上、思想上、行动上同以习近平同志为核心的党中央保持高度一致。带头严守政治纪律。严格落实民主集中制和请示报告制度，扎实开展党内政治监督谈话，带动全区各级领导班子严肃政治生活、提升政治能力。带头主动担当作为。立足本职岗位，心系大局、勇于创新、勤勉工作，牵头推进主导产业发展，下大气力抓招商、引项目，引导全区党员干部踊跃投身高质量转型发展。带头弘扬优良作风。坚持人民至上，深入践行群众路线，牵头推进“我为群众办实事”重点项目、阅批群众来信，用心用情用力解决好企业和群众的难事、难题、难点。带头保持清正廉洁。压紧压实管党治党责任，严格履行“一岗双责”，严格遵守廉洁从政各项规定，自觉抵制各种歪风邪气，克己奉公、艰苦奋斗，引领全区政治生态不断优化。

（周　磊）

重要会议

【相山区第八届委员会第十二次全体会议】1月8日，中国共产党淮北市相山区第八届委员会第十二次全体会议召开。全会审议通过《中共相山区委关于制定国民经济和社会发展第十四个五年规划和二〇三五年远景目标的建议》《中国共产党相山区第八届委员会第十二次全体会议决议》。区委书记胡启书就《建议（讨论稿）》向全会作说明，并就贯彻落实全会精神作讲话。区委副书记、区长朱龙就全区经济工作作讲话。区委委员、区委候补委员出席会议。

【相山区第八届委员会第十三次全体会议】4月19日，中国共产党淮北市相山区第八届委员会第十三次全体会议召开，区委书记胡启书受区委常委会委托主持会议并讲话，区委委员、区委候补委员出席会议。会议听取《关于召开中国共产党相山区第九次代表大会的决议（草案）》的说明，审议通过《关于召开中国共产党相山区第九次代表大会的决议》。

【相山区第八届委员会第十四次全体会议】6月17日，中国共产党淮北市相山区第八届委员会第十四次全体会议召开。区委书记胡启书受区委常委会委托主持会议并讲话，区委委员、区委候补委员出席会议。会议决定中国共产党相山区第九次代表大会召开的时间和议程；审议通过中国共产党相山区第八届委员会工作报告（修改稿）、中国共产党相山区第八届纪律检查委员会工作报告（修改稿）及相应决议（草案）；审议通过中国共产党淮北市相山区第九届委员会委员、候补委员和纪律检查委员会委员候选人预备人选建议名单及相山区出席中国共产党淮北市第九次代表大会代表候选人预备人选建议名单；表决通过《中国共产党相山区第八届委员会第十四次全体会议决议》。

【全区招商引资大会】2月20日，相山区召开招商引资大会，同时召开工业经济、园区建设工作会议。区委书记胡启书讲话，区委副书记、区长朱龙主持会议。区领导李清平、赵德华、侯孝东、赵华、池胜洲、刘安顺、杨飞、李延栋等参加会议。会上，区委书记胡启书就抓好全年招商引资、工业经济、园区建设等工作提出具体要求。他强调，面对“十四五”开局之年，各级各部门要进一步树牢“开局即发力，起步就冲刺”意识，突出精准发力，在牢牢把握“点”与“面”中开创抓招商、兴工业、强园区的崭新局面。

【区委农村工作会议】3月10日，区委农村工作会议召开，区委书记胡启书出席会议并讲话，区领导侯孝东、池圣洲、刘安顺、杨飞、李延栋、杨强国等参加会议。胡启书在讲话中指出，要提高政治站位，坚持从讲政治的高度来看“三农”、抓“三农”，不断提高政治领悟力、政治判断力、政治执行力，自觉把思想和行动统一到习近平总书记重要讲话精神上来，统一到中央和省委、市委决策部署上来，切实增强做好新发展阶段“三农”工作的使命感紧迫感方向感。

【党的建设工作会议】4月11日，相山区召开党的建设工作会议，主要任务是坚持以习近平新时代中国特色社会主义思想为指导，深入学习贯彻党的十九届五中全会精神和习近平总书记考察安徽重要讲话指示精神，认真贯彻落实省市组织部、宣传部、统战部长会议、政法工作会议精神，总结工作、分析形势，安排部署2021年和今后一个时期全区党的建设工作，为加快建设新阶段现代化品质相山提供坚强保证。区委书记胡启书参加会议并讲话，区委副书记、区长朱龙主持会议，区领导李清平、赵德华、沈慧星、赵华、杨飞、杨强国出席会议。

【中共淮北市相山区第九次代表大会】 6月22—23日，中共淮北市相山区第九次代表大会召开。胡启书代表中共相山区第八届委员会作题为《干在实处显担当 走在前列谋新篇 凝心聚力建设新阶段现代化品质相山》的报告。大会听取《中国共产党淮北市相山区第八届纪律检查委员会工作报告》（书面）和《关于全区党费收缴、使用和管理情况的报告》（书面）。大会以无记名投票方式，选举出九届区委委员31名、候补委员7名，九届区纪委委员17名，出席市第九次党代会代表65名。一致通过《中国共产党淮北市相山区第九次代表大会关于八届区委工作报告的决议》《中国共产党淮北市相山区第九次代表大会关于八届区纪委工作报告的决议》。闭幕后，中共淮北市相山区第九届委员会召开第一次全体会议，选举区委书记、副书记和常委，胡启书当选区委书记，朱龙、沈慧星当选区委副书记。区第九届纪律检查委员会第一次全体会议选举区纪委书记、副书记和常委，杨飞当选区纪委书记，李本胜、王莉红当选区纪委副书记。

区委综合政务

【文稿服务】 2021年，区委办公室坚持把精品意识、工匠精神贯穿于文稿起草始终，在求新、求深、求实、求精上下功夫，把上级要求、领导意图和区情实际有机结合，进一步增强文稿的政策性、指导性和针对性，全年高质量完成区委文件、领导讲话、汇报等各类文字材料300余篇，100余万字。

【调查研究】 2021年，区委办公室坚持把开展调查研究作为做好参谋服务的重要途径，充分发挥职能作用，明确调研重点，紧紧围绕牵动全局的关键点、区委领导的关注点、社会矛盾的突出点、群众意见的集中点开展专题调研。聚焦热点问题开展调研活动，提出针对性强、实用价值高的调研建议。

【信息报送】 2021年，区委办公室严格按照“全员上水平，工作上台阶，服务上层次”的总体要求，紧密围绕区委工作重点，充分发挥党委信息主渠道作用，立足前沿，提高站位，紧盯全区发展的重要举措、主要成效、经验做法、问题建议等有关情况，不断挖掘亮点，打造精品信息，全年上报信息100余篇，淮北信息采用30余篇，较好发挥了党委信息主渠道作用。

【业务职能】 规范做好文件收发。全年综合办公平台收文1593件，公文登记、借阅、传阅、督办、归档等环节做到及时准确，衔接有序。全年发文92件，完成市委“基层减负年”关于精文减会相关要求。积极协助区档案局及时做好年度性文件的立卷、归档和密件清退工作，“三密”（绝密、机密、秘密）文件清退率100%。

精细高效做好会务。认真贯彻落实《中国共产党机关公文处理条例》，严守发文审批流程、严把发文质量，确保制发的公文程序合规、结构严谨、内容零差错。狠抓会前、会中、会后三个关键环节，会前准备充分，会务方案科学细致，会中服务规范，会议秩序井然，会后落实有力，及时做好会议资料整理印发、会议记录起草和领导批示讲话印发工作，有效保障区委各项工作顺利开展。成功召开区第九次党代会，全年共筹办区委全会4次、区委常委会会议47次，区委主要领导会议、调研活动200余场，未出现任何纰漏，有效保障了区委各项工作顺利开展。

严格执行值班制度。严格执行24小时专人值班和领导带班，提高应急反应能力，突出抓好紧急情况突发事件信息报送和处置工作，确保紧急重要信息第一时间报送、上级指示第一时间落实、具体情况第一时间反馈。强化值班人员配备和力量保障，充分发挥区委值班室“平时值守”“战时应急”职能，确保在突发事件处置等重要紧急任务中高效协作、顺畅联动。

【保密工作】2021年，区保密办围绕“4·15”全民国家安全教育日等重要节点，深入开展总体国家安全观宣传教育，做好保密工作，开展保密教育宣传，经常性开展保密检查提醒，及时处理保密问题，对7人进行问责。依法开展档案检查，推动档案工作依法开展。年内2件作品获中共中央保密办、国家保密局颁发的奖项。

组织工作

【基层党建】压实政治责任。坚持把落实党建工作责任制作为主要抓手，深化党委（党组）书记及班子成员党支部工作联系点制度，区委常委及区委直属党（工）委领导班子成员建立党支部工作联系点133个，累计解决问题200余个；组织召开2020年度全区抓基层党建述职评议会议，各级党（工）委书记对标整改销号问题26个。

百年大庆主题活动。认真做好“两优一先”推荐表彰，省市区共推荐表彰共产党员99名、党务工作者65名、基层党组织54个；开展“光荣在党50年”纪念章颁发工作，累计颁发纪念章2362枚。

筑牢防疫红色堡垒。结合党旗在基层一线高高飘扬活动，组建“党员突击队”“益起来志愿服务队”等50余个，筑牢疫情防控坚实红色堡垒。

建好机制强合力。率先出台城市基层党建工作“1+9”方案，持续健全“区委统、街道联、社区拢”三级联动体系；深化街道体制改革，按照“6+2+N”模式优化街道内设机构，动态调整行政权力、程序、责任“三项清单”；深入推进街道“大工委”、社区“大党委”建设，建立“党建联做、活动联办、党员联管、服务联动”四联共建工作机制。

聚好资源强服务。做实网格化党建，探索“网格党支部+物业管理委员会”党建引领城市基层治理模式，深化“红色物业”服务，有效化解物业管理纠纷、停车难等实际问题1000余件。推动警官、法官、检察官、律师“三官一师”进小区、入网格，累计调处信访矛盾、解决群众

2021年8月10日，区委常委、组织部部长魏宾（右一）调研东街道供电社区基层党建工作（王继辉 摄）

诉求900余件。

夯实基础强保障。着力建强社区工作者队伍，定向招录优秀社区工作者进入公务员队伍，参照相山区事业单位管理岗8、9、10级职员工资待遇落实社区专职工作者报酬。完善“1+10+88+N”的党群服务中心体系，以“党建引领、公益同行、服务惠民”为主题，新建“红色益站”84个，成为各级党组织、党员干部服务群众的“红地标”。

育好品牌强引领。健全“项目导师+项目辅导员+种子基金”党建品牌培育机制，培育省市区级党建品牌21个，开展政策咨询、便民服务、协商议事等服务，受益群众1万余人次。

培育建强“领头雁”队伍。在市级选派帮扶工作队的基础上向其他11个村选派区级乡村振兴工作队，实现选派乡村振兴工作队全覆盖；持续加强村书记教育培训，举办4期村书记大讲堂、1期党组织书记培训班。

发展壮大村集体经济。持续开展扶持壮大村级集体经济专项行动，全年村均集体经营性收入53.5万元，跻身全省十强。

试点推进党支部领办合作社。在张楼村试点建立“党支部+合作社+企业+农户”的发展模式，发展油葵种植产业，吸纳286户农户入社，流转土地700余亩。

抓实“两个覆盖”。扎实开展“党群组织覆盖”集中攻坚，建立党组织和群团组织1008个。针对小微企业采取领导包保组建、组团上门帮建等方式，选派230名党建工作指导员进行兜底管理。

推动园区党建。搭建“开发区党工委+书记工作室+企业党支部”的“益企党建圈”（已有11家企业），开展共过主题党日、职工劳动法律师免费咨询等活动10余次。

探索新兴领域党建。成立淮北汽车城商圈党建联合体，坚持“一线工作法”，定期走访联系商圈企业，开展“问题帮办、助企发展”座谈会等活动30余次，解决问题22件，淮北隋唐运河古镇商圈党建在全省“小个专”迎检中获得好评。

圆满完成村（社区）“两委”换届。坚持因地制宜、实事求是，逐村（社区）合理确定职数，增加村“两委”职数2个、社区“两委”职数39个。成立5个业务指导组下沉包保镇（街道、开发区），采取“三问、三看、三听”掌握换届工作整体情况，提出具体指导意见。坚持高线选人，9个街道（开发区）进行比选择优综合能力测试，163名支委人员测试通过148名、209名居委人员测试通过154名。落实“暖心工程”，为离任书记举办荣退仪式，对因“一肩挑”原因不参选的正职，保留其一届正职薪酬待遇，对超龄不能干满一届人员，积极为其开发集体经济合作社负责人等岗位。

【干部队伍建设】2021年，区委组织部树牢选人用人导向。践行“20字”好干部标准，在把好政治关等五关基础上，树立“面向基层、突出实干”鲜明导向，注重选拔善谋划、重实干、肯担当、出实效的干部，提请区委常委会研究人事任免事项16批次162人次，提拔重用或晋升科级干部70人，其中正科级干部5人，副科级干部25人；从基层一线提拔重用干部16人；提拔重用或晋升的“90后”干部15人，占21.43%；任免法检内设机构负责人和法律职务10人次，法检专业人员配备力量加强。

加强干部培训历练。全面落实省市区干部教育培训规划，持续推进干部能力现代化，推荐组织干部参加省委、市委党校培训学习88人次；先后举办相山区中青年干部培训班、科级干部进修班等，培训干部310余人次。积极融入长三角一体化发展，选派8名综合能力较强的区管干部赴上海学习锻炼，推荐3名干部赴浙江长兴县挂职，不断提升推进经济社会高质量发展能力。

严格干部考核管理。制订《2020年度区管领导班子和领导干部综合考核工作方案》，对全区领导班子和干部队伍综合分析研判，确定优秀单位17家、优秀等次领导班子58人；印发《相山区公务员平时考核实施方案》，指导全区公务员、参公单位开展公务员平时考核。制订《关于在“决战四季度增强新动能”重点工作中近距离考察识别干部工作方案》，采取深入考察识别+一线蹲点和跟踪驻点观察方式，考准考实干部工作实绩。

激励干部担当作为。开展全区干部队伍担当作为情况专题调研，表彰新时代担当作为先进典型16名；畅通事业人员晋升渠道，推荐20名优秀事业人员参加公开选调副科级公务员。用好职务与职级并行激励措施，共晋升职级40人，进一步激发干部队伍内生动力和发展活力。

圆满完成区镇换届。认真做好2021年区镇集中换届工作，聚焦“五好”目标，始终把党的领导贯穿始终，大力选拔政治过硬、担当作为、实绩突出的干部，严明换届纪律换届风气，换届后，新一届区领导班子形成了40～50岁干部为主体的梯次配备；镇党委班子成员镇领导班子平均年龄43.2岁，40岁以下年轻干部4人，实现班子结构进一步优化。

中共淮北市相山区委党校（行政学校）校园　（孙静宇　摄）

【人才工作】2021年，区委组织部择优选聘4人进入淮北凤凰山实业集团有限公司领导班子，推荐淮北国科环保科技有限公司获批市第十批“555”产业创新团队，对4家入选的“555”团队和4名高层次人才储备金入选人员进行绩效评估后拨付经费，新推荐7家单位申报第十一批“555”产业创新团队、1人申报高层次人才储备金，力促人才项目落地见效。

【区委党校建设】11月12日，中共淮北市相山区委党校（行政学校）揭牌，归口区委组织部管理，核定事业编制9人。围绕“八有”（有校园、有教学场地、有经费保障、有图书馆、有文体设施、有住宿、有餐厅、有报告厅）条件要求，积极整合资源，投资200余万元，完善党校各项软硬件建设，有大报告厅1间、文体活动室1间、教室2间、讨论室2间、多功能实训室1间、学习活动室1间、办公室3间、接待室1间；学员接待中心标准间60个、单间5个；学员食堂可满足300人就餐；校园配备有文体活动设备和停车场地。党校坚持政治立校、质量立校、作风严校，充分发挥主渠道、主阵地作用，有序开办各类培训班次。

（区委组织部）

宣传工作

【意识形态工作】2021年，区委宣传部坚持将意识形态工作作为党的建设重要内容，纳入区委重要议事日程和党建工作要点。采取听汇报与实地检查相结合的

2021 年 11 月 29 日，举行绿色食品制造产业链企业家沙龙暨学习贯彻省第十一次党代会精神宣讲报告会　　（区委宣传部　供图）

方式，对全区重点单位意识形态工作责任制落实情况开展督查。强化阵地建设，加强对网站、政务类公众账号、自媒体等网络阵地的管理，严格按照属地管理和主管主办的原则，强化对论坛、讲座、报告会等各类活动的审核报备。建立健全信息发布机制，对辖区内的政务、行业、系统等公众账号进行备案登记，严格落实网上信息审批审核制度，与相关部门签订《相山区新闻信息审核与发布承诺书》，确保信息采编、审核、发布工作规范化、制度化。

【学习平台】 2021 年，区委宣传部强化“学习强国”平台的推广使用，在运用的频度、热度上下功夫，在供稿的数量、质量上求实效。全区党员和党外人士注册人数居全市首位，累计向“学习强国”平台供稿 450 余篇，推送 330 余篇。发放《习近平关于网络强国论述摘编》等理论书籍 5000 余册，把习近平新时代中国特色社会主义思想作为党员干部做好各项工作的“指南针”和“工具书”。

【理论宣讲】 2021 年，区委宣传部围绕百年党史广泛深入开展理论宣讲，组建专家宣讲团、百姓名嘴宣讲团、好人宣讲团等 8 支队伍，到群众聚集的地方、在群众方便的时间、用群众喜爱的方式，广泛开展对象化、分众化、互动化宣讲 2566 场，受众 27 万余人，推动新思想落地生根。举办全区“举旗帜、送理论”党史学习教育微宣讲竞赛，并荣获全市第四届“举旗帜·送理论”党史学习教育微宣讲竞赛优秀组织奖。打造“小睦说”品牌，区新时代文明实践中心获评第四批安徽省理论宣讲示范基地。

【外宣网宣】 2021 年，区委宣传部把庆祝中国共产党成立 100 周年宣传教育作为贯穿全年的工作主线，把牢“党的盛典 人民的节日”基调定位，紧密结合区委区

2021 年 10 月 26 日，相山区 2021 年宣传思想工作暨意识形态暨通讯员培训班走进相山经济开发区　　（陈文骁　摄）

政府中心工作、民生实事，深入开展主题宣传、形势宣传、政策宣传、典型宣传，切实宣传好全区的新发展、新亮点，全年政务新媒体“相山发布”微信公众号推送信息1301条，在市级媒体刊发图文信息1520余篇，省级以上媒体刊发稿件770余篇，“学习强国”平台累计推送330余篇。

【文化宣传活动】2021年，区委宣传部围绕文化惠民、文化便民、文化乐民，广泛开展各类文化活动。开展乡村春晚、非遗产品推介、“趣答民俗·福满新春”、“百年荣光·薪火相传”等系列活动。举办红色经典诵读大会、“唱支心歌给党听”群众歌咏大会等线上线下活动，参与群众近10万人。全区公共文化场馆均免费对外开放，开展“我们的节日”、全民健身各类大型主题活动20余场，“送戏进万村”活动13场，放映公益电影98场，更多公共文化产品惠及人民群众。

【“扫黄打非”专项行动】2021年，区委宣传部充分发挥“扫黄打非”暨文化市场巡查员队伍作用，开展“护苗2021·扫黄打非进校园”暨“绿书签行动”系列宣传活动，向未成年人发放绿书签、“护苗”宣传彩页、海报等，引导青少年文明上网、绿色上网。召开会议分析研判当前网络形势，并对“江淮净网”系列专项行动进行部署安排，持续净化辖区网络环境。

【宣传队伍培训】2021年，区委宣传部始终将增强“四力”教育实践作为宣传思想文化战线的一项基础性、战略性工程，着力提升全区宣传系统脚力、眼力、脑力、笔力。举办全区2021年宣传思想文化工作暨通讯员培训班，采取“专家授课+现场教学+实地采访+分享座谈+专家点评”形式进行，邀请专家学者对党的十九届六中全会、省市党代会精神进行专题解读，对文明实践、意识形态等工作进行专题培训和业务指导，学员紧紧围绕相山区乡村振兴、经济发展、社会治理三个选题，深入基层，深入群众，挖掘新闻素材，认真撰写文稿，并邀请专家对其进行现场点评，基层宣传工作力量持续增强。

（席　岚）

精神文明建设

【新时代文明实践活动】2021年，区文明办充分利用区新时代文明实践中心与区党群服务中心相融合的阵地优势，提前列计划，将活动开展时间和主题等内容展示给群众，精准对接群众需求。打造相山区新时代文明实践志愿服务点（相山区便民服务站）13个，挖掘培育“东街e睦邻”“舞动江淮”“小管家”等志愿服务品牌，选取“童心有爱”“聚心小院”等13个优秀志愿服务项目参加淮北市第三届新时代文明实践志愿服务项目大赛，丰富文明实践项目库。以“学党史、颂党恩、跟党走”为主题，成功评选出市十佳新时代文明实践所（站）6个、宣传员3人，十佳新时代文明实践宣讲员9人。结合疫情防控和党史学习教育，线上开展“文化进万家　云上过大年”“科学健身抗疫情”“小睦说党史”等主题活动，线下开展“送健康、送文明、送温暖”“庆祝中国共产党成立100周年歌咏大会”等主题实践活动，全年全区共开展各类新时代文明实践志愿服务活动2800余场次，受众人数达27万人。

【劳模选树】积极选树道德模范、身边好人等先进典型，截至12月，成功推荐评选淮北市道德模范5人、相山区道德模范10人，中国好人2人、安徽好人2人、淮北好人10人、相山好人48人。

【农村精神文明建设】2021年，相山区组织参加第六届淮北市文明村镇评选活动，渠沟镇，渠沟镇郭王村、桥头村、土楼村、徐集村、张集村、钟楼村、刘楼村、瓦房村获评第六届淮北市文明村镇。渠沟镇按照移风易俗工作实施方案积极落实各项工作，发挥红白理事会的作用，规范各项规章制度，固定办公活动场所，有序按章开展工作，提高乡村自我管理水平。配合做好送戏下乡活动8次，举办广场舞比赛3次，强化宣传引导，在全镇发放《移风易俗倡议书》10000余份；发放移风易俗、讲文明、爱卫生、反对铺张浪费，倡导勤俭节约传统美德宣传牌100多块，劝导婚丧嫁娶大操大办20次，召开党员干部村民代表大会、主题宣讲、读书会30余场，形成文明尚善的良好新风。

【未成年人思想道德建设】2021年，区文明办推荐评选省、市“新时代好少年”5名，评选表彰相山区“新时代好少年”130名。在各学校开展“扣好人生第一粒扣子”“戏曲进校园”等主题活动，引导未成年人积极争做创建文明校园的参与者和文明言行的传播者。在郭王村新时代文明实践站基础上建设乡村“复兴少年宫”，对活动场地、设施进行升级改造。

【文明城市创建】2021年，区文明办压实责任主动抓，区文明委主任、区文明委常务班子“行走相山”督查文明创建重点工作、薄弱环节，继续实施区领导文明创建“随手拍随手传”“早督查、晚督查”“一日一曝光、一周一通报”等工作机制，推动解决创建重难点问题。实行区文明办牵头，区纪委监委、区委督查考核办参与的联合督查机制，对各单位文明创建工作进行督查并印发督查通报，对机厂社区等3家单位主要负责人作停职处理，对桂苑社区、区物管中心等9家单位进行全区通报批评。针对蓝湖绿城小区、国购缤纷街突出问题，区文明委责令南黎街道、区城管局拿出整改措施并召开现场反思整改会，做到以点带面、举一反三，主动作为，提升创建意识。深入开展文明创建九大提升行动和“五整治、四清理、两提升”等专项行动，整治环境秩序，巩固提升全国文明城市建设水平。开展飞线充电专项整治行动，在各个小区建设128个站点，安装充电桩1093台、插座孔22138个，建成充电自行车棚186个，查处电动车私拉乱接充电、电瓶车乱停乱放等消防违法行为，没收电线及剪线处理2400余根。开展车辆乱停放、“僵尸车”清理专项整治行动，张贴机动车违法停放告知单19779个，暂扣违规停放的非机动车16591辆次，排查“僵尸车”289辆。新增机动车停车泊位470个，约1900平方米，复描机动车、非机动车停车泊位约1.59万平方米。开展物管企业模拟测评专项行动，对物业小区第一季度、第二季度物业服务质量开展模拟测评，约谈排名后十位的物管小区责任

2021年9月2日，古城路小学开展“小手拉大手勤俭节约”活动
（区文明办 供图）

人，要求认真开展自查自纠，存在问题立即整改。开展小餐饮行业专项整治行动，明确小餐饮核查标准及要求，对久兴巷、长乐巷、步行街及蓝湖绿城进行实地检查，现场责令整改20家，关停整改1家。开展农贸市场专项整治行动，对13家区管农贸市场内部环境卫生、经营秩序、疫情防控等内容进行常态化检查，针对存在问题，列出问题清单，下发整改通知书33份，责令限期整改销号并及时跟踪复查整改情况。对多次督查发现问题较多的农贸市场停业整顿8家次。开展基础设施维护专项整治行动，对市政、窨井、路灯、园林养护情况专项排查60余次，发现问题近1000条，根据问题情况制作交办单，组织实施市政基础设施维修约1万平方米，疏通管道约5千米，新建黎苑路、惠苑路、明珠广场等排水管道约100米，排查树根凸起隐患60余处、地砖松动50余处。持续常态化巡查，发现问题，随时处理。营造氛围合力抓，发动区四大班子领导、区直包保单位深入镇街（开发区）、社区（村）开展相山区文明创建主题宣传月活动和“展志愿风采　建文明相城”主题志愿服务活动，结合“我为群众办实事”活动帮助解决群众关心的实际问题，全年开展活动198场次。发动社区积极主动与市直帮扶单位对接。组织人员分10组对辖区内8个街道20个社区进行全国文明城市问卷调查模拟测评，积极与居民沟通，答疑解惑，进一步促进文明创建参与率、满意度的提升。在文明相山微信公众号开设“创建视角　共建文明相城”专栏，宣传相山文明创建工作，发布文章15篇，并被“文明淮北”等公众号转载。

（强　云）

统战工作

【宣传教育】6月，原区委统一战线工作领导小组、民族宗教工作领导小组合并为区委统一战线（民族宗教）工作领导小组，区委书记担任组长，区委副书记担任第一副组长，成员单位38家。是月，召开区委统一战线（民族宗教）工作领导小组会议，传达学习全国、全省、全市统战部长会议和全市民营经济统战工作暨民营经济统战工作联席会议精神，研究部署全区统一战线工作。

【学习宣传贯彻落实《中国共产党统一战线工作条例》（以下简称《条例》）】区委统战部坚持“领导干部带头学、统战干部集中学、统战成员广泛学”的原则，多层次、多角度深入学习宣传贯彻《条例》，为各民主党派、工商联、无党派代表人士、宗教团体、新联会发放《条例》200多册，通过“相山统战”微信公众号转发《条例》，推送相关解读文章，研究制定《关于学习宣传贯彻〈中国共产党统一战线工作条例〉的实施方案》，针对《条例》中12个方面60项重点任务作细化分解，明确责任单位，强化责任落实。

【深化党史学习教育】在统一战线成员中广泛开展中共党史、新中国史、改革开放史、社会主义发展史的学习，召开统一战线庆祝中国共产党成立100周年座谈会，开展统一战线“看红色经典电影、学百年辉煌党史”“弘扬优良传统、传承红色基因”主题观影活动，举办宗教界庆祝中国共产党成立100周年文艺会演，开展宗教界“学党史、感党恩、听党话、跟党走”实践教育等活动，坚定中国共产党的领导，凝聚统一战线新时代干事创业、担当作为的奋斗力量。

【民主政治建设】2021年，区委统战部会同区委组织部、区人大办、区政协办，做好新一届区人大代表、区政协委员人选的提名推荐工作，推荐10名党外人士为区人大常委会委员人选，95名党

2021年2月25日，区委统战部组织相山区统一战线成员集中学习《中国共产党统一战线工作条例》（区委统战部 供图）

外人士为区政协委员人选，其中21名为区政协常务委员人选。

【民主党派和党外知识分子工作】2021年，区委统战部支持民主党派加强自身建设，相继协助民建、民革、民进相山区组织完成换届。全年各民主党派撰写人大建议16件、政协提案50件、社情民意22篇、调研报告7篇、统战理论和实践创新文章10篇，其中多篇提案被选为省政协大会发言，被市政协列为重点提案，多项建议得到有效落实，多篇理论和实践创新文章为更好地开展统战工作提供了重要参考。开展党外知识分子“双树双建”（即树立理想信念，树好社会形象，建功立业创一流业绩，建言献策服务发展大局）活动，向市委统战部推荐5名表现突出的党外知识分子作为年度标兵人选。

【民族工作】9月，区委统战部以民族团结进步宣传月活动为载体，聚焦“中华民族一家亲，同心共筑中国梦”的主题，创新活动形式和内容，开展“三级网络”大走访活动、“升国旗 唱国歌”活动、“永远跟党走”民族团结进步先进事迹巡回报告等系列活动，广泛进行党和国家民族政策、法律法规等的宣传教育，党的民族理论、民族政策、民族知识、民族法规更加深入人心。及时关注少数民族流动人员思想动态，组织60余名经商人员集中学习宣传党的民族政策。规范宗教活动，帮助租赁场地开展穆斯林开斋节、古尔邦节活动。贯彻落实党的民族政策，走访慰问8户困难少数民族群众，为9名中考学生出具加分证明，为3名需要变更民族成份的市民出具初审证明，帮助少数民族群众解决就学、务工等方面的困难和问题8件，协调矿工总院接种点为60余名外来经商人员顺利接种新冠疫苗，促进各民族交往交流交融。

【宗教工作】6月，区委统战部开展“宗教政策法规学习月”“学党史、知党情、感党恩”学习教育、“知党史、颂党恩、跟党走”学习实践等活动，厚植全区宗教界爱党爱国爱社会主义的思想政治基础，深入推进我国宗教中国化。定期召开宗教团体联席会议，坚持宗教团体述职评议制度，推进“四进四有”（国旗国歌进场所、宣传标识进场所、法制教育进场所、道德典范进场所；有主题活动、有专题讲稿、有规章制度、有社会服务）全覆盖，大力引导宗教与社会主义社会相适应。坚持问题导向，建立“3221”机制。督促宗教活动场所将宗教政策法规纳入日常讲经讲道中，引导信教群众爱国爱教，正信正行。加强交界地区宗教事务管理，分别与永城市、萧县协商，签订交流协作协议书，建立交界地区宗教事务交流协作机制。

【非公经济领域统战工作】2021

2021年6月24日，相山区召开统一战线庆祝中国共产党成立100周年座谈会（区委统战部 供图）

年，区委统战部为加强工商联组织建设，成立相山区工商联直属商会党总支。12月，召开区工商业联合会（总商会）第五次代表大会，选举产生39名相山区工商联（总商会）第五届执委委员，更好服务全区经济发展。举办法律、环保专题“民营企业家大讲堂”2期，增强企业抵御风险的能力。开展“四送一服”“进万户、访千企”等活动，加强与民营企业、民营经济人士联系，了解民营企业需求，掌握民营经济人士思想状态，落实纾困政策，组织开展政企银企对接，促进了民营经济“两个健康”（非公有制经济健康发展和非公有制经济人士健康成长）。联合法院、检察院等单位维护企业合法权益，构建“亲”“清”政商关系。组织工商联会员企业和民营经济人士开展“阳光助学”活动，参与关爱弱势群体等公益慈善活动，参与信访化解工作，为社会和谐稳定作出积极贡献。年内，区工商联获评2020—2021年度“全国五好县级工商联”，连续四年获此殊荣。

【新社会阶层人士统战工作】 2021年，区委统战部持续深化“凝聚新力量　筑梦新时代”主题教育，引领新的社会阶层人士展现新作为。推进新的社会阶层人士统战工作实践创新基地建设，巩固提升现有实践创新基地建设水平。11月，建成“新力相聚”新的社会阶层人士统战工作实践创新基地1个，为新的社会阶层人士健康成长搭建了平台和载体。指导新的社会阶层人士联谊会（简称新联会）加强自身建设，切实发挥好新联会的组织引领作用，扩大新的社会阶层人士联谊组织覆盖范围，新增会员6名。新联会会员利用专业特长赴乡村、学校举办《中华人民共和国民法典》知识讲座，开办法制课堂，4月，“新耀红立方”获评省级新的社会阶层人士统战工作实践创新基地。

【对台统一战线工作】 2021年，区委统战部深入走访调研台企，开展“送法送清凉送健康”关爱台企活动，宣传国家、省惠台政策，做细做实做好各项工作。加强两岸经贸交流，依托食博会，通过海峡两岸经贸促进会组织邀请台湾福美佳股份有限公司、台湾奥城国际贸易有限公司等11家台商企业参加展销，并积极与商务、会展中心等单位主动对接，落实惠台政策，为台商提供减免展位租赁费等优惠待遇，深化了淮台合作交流。

【海外统一战线工作和侨务工作】 走访慰问4名知名侨胞眷属和8户困难归侨侨眷等，落实资金5000余元，为9名企业退休归侨发放生活补助16200元。不断完善侨情资料库，巩固扩大海外朋友圈。

（区委统战部）

政策研究

【服务区委决策】 2021年，区委政研室按照“围绕中心、统揽全局、突出重点、适度超前”原则，全力推进“政策研究、深化改革、党的建设、财经议事”四项主要工作，以更强的担当大胆探索创新，深入开展针对性、实效性强的调查研究，将调研成果切实转化为推动各项工作的强劲动能与蓬勃智慧，努力提高政研室决策服务水平。编辑发行内部交流期刊《品质相山》，充分发挥谏言献策、沟通交流的重要基础作用，在参谋辅政上精准发力。

2021 年 9 月 13 日，中共相山区委全面深化改革委员会第一次会议召开
（区委政研室 供图）

【调查研究】2021 年，区委政研室对照区委、区政府发展战略部署，创新调研思路与方式，围绕基层党建、社会治理、城市更新、产业转型、养老服务、科技创新等社会热点、发展难点问题，协调组织多方力量，开展专题调查研究，形成《五大实招齐发力　养老服务提质效》《奋力争当新时代信访维稳先行排头兵》《打好改革组合拳　当好相山“勤务员”》《用好老旧小区改造“小切口”解决群众居住环境“大问题”》《落实双减四项机制　促进教育发展提质增效》《主动作为求发展　项目争先拼未来》《防范化解灾害风险筑牢安全发展基础》7 篇高质量调研报告。

【全面深化改革工作】全年区改革办谋划实施 8 个方面 65 项改革事项，均按序时进度完成，进一步推动中央及省、市重大改革部署落地落实，全年深改工作的改革文件备案和改革信息报送量在全市三区一县均排名第一。《相南街道“五个转变”助力“相南不难”奋力争当新时代信访维稳先行排头兵》入选淮北市 2021 年基层治理创新优秀案例。校长职级制改革、农村集体产权制度改革和农村“三变”改革全面完成。在全省率先开通 7×24 小时不打烊“随时办”服务，全区新增私营企业 3303 家、个体工商户 7132 户，隋唐草市获评省级服务业集聚区。发挥“亩均论英雄”改革的牵引作用，深化要素市场化配置改革，全面实行开发园区“标准地”制度，完成处置“僵尸企业”14 家，盘活土地 1021.3 亩。金融改革不断深化，创新实施“园区贷”，首批放贷 2100 万元，政银担在保额度同比增长 25%。文化体制改革升级增效，国家级全域旅游示范区创建通过省级初审，淮北隋唐运河古镇入选安徽文旅十大新晋网红打卡地、安徽省旅游休闲街区，渠沟镇桥头村获评省级农村电商提质增效示范村。社会事业改革持续推进，智慧养老服务平台建成运营，朝阳养老公寓获评省级智慧养老示范机构。区文化馆舞蹈队获得第十四届全运会广场舞比赛第一名，相山区代表团蝉联淮北市第十一届运动会金牌总数和团体总分第一名。社会治理改革推深做实，应急广播系统建成使用，灾害风险普查进度位居全省第一。钟楼村获全国“民主法治示范村”称号。

（区委政研室）

机构编制管理

【机构编制】 调整扶贫工作机构。7月，根据《市委编委关于调整相山区扶贫工作机构的批复》《中共相山区委办公室、相山区人民政府办公室关于调整扶贫工作机构设置的通知》，经区委、区政府批准，不再保留区扶贫开发领导小组，将其职能并入区委农村工作领导小组（区委实施乡村振兴战略领导小组），领导小组办公室仍设在区农业农村水利局；将在区农业农村水利局挂牌的扶贫开发局，更名为乡村振兴局，继续在区农业农村水利局挂牌。调整后，增加负责巩固拓展脱贫攻坚成果、统筹推进实施全区乡村振兴战略有关具体工作，原有人员编制、领导职数、内设机构保持不变。不再保留区扶贫开发局。

人大常委会工作机构建设。根据《关于健全完善相山区人大常委会工作机构的批复》，8月6日，市委编委会议研究同意，在相山区人大常委会增设城乡建设环境与资源保护工作委员会、教育科学文化卫生委员会，均为相山区人大常委会工作机构，正科级，各设主任1名。将相山区人大常委会内务司法工作委员会（民族宗教侨务外事工作委员会）更名为相山区监察和司法工作委员会（民族宗教侨务外事工作委员会）。

设立区域协作中心。为高效开展长三角一体、皖北地区高质量发展等相关工作，9月，经研究，区委编委同意设立相山区区域经济协作发展中心（长三角一体化发展中心），隶属区发改委，为公益一类全额拨款事业单位，股级建制，核定编制6名，设主任1名。

街道核定行政编制。7月，根据《市委编办关于同意从相山区区直机关调剂34名行政编制给街道办事处的批复》《关于调剂渠沟镇及任圩街道行政编制的通知》要求，区市场监督管理局行政编制由99名核减为65名，渠沟镇行政编制由49名核减为40名，任圩街道行政编制由13名核减为7名。以上核减的49名行政编制，用于东山街道、东街道、西街道、相南街道、三堤口街道、南黎街道、曲阳街道等7个街道办事处，每个街道办事处各核定行政编制7名。

公办幼儿园管理团队编制保障。根据《关于推进公办幼儿园管理团队编制保障法的通知》要求，为加强公办幼儿园教职工队伍建设，8月6日，市委编委会议研究同意，按照“试点先行、稳步推进”的原则，选择相山区作为全市推进公办幼儿园“管理团队编制保障法”的试点。从市本级待分配事业编制总量中下划给相山区财政全额拨款事业编制10名，并将相山区教育局管理的市第二实验幼儿园30名事业编制纳入编制保障法统筹范围。将相山区教育局管理的8所公办幼儿园重新整合组建为4所，分别为淮北市第二实验幼儿园、淮北市第三实验幼儿园、淮北市相山区王店幼儿园、淮北市相山区桃元幼儿园，均为实行集团化办学的总园，纳入机构编制管理，为股级公益二类事业单位，领导职数各设1名，分别核定全额拨款事业编制16名、10名、5名、9名，进行事业单位法人登记。

重新核定中小学教职工编制。8月，根据《关于重新核算相山区中小学校教职工编制的通知》，相山区增加中小学教职工编制20名，调整后，相山区中小学教职工编制为1644名。

【清单制度建设】 2021年，区委编办深入推进清单制度体系升级改造，指导各镇（街道）、开发区、村和社区开展权责清单和公共服务清单动态调整工作。区级权责事项精简至1916项，公共服务事项精简至720项，行政权力中介服务事项仅保留24项；镇权责事项精简至25项，公共服务事项精简至159项；街道权责事项精简至19项，公共服务事项精简至118项；开发区权责事项精简至24项，公共服务事项精简至13项；村公共服务事项精简至129项，社区公共服务事项精简至125项，在“全省一单”的统筹部署下，加快推进清单制度体系规范化、标准化建设，实现清单内容的横向可对比、纵向可衔接。

【建立开发区赋权清单】 2021年，区委编办认真贯彻落实国家和省依法向省级以上开发区下放经济管理权限相关精神，梳理赋权事项，明确赋权形式，协同配合区政府7家部门向开发区赋权24项，进一步破除开发区发展的体制机制障碍，促进开发区高质量发展。

（张小莉　高梦芸）

机关党建

【概况】 截至2021年，区直机关辖1个党总支、42个党支部，693名党员。

【思想政治建设】 2021年，区直机关工委将党史学习教育作为加强思想政治建设、锤炼党性的重要抓手，与理论武装一体推进。组织理论中心组学习12次、机关大讲堂4期、专题宣讲报告会2次，组织党员集中观看红色影片2部，参加演讲大赛和微宣讲竞赛各1次。组织机关干部深入脱贫户家中，开展“两不愁三保障”及饮水安全问题排查，帮助群众协调解决实际问题。落实意识形态工作责任制。加强机关党建QQ群、微信群等意识形态阵地管理，严格对各单位上传信息、宣传标语、口号的审核把关，严防意识形态事件发生。实时掌握区直机关党员干部思想动态，结合党建督查、干部考察，到各单位与党员群众谈心、谈话，了解区直机关党员干部所思所想，牢牢把握意识形态工作的领导权、主动权。

【基层党组织建设】 2021年，区直机关工委完成8个党支部班子缺额人选增补工作，成立党总支1个，3个党支部成立支委会，完成2个党支部换届工作。加强党员队伍建设，全年共发展新党员26名。督促各支部抓好“三会一课”等党建基本制度的落实，区数据资源局、群团等党支部开展“百年党史·淮北足迹”“党员进社区·服务促文明”“数据连着你我他·党员服务千万家”等各具特色的主题党日活动。发挥机关党员在中心工作中的先锋模范作用，共组织27支党员志愿服务队，近百名党员志愿者深入社区一线开展文明创建和疫苗接种志愿服务。服务党代会，完成省、市党代会代表推荐工作，依法选举出席区第九次党代会区直机关代表29名。

【工作机制建设】 2021年，区直机关工委制定出台《关于进一步落实党组抓基层党建责任的实施

2021年12月19日，相山区区直机关工委组织党的十九届六中全会宣讲活动

（区直机关工委　供图）

意见》，建立《机关工委班子成员党支部工作联系点》制度和党建常态化督查工作机制，层层落实党建责任。召开2020年度党组织书记述职评议会，29位机关党组织书记述职并接受现场评议。

【机关党建活动】2021年，区直机关工委组织建党百年系列庆祝活动。评选推荐区直机关“两优一先”，1人被评为安徽省优秀党务工作者，6人被评为淮北市优秀党务工作者，2人被评为淮北市优秀共产党员，3个党支部被评选为淮北市先进基层党组织，10人被评为相山区优秀党务工作者，9人被评为相山区优秀共产党员、3个党组织被评为相山区先进基层党组织。组织党员过政治生日，“七一”前夕，组织12名预备党员到临涣文昌宫进行入党宣誓，现场给每位新党员发放《新时代党员必备知识》《中国共产党章程》等党建书籍。各基层党支部组织党员到市内各红色教育基地接受革命传统教育，增强党性意识。组织机关代表队参加全区“唱支心歌给党听”歌咏大会，以实际行动庆祝中国共产党成立100周年。

【关爱帮扶】2021年，区直机关工委做好困难党员、老党员的慰问工作，“七一”期间，共慰问老党员、困难党员36人次，发放慰问金18000元。开展文明创建、秸秆禁烧等活动，帮扶社区文明创建资金5000元。定期到郭王村走访慰问脱贫户，送去慰问物品。

（区直机关工委）

巡察工作

【概况】2021年，区委共组织开展八届区委巡察“回头看”1轮、九届区委常规巡察2轮、巡察整改落实情况专项检查1次，共巡察16家单位。

【常规巡察】全年九届区委共组织开展常规巡察2轮，覆盖10家区直单位。九届区委第一轮巡察汇报、反馈、移交、通报等各项工作于11月完成，共发现问题88个，提出意见建议14条，移交问题线索3件，区纪委监委、区委巡察办对4家被巡察单位主要负责人进行约谈提醒，督促做好巡察整改工作；区委第二轮巡察自11月22日开始，2022年1月10日结束。

【巡察“回头看”】全年八届区委共组织开展巡察“回头看”1轮，涉及5家区直单位和1个区属企业。发现问题118个，完成整改113个，持续推进5个；移交问题线索10件，已办结7件，正在办理3件，充分发挥巡察“回头看”作用，严防老问题反弹，堵塞新的漏洞，防止新问题发生，延伸放大震慑效果。

【专项检查】2021年，区委巡察办从纪委监委、组织、财政、审计、巡察机构等部门抽调人员组成检查组，通过查阅资料、实地

2021年3月5日，八届区委第二轮巡察“回头看”工作动员部署会召开
（区委巡察办　供图）

查看、个别谈话、走访调研等多种方式，检查整改措施是否可行、整改责任是否落实，巡察反馈问题是否“见底清零”，确保问题不遗漏、责任不落空。区纪委监委、区委巡察机构对整改进度较慢、整改效果不明显的4家单位主要负责人进行约谈，督促落实第一责任人责任，常态化开展巡察整改工作。

【巡察工作规划】 换届后，按照省、市、区委工作安排，区委巡察办拟定《中共相山区委巡察工作规划（2021—2026年）（试行）》《中共相山区委巡察全覆盖工作方案（试行）》，先后经区委巡察工作领导小组和区委常委会审议通过。

【巡察报告工作】 全年区委巡察办、区委巡察组向区委巡察工作领导小组会汇报5次，向区委书记专题会汇报3次，提请区委常委会研究2次，会上对持续深化政治巡察、提高巡察工作质量提出明确要求，对巡察工作进行研判分析并提出意见建议。

【部门联动推进巡察】 区委巡察机构先后与纪委监委、政法、审计、财政、信访、统计等部门制发《关于建立健全区委巡察机构与区纪委监委、区审计局协作配合机制的意见》《关于建立区委巡察机构与区财政局协调协作机制的意见（试行）》等7个制度文件，对人员抽调、情况通报、业务咨询、协作方式、成果运用等方面进行规定，初步构建了各职能部门协作配合，“四个监督”（纪律监督、监察监督、派驻监督、巡视监督）贯通融合的格局。全年区纪委监委列席巡察反馈会议14次，区委组织部协调派出6名党务工作人员参加巡察工作，区信访局提供各被巡察单位信访件20余件，区审计局提供相关审计报告5件，为巡察工作提供了有力支持。

2021年8月12日，中共相山区委巡察工作领导小组第二次会议召开
（区委巡察办　供图）

【巡察整改】 2月以来，区委巡察工作领导小组联合区纪委监委、区委组织部印发《相山区委巡察整改工作成效评估实施办法（试行）》《巡视巡察整改“双清”工作方案》《关于组织开展八届区委巡察发现问题“大起底、改到位、建机制”专项行动实施方案》，积极推进巡视巡察反馈问题整改清零、移交问题线索办理清零“双清”工作，开展八届区委巡察发现问题“大起底、改到位、建机制”专项行动。坚持把解决问题作为巡察工作落脚点，强化整改落实和成果运用，坚决做好“巡察后半篇文章”。

【信息化建设】 根据中央及省、市关于加强巡视巡察信息化建设的新部署新要求，9月起，区委巡察办以金纪三期巡视巡察信息系统为抓手，从加强组织领导、完善基础设施、强化队伍建设、注重组办联动等方面稳步推动巡察信息化建设，把信息化手段、精准化要求贯穿于九届区委第二轮巡察工作全过程，规范巡察工作从启动到问题整改实现闭环管理，确保发现问题更准确、查询分析更高效，助推巡察工作提质增效。

（区委巡察办）

【巡察队伍建设】2021年，区委巡察办坚持专兼结合、盘活存量，加大"以干代训"力度，完善"巡察组长库""巡察副组长库"建设，纳入近40名经验丰富的领导干部，不断充实"巡察干部人才库"，纳入100余名从事纪检、组织、财务、审计、信访、政法、文字的工作人员，为推动形成优秀干部参加巡察、巡察培养锻炼优秀干部的良性机制奠定基础。全年巡察干部40余人次参与巡察工作，执行"一巡察一培训"，邀请市纪委监委、市委巡察机构相关专家开展业务授课，助力巡察干部提升专业能力。

老干部工作

【概况】2021年，全区有区管离休干部12人，县级退休干部27人，科级及以下退休干部1382人。年内，区老干部服务管理中心被省委组织部、省委老干部局、省人社厅评为全省离退休干部工作先进集体，相南街道中城社区离退休干部职工党支部被评为全省离退休干部职工示范党支部。

【政治待遇落实】2021年，区老干部服务管理中心落实《关于进一步加强和改进离退休干部工作的实施意见》文件精神，保障离退休干部阅文件、听报告、订报刊、参加政治学习、组织生活、重要会议、视察全区重点工作等政治待遇。加强离退休干部党建工作，按规定发放离退休干部党组织书记及班子成员工作补贴。组织离退休干部开展党史学习教育，为行动不便的离退休党员干部送去《论中国共产党历史》《中国共产党简史》等学习教材，提高离退休干部党史学习教育覆盖面。为新退休的27名干部举行荣退仪式，鼓励他们按照"三不变"（组织关系、服务管理、待遇落实不变）的原则到居住地社区（村）报到，实行"双重管理"（接受原单位管理，也接受居住社区管理），接受"双向服务"（为居住社区提供服务，同时也接受居住社区提供的各项服务）。积极推介老年大学、老干部活动中心、志愿者团体、关心下一代工作委员会、老党员驿站等学习活动平台，做好退休后服务管理的各项衔接工作。"七一"前夕，省委常委、统战部部长张西明看望获颁"光荣在党50年"纪念章的老干部朱兆永、宋歧；"八一"前夕，区老干部服务管理中心走访慰问八路军老战士、抗美援朝老战士等十几位军转干部，送去党的关怀和组织的温暖。

【生活待遇保障】2021年，区老干部服务管理中心建立健全离休费保障、医疗费保障、财政保障

2021年6月25日，省委常委、统战部部长张西明（左二）看望获颁"光荣在党50年"纪念章的退休干部朱兆永（右二）

（区老干部服务管理中心　供图）

2021年6月26日，相城老年大学举行以“党的光辉照我心”为主题的大型文艺演出　　（区老干部服务管理中心　供图）

机制，贯彻离休干部生活待遇从优的原则，离休干部离休费按时足额发放，医疗费及时报销。按照省委组织部、省委老干部局、省财政厅、省人社厅文件要求提高离休干部生活补贴，人均增发1个月的基本离休费。主动看望因病住院的老干部，确保老干部生活待遇及时足额发放。春节、中秋节等重大节日前夕看望慰问离退休干部及抗美援朝、八路军老战士和现役军人家属。组织老干部开展年度健康体检，并安排医疗卫生专家回访，开展医疗保健知识培训。

【离退休干部作用发挥】2021年，区老干部服务管理中心在锦华苑社区、供电社区等社区建立“老党员驿站”，引导离退休干部积极投身社区党建和志愿服务工作。依托18所家庭党校、8家老党员驿站、38个离退休党支部、相城老年大学和各级关工委组织，离退休党员干部的先锋模范作用和党组织的战斗堡垒作用得到有效发挥。

【重要活动】2月6日，区四大班子主要领导带队走访慰问李明扬、李玉田、李光普、孙兆凤、朱兆永、王振才等离退休干部。3月26日，召开老干部“我看建党百年新成就”调研座谈会，组织老干部赴市城市规划展示馆和市档案馆参观学习、座谈研讨，畅谈建党百年新成就。5月27日，为27名新退休干部举行集体荣退仪式。6月26日，在隋唐运河古镇举行以“党的光辉照我心”为主题的大型文艺演出，演出由区委组织部、区委宣传部、区老干部服务管理中心、区文化旅游体育局联合举办，相城老年大学、区文化馆承办。10月14日，组织开展老干部“重阳节看相山”活动，向老干部通报全区政治经济运行情况，认真听取老干部意见建议。10月19日，为离退休干部进行全面健康体检。11月19日，邀请医疗卫生专家举办老干部年度体检大回访和健康知识讲座，20多位离退休干部聆听专家讲座，并结合自身身体状况与专家近距离交流。12月3日，组织部分离退休干部赴相山经济开发区参观考察，介绍企业发展现状，征求推动全区经济社会发展的“金点子”。

（孟雷霆）

关心下一代工作

【“五大”活动】2021年，按照省关工委关于开展“大学习、大宣讲、大宣传、大调研、大落实”的“五大”活动工作目标，区关工委组织学习“四史”、中共十九届六中全会精神和习近平总书记关于关心下一代工作的系列重要讲话指示精神，以及省第十一次党代会、市第九次党代会精神。贯彻落实省关工委“放飞中国梦　传承红基因”工作部署，采取组织号召、宣传倡导、登门拜访、典型带动、表彰激励等措施，动员“五老”和关工志愿者先后赴翠峰小学、第二实验小学、淮海路小学、朝阳小学、平楼小学等辖区多所中小学举办宣讲活动48场次，覆盖学生近万人。邀请“五老”志愿者杨以谦教授为淮北市第二实验小学学生作“走人间正道，为人类领航”的党史宣讲；钟鑫为淮海路小学学生作“忆淮海英烈、做时代新人”的宣讲报告；雷云为翠峰小学学生讲述淮海战役小推车的故事；李子明在长山路小学、淮纺路小学、翠峰小学给孩子们讲述党史故事。淮北广播电视台分别在《直播淮北》和《说办就办》栏目3次报道相山区关工志愿者的宣讲新闻。指导企业落实党建带关建工作，重点打造徽香昱原关工委“企业魅力关工委”品牌，引导企业抓好青年职工德育宣讲、老少结对促帮教、以老带新谋发展三大工作载体。开展法治教育进校园、进社区活动。联合区教育局、区司法局、区检察院，深入各中小学开展《中华人民共和国宪法》《中华人民共和国民法典》《中华人民共和国未成年人保护法》《中华人民共和国预防未成年人犯罪法》《中华人民共和国交通安全法》宣传26次。在街道、社区和辖区企业利用板报、宣传栏和发放宣传材料等形式开展法治宣传，出板报100余期，发放普法宣传材料5000余份。

2021年7月9日，市关工委主任杨彦颖（右一）为相山区青少年党史学习教育中心授牌（区关工委 供图）

【教育基地建设】2021年，区关工委整合现有德育资源和阵地，打造红色爱国主义教育基地、蓝色科技体验基地、绿色生态发展基地以及法治宣传教育广场等4类9个活动场所。7月9日，市关工委主任杨彦颖出席相山区青少年党史学习教育中心挂牌仪式并授牌；8月4日，杨彦颖调研相山区青少年红色文化阵地建设工作，区委副书记、渠沟镇党委书记沈慧星陪同调研。贯彻落实省关工委关于进一步做好家庭教育工作的通知精神，在相南街道中城社区打造全市首家家庭教育指导站，发挥关工委在家庭教育中的积极作用。深入贯彻落实习近平总书记“注重家庭、注重家教、注重家风”的指示精神，联合区检察院、区教育局、区司法局、淮北市心理发展研究中心打造的线上新时代家庭教育大讲堂于2022年1月1日正式上线开播，在省内属首创。

【“五助”帮困】2021年，区关工委为辖区13名困难家庭新入学大学生申请每人3000元财政拨款帮扶，对已在高校就读但通过个人努力无法完成学业的1名孤儿和3名困难家庭子女，联合区工商联动员会员企业进行跟踪资助，给予每人每年5000元学费资助，确保困难家庭学生完成学业。儿童节、春节期间，协调区四大班子领导慰问80名困难家庭青少年儿童。联合区教育局、区检察院关工志愿者开展延时服务期间法治进校园系列活动，举办未成年人保护和犯罪预防专题法治讲座，加强青少年法治教育；联合区检察院第三检察部志愿者开展传统国学教育，为更多涉罪未成年人回归家庭、回

春节前夕，相山区关工委开展“迎新春送温暖”活动，慰问辖区困难家庭青少年儿童

（区关工委　供图）

归社会提供帮助。

（李　瑛）

督查考核

【督查工作】 2021年，区委督查考核办公室紧密围绕部门职责，督办国务院大督查、安徽省政府督查发现的共性问题和交办的个性问题，以及市委、市政府督查要求的具体工作，认真开展调研，及时调度相关单位，督促落实各项整改措施。根据全区年度工作计划和阶段性工作特点，对上级党委、政府交办的工作，全区全局性工作，节点性工作，以及区委、区政府安排的重点工作及时开展督查督办，必要时联合相关部门加强在相关领域的工作督查。全年共开展重点项目建设、作风建设、征地拆迁、文明创建、民生工程、疫情防控、环境保护、议案建议和提案办理等督查活动100余次，开展专项督查140余次，发出督办单41期，印发《督查通报》50期，及时为区委、区政府调度重点工作提供参考信息。

【目标管理绩效考核】 12月31日，区委督查考核办公室下发《关于开展2021年度目标管理绩效考核工作的通知》，全面启动考核工作。2021年度被考核单位59家，按照考核小组集中考核，各主管部门对单项工作、共性工作考核，区领导对各单位综合评价，区委督查考核办最后汇总分数排出考核名次、提出考核等次建议的过程进行。区委督查考核办公室牵头召开全区目标管理委员会成员单位联席会议，在区委常委会会议、区政府常务会上对2020年度目标考核情况做专题汇报，印发《关于相山区2020年度目标管理绩效考核结果的通知》，评选出东山街道、区委宣传部等优秀单位31个。

【目标管理任务分解】 区委督查考核办公室认真研究分析市政府对相山区目标任务分解具体内

2021年4月29日，相山区人大代表议案建议交办会召开

（区委督查考核办　供图）

容，结合区政府年度工作报告区委常委会、区政府常委会重点工作安排，科学制定目标考核任务，印发出台《2021年全区各单位目标管理绩效考核任务分解》，并动态跟踪各单位目标任务完成情况。

【交办督办建议提案】 区委督查考核办公室牵头督办市、区人大和市、区政协的议案、建议、提案办理工作，及时召开相山区人大代表议案建议和政协委员提案交办会。全年相山区承办市人大代表建议1件、市政协委员提案3件及区人大代表建议73件、区政协委员提案54件，并将人大代表议案建议和政协委员提案承办单位办理情况继续纳入目标考核。建议提案按时办结率100%，答复满意率100%，分别向区人大常委会、区政协做汇报。

【热线和网上留言办理】 区委督查考核办公室紧紧围绕“让群众满意”的办理宗旨，积极办理热线及留言工作，建立一套接收、整理、报告、签办、交办、督办、反馈、归档的工作流程和考核机制。全年全区受理市热线办转办市民热线11418件，其中省长热线26件、市长热线11062件、人民网给市长留言63件、互联网+政务网267件，全年市长热线占三区一县总数的37.97%。办理省市区三级书记留言335件（其中省委书记留言51条），办理市长、区长信箱425件，办结率100%，回访率100%，群众满意度97.85%。所有留言均在时限内办理，并及时向网友反馈办理结果，确保网友反映问题得到妥善解决。 （区委督查考核办）

档案管理

【基础设施建设】 2021年，相山区将档案馆新馆建设作为年度档案工作重点任务推进。新馆位于淮北市南湖路与梅苑路交叉口南100米，相山区人民医院南侧，按照数字档案的要求设计，建筑面积约4000平方米，共计四层，库房面积占整个馆库面积的一半，能够满足现存和今后30年档案进馆的需要。5月正式开工建设，截至年底，主体工程完工。

【档案征集】 全年征集入馆档案25012卷（件），均已完成数字化扫描并挂接到档案管理系统。联合区委党史学习教育领导小组办公室面向社会各界开展中国共产党成立100周年档案资料征集活动，向社会征集中国共产党成立100周年以来，相山地区形成的党的文书、照片、录音、录像、实物、图书、报纸、杂志等各种类型相关档案资料，共征集接收书籍相册类5本，毛主席像章42个，肩章领章等16副，粮票30余张。制定印发《中共相山区委办公室关于做好新型冠状病毒感染的肺炎疫情防控档案收集工作的通知》《相山区档案局、相山区扶贫局关于进一步做好精准扶贫档案工作的通知》，起草《关于报送新型冠状病毒肺炎疫情防控文件材料收的通知》并由区疫情防控办印发，明确各相关单位两类档案归集任务分工、收集范围、移交时间要求，主动与区疫情防控办和区扶贫局、区农业农村局等主体部门对接，进行检查督促与业务指导，确保两类档案及时进馆。截至年底，区扶贫局、“八大工程”相关单位、镇（街道）脱贫攻坚档案和疫情防控领导小组办公室疫情防控档案9308卷（件）全部完成整理、数字化和移交入馆工作，其中区级6729件，镇级2579卷（件），数字化量约为40.6GB，区档案馆在馆档案管理系统中分别设置脱贫攻坚、疫情防控专题，目录和数据化成果均挂接到档案管理系统专题下。

【档案宣传服务】 6月8日，区档案馆举行“档案话百年，用档案讲好党的故事”主题开放日活动，邀请惠苑社区、中城社区的

10余位退休老党员、社区居民和干部代表到区档案馆，近距离了解档案，感受档案文化，并向代表们赠送档案志鉴图书。组织区属相关单位参加全省脱贫攻坚档案和疫情防控档案归集工作视频培训会。利用相山发布等新媒体和《淮北日报》《相山周刊》开展档案宣传日信息宣传；部分街道、社区利用辖区内LED屏打出国际档案日宣传标语；在区政府一楼大厅滚动播放国际档案日宣传标语，有效扩大档案工作社会影响力，营造全社会关心支持档案工作的良好氛围。区档案馆全年接待机关及社会各界查档人员670余人次，提供查阅档案资料3000余卷（件），解决实际问题280例。异地查档3次。1月完成区属50家单位全国档案事业统计年报报送工作。全力抓好档案馆业务建设评价迎检准备工作。将业务建设评价迎检工作列入年度重点工作计划，召开会议专题研究，按工作分工部署落实，逐条安排到人。对照《市县级综合档案馆业务建设考核评价标准（试行）》，将近5年业务开展情况逐项逐条进行梳理，制定针对性的制度措施，从自查发现时开始按标准要求落实，通过业务建设评价考核。

【档案执法】2021年，区档案馆依法建立并落实档案行政执法责任制，对档案行政执法依据进行梳理，做好年度权责清单和公共服务清单的更新工作，编制完成《政务服务事项梳理反馈表》等6项资料。坚持依法行政，依照《中华人民共和国档案法》《安徽省档案管理条例》等法律法规的有关规定，通过行政执法检查、档案管理工作检查等多种检查方式开展档案执法检查工作，结合区档案工作实际，确定检查内容，对各单位档案工作组织保障情况、档案室基础建设情况、设施设备配备情况及档案业务工作开展情况等开展检查。

【档案信息化建设】全年投入专项经费90余万元用于档案信息化建设，购置档案平台管理系统、数字化加工软件、扫描仪，实施电子文件中心管理系统项目，相山区电子文件中心项目基本建成。10月底，馆藏档案数字化加工项目（一期）顺利通过验收，完成档案扫描189万余页、著录32.9万余页、档案整理1.37万件。4月20日，签订相山区档案馆信息化服务项目（二期）合同，完成档案整理7800余件、扫描3.6万余页、著录7800余条。馆藏档案数字化比例达到90%，提高查档效率，提升公共服务效能。

（陈金川）

党史地方志

【党史宣传教育活动】主动对接全区各单位，做好市党史和地方志研究室专家教授四史宣讲“六进”（进机关、进学校、进军营、进企业、进社区、进农村）活动对接服务。上半年，累计组织对接开展党史理论宣讲活动24场次、文艺演出活动12场次，听课受众1万余人次，取得良好效果。积极组织开展庆祝中国共产党成立100周年“百篇党史教育”有奖征文活动，收集社会各界征文投稿116篇，筛选优质稿件28篇。联合区委党史学习教育领导小组办公室下发《关于在全区开展第12个党史教育日活动的通知》，组织全区各单位集中收听收看庆祝中国共产党成立100周年大会直播，学习习近平总书记在庆祝中国共产党成立100周年大会上重要讲话精神，开展党史知识竞赛、红色教育基地学习、读书班、艺术党课、各类党史学习教育音频视频线上线下展示展播等丰富多样的党史教育日活动，多层次、多角度宣传党的光辉历史，激发广大干部群众爱党、爱国热情。

【地方志编纂】根据“一年一鉴公开出版”目标要求，确保年鉴编纂不断线，质量上再提高，区委党史和地方志研究室把年鉴编纂工作作为全年工作的重中之重。在市委党史和地方志研究室的指导下，1月全面启动《相山年鉴（2021）》编纂工作，2月下旬完成全区65家单位的资料征集，5月中旬形成初稿并与黄山书社签订合同，9月底出版发行，位列全省第一方阵。按照省、市史志部门关于进一步推进镇村志编纂工作的相关会议及文件要求，在充分调研的基础上，相山区首先启动渠沟镇徐集村志编纂工作，成立区级村志编纂工作指导小组，制订《渠沟镇徐集村村志编纂工作实施方案》，设立村级编纂工作委员会，邀请具有村志编纂经验的专家担任编修顾问，参与村志编纂的指导和服务，编纂工作实行周碰头、月调度。截至2021年底，收集整理徐集村志编纂资料14万字，相关图片220余幅。

【党史编研】1月，采编2020相山大事记，汇编成册，内部印发300册，供各单位和区领导参阅。系统整理全区20世纪30年代以来发生的大事，在“相山发布”等平台上定期发布。2月，编辑印刷《红色的印记 永远的丰碑——相山区革命遗址、英烈资料汇编》200册，大力弘扬先烈革命精神。联合区委组织部、区委宣传部等部门，在“相山发布”上推出“奋斗百年路 启航新征程——相山红色故事”专栏11期。充分发掘党史资源，编纂《红色的洗礼——相山党的历次学习教育活动资料专辑》，系统整理党的历次学习教育活动资料，为党史学习教育提供参考。发挥资源优势，主动参与全区党史学习教育理论宣讲、知识竞赛、小睦说党史短视频拍摄等工作。配合区退役军人事务局做好徐度乐专题片和渠沟大烧杀事件纪录片拍摄，指导渠沟大烧杀纪念馆建设布设工作。深度挖掘淮海战役鲁楼阻击战、华野指挥部在相城、李时庄、丁茂修等丰富红色资源，积极主动参与红色资源利用场馆前期选址，牵头完成相山区红色文化资源保护和利用情况调研报告。

（陈金川）

相山区人民代表大会

重要会议

【相山区第十一届人民代表大会第六次会议】1月26—28日，区第十一届人民代表大会第六次会议在淮矿集团会议中心召开。会议应到代表195人，因事因病请假27人，实到代表168人。大会听取议案审查委员会主任委员朱正春关于代表议案审查处理意见的报告；通过关于区人大常委会工作报告、区人民政府工作报告、区国民经济和社会发展“十四五”规划和2035年远景目标纲要、区2020年国民经济和社会发展计划执行情况与2021年计划、区2020年财政预算执行情况和2021年财政预算、区人民法院工作报告、区人民检察院工作报告7项决议。

【常委会会议】2021年召开常委会会议9次。

区十一届人大常委会第三十四次会议。1月6日召开。区人大常委会党组书记、主任李清平主持会议并讲话，副主任刘斌、朱正春、刘云、王俊及区十一届人大常委会组成人员出席会议。区委常委、区纪委书记、监委主任杨飞，区政府副区长李拥军等列席会议。会议学习《法治社会建设实施纲要（2020—2025年）》，表决通过人事任免事项。审议并表决通过区政府关于“七五”普法宣传教育工作开展情况的报告、关于全区环境质量状况和环境保护目标完成情况的报告、大会筹备处关于区十一届人大第六次会议筹备工作开展情况的报告和召开区十一届人大第六次会议有关事项。

区十一届人大常委会第三十五次会议。2月26日召开。区人大常委会党组书记、主任李清平主持会议并讲话，副主任刘斌、朱正春、刘云、王俊及区十一届人大常委会组成人员出席会议。区委常委、区政府常务副区长赵华，区委常委、区纪委书记、监委主任杨飞等列席会议。会议书面学习习近平总书记在党史学习教育动员大会上的重要讲话精神，表决通过人事任免事项，任命陈钦忠为区人大常委会人事选举工作委员会主任，决定任命郑翔为区人民政府副区长，任命赵龙为区人民法院审判员、王森为区人民法院执行局（庭）副局（庭）长、唐晓芳为区人民法院凤凰山法庭副庭长。审议并表决通过区十一届人大常委会2021年工作要点、相山区人大常委会关于国家机关工作人员任后履职监督办法。

区十一届人大常委会第三十六次会议。5月14日召开。区人大常委会党组书记、主任李清平主持会议并讲话，副主任刘斌、朱正春、刘云、王俊及区十一届人大常委会组成人员出席会议。区委常委、区政府常务副区长赵华，区委常委、区纪委书记、监委主任杨飞等列席会议。会议书面学习习近平总书记在庆祝中国共产党成立95周年大会上的讲话精神，表决通过人事任免事项，任命王晓勤为区人大常委会人事选举工作委员会副主任；决定任命左钱发、张长明、任宁、张运岭为相山区人民政府副区长，郭大庆为相山区科学技术局局长，周绍亮为相山区民政局局长，单光敏为相山区应急管理局局长，唐广建为相山区住房和城乡建设局（地震局）局长。审议并表决通过关于开展《中华人民共和国安全生产法》执法检查的决定，听取任后国家机关工作人员述职报告并进行满意度测评。

区十一届人大常委会第三十七次会议。7月2日召开。区人大常委会党组书记、主任李清平主持会议并讲话，副主任刘斌、朱正春、刘云、王俊及区十一届人大常委会组成人员出席会议。区委常委、区政府副区长左钱发，区委常委、区纪委书记、区监察委员会主任杨飞等列席会议。会议书面学习习近平总书记在庆祝中国共产党成立100周年大会上的讲话，表决通过人事任免事项，决定任命唐兵为区人民政府副区长，任命李本胜为区监察委员会副主任，吴杰、王亚辉为区监察委员会委员。审议并表决通过区人民政府关于2020年财政决算情况的报告，作出关于批准2020年财政决算的决议。听取和审议区人民政府关于2020年财政预算执行和其他财政收支审计情况的报告、创建全域旅游示范区工作情况的报告，区人民法院关于刑事审判工作情况的报告。

区十一届人大常委会第三十八次会议。9月2日召开。区人大常委会党组书记、主任李清平主持会议并讲话，副主任刘斌、朱正春、刘云、王俊及区十一届人大常委会组成人员出席会议。区委常委、区纪委书记、区监察委员会主任杨飞，区政府副区长唐兵等列席会议。会议书面学习《法治政府建设实施纲要（2021—2025年）》，表决通过人事任免事项，任命王莉红为区监察委员会副主任，决定任命王前为区农业农村水利局（乡村振兴局）局长。审议并表决通过区人民政府关于2021年上半年国民经济和社会发展计划执行情况的报告、2021年上半年财政预算执行情况的报告、乡村振兴战略实施意见落实情况的报告、养老服务体系建设工作情况的报告，区人民检察院关于刑事检察工作情况的报告，区人大常委会执法检查组关于《中华人民共和国安全生产法》执法检查情况的报告。

区十一届人大常委会第三十九次会议。11月3日召开。区人大常委会党组副书记、副主任朱正春主持会议并讲话，副主任刘斌、刘云、王俊及区十一届人大常委会组成人员出席会议。区人大常委会党组书记、主任人选李梅，区政府副区长张长明等列席会议。会议书面学习中央人大工作会议精神，表决通过人事任免事项。审议并表决通过关于区、镇两级人民代表大会同步换届选举的决定、关于成立相山区选举委员会的决定、关于渠沟镇人大换届选举委员会组成人员的报告、区人民政府关于区第十一届人大六次会议代表议案、建议办理情况的报告、区人民政府关于国有资产管理情况和地方性债务情况的报告、区人大常委会《关于进一步加强未成年人检察工作的决定》、关于相山区区、镇人大换届选举工作实施方案。

区十一届人大常委会第四十次会议。11月18日召开。区人大常委会党组副书记、副主任朱正春主持会议并讲话，副主任刘斌、王俊及区十一届人大常委会组成人员出席会议。区人大常委会党组书记、主任人选李梅，区委常委、区纪委书记、监委主任杨飞，区政府副区长张运岭等列席会议。会议表决通过关于批准《相山区第十二届人民代表大会代表名额分配方案》的决定。

区十一届人大常委会第四十一次会议。12月2日召开。区人大常委会党组副书记、副主任朱正春主持会议并讲话，副主任刘斌、刘云、王俊及区十一届人大常委会组成人员出席会议。区人大常委会党组书记李梅，区委常委、区纪委书记、监委主任杨飞，区政府副区长唐兵等列席会议。会议书面学习中共中央关于党的百年奋斗重大成就和历史经验的决议；通过相山区第十一届人民代表大会常务委员会关于接受朱正春等人辞去相山区选举委员会职务的决定；听取和审议区人民政府关于区2020年度本级财政预算执行和其他财政收支审计查出问题整改情况的报告；听取和审议区人民政府关于相山区2021年区本级财政预算调整情况的报告并通过相关决议；听取和审议区人民政府关于区人大常委会《中华人民共和国安全生产法》执法检查审议意见整改落实情况的报告；通过关于召开区第十二届人大第一次会议的决定。

区十一届人大常委会第四十二次会议。12月27日召开。区人大常委会党组副书记、副主任朱正春主持会议并讲话，副主任刘斌、刘云、王俊及区十一届人大常委会组成人员出席会议。区人大常委会党组书记、主任人选李梅，区委常委、区人民政府常务副区长赵华，区委常委、区纪委书记、监委主任杨飞等列席会议。会议书面学习习近平总书记刊发在《求是》2021年第五期的文章《坚定不移走中国特色社会主义法治道路　为全面建设社会主义现代化国家提供有力法治保障》。会议表决通过关于接受朱龙辞去区人民政府区长职务请求的决定和关于接受施宏波辞去区人民检察院检察长职务请求的决定，决定任命张利为区人民政府副区长、代理区长，任命毛强为区人民检察院副检察长、代理检察长。会议听取和审议区人民政府关于相山区“七五”普法工作开展和“八五”普法规划制定情况的报告、关于全区环境质量状况和环境保护目标完成情况的报告，大会筹备处关于区第十二届人大第一次会议筹备工作开展情况的报告、区第十二届人大第一次会议有关事项，表决通过《关于相山区第八个五年（2021—2025年）法治宣传教育的决议》和区十二届人大一次会议议程（草案）、日程（草案）、各项名单（草案）、区人大常委会工作报告（草案）。

【常委会主任会议】 2021年，召开常委会主任会议14次。

区十一届人大常委会第六十七次主任会议。1月5日召开。会议听取区人大常委会代表联络室关于人大代表优秀建议和优秀建议承办先进单位评选情况的汇报；关于相山区第十一届人民代表大会代表出缺和补选代表资格审查情况的汇报；听取大会筹备秘书处关于区十一届人大第六次会议筹备工作开展情况的汇报。

区十一届人大常委会第六十八次主任会议。2月25日召开。会议听取区委组织部关于人事事项的通报；通过《相山区人大常委会关于国家机关工作人员任后履职监督办法》，提交常委会审议；通过区第十一届人大常委会2021年工作要点，提交常委会审议；区人大常委会办公室关于第35次常委会议题的汇报。

区十一届人大常委会第六十九次主任会议。3月26日召开。会议听取区人民政府关于常态化疫情防控和现代化疫控体系建设工作开展情况的汇报；区人大常委会各工作委员会和镇（街道）人大2021年度工作安排情况的汇报；区人大常委会关于《中共相山区委关于加强新时代人大工作和建设的意见起草情况（讨论稿）》的汇报；区人大常委会代表联络室关于区十一届人大六次会议各工委对口督办代表建议任务分解情况的汇报；区人大常委会办公室关于第36次常委会议题的汇报。

区十一届人大常委会第七十次主任会议。5月13日召开。会议听取区委组织部关于人事事项的通报；区人大常委会人选工委关于2020年度相山区国家机关工作人员任后履职述职评议工作开展情况的汇报；区人民政府关于电子商务发展情况的汇报；区人民政府关于设施农业建设工作情况的汇报；区人大常委会办公室关于常委会议题调整情况的汇报。

区十一届人大常委会第七十一次主任会议。5月28日召开。会议听取区人民政府关于保障房建设工作情况的汇报；区人民政府关于就业促进工作情况的汇报；区人大常委会人选工委关于对“一府两院”国家机关工作人员任后履职监督测评结果的汇报；区人大常委会办公室关于第37次常委会议题的汇报。

区十一届人大常委会第七十二次主任会议。6月29日召开。会议听取区委组织部关于人事事项的通报；相山经济开发区关于区经济开发区建设和企业经营情况的汇报。

区十一届人大常委会第七十三次主任会议。7月28日召开。会议听取区人民政府关于预算绩效管理情况的汇报；区人民政府关于司法所建设与社区矫正工作情况的汇报；区人大常委会办公室关于第38次常委会议题的汇报。

区十一届人大常委会第七十四次主任会议。8月26日召开。会议听取区委组织部关于人事事项的通报；区人大常委会人选工委关于重新确定渠沟镇新一届人民代表大会代表名额数的说明；区人民法院关于提请选任30名人民陪审员的汇报；区人大常委会社会建设工委关于《中华人民共和国安全生产法》执法检查情况的汇报；区人大常委会人选工委关于人大代表工作创新案例申报工作的汇报；区人大常委会办公室关于调整第38次常委会议题的汇报。

区十一届人大常委会第七十五次主任会议。9月29日召开。会议听取区人民政府关于重点项目建设情况的汇报；区人民政府关于招商引资工作情况的汇报；区人大常委会办公室关于第39次常委会议题的汇报。

区十一届人大常委会第七十六次主任会议。11月2日召开。会议听取区委组织部关于人事事项的通报；区人大常委会人选工委关于相山区区、镇人大换届选举工作实施方案的汇报；区人大常委会人选工委关于成立区人大常委会换届选举工作委员会拟组成人员的汇报；区人大常委会人选工委关于渠沟镇人大换届选举委员会拟组成人员的汇报；关于成立相山区区、镇人大换届选举工作督导组的汇报；区人大常委会办公室关于调整第39次常委会议题的汇报；区人大常委会办公室关于第40次常委会议题的汇报。

区十一届人大常委会第七十七次主任会议。11月18日召开。会议听取区人大常委会人选工委关于《相山区第十二届人民代表大会代表名额分配方案》的汇报及起草说明；区人大常委会办公室关于调整第40次常委会议题的汇报。

区十一届人大常委会第七十八次主任会议。12月1日召开。会议听取区委组织部关于人事事项的通报；关于召开区第十二届人大第一次会议的决定（草案）的汇报；区人大常委会办公室关于第41次常委会议题的汇报。

区十一届人大常委会第七十九次主任会议。12月22日召开。会议听取区人大常委会办公室关于第十二届人大常委会初任代表培训相关情况的汇报。

区十一届人大常委会第八十次主任会议。12月27日召开。会议听取区委组织部关于人事事项的通报；区人大常委会代表资格审查委员会关于相山区第十二届人民代表大会代表资格审查的汇报；大会筹备处关于区第十二届人大第一次会议筹备工作开展情况的汇报；相山区人民代表大会常务委员会关于开展第八个五年法治宣传教育的决议起草情况的汇报；区人大常委会办公室关于第42次常委会议题的汇报。

重点工作

【人事任免】2021年，区人大常委会依法任免国家机关工作人员36人次，其中任命24人次、免职12人次、接受辞职7人次。

【代表议案建议督办】2021年，区人大常委会共收到人大代表建议73件（其中重点建议11件），均已办结，按时办结率100%，答复满意率100%。年初召开人大代表建议交办会，对建议办理工作进行安排部署，明确承办单位职责和目标任务，确保73件建议“有人办”。强化建议督办，建立常委会领导重点督办、人大工委定期督办、人大代表视察督办的工作机制，对办理过程、办理效果进行检查和监督；常委会会议听取并审议区十一届人大六次会议代表建议办理情况的报告，推动办理工作从书面答复到落地落实转变，确保建议“办得好”。

表2　2021年相山区第十一届人民代表大会第六次会议人大代表建议分办、督办联系表

序号	建议名称（案由）	议案建议领衔人	主办单位	办理结果	代表意见
1	关于保护和促进老字号企业发展的建议	王　瑾	区商务局	A	满意
2	关于相山区区属企业（凤凰实业）等单位重大项目、大型投资、担保有关情况向区人大常委会及时报告的建议	王保华 侯公领	区财政局	A	满意
3	关于加强成品油行业税收监管、规范成品油行业税收秩序	吴彦刚	区税务局	A	满意
4	关于加强政府投资性项目管理维护的建议	王玉国	渠沟镇	A	满意
5	关于积极推动“僵尸企业”问题尽快化解的建议	马　冲	区经信局	A	满意
6	关于加强小区物业管理的建议	徐　亭 牛煦等	区城管局	B	满意
7	关于规划建设电动车充电桩的建议	毛传银	区城管局	A	满意
8	关于加强废旧物品（再生资源）回收行业监管的建议	张　伟 任　杰	区商务局	A	满意
9	关于解决小区停车难的建议	孔庆明 庞晓燕等	区城管局	B	基本满意
10	关于广泽家园B小区十栋高层消防通道、电梯急需维修的建议	庞晓燕	区住建局	B	满意
11	关于广泽家园B小区加快启用地下室的建议	庞晓燕	区住建局	B	满意
12	关于加强居民小区物业管理的意见	周汉东	区城管局	B	满意
13	关于解决仁和小区维修维护费用的建议	张如喜等	任圩街道	A	满意
14	关于进一步完善文明养犬的建议	郑红梅 马刘杰	相山公安分局	A	满意

续表 2

序号	建议名称（案由）	议案建议领衔人	主办单位	办理结果	代表意见
15	关于老旧小区实施楼道亮化工程的建议	罗　莉	区住建局	B	满意
16	关于调整装饰装修活动时间的建议	李　艺	区城管局	A	满意
17	关于清理长山路桥下路面污水、淤泥的建议	张娉娉	区城管局	A	基本满意
18	关于整治人行道违章停车行为的建议	李国华	区城管局	A	满意
19	关于减少餐巾纸使用的建议	张　慧	区商务局	A	满意
20	关于全面提升中小学劳动教育质量的建议	张傲武	区教育局	A	满意
21	关于强化科技创新支撑助推我区高质量发展的建议	徐　亭	区科技局	A	满意
22	关于实施生命之初 1000 天母婴关爱工程的建议	张　强	区卫健委	A	满意
23	关于加强我区村（居）农药包装废弃物管理的建议	王仓启	区农水局	A	满意
24	关于在中小学教室安装空调的建议	陈　波	区教育局	B	满意
25	关于土楼小学校园扩建达标的建议	李　玮	区教育局	B	满意
26	关于建设相山区经济开发区河北社区卫生服务站的建议	郜　盼	区卫健委	A	满意
27	关于儿童青少年近视适宜技术站点建设的建议	高永生等	区卫健委	B	满意
28	关于工业旅游示范基地建设的议案	高永生等	区文旅体局	A	满意
29	关于解决相山路学校留不住生源问题的建议	张　雷	区教育局	B	满意
30	开展家风家训活动弘扬中华传统美德的建议	陈　靖	区文明办	A	满意
31	关于东街道辖区机厂社区内国有企业三供一业改造移交配套活动室的建议	丁游华 郜　标	区城管局	B	满意
32	关于落实公务员休假制度的建议	毛传银	区委组织部	A	满意
33	关于实施基层误餐补助的建议	毛传银	区机关事务中心	B	满意
34	关于落实社区工作者工资管理及绩效考核制度的建议	张卫国等	区委组织部	A	满意
35	关于相山区基层特定岗位人员缴纳住房公积金的建议	李　玮	区人社局	C	满意
36	关于解决卫计员养老保险待遇的建议	徐　敬	区卫健委	A	满意
37	关于失地农民养老问题的建议	李同云 张如喜等	区人社局	B	满意
38	关于社区两委成员和工作人员工资待遇问题的议案	李洪培等	区委组织部	A	满意
39	关于二女户独生子女户奖扶资金发放的建议	丁在顺	区卫健委	C	满意

续表 2

序号	建议名称（案由）	议案建议领衔人	主办单位	办理结果	代表意见
40	关于解决公益性计生专干多年未缴纳住房公积金的建议	马小兰	区卫健委	A	满意
41	关于东山街道翰林社区青和宝地小区老旧小区改造的建议	王会菊	区住建局	C	满意
42	关于黄里片区居民吃水难问题的建议	徐敬东	区农水局	A	满意
43	关于村庄整合的建议	陆淑芹	区自然资源和规划分局	B	满意
44	关于乡村振兴的建议	徐　敬	区农水局	A	满意
45	关于解决农村防汛工作中存在问题的建议	李　玮	区应急管理局	A	满意
46	关于农村道路修复和养护的建议	郜　盼	开发区	B	满意
47	关于加强农村基础设施的建议	郜　盼	区农水局	A	满意
48	关于建设相山濉河体育公园的建议	丁怀习等	区文旅体	B	满意
49	关于建设仁和小区菜市场的建议	张　雷 张如喜等	区商务局	B	满意
50	关于寇湾社区三、四、五组老旧小区改造的建议	梁龙彪	区住建局	B	满意
51	关于红星社区、朱寨新村、丁庄新村、梁庄新村申请安装天然气及梁庄新村安装自来水的建议	朱　杰	区住建局	A	满意
52	关于萧濉新河黄里段建设体育休闲公园的建议	刘　杰 马刘杰	区文旅体局	B	满意
53	关于渠沟路美化绿化的建议	章义德 马刘杰	区住建局	B	满意
54	关于及时消除“香港楼”隐患的建议	王　广 侯春晖	区应急局	B	满意
55	关于洪山路菜市场周边基础设施改造的建议	武　汉	区住建局	A	满意
56	关于西园中学增设交通岗的建议	刘　学	交警一大队	A	满意
57	关于李楼新村基础设施改造的建议	李洪培等	区住建局	A	满意
58	关于人民路学校门前道路加装路灯的建议	王海宇	区住建局	A	满意
59	关于闸河社区办公用房选址的建议	刘群英等	区民政局	B	满意
60	关于开展榴园路和环山东路绿化美化工作的建议	武文斌	区住建局	A	满意
61	关于将“未成年人法治教育基地”纳入相山区人民检察院技术办案综合用房建设的建议	陈　靖 徐　亭	区检察院	C	满意
62	关于解决慢城“七栋楼”房顶漏水问题的建议	丁在顺	南黎街道	B	满意
63	关于消防设施维护维修的建议	单光敏	区城管局	B	满意

续表 2

序号	建议名称（案由）	议案建议领衔人	主办单位	办理结果	代表意见
64	关于社区老旧楼房加装电梯的建议	文雯等	区住建局	A	满意
65	关于加快推动老旧小区加装电梯的建议	赵志安	区住建局	A	满意
66	关于改造和维修仁和小区下水管道的建议	张如喜等	区住建局	A	满意
67	关于加强和完善社区治理体系建设推进社区共建共治共享不断创新的建议	孙文娜 李　亚	区委组织部	A	满意
68	关于加强社区建设尽快充实社区工作人员的建议	庞晓燕等	区委组织部	A	满意
69	关于充实基层乡村振兴干部队伍的建议	张　强	区委组织部	A	满意
70	关于加强社区后备干部队伍建设的建议	张　强	区委组织部	A	满意
71	关于打造机厂社区新时代文明实践站的建议	丁游华 郜　标	区民政局	A	满意
72	关于建设农村道路交通安全宣传阵地的建议	李　玮	区住建局	A	满意
73	关于提升村干部队伍建设和提高待遇的建议	李玮等	区委组织部	A	满意

【执法检查】7月7日，区人大常委会召开执法检查动员暨培训会，区人大常委会副主任刘云主持会议并讲话，市应急局二级调研员韦群智应邀作《中华人民共和国安全生产法》培训。区人大社会建设工委主任杨永宣读《相山区人大常委会关于开展〈中华人民共和国安全生产法〉执法检查的实施方案》。区人大执法检查组全体成员，镇（街道）人大主要负责人员，区教育局、区经信局、相山消防大队、区民政局、区住建局、区商务局、区市场监督管理局、区应急管理局、渠沟镇、相山经济开发区分管负责人员，区人大代表中的部分企业界代表参加会议。

8月5日，区人大常委会召开《中华人民共和国安全生产法》执法检查汇报暨培训会。区应急管理局汇报相山区政府贯彻实施《中华人民共和国安全生产法》情况，相关参会单位汇报前期自查自纠工作开展情况，区人大常委会社会建设工委主任杨永安排部署现场调研相关工作。特邀专家对参加执法检查人员进行培训，梳理明确检查重点内容，为实地检查奠定了基础。区委常委、常务副区长赵华，区人大执法检查组成员，区教育局、区民政局、区经信局、相山消防救援大队、区住建局、区商务局、区市场监管局、区应急管理局主要负责人员及相关负责人员参加会议。

8月6日，相山区人大常委会执法检查组对全区贯彻实施《中华人民共和国安全生产法》情况开展执法检查。检查组分别深入建筑施工、危化、工贸、商贸、消防、电梯六大行业领域一线进行检查。先后到龙源里安置房、安徽阜邦生物科技有限公司、安徽金冠玻璃有限责任公司、帝景翰园小区、淮北万达广场、淮北国购心苑小区等地，通过实地检查、现场询问、查阅资料等方式，详细了解《中华人民共和国安全生产法》贯彻实施情况。座谈会上，听取区政府及各单位贯彻实施《中华人民共和国安全生产法》情况的汇报。区人大执法检查组成员，区政府副区长张长明，区教育局、区民政局、区经信局、相山消防大队、区住建局、区商务局、区市场监管局、区应急管理局主要负责人员，任圩街道、南黎街道、开发区主要负责人员及相关负责人员参加检查活动。

11月30日，相山区人大常委会党组书记、主任候选人李梅带领执法检查组，对《中华人民共和国安全生产法》执法检查整改落实情况开展实地调研。调研组分为2个组，分别深入危化、工贸、建筑施工、商贸、消防、电梯六大行业领域一线进行现场视察。调研组先后到龙源里安置房、安徽阜邦生物科技有限公司、安徽金冠玻璃有限责任公司、帝景翰园小区、淮北万达广场、淮北国购心苑小区等地，通过查看现场、听取汇报、查阅资料等方式，了解重点问题的整改落实情况。随后召开座谈会，听取区政府及各相关单位整改落实情况的汇报。区人大常委会副主任刘云、区政府副区长黄思华、区人大执法检查组成员，区经信局、相山消防大队、区住建局、区商务局、区市场监管局、区应急管理局主要负责人员参加调研座谈。

【视察调研】2月2日，市人大常委会人选工委主任盛林带队赴相山区开展相山区新时代人大工作和建设情况专题调研。区人大常委会党组副书记、副主任朱正春，区人大常委会副主任王俊，区人大常委会相关委室负责人员、街道相关负责人员、部分人大代表参加会议。

3月17日，区人大常委会副主任王俊主持召开全市工业园区承载能力调研筹备座谈会，为调研顺利开展做好准备工作。会上，宣读市人大常委会关于开展全市工业园区承载能力建设情况调研的通知，传达市人大常委会关于调研全市工业园区承载能力建设启动部署会会议精神，并进行座谈交流。

3月19日，区人大常委会副主任刘斌，区人大常委会各工委主任、副主任及部分区人大代表组成调研组，对疫情防控和现代化疾控体系建设工作进行调研。调研组先后对淮北市云斐商贸有限公司、淮北浅草湾休闲酒店隔离点、任圩街道社区卫生服务中心、相山公共卫生应急服务中心进行实地调研，详细了解常态化防控措施落实、隔离点规范管理、疫苗接种等有关情况。随后召开座谈会听取区卫健委主要负责人员的情况汇报。区编办、区发改委、区财政局、区人社局、区商务局、区卫健委、区市场监管局、西街道、南黎街道、市疾控中心相山分中心、区疾控中心等主要负责人员参加调研并座谈。

3月24日，市人大常委会副主任戎培阜带领市人大第二调研组全体人员到相山区开展全市工业园区承载能力建设情况调研。区人大、政府、相山经济开发区及相关部门主要负责人员参加会议。调研组一行实地查看供热管网建设、信息产业园污水处理厂、凤竹路建设。座谈会上听取相山经济开发区关于园区承载能力建设情况的汇报并开展座谈交流。

4月13日，区人大常委会副主任刘斌，区人大常委会各工委主任、副主任及部分区人大代表组成调研组，对全区设施农业建设工作情况进行专题调研。先后深入华力蔬菜合作社、徐宁家庭农场、张集村扶贫基地、绿优家庭农场等地开展实地调研，并召开座谈会，听取区政府关于设施农业建设工作开展情况的汇报。调研组成员针对设施农业发展情况和存在问题进行讨论，并就如何进一步促进全区设施农业发展提出意见和建议。区政府副区长李拥军及相关部门负责人员陪同调研。

4月13日，区人大常委会党组书记、主任李清平，党组副书记、副主任朱正春，副主任刘云，区人大常委会部分工委主任、副主任及部分区人大代表组成调研组，组织召开相山区养老服务业发展情况调研工作会议。区民政局、区发改委、区财政局（民生办）、区人社局自然资源和规划相山分局、区住建局、区卫健委（老龄办）、区应急管理局、区市场监管局、区医疗保障局、区残联，渠沟镇、相南街道、南黎街道负责人员参加会议。会议研究讨论调研工作方案，区人大社会建设工作委员会主任杨永宣读《相山区养老服务业发展情况的调研方案》，并征求相关单位的意见和建议。

4月22日，区人大常委会副主任王俊，区人大常委会各委室主任、副主任，部分区人大代表组成调研组，对相山区电子商务发展情况进行专题调研。先后深入相山区农村电商公共服务中心、安徽家家悦真棒超市有限公司、江图文化科技有限公司等地，实地查看相山区电子商务发展情况。听取区商务局主要负责人员关于相山区电子商务发展情况的汇报，并展开交流发言，就如何进一步壮大电商产业提出意见建议。

4月29日，区人大常委会召开代表议案建议交办会，对相山区十一届人大六次会议期间代表们提出的73件建议进行集中交办。区委常委、常务副区长赵华，区人大常委会党组副书记、副主任朱正春出席会议，区直有关承办单位负责人参加会议。区十一届人大六次会议代表们共提出4件议案，74件建议、批评和意见。会后，区人大常委会人选工委对建议、批评和意见进行审核，最终确定73件代表建议。会议对全年的重点任务，对代表议案、建议统一交办，并就落实办理任务进行全面部署。

5月11日，区人大常委会副主任刘云，区人大常委会各委室主任、副主任，部分区人大代表组成调研组，对相山区就业促进工作进行专题调研。调研组实地查看相山区智诚人力资源有限公司、安徽金冠玻璃有限责任公司、淮北职业技术学院，听取有关情况介绍，与相关单位负责人进行交流，深入了解全区就业政策、补贴政策、就业服务和就业援助、职业教育和技能培训等工作贯彻实施情况。区人社局主要负责人员及相关负责人员参加调研和座谈。

5月20日，区人大常委会副主任刘云，区人大常委会各委室主任、副主任，部分区人大代表组成调研组，对相山区保障房建设工作进行专题调研。调研组实地查看淮北碧桂园黄金时代、淮北恒大悦府、龙源里安置房、金鼎世家安置房等项目建设，了解项目推进情况，详细询问工程质量和造价，仔细察看户型结构和配套设施建设情况。区人民政府副区长张长明、区住建局主要负责人员及相关负责人员陪同调研并座谈。

5月27日，区人大常委会组织召开全区养老服务业发展情况调研工作汇报会。区人大常委会党组书记、主任李清平参加会议，区人大常委会副主任刘云主持会议，相关调研组成员参加会议。听取区政府关于全区养老服务业发展情况汇报。区政府有关组成部门结合部门职责作汇报发言。汇报后，与会调研组成员结合前期学习调研、收集资料等了解掌握的情况，积极发言，在建立健全政策机制、加大财政投入、强化养老服务标准化建设、加强监管、注重养老服务人才队伍建设等方面提出意见建议。区民政局、区发改委、相山公安分局、区财政局、区人社局、相山自然资源和规划分局、区住建局、区卫健委、区应急管理局、区市场监管局、区医保局、区残联等相关部门人员参加会议。

5月27日，区人大常委会党组书记、主任李清平，副主任刘云一行到包保单位东街道调研重点工作开展情况。区人大常委会办公室负责人员陪同调研。东街道主要负责人员汇报秸秆禁烧、信访等当前各项重点工作。

6月4日，区人大常委会召开养老服务业发展情况调研座谈会。区人大常委会党组副书记、副主任朱正春参加会议并作讲话，区人大常委会副主任刘云主持会议，相关调研组成员、区民政局主要负责人员及相关负责人员、部分镇（街道）负责人、社区负责人、社区家庭代表、老年人代表、人大代表参加会议。会上，针对调研提纲，大家畅所欲言，积极提出意见建议57条，经梳理后采纳12条。调研组了解社会养老机构建设情况、社区和居家养老服务情况及居民在兜底保障、医养结合、护理照护等方面的养老服务需求，为下一步更深入地调研做好充分准备。

6月9日，区人大常委会党组副书记、副主任朱正春，区人大常委会各委室负责人员，部分区人大代表组成调研组对区法院关于刑事审判工作进行专题调研。调研组听取区人民法院关于2018年以来相山区法院刑事审判工作开展情况的汇报。

6月10日，区人大常委会副主任王俊，区人大常委会各委室负责人员，部分区人大代表组成调研组对相山经济开发区建设和企业经营情况进行专题调研。先后深入大学科技园（安徽智茂宸智能科技有限公司电子）、今麦郎饮品（淮北）有限公司、信息产业园pcb项目、污水处理厂、奥利斯产业园项目等地，实地查看经济开发区建设和企业经营情况，并听取相山经济开发区关于开发区建设和企业经营情况的汇报。调研组成员结合实地调研情况，对近年来经济开发区建设取得的成绩给予肯定，并展开交流发言，就如何进一步促进开发区繁荣发展，改善营商环境提出意见建议。

6月16日，区人大常委会副主任刘斌，区人大常委会各委室主任、副主任和部分区人大代表组成调研组。对全区创建全域旅游示范区工作开展情况专题调研。调研组一行先后参观渠沟镇钟楼村民间博物馆及钟楼知青馆、张楼村向日葵、凤凰山绿色食品博览园、黄里风景区，听取区政府关于创建全域旅游示范区工作进展情况的汇报，并就全面落实全域旅游示范区创建工作进行座谈。与会人员结合工作经验，对旅游形象定位及宣传、旅游基础设施建设、旅游相关产业发展等问题进行深入讨论，提出意见建议。区发改委、区财政局、区自然资源和规划分局、区住建局、区农业农村水利局、相山经济开发区、渠沟镇、曲阳街道主要负责人员参加调研。

6月24日，区人大常委会副主任刘斌，区人大常委会各委室主任、副主任及部分区人大代表组成调研组，对全区文明创建常态化建设工作情况进行专题调研。先后查看曲阳街道抗战路及相山家园菜市场、开放式管理长山小区、南黎街道安邦财富中心周边、温哥华垃圾中转站、任圩街道温哥华城时代公寓小区，听取区文明办关于文明创建常态化开展工作情况的汇报，并就文明创建工作常态化进行座谈。与会人员结合工作经验，对小广告治理、文明养犬、小区车辆违停、小区物业考评与监管、建立志愿者服务机制等问题进行了深入讨论，并提出意见建议。区文明办、区城管局、区住建局、区商务局、曲阳街道、东街道、南黎街道等单位主要负责人员参加调研。

6月28日，区人大常委会副主任王俊主持召开财政、审计工作调研座谈会，各委室主任、副主任，部分人大代表参加座谈。区财政局主要负责人员汇报2020年度财政决算情况，区审计局汇报2020年度财政预算执行和其他财政收支审计情况。与会人员针对两项议题开展座谈交流。

7月8日，区人大常委会副主任刘斌，区人大教科文卫工委、代表联络室及部分区人大代表组成督办组对区十一届人大六次会议有关涉及教科文卫的15件人大代表建议办理情况进行督办调研。先后到供电局相山北路小区家装电梯现场、萧濉新河黄里段、开发区食博园、安徽杨府锦调味食品有限公司、安徽果力智能科技有限公司、土楼小学、渠沟卫生院、董庄社区家风馆等建议办理单位现场实地查看，了解相关工程推进情况。此次督办是区人大常委会落实工委督办人大代表建议办理长效机制的具体举措，也是紧密结合党史学习教育，将“我为群众办实事”，融入代表建议督办中的工作创新。区文明办、区教育局、区科技局、区民政局、区住建局、区农水局等相关部门的主要负责人员陪同调研。

7月8—11日，区人大常委会党组书记、主任李清平带队赴台州招商考察。区人大常委会副主任王俊、区人大常委会办公室负责人员陪同考察。先后参观考察浙江海翔药业股份有限公司、浙江乐普药业股份有限公司、台州生物医化产业研究院等，并与企业相关负责人座谈交流。座谈会上，考察组介绍相山区的区位优势、招商政策、资源禀赋、优良环境，积极宣传推介相山。

7月12日，区人大常委会副主任王俊，区人大常委会相关委室主任、副主任，部分区人大代表组成调研组对相山区预算绩效管理情况开展专题调研。调研组一行先后深入相山区相城医院、新华巷老旧小区改造、信息产业园等地并召开座谈会。听取相山区财政局关于预算绩效管理情况的汇报，调研组成员围绕进一步提升预算绩效管理水平开展座谈交流。

7月12日，相山区人大常委会办公室、人选工委、代表联络室抽调相关人员组成督查组，对渠沟镇人大、各街道人大工委进行督查并走访部分人大代表。先后到曲阳街道、西街道、任圩街道、东街道代表活动室，通过听取汇报、查看软件资料、与代表面对面座谈交流等方式，实地了解人大工作上半年工作开展情况、代表活动及代表活动室建设情况，就下半年工作打算、建议督办、人大代表换届选举等工作开展座谈交流。

7月14日，区人大常委会党组副书记、副主任朱正春，区人大常委会各工委主任、副主任及部分区人大代表组成调研组，对相山区司法所建设和社区矫正工作进行实地调研。调研组一行考察东山司法所、渠沟司法所2处基层司法所并听取区司法局负责人关于司法所建设和社区矫正工作主要做法和取得的成绩，存在的困难、问题及对策、建议的汇报。代表们对相山区社区矫正工作在制度化、规范化、法治化、现代化建设方面取得的成绩及各部门积极配合社区矫正工作所取得的成效表示高度认可，并就下一阶段社区矫正工作的开展提出要求和期望。

7月19—23日，区人大常委会党组副书记、副主任朱正春，副主任刘云会同区政府副区长唐兵、区民政局主要负责人员，先后到杭州富阳区、上海等地考察学习养老服务工作。在杭州市富阳区，考察组先后赴中大金石银湖养老服务（杭州）有限公司、富春街道杨清庙村、富阳区社会福利中心、富春街道居家养老服务中心考察，全面了解民办养老机构建设运行情况、村级老年食堂建设运行情况、区级公办养老机构公建民营情况、乡镇级居家养老服务中心建设运行情况。在上海，考察组先后赴普陀区长寿西沙综合为老服务中心、长征镇社区爱照护长者照护中心、普陀区康养中心、上海长宁区虹桥街道社区综合为老服务中心、上海市静安区华康恒裕曹家渡老年福利院考察，全面了解城市养老综合体、社区嵌入式养老综合体、居家和社区养老服务中心运行情况。

7月27日，区人大常委会党组书记、主任李清平一行深入任圩街道项目工地看望慰问高温下坚守岗位的一线建设者，并为他们送上防暑降温用品。区总工会、任圩街道负责人参加。工地现场，李清平与建筑工人亲切交谈，详细了解项目建设进度，叮嘱他们要注意防暑降温、调节工作作息、保重个人身体。并为工人们送去矿泉水、花露水等清凉防暑用品。

7月30日，区人大常委会召开养老服务业发展情况小结会。区人大常委会副主任刘云主持会议，相关调研组成员参加会议。会上，调研组成员结合全区实际和外出学习考察情况畅所欲言，并针对发现的问题提出切实可行的意见建议。下一步，调研组将综合评估我区养老服务工作基本成效，梳理问题、分析原因、提出建议，形成调研报告，提交区人大常委会会议审议。

8月3日，区人大常委会副主任王俊，区人大常委会相关委室主任、副主任，部分区人大代表组成调研组，对人大代表建议办理情况进行督办。深入淮北诺讯科技有限公司（原天地人集团）、安徽盛德宝新材料科技有限公司（原凤湖香精）、安徽曦强乳业集团有限公司、“香港楼”等地实地查看代表建议办理情况并听取各承办单位关于人大代表建议办理情况的汇报。

8月11日，区人大常委会党组副书记、副主任朱正春，区人大常委会各工委、各室负责人员组成调研组对相山区人民检察院关于刑事检察工作开展情况进行专题调研。区人民检察院检察长施宏波汇报2019年以来刑事检察工作开展情况以及下一步的工作安排。与会人员结合实际情况提出相关意见和建议。

8月16日，区人大常委会副主任刘斌，区人大常委会各工委主任、副主任，部分区人大代表组成调研组，对全区乡村振兴战略实施意见落实工作情况进行调研，并对区十一届人大六次会议5件涉及乡村振兴的人大代表建议办理情况进行现场督办。先后深入淮北市彭橙果园农产品有限公司、郭王冷链物流、芳香作物温室花卉种植基地、凤凰山排涝站、前后黄城乡供水工程等地开展实地调研，并召开座谈会。听取区政府关于乡村振兴战略实施意见落实工作情况的汇报、人大建议办理情况的汇报。与会人员就农村产业发展、乡村人才培养、乡村生态保护和农村人居环境整治等问题进行深入讨论，并提出意见建议。区政府副区长张运岭及区委组织部、区农业农村水利局、区人社局、区文旅体局、区生态分局、渠沟镇、相山经济开发区主要负责人员陪同调研。

8月24日，区人大常委会副主任王俊主持召开上半年经济工作调研座谈会，各委室主任、副主任，部分人大代表参加座谈。听取区发改委关于2021年上半年国民经济和社会发展计划执行情况的汇报和区财政局关于2021年上半年财政预算执行情况的汇报。与会人员针对两项议题开展座谈交流。

9月17日，区人大常委会副主任王俊，区人大常委会各委室主任、副主任，部分区人大代表组成调研组，对重点项目建设和招商引资工作情况开展专题调研。先后深入国家大学科技园、安徽盛德宝新材料科技有限公司、信息产业园、翠峰中学等地，实地查看重点项目建设和招商引资工作情况并召开座谈会。座谈会上，听取区发改委关于重点项目建设情况和区投资促进局关于招商引资工作情况的汇报。调研组成员结合工作汇报和实地视察情况进行座谈交流，并提出意见建议。

9月30日，区人大常委会召开《关于加强未成年人检察工作的决定》征求意见座谈会，区人大常委会党组副书记、副主任朱正春出席会议，区人大常委会相关委室负责人员及区检察院、区法院、相山公安分局、区教育局、区司法局、区民政局、区人社局、区卫健委、团区委、区妇联、区关工委负责人员参加会议。

10月15日，区人大常委会副主任王俊，区人大常委会各委室主任、副主任，部分区人大代表组成调研组，就国有资产管理和地方性债务情况开展专题调研。区发改委、区财政局、区审计局、区卫健委、相山经济开发区、区机关事务管理中心、凤凰山实业主要负责人员参加会议。座谈会上，调研组听取区财政局关于国有资产管理情况和地方性债务情况的汇报。调研组围绕如何加强国有资产管理、管好人民共同财富、促进国有资产保值增值、推动国有资本做强做优做大等方面畅所欲言，积极建言献策。

11月24日，区人大常委会副主任王俊主持召开财政预算调整和审计查出问题整改调研座谈会，各委室主任、副主任参加座谈。座谈会上，区财政局主要负责人员汇报关于相山区2021年区本级财政预算调整和政府债务限额情况，区审计局汇报关于相山区2020年度本级财政预算执行和其他财政收支审计查出问题整改情况。与会人员针对两项汇报开展座谈交流并提出意见建议。

12月9日，区人大常委会党组书记、主任候选人李梅，副主任刘云带领区人大常委会调研组，对相山区环境质量状况和环境保护目标完成情况进行实地调研。区委常委、区政府副区长左钱发陪同调研。先后到相山经济开发区凤翔沟治理项目现场、淮北市思朗包装印刷有限公司、渠沟镇连通市政工程有限公司，通过实地查看、现场交流、听取汇报等方式详细了解全区2021年环境质量状况和环境保护目标完成情况。区人大常委会调研组成员，区生态环境分局、区住建局、区农水局、区市场监管局、区城管局，渠沟镇、相山开发区主要负责人员参加调研并座谈。

12月17日，区人大常委会党组副书记、副主任朱正春，区人大常委会各工委主任、副主任及部分区人大代表组成调研组，对相山区“七五”普法工作开展和“八五”普法规划制定情况进行调研。先后到区法院、淮北隋唐运河古镇法治文化基地、惠苑路社区，听汇报，看现场，实地考察相山区“七五”普法规划落实和“八五”普法规划制定情况。座谈会上，区司法局负责人员汇报相关工作情况，与会人员结合实地调研提出相关意见和建议。

12月23日，区第十二届人民代表大会初任代表培训班开班。区人大常委会党组书记、主任候选人李梅在开班仪式上作动员讲话并作党的十九届六中全会精神专题宣讲。区人大常委会副主任刘斌、朱正春、刘云、王俊，区十二届人大初任代表，渠沟镇人大代表，镇（街道）人大主要负责人员，区、镇街人大工作者等200余人参加培训。培训班为期2天，邀请南京市人大常委会人选工委原主任李建作《中华人民共和国各级人民代表大会常务委员会监督法》、《中华人民共和国全国人民代表大会和地方各级人民代表大会代表法》及代表议案、建议撰写知识讲座，淮北师范大学法学博士、副教授徐湘明作《中华人民共和国宪法》《中华人民共和国地方各级人民代表大会和地方各级人民政府组织法》专题辅导，区委常委、常务副区长赵华作区情报告，区委组织部相关负责人员对投票选举相关知识进行培训，集中观看警示教育片，并签署换届纪律承诺书。

【“2121”工程建设】 区人大常委会坚持以代表工作“2121”工程为抓手，以增强闭会期间代表活动实效为重点，畅通社情民意反映和表达渠道，支持和保证人大代表依法高效履职。每季度均对镇（街道）人大代表工作进行督查指导，定期召开镇（街道）人大工作座谈会，了解基层人大工作动态，协调解决工作推进过程中遇到的困难和问题。3月，区人大常委会采取听取工作情况汇报、查阅资料和对标打分等形式，对各镇（街道）人大2020年的工作进行考核，并强化考核结果运用和发现问题整改，进一步提高基层人大工作的制度化、规范化、创新化水平。

基层人大工作

【概况】 2021年，区人大常委会下辖任圩街道人大工委、东街道人大工委、西街道人大工委、相南街道人大工委、东山街道人大工委、三堤口街道人大工委、南黎街道人大工委、曲阳街道人大工委。渠沟镇人大作为一级基层人大，在区人大常委会的指导下开展工作。

【渠沟镇人大】 重要会议。1月22—23日，渠沟镇七届人大六次会议召开，审议通过镇政府工作报告、人大工作报告和财政预决算报告，政府关于代表建议、批评和意见的办理情况报告，通过《2021年政府民生实事项目票决办法》，票决产生2021年政府民生实事项目；3月22日、4月9日、9月23日、10月13日分别召开各季度人大主席团会议，安排部署镇人大和各代表小组具体工作；4月2日，召开镇七届人大六次会议代表建议、意见和批评交办会。

阵地建设。按照“2121”工程标准，规范建设镇直“人大代表活动室”及各小组“人大代表活动室”，为代表依法履职搭建平台。加强代表理论学习，组织代表深入学习习近平新时代中国特色社会主义思想和中共十九大，十九届二中、三中、四中、五中、六中全会精神及《在庆祝中国共产党成立100周年大会上的讲话》《中华人民共和国全国人民代表大会和地方各级人民代表大会代表法》《中华人民共和国民法典》《安徽省乡镇人大工作条例》等有关法律法规。

督查工作。4月9日，镇人大主席团组织辖区内部分市、区、镇人大代表调研渠沟镇大气污染和水污染防治工作；5月25日，调研民生实事项目；10月13日，调研鲁楼前柳园产业融合发展示范村，切实推进各项重点工作有序开展。

联系群众。每月5日和25日为固定接待日，全年接待选民100多人次，收到选民意见和建议40余条，涉及医保、社保、低保、卫生健康、人居环境整治、村内道路等方面；确定每名代表联系6名群众，走访群众600余户，架起党委、政府与人民群众的“连心桥”。

调研视察。3个代表小组全年开展植树、禁烧宣传、“六一”慰问、“四送一服”、新冠病毒疫情防控、疫苗接种、调研视察人居环境整治、文明创建、桥头村土地征收、产业结构调整等一系列活动。

【任圩街道人大工委】 代表工作。聚焦社区治理、生态环境建设、基础设施改善、征迁工作等人民群众广泛关心关注的问题，推动各项决策部署落实，推动人民群众关心的重点、难点、热点问题解决进程，年内组织代表在社区接待选民，做好服务群众“最后一公里”，解决大小问题百余件，收获群众广泛好评；订阅人大业务书刊、学习资料，组织学习“2121”工程建设文件、《中华人民共和国全国人民代表大会和地方各级人民代表大会代表法》、《中华人民共和国民法典》等，不断提高代表整体素质和履职能力；将党史学习教育与代表集中学习相结合，组织人大代表走进革命烈士陵园开展实践教育活动，在忆党史过程中明确自身初心使命，激发履职动力。

履职服务。加强和各部门联动，组织代表参加街道疫情防控调度会，针对新冠疫苗接种的宣传、登记、统计等各环节工作，提出具体意见，发挥代表监督保障作用；通过组织代表下社区调研和接待群众，认真整合代表意见，提出一系列提升社区活动场馆、清理小区及背街小巷卫生环境等针对性举措，分配至街道负责部门解决问题并收集反馈意见，有效提升辖区人居环境和服务质量；在社区设立代表联络点，利用社区网格，科学划分代表工作服务范围，确保及时回应群众呼声，年内为保障群众利益，街道人大代表直面“办证难”遗留问题，采取沟通协调加跟踪督办、政策宣传加秩序引导方式，持续帮助仁和小区4000余户居民及时拿到房产证，受到各方好评；红星社区启动雨污分流改造，部分居民担心影响墙体安全，街道人大工委联合社区与施工单位面谈了解情况，在确保工程质量的前提下组织人大代表做好居民思想疏导工作，在居民的支持下展开施工，修复后的路面更加美观，有效提升居民满意度。

换届工作。护航社区“两委”换届，发挥代表贴近群众优势，利用代表接待日走访联系群众，以通俗易懂的形式讲解换届流程，加强群众对换届工作的重视程度，提高群众知晓率和参与率；认真做好人大换届工作，按照《相山区区、镇人大换届选举工作实施方案》《县乡人大换届选举工作指南》等文件要求，做到前期准备充分、选民登记完善、选举流程规范，资料归档完备，保障换届工作圆满完成。

【东街道人大工委】 配合服务。组织代表接待选民，每月5日或25日组织部分区人大代表接待选民，听取选民反映的各种意见诉求，详细记录选民反映的问题，经梳理登记后，街道党工委安排相关部门人员给予办理，并将办理结果及时反馈给选民，将矛盾纠纷处置在萌芽、处置在当地，全年安排人大代表12批60多人次参加人大代表接访日活动；检查养老服务中心疫情防控工作，组织部分区人大代表到辖区养老服务中心检查指导新冠肺炎疫情防控工作；视察学校安全生产工作，检查组先后深入淮北市宏旭幼儿园、淮海路小学、淮北市第三实验小学分校，通过现场查看、查阅台账、座谈交流并听取学校相关负责人关于安全生产工作情况的汇报，提出指导建议意见。

代表履职。深化代表学习制度，建立代表每季度一次的学习制度，召集代表集中学习，坚持旗帜鲜明讲政治，并学以致用、用以促学，让人大代表能作为，把《中华人民共和国宪法》及《中华人民共和国地方各级人民代表大会和地方各级人民政府组织法》《中华人民共和国全国人民代表大会和地方各级人民代表大会选举法》《中华人民共和国全国人民代表大会和地方各级人民代表大会代表法》等与代表履职密切联系各项法律法规、人大制度的基本理论、人大工作的基本程序、提出议案和建议、代表活动等方面知识作为学习重点，增强代表的人大意识和法律意识，全年开展代表集中学习4次，组织专题座谈会4次，通过小组讨论及座谈会的形式，收集整理代表提出的合理化建议10条；完善联系群众制度，积极督促人大代表联系群众，每季度每名人大代表要联系走访一次，以增强群众意识为前提、以联系群众作为核心、以服务群众作为关键、以凝聚群众作为目标，健全代表联系群众制度，每名代表联系6～7名群众。

“2121”工程建设。结合街道“智慧人大”，提高“代表活动室”使用效率，进一步完善代表接待室，通过代表“请进来，走出去”，学习其他街道优秀代表的履职经验，并到东山街道人大交流学习代表工作的先进经验；加强对代表闭会期间活动的指导和服务，紧紧围绕街道重点工作，精心组织代表开展各类活动；每个月安排代表接待群众，深入推进代表履职服务，努力为代表履职创造有利条件，了解居民诉求，切实帮助群众排忧解难。

【西街道人大工委】 代表换届。12月，西街道人大工委人大代表换届工作圆满完成，代表人数总计22人，新晋代表2人，人大代表职业覆盖面广，涉及社会各个阶层。

代表工作。始终把代表工作作为一项基础性工作来抓，坚定不移贯彻实施《中华人民共和国全国人民代表大会和地方各级人民代表大会代表法》，创新代表管理机制，全面提升代表素质，积极为代表履职提供服务保障。

联系居民活动。街道人大工委不断提高代表的责任心和使命感，持续强化服务职能，畅通群众监督代表渠道，切实促进代表联系群众，使人大代表在全面了解社情民意的基础上，提出更多“接地气”的意见建议，增强履职实效，为推进街道发展做出应有贡献。

【相南街道人大工委】换届选举。充分发扬民主，严格选举程序，切实保障选民和代表的民主权利。成立换届选举工作组，按照划分选区、开展选民登记、依法提名、推荐、协商、确定代表候选人等阶段，经过精心组织，顺利选出新一届具有较强执行代表职务能力的人大代表28名。

代表履职。按照“六有”标准，对人大代表活动室按照规范化的要求进行提档升级，健全完善各项制度，使代表活动场所更加靓丽温馨；创新落实代表联系群众、代表接待选民、代表述职评议三项制度；深化“双联”制度，街道人大工委联系代表、代表固定联系群众，与辖区群众“接亲连对”，及时收集整理提交建议、办理回复、走访接访群众记录。全年共组织开展代表接待活动12次，参加活动的代表达42人次，接待选民80多人次，搜集选民的建议、批评和意见22条，组织代表提出《关于要求加快修通渠沟东路工程项目的建议》《关于加快“城中村”启明老旧小区改造的建议》等建议、意见；做好与街道有关承办部门的沟通协调工作，督促承办部门做好意见建议办理答复工作。

人大监督。组织代表听取街道全面工作汇报，主动了解关注街道发展现状，积极协助化解信访重点积案，主动参与文明创建复评、疫情防控等工作，积极为街道的发展出谋划策，贡献力量；紧盯群众反映强烈的热点难点问题，年内，街道人大工委组织代表对全域旅游发展情况、老旧小区改造提升、棚改项目工程收尾工作中存在的问题进行调研，利用人大代表联系社区的便利条件，安排代表主动参与相阳社区金色阳光花园、西城社区碧桂园棚改安置房交接工作，充分发挥了人大代表桥梁纽带作用、建言献策作用和公平监督作用；加强街道人大工委对社区居委会换届选举的监督指导，抓住关键环节，严格程序，照章办事，确保社区居委会选举工作符合法定要求。

宣传引导。主动跟踪参与代表履职活动，围绕人大当前开展的各项中心工作和代表小组开展的活动，及时进行宣传报道。全年，向区人大投稿18篇，采用18篇；向淮北人大网投稿5篇，录用5篇；向江淮法治投稿2篇，录用2篇；向《人民代表报》投稿1篇，采用1篇。

【东山街道人大工委】“2121”工程建设，3月29日，街道人大工委代表相山区在淮北市人大工作会议作典型发言，4月11日，街道在区委人大工作会议作交流发言；4月29日、7月20日分别向街道党工委进行专题汇报，研究年度人大工作；组织代表认真学习习近平新时代中国特色社会主义思想及中央、省市区委人大工作会议精神，专题研讨“学好四史，永葆初心、永担使命”，组织开展“学史明纪”、“初心与使命”教育实践和参观濉溪县临涣镇朱务平纪念馆红色之旅等活动。

阵地建设。按照“六有”要求提升街道代表活动室，规范软件资料和代表个人履职档案建设，全面落实代表联系选民制度，畅通“双联”渠道，随时随地密切与选民联系，听取意见建议，坚持开展代表“六进”活动，通过节日慰问、重要时间节点走访等，拉近代表与群众距离，对收集、整理群众反映的各类意见，认真交办、督办，做到有办理有回复；规范接待选民，定期在每月5日或25日由5名人大代表（市级代表2名、区级代表3名）到所联系的社区进行接待群众活动，通过活动妥善解决翰林社区青和宝地5区产权证办理、原肉联厂家属院电改及老旧小区改造、周庄社区金桥小区段防洪渠清淤、朝阳小学居民楼二层积水等问题，赢得了群众的拥护和信任。

履职服务。街道人大为每名代表建立履职量化档案，一人一册，全员、全程、全面记录代表履职实绩，动态记录代表履职成效，进一步增强代表履职动力和热情；围绕街道中心工作开展督查，如秸秆禁烧、文明创建、棚改征收、安全生产、大气污染防治等各项工作，积极参加安全生产执法检查、养老服务业发展等座谈会；圆满完成市人大、区人大对街道人大的调研督导；6月，组织市、区人大代表调研市政务服务工作，梳理问题，收集好的意见建议，撰写调研报告；9月组织代表调研老旧小区改造工作，实地查看相山区幸福社区供电小区既有住宅加装电梯改造现场、相山区新华巷两侧小区改造现场及烈山区焦化厂小区改造现场，提出有针对性的符合相山实际的意见建议。

换届选举。按照法定程序和工作要求，把监督贯穿换届始终，圆满完成新一届17名区级人大代表换届选举工作并组织代表参加为期2天初任代表培训；强化人大信息宣传工作，撰写人大创新案例材料，宣传信息被《江淮法治》、《安徽省人大工作通讯》、《安徽日报》及“淮北人大”公众号采用，极大地推进人大宣传工作。

【三堤口街道人大工委】阵地建设。高标准谋划、打造街道代表活动室，彰显三堤口特色，推进代表选民联系点建设，拓展代表联络平台，让人大工作向一线延伸。借助阵地开展视察、调研等活动，全年接待选民16次。

服务代表。经常走访代表，听取代表意见、建议，为代表履职创造条件；抓好代表学习，开展“每季一法”学习活动，组织代表学法用法，通报阶段及重点工作情况，拓宽代表知情知政渠道。2月，人大工委组织开展“浓浓邻里情　欢乐闹元宵”活动；3月，人大工委联合卫健办、司法所共同开展“建设法治中国，巾帼在行动”法律知识专题讲座；8月，人大代表“接地气、察民情、聚民智”组织接待选民并实地调研小区居民反映的问题。

履职服务。组织发动广大代表和群众，积极参与疫情防控、信访、房产证办理等重难点工作，打好污染防治攻坚战，及时应对突发事件，带头完成抢险救灾等急难险重任务。

制度建设。组织人大代表述职和接待选民，让代表工作有章可循；健全代表活动室各项制度，完善人大代表视察调研、人大代表述职、人大代表接待选民等各项制度；及时收集、整理、归档人大工作档案资料，确保街道人大工作常态化、规范化。

活动开展。6月，人大代表通过“三查三看”（查责任是否落实，看区域包片是否划分明确；查宣传发动是否到位，看群众对禁烧相关政策是否知晓；查应急处置办法是否完善，看防范措施是否落实）督查秸秆禁烧工作，努力完成“不着一把火，不冒一股烟”的工作目标；8月，组织代表助力疫苗接种工作；人大工委组织参加安全生产执法检查活动，并于11月组织防火、防汛、防疫安全集中视察活动；经常组织部分代表深入一线持证视察，联系群众，为群众办实事。

专题调研。1月，人大代表慰问困难群众倾听群众心声，集中走访18户困难群众，提高了代表在群众中的威信；发动代表主动联系选民、走访选民，摸清群众意见和基层实情；发挥人大活动室作用，多渠道开展代表接待选民活动，畅通反映问题的渠道，密切代表与选民关系；组织人大代表广泛联系选民，定期集体接待选民；搭好民意联络桥，在社区配备人大工作社情民意联络员10名，收集社情民意，为街道决策提供参考。

换届选举。人大工委组织人大代表积极参与换届工作，把党的领导贯穿到换届工作全过程，突出政治素养和议政能力，把好换届人选关，圆满选出18名人大代表，确保人大换届工作圆满完成。

【南黎街道人大工委】*履职服务*。坚持把履行代表职责、发挥代表作用与促进街道辖区发展稳定相结合，以街道重大项目建设、疫情防控、环保攻坚、招商引资、文明创建等，作为代表视察调研、联络选民的工作出发点。

代表活动。1月28日，组织部分市、区人大代表一行到安徽国华集团调研非公企业经营发展情况，并召开座谈积极为非公经济发展建言献策；3月25日，组织部分区人大代表深入辖区开展督查消防安全工作，未雨绸缪，防患于未然；5月31日，组织市、区两级人大代表调研住宅小区物业管理工作，并召开座谈，就物业管理工作中存在一些问题，提出可行建议；8月12日，组织部分区人大代表视察老旧小区加装电梯施工现场，同时就旧楼宇加装电梯“双低户”资金问题、不同楼层业主出资比例、施工安全、后期维护资金等推进过程中的重点难点进行沟通和交流；8月26日，组织视察南黎街道锦华苑社区、康乐小区、体育场新冠疫苗集中接种点，视察街道疫情防控，小区、沿街商户“两码”，并入户抽查居民疫苗接种和街道文明创建工作情况，对发现的问题提出整改意见；10月27日，组织住街市、区人大代表对南黎街道养老服务中心建设及运营情况进行视察调研。并对社区养老服务建言献策。

联系选民。按照区人大代表联系选区选民的规定，每季度至少开展一次活动，每名代表联系6名选民。定期开展活动，听取选民的意见建议，并逐一登记，及时转交承办单位和部门，基本做到件件有着落，事事有交代。代表们深入一线联系选民，广泛听取群众意见，提高群众建言献策的积极性和主动性，全年共收集建议意见119条，转化为区人大会议案建议8条，通过代表议案建议，有效解决了群众关注的民生热点问题。明确每月5日、25日开展一次接待选民活动，做到接待流程完备、记录台账齐全、办理回复到位，全年开展活动12次，其中已接待选民72人次，收集选民反映的问题35件，选民满意率100%。

代表述职。1月，街道人大工委按照代表述职工作实施方案要求，组织辖区27名区人大代表书面述职，其中9名代表口头述职，直接接受选民评议。通过述职增强了代表为选民服务的意识，拉近了代表与选民的距离。

为民服务。代表们积极参与食品安全的宣传工作，主动到所在社区参与文明城市创建活动。春节前，人大代表走访慰问辖区内的困难群众，积极帮扶地区弱势群体，为困难群众解决一些实际问题。2名代表两会后到社区向选民解读两会精神，给社区党员上党课，听取社区群众的意见；“七一”前夕，代表们到社区慰问困难老党员。“八一”建军节、国庆前夕，慰问辖区退伍老兵。

换届选举。街道人大工委组织人力，奔赴各社区、各单位就人大换届选举开展专题调研。根据前期统计的人口数、地理位置和实际情况，划分为13个选区，并研究制定街道选举工作组组成人员，各社区成立以党总支书记为组长的选举领导小组，并在每个选区成立选举工作小组，人大工委不定时加强对各选区的指导和督促。为做好换届选举工作，街道召开区人大代表换届选举工作动员部署培训会，并研究落实人大选举组织机构、选区的划分和代表名额分配等工作，并对选举业务工作进行了培训，统一思想认识。明确人大换届选举的目的、意义、原则、要求、程序和各个阶段的工作重点、注意事项，按法定程序、原则和时间要求做好各阶段工作。

【曲阳街道人大工委】*监督检查*。

深入贯彻新发展理念，把“人民对美好生活的向往”作为监督的目标导向，紧盯群众关心的环境治理、疫情防控、食品安全、道路交通等监督重点，深入开展集中视察、联合检查等活动6次。代表们深入社区看现场，听意见，针对工作推进的难点问题建言献策，为辖区的中心工作和重点工作提出许多可行性的建议，有力地促进了重点工作的推进。

联系群众。街道人大工委继续完善街道“人大代表活动室”建设工作，坚持把尊重代表主体地位、充分发挥代表作用作为人大工作的重要基础和关键环节，全力支持和保障代表依法履职，充分发挥人大代表主体作用，每月5号或25号组织代表轮流接待选民，和选民面对面沟通，零距离交流。每季度每位代表走访选民6人，通过多种渠道和方式反映群众意见建议。丰富代表履职形式，激发代表履职活力，全力支持和保障代表依法履职。

换届选举。成立街道换届选举工作组，具体指导选区选举工作，加强对各选区选举工作的组织领导和协调指导；把严肃换届纪律作为此次人大代表选举宣传的重要工作，把坚持党的领导、充分发挥民主、严格依法办事贯穿于换届选举工作全过程。按照法定程序，严把每个环节，紧扣时间节点，做好选民登记、审查等工作，确保换届选举工作依法开展；各选区采取多形式、全方位、有力度的宣传方式，向广大群众宣传《中华人民共和国全国人民代表大会和地方各级人民代表大会选举法》《中华人民共和国地方各级人民代表大会和地方各级人民政府组织法》，并悬挂横幅18幅，张贴标语6条，不断提高群众的知晓率和参与率，为换届选举工作营造了良好的法律环境和浓厚的舆论氛围。12月8日8时，辖区6个选区共投票26268张，参选率达88.4%，成功选举产生16名人大代表。

（区人大常委会办公室）

相山区人民政府

综　述

【农业农村】2021年，相山区巩固拓展脱贫攻坚成果同乡村振兴有效衔接，加快推动农业现代化，建设高标准农田1500亩，大力发展设施蔬菜、花卉等特色产业，新增新型农业市场主体29家，培育省示范家庭农场4家，羊肚菌、黑木耳等8个品种获评“三品一标”品牌。实施扶持壮大村级集体经济项目13个，50万元以上集体经济强村7个，其中100万元以上2个。完成农田水利沟渠畅通工程20千米，“四好”农村路扩面延伸54.9千米。提升改造刘楼、张集等6个村生活污水处理设施，农村人居环境整治实现全覆盖。黄里杏花节、芳香小镇金秋菊展、张楼葵花节吸引游客10万余人次。

【工业经济】2021年，相山区深入贯彻市“五群十链”战略部署，着力推动主导产业链式集群发展，淮北德兰和创生物科技有限公司、淮北泽力新能源科技有限公司等13个链上重点企业产值增长36.8%，工业投资增长8.4%，新增规模以上工业企业15家，主导产业“四梁八柱”格局逐步构建。实施产业升级和技术改造项目20个，10家企业在省区域性股权市场挂牌。深化与高校院所合作，入库产学研合作项目139个，获得科技成果80项。预计全社会研发经费投入11.2亿元，同比增长15%。净增高新技术企业19家，高新技术产业增加值增长22.0%。战新企业总数达15家，战略性新兴产业产值增长20.1%。强化要素保障，大学科技园二期12.5万平方米标准化厂房、信息产业园10.5万平方米标准化厂房、污水处理厂（一期）交付使用。实施亩均效益综合评价，出清“僵尸企业”14家，盘活土地1021.3亩。人良生物科技（安徽）有限公司、安徽极速生物科技股份有限公司等6家企业获评国家级两化融合管理体系评定企业。

【商贸服务业】2021年，相山区放大中心城区服务业基础优势，持续增强主城首位度，新增规模以上服务业企业9家，年销售额亿元以上在库商贸企业达34家，完成服务业增加值264.7亿元，增速7.4%，同比增长8.5%。淮北隋唐运河古镇二期商业街、运河大观园、淮北南翔云集文化特色街区建成，家家悦淮北综合产业园一期常温仓投入运营，淮北源创客创业园等孵化基地集聚科技企业200余家。淮北隋唐运河古镇获评省级服务业集聚区、省级首批旅游休闲街区。

【项目建设】2021年，相山区始终把项目建设作为转型发展最重要的抓手，实行重点项目季度动态考核，建立红旗激励和黄牌警示制度，聚焦产业发展、民生保障等领域，全面实施重点项目

232个，实际投资167亿元。金鼎世家、淮海健康养老服务中心等30个项目竣工，安徽盛德宝新材料科技有限公司半导体新材料、安徽智茂宸智能科技有限公司电子等60个项目开工建设。积极争取上级资金支持，获批中央预算内资金1.95亿元，同比增长210%。

【改革创新】 2021年，相山区综合改革深入推进，始终以改革创新为根本动力，加快破解发展难题，强化区域评估成果运用，推深做实“标准地”改革，71.5亩土地成功挂牌出让。深化开发区赋权改革，首批下放24项区级行政审批事项。新增私营企业3303家、个体工商户7132户。创新实施“园区贷”，实行“白名单”范围内免抵押、见贷即保，首批放贷2100万元，融资成本平均下降39.4%，有效缓解企业融资难、融资贵问题。推行顶格服务企业机制，举办3期企业家沙龙，解决企业反映问题28条，营商环境不断优化，各领域改革红利持续释放。开放新格局加快构建。紧扣“一体化”和“高质量”两个关键词，切实加快融入长三角一体化发展步伐，出台《相山区建设皖北承接产业转移集聚区实施方案》，明确产业承接重点方向。组团赴徐州、昆山、深圳等地考察，推动政策对接、区块链接、产业承接。积极参加第四届中国国际进口博览会、世界制造业大会等大型展会，提升外向发展信心，寻求合作商机。实际利用外资7144万美元，新培育外贸进出口企业5家，外贸进出口总额增长35.7%。“双招双引”成效显著，围绕主导产业，出台《相山区重点产业链链长制工作方案》，组建3个驻外招商团和2个驻外产业招商中心，开展精准招商。成功举办2021淮北食品工业博览会、安徽淮北电路板行业高峰论坛，签约翌光科技第4.5代有机发光器件、珠海宏广科技有限公司高端消费类电子FPC等优质项目30个，其中20亿元以上项目1个，10亿元以上项目1个，5亿元以上项目3个，亿元以上项目13个，总投资77.25亿元，与主导产业契合度达95.2%。深入实施“相城英才计划”，引进高层次科技人才团队2个。

【城乡建设】 2021年，相山区聚焦城市更新，完成田庄二期、西城棚户区改造，竣工安置房2414套。投资7200万元实施25个老旧小区改造，惠及居民10977户。实施土楼村、电校周边等9个片区雨污分流工程。依靠群众共商共议，平衡多元主体利益诉求，推动能加尽加、愿加快加，在全市率先启动既有住宅加装电梯工程，其中运行4部，在建15部，解决老旧小区老年人上下楼民生难题。建成“智慧城管”指挥中心。实施文明创建九大提升行动，全国文明典范城市创建工作扎实开展。坚持产城融合，高标准编制高铁西站片区、渠沟镇、信息产业园等重点片区规划。人民西路、西山北路基本建成，淮宿蚌城际高铁、徐淮阜高速等项目加快推进，城市加速西进。

【民生工程】 2021年，相山区着力提升民生保障，投入资金5.8亿元，实施29项民生工程。新增城镇就业13250人，城镇登记失业率控制在2.8%以内。淮北师范大学相山附属学校、滨河学校等7个新建、改扩建工程开工建设。在全市率先实施校长职级制改革，构建“重专业、搭台阶、能上下、促提升”的科学评价体系。全面落实“双减”政策，强化校外培训机构整治，课后延时服务实现全覆盖。智慧养老服务平台建成运营，养老机构床位总数达2029张。民生社区养老服务中心获批省医养结合示范创建单位。新增托育机构6家、托位520个，托育工作走在全省前列。实施“你点我检”食品安全工程，培育“食安安徽”品牌企业14家。区文化馆舞蹈队获第十四届全运会广场舞比赛一等奖。新入选省级非遗项目4个（全市6个），凤凰山绿色食品博览园获批国家AAA级旅游景区。

【生态环境】2021年，相山区打好生态文明建设战。落实“双碳”战略，加大重点用能企业节能管理，引导企业实施节能技术改造，节能降耗年度任务顺利完成。严把审批关，坚决遏制“两高”项目盲目发展，从源头上控制污染。安徽尊龙环保节能建材有限公司等3家企业进入2021年全省工业领域节能环保“五个一百”推介目录。安徽雷鸣科化股份有限公司、安徽省正大源饲料集团有限公司2家企业获评省级绿色工厂。新增街头绿地（游园）3处、植树造林500亩，完成100万平方米绿化养护。打好污染防治攻坚战。健全大气污染防治量化考核机制，$PM_{2.5}$平均浓度41.1微克/立方米、同比下降15.8%，优良天数比率78.4%、同比提高7.9%，环境空气质量排名居全市第一。落实“田长制”，建立耕地保护三级责任体系，开展土壤状况调查评估，深入推进固体废物污染治理专项行动，有效防控环境风险。实施凤翔沟、湘西沟、申家沟水环境综合治理项目，完成五条主要河流“一河一图一策一单”方案编制。饮用水源地水质达标率100%。

【社会事业】2021年，相山区落实防范化解重大风险“1+9+N”总体方案，成立区国有资产管理委员会，开展防范和处置非法集资排查，严格政府债务限额管理。健全领导干部接访下访和阅批群众来信制度，扎实推进“四下基层”“四最”试点，多元化解社会矛盾纠纷。落实安全生产“党政同责、一岗双责、齐抓共管、失职追责”要求，安全生产形势稳定。加大房地产领域历史遗留“难办证”问题处理力度，133个项目实现办证无障碍，79608套住房办理分户不动产权。区应急广播系统建成使用，灾害风险普查进度位居全省第一。钟楼村获全国“民主法治示范村”称号。

【疫情防控】2021年，相山区抓实常态化疫情防控，提升检测筛查、应急处置能力，累计接种新冠病毒疫苗112.2万剂次，在全市率先完成3岁以上人群接种任务，受到市级两次通报表扬。健全城乡医疗服务网络，新增医疗机构15家，新建公共卫生应急服务中心，区人民医院投入使用。常态化开展爱国卫生运动，创建无烟单位207家，完成省级卫生单位复审2家、省级卫生村（社区）复审31家。城乡医保参保人数达24.9万人，医疗救助9200人次，“基本医保+大病保险+医疗救助”三重保障制度更加完善。

（区政府办）

重要会议

【概况】2021年，区政府召开区政府常务会议28次、区长办公会议11次、区政府党组会议20次。

【区政府常务会议】第110次常务会议。1月16日召开。会议听取区发改委关于《淮北市相山区国民经济和社会发展第十四个五年规划和二〇三五年远景目标纲要》编制情况的汇报；区生态环境分局关于2021年相山区生态环境工作要点的汇报；区委编办关于相山区区级依职权类权责事项清单目录的汇报；区督查考核办关于相山区十一届人大五次会议代表建议办理情况的汇报。

第111次常务会议。1月28日召开。会议听取相山经济开发区关于与深圳裕维鑫达电路板有限公司、深圳市强顺兴电子科技有限公司、深圳市大川电路板有限公司、梅州市多成电子线路板有限公司、深圳市创蓝电子有限公司5家公司签订补充协议的投资协议的汇报；相山经济开发区关于签订东莞台一盈拓科技股份有限公司智能设备制造项目投资协议的汇报；区督查考核办关于印发《相山区2021年重点工作及责任分解的通知》的汇报；区应急管理局关于全区安全生产工作情况的汇报；区卫健委关于全区疫情防控工作开展情况的汇报；区民政局关于2021年春节走访慰问工作方案的汇报。

第112次常务会议。2月5日召开。会议听取区政府办关于省委第十巡视组对相山区巡视“回头看”反馈问题涉及政府系统整改落实方案的汇报；区发改委关于2021年全区地区生产总值目标任务分解情况的汇报；区商务局关于苏宁供应链金融项目相关情况的汇报；区教育局关于2020年儿童青少年近视眼防控工作的汇报；区住建局关于相山区经济适用住房办理完全产权补交土地收益金工作方案的情况汇报；区自然资源和规划分局关于相山区解决房地产领域历史遗留“难办证”问题专项治理工作情况的汇报；区应急管理局关于第一次全国自然灾害综合风险普查工作情况的汇报；区经信局关于2019淮北VR产业峰会承办情况专项审计的汇报；区城管局关于公共自行车二期项目延续运行情况的汇报；区文旅体局关于黄里景区基础设施及配套设施提升工程项目2021年工作安排的汇报。

第113次常务会议。2月18日召开。会议听取区经信局关于《2021年全区工业经济发展工作要点（送审稿）》的汇报；区经信局关于《相山区重点产业链链长制工作方案（送审稿）》的汇报；区投资促进局关于2021年度招商引资相关工作的汇报。

第114次常务会议。2月25日召开。会议听取区委组织部关于村（社区）“两委”人员报酬调整情况的汇报。

第115次常务会议。2月27日召开。会议听取区政府办公室关于省委巡视“回头看”反馈涉及区政府系统问题整改落实情况的汇报；区发改委关于《相山经济开发区“标准地”改革工作实施方案（送审稿）》的汇报；区经信局关于《相山区2021年“四送一服”活动工作要点（送审稿）》的汇报；区住建局关于《相山区政府性投资工程建设项目招标文件咨询论证办法（试行）》的汇报、关于相山区政府投资工程建设项目约谈制度的汇报、关于相山区工程建设项目招投标领域专项整治工作实施方案的汇报；区老干部服务管理中心关于相城老年大学教学楼维修改造的汇报。

第116次常务会议。3月11日召开。会议听取区农业农村局《关于全面推进乡村振兴加快农业农村现代化的实施意见（送审稿）》的汇报；区扶贫局《关于加快实现巩固拓展脱贫攻坚成果同乡村振兴有效衔接的实施意见（送审稿）》起草情况的汇报；区审计局关于凤凰山实业集团有限公司2019年经营情况的汇报、关于2021年度审计工作安排情况的汇报；区住建局关于成立老旧小区改造（既有住宅加装电梯）领导小组的汇报；区医疗保障局关于打击欺诈骗保工作汇报；区卫健委关于《相山区人民政府　淮北市人民医院托管协议》的汇报。

第117次常务会议。3月22日召开。听取区投资促进局关于省科技产业投资有限公司战略合作协议及相关情况的汇报；相山经济开发区关于签订无锡市跨克微营养素有限公司维生素C磷酸酯镁投资协议、成都晗晨生物有限公司复配食品添加剂项目投资协议、深圳市莱宝液晶模组人脸识别及学习机生产项目、银泰福智能终端产业园项目投资协议的汇报；相山经济开发区关于2021年度低效闲置土地处置计划的汇报；区财政局关于国有资产经营管理情况的汇报；听取区审计局关于《相山区审计局审计移送处理事项管理办法（送审稿）》的汇报、关于《淮北市相山区领导干部履行经济责任风险防范清单》的汇报；渠沟镇关于渠沟镇工业项目区企业运行情况的汇报；区房屋征收安置中心关于《相山区国有土地上房屋征收项目基础资料审核细则》等制度的汇报；区卫健委关于全区疫情防控工作开展情况的汇报；区督查考核办关于2021年督查考核年度计划的汇报。

第118次常务会议。4月10日召开。听取区生态环境分局关于《习近平生态文明思想和中央第三生态环境保护督察组督察安徽省工作动员电视电话会议精神及贯彻落实建议》的汇报；区发改委关于《相山区贯彻落实皖北承接产业转移集聚区建设若干政策分工方案（送审稿）》的汇报、关于《相山区建设皖北承接产业转移集聚区实施方案（送审稿）》的汇报；区卫健委关于疫情防控工作开展情况的汇报；听取渠沟镇关于巡视、巡察“回头看”反馈问题整改情况的汇报；相山经济开发区关于巡视、巡察“回头看”反馈问题整改情况的汇报；区财政局关于相山区银行业金融机构服务地方实体经济发展评价办法（试行）的汇报；区委政法委关于相山区推进全国市域社会治理现代化试点工作情况的汇报。

第119次常务会议。4月22日召开。会议听取区生态环境分局关于中央环保督察反馈问题整改情况的汇报；区农水局关于2021年乡村振兴重点项目实施情况的汇报；相山经济开发区关于签订淮北英瑞健康科技有限公司补充协议的汇报、关于签订襄阳奥利斯智能装备科技有限公司投资协议的汇报、关于签订东莞市珍葆电器科技有限公司投资协议的汇报、关于签订福建肆壹人力资源管理有限公司投资协议的汇报；区住建局关于南湖路西、古城路北地块棚户区改造项目实施方案的汇报；区征收办关于西苑中学棚改地块市总工会土地置换协议的汇报；区人武部关于相山区上半年征兵工作情况的汇报。

第120次常务会议。4月28日召开。会议听取区政府办关于《2020年度相山区政府领导班子总结报告》的汇报；区督查考核办关于对部分经济指标实行季度考核的汇报、关于对部分经济指标一季度考核情况的汇报；区科技局关于相山区创新型城市建设工作的汇报；区财政局关于全区民生工程实施情况的汇报；区教育局关于全区义务教育优质均衡创建情况的汇报；区城管局关于相山区物业服务质量提升年活动实施方案的汇报；区人武部关于相山区进一步激励大学生参军入伍十条措施的汇报。

第121次常务会议。5月18日召开。会议听取区生态环境分局关于中央环保督察反馈问题整改情况的汇报、关于贯彻落实省委书记李锦斌在蚌埠宿州淮北调研时的讲话精神（建立环境专项监督长制度）的汇报、关于相山区2021年秸秆禁烧工作方案的汇报；区卫健委关于全区疫情防控工作开展情况的汇报；区政府办公室关于全区“四送一服”工作开展情况的汇报；区财政局《关于印发国有资产管理委员会组成人员和议事规则》起草情况的汇报；相山经济开发区关于恒光供热收购方案的汇报。

第122次常务会议。5月27日召开。听取区农水局关于曲阳街道前后黄社区城乡供水一体化工程建设情况的汇报；区住建局关于“龙源里”商品房（淮北市相山区任圩棚户区改造项目）回购协议材料的汇报；区应急管理局关于全区近期安全形势及隐患排查工作开展情况的汇报；现代城投公司关于安徽现代城市建设投资有限公司与淮北矿业（集团）工程建设有限责任公司战略合作协议的汇报；安徽现代城市建设投资有限公司与中煤特殊凿井有限责任公司战略合作协议的汇报；区编办关于调整《相山区区级权责清单目录》《相山区区级公共服务清单目录》《相山区区级行政权力中介服务清单目录》《相山区镇、街道、开发区权责清单和公共服务清单》的汇报。

第123次常务会议。6月6

日召开。听取区市场监管局关于成立相山区药品安全委员会的汇报；区自然资源和规划分局（区解决“难办证”工作领导小组办公室）关于相山区解决房地产领域历史遗留“难办证”问题专项治理工作情况的汇报；区住建局关于相山区老旧小区（既有住宅加装电梯）补贴政策的汇报；区农业农村水利局关于“大棚房”问题专项清理整治行动“回头看”工作开展情况的汇报；区人社局关于相山区企业招才引智政策（试行）（送审稿）的汇报；区卫健委关于《淮北市相山区在岗村医养老保险工作实施办法》的汇报；相山经济开发区关于签订博罗县中科达电子HDI线路板生产项目投资协议的汇报、关于签订安徽盛德宝新材料科技有限公司投资协议的汇报、关于签订深圳市银泰福控股有限公司补充协议的汇报；区司法局关于行政机关负责人出庭应诉情况的汇报。

第124次常务会议。6月12日召开。听取区住建局关于建筑领域安全生产情况的汇报、关于淮师大相山附校项目建设相关情况的汇报、关于支付部分西山路两侧综合改造安置房项目回购款的汇报；凤凰山实业公司关于拟建设淮北生物科技孵化基地项目三期（大学科技园三期）工程的汇报；区财政局关于相山区2020年财政决算（草案）报告的汇报；区教育局关于朝阳小学扩建方案的汇报、关于申请改造淮北市第三实验幼儿园（原矿业集团机关幼儿园）的汇报。

第125次常务会议。6月18日召开。会议听取区住建局关于城镇燃气行业专项整治工作开展情况的汇报；区卫健委关于全区疫情防控工作开展情况的汇报、关于全区3岁以下婴幼儿照护服务体系建设情况的汇报；区审计局关于2020年度区本级预算执行和其他财政收支审计情况的汇报；区财政局关于2021年农村公益事业奖补项目安排情况的汇报；渠沟镇关于筹集大梁楼采煤塌陷村庄搬迁项目建设资金的汇报。

第126次常务会议。7月6日召开。会议听取区政府办关于成立相山区重大产业项目管理办公室的汇报；区发改委关于2021年全区县域经济考核指标目标任务设定情况的汇报；相山经济开发区关于签订翌光科技OLED屏体及终端整机生产项目协议的汇报；区住建局关于2021—2024年度园林绿地养护管理项目的汇报；区税务局关于2021年上半年税收征管工作情况的汇报；区财政局关于2021年上半年财政预算执行情况的汇报。

第127次常务会议。7月19日召开。会议听取区审计局关于2018年以来审计问题整改情况的汇报；区经信局关于《相山区贯彻落实“五群十链”提升重点产业集群和产业链水平实施方案》的汇报；区农业农村水利局关于全区乡村振兴工作开展情况的汇报、关于2021年全面推行河湖长制工作要点的汇报；区投资促进局关于相山区招商引资项目预审及落地服务交办督办实施办法（试行）的汇报；区城市管理局关于物业维修资金管理使用情况的汇报；区教育局关于创建全国义务教育优质均衡示范区配备教育设施设备情况的汇报；区财政局关于相山区2021年上半年预算绩效管理工作情况的汇报；区卫健委关于全区疫情防控工作开展情况的汇报；渠沟镇关于刘东矿采煤沉陷区征迁补偿情况的汇报；区委政法委关于相山区智慧安防小区工作情况汇报。

第128次常务会议。8月3日召开。会议听取区委督查考核办关于对上半年主要经济指标季度考核情况的汇报；区投资促进局关于调整区招商组的汇报、关于相山区驻外招商中心派驻工作方案的汇报；相山经济开发区关于签订安徽合川精密金属科技有限公司投资协议的汇报、关于签订江苏中实电力有限公司电力成套设备生产项目协议的汇报、关于签订东莞市宇森照明铝基电路板及高TG板项目协议的汇报；区商务局关于上海钜盛再生资源及大宗商品交易项目的汇报；区教育局关于相山区编外教师招聘工作的汇报；区生态环境分局关于环境监督长制工作开展情况的汇报；区住建局关于中央环保督察交办帝景翰园小区污水化粪池项目建设情况汇报；区卫健委关于全区疫情防控工作开展情况的汇报；区应急管理局相关于全区防汛工作开展情况的汇报、关于贯彻实施《中华人民共和国安全生产法》工作情况的汇报；三堤口街道办事处关于董庄社区南地块征收项目情况的汇报。

第129次常务会议。8月15日召开。会议听取区司法局关于相山区法治政府建设工作开展情况的汇报；区房屋征收安置中心关于相山区2016—2017年棚改贷款资金使用情况的汇报；区财政局关于相山区2021年上半年政府债务管理工作的汇报；相山经济开发区关于信息产业园二期征收补偿进展情况的汇报；凤凰山实业公司关于现代城投公司与淮矿工程公司成立合资公司情况的汇报、关于现代城投公司与中煤特凿成立合资公司情况的汇报、关于现代城投公司与中铁四局成立合资公司情况的汇报、关于凤凰山实业公司加强工作人员聘用管理的汇报。

第130次常务会议。8月31日召开。会议听取区发改委关于《相山区2021年上半年国民经济和社会发展计划执行情况的报告》起草情况的汇报；区医疗保障局关于全区事业单位人员参加公务员医疗补助有关工作的汇报；区卫健委关于全区疫情防控工作开展情况的汇报；区自然资源和规划分局关于全区林长制工作开展情况的汇报；区财政局《关于开展城市居民社区公益事业建设一事一议财政奖补试点工作的通知（审议稿）》及起草说明的汇报；区农业农村水利局关于2021年相山区高标准农田建设项目的汇报。

第131次常务会议。9月15日召开。会议听取区政府办关于十届省委第十轮巡视整改工作专项检查反馈问题涉及政府系统整改任务分解情况的汇报；渠沟镇关于“相山区采煤沉陷区搬迁安置工程至今未完成”整改情况的汇报；区发改委关于“总揽全局能力有欠缺”问题整改情况的汇报；新区办关于凤凰新区规划存在问题整改情况的汇报；区征收安置中心关于“棚户区改造、征地拆迁领域廉洁隐患较大”整改落实情况的汇报；区人社局关于“吃空饷”问题整改情况的汇报；区农业农村水利局关于相山区农村户厕问题摸排工作进展情况的汇报；区卫健委关于全区疫情防控工作开展情况的汇报；区自然资源和规划分局关于相山区解决房地产领域历史遗留“难办证”问题专项治理工作情况的汇报；区督查考核办关于2020年度目标管理绩效考核结果和2021年目标管理绩效考核工作的汇报。

第132次常务会议。9月30日召开。会议听取区发改委关于2021年相山区“决战四季度，增强新动能”重点项目专项行动方案的汇报；区生态环境分局关于相山区中度以上污染天气实施大气污染治理项目的汇报、关于相山区推行生态环境保护专项监督长制度实施方案的汇报；区教育局关于钟楼中学新建教学楼项目投资调整的情况汇报；区住建局关于相山区保障性租赁住房建设情况的汇报、关于淮师大附校项目投资调整情况的汇报；区市场监管局《关于强化知识产权保护的实施方案（送审稿）》的汇报；区商务局关于开展相山区“约惠相城·云享欢乐GO”2021金秋消费季活动有关情况的汇报；区委督查考核办关于相山区十一届人大六次会议代表建议和政协相山区九届五次会议委员提案办理情况的汇报；凤凰实业公司关于开发区人才公寓项目建设方案的汇报。

第133次常务会议。10月24

日召开。会议听取区市场监管局关于《相山区推进知识产权高质量发展若干政策（送审稿）》的汇报；区财政局关于园区贷业务合作开展情况的汇报；渠沟镇关于实施渠沟镇沟渠畅通工程的汇报；区住建局关于西园中学西地块棚户区改造项目实施方案的汇报、关于相山区“城中村”基础设施和基本服务能力排查情况的汇报；区委政法委关于2020年度全区平安建设目标管理考评结果的汇报；区卫健委关于全区疫情防控工作开展情况的汇报；区应急管理局关于全区安全生产工作开展情况的汇报；区信访局关于全区信访工作开展情况的汇报。

第134次常务会议。11月17日召开。会议听取相山经济开发区关于相山经济开发区信息产业园东侧及人才公寓地块高压供电线路迁改事宜的汇报、关于淮北师范大学科技园有关情况的汇报、关于恒光供热收购方案的汇报；凤凰山实业公司关于新冠病毒集中隔离医学观察点项目建设情况的汇报；区财政局关于相山区2021年区本级财政预算调整报告的汇报、关于相山经济开发区不再代管区属国企相关情况的汇报；渠沟镇关于收回淮北市供水公司批而未供土地的汇报。

第135次常务会议。11月28日召开。会议听取区委督查考核办关于对2021年前三季度主要经济指标考核情况的汇报；区房屋征收安置中心关于淮宿蚌城际铁路项目（相山区段）征收补偿方案的汇报；区自然资源和规划分局关于推行耕地保护田长制实施方案的汇报；区审计局关于相山区2020年度本级财政预算执行和其他财政收支审计查出问题整改情况的汇报；相山经济开发区关于签订珠海市宏广科技有限公司投资协议的汇报、关于签订珠海及成通讯科技股份有限公司投资协议的汇报、关于签订泗洪钰磁电子科技有限公司投资协议的汇报、关于签订无锡福鼎通讯科技有限公司投资协议的汇报、关于签订苏州市姑速迪电子科技有限公司投资协议的汇报、关于签订北京雷根生物技术有限公司投资协议的汇报、关于签订南琨好记忆乳业（上海）有限公司投资协议的汇报。

第136次常务会议。12月11日召开。会议听取区政府办关于《2022年区政府工作报告（征求意见稿）》起草情况的汇报；区发改委关于相山区2022年度政府性投资项目实施计划编制情况的汇报；区自然资源和规划分局关于2022年拟收储和出让计划地块情况的汇报；区经信局关于《相山区工业企业亩均效益评价工作实施办法（送审稿）》的汇报；区财政局关于2021年财政预算执行情况和2022年财政预算（草案）的报告（审议稿）的汇报；区住建局关于对西园中学西地块部分前期费用认定的汇报；区“难办证”专项治理办公室关于石油公司商住楼等7个项目不动产权证书办理情况的汇报；凤凰山实业公司关于淮北信息产业园二期项目工程建设情况的汇报、关于淮海西路以北178亩地块出让及开发建设有关事项的汇报。

第137次常务会议。12月27日召开。会议听取区卫健委关于全区2022年元旦、春节期间新冠肺炎疫情防控工作实施方案的汇报；区发改委关于《相山区2021年国民经济和社会发展计划执行情况与2022年计划（草案）的报告》起草情况的汇报；区司法局关于相山区“七五”普法决议落实和“八五”普法规划编制情况的汇报、《关于在全区开展法治宣传教育的第八个五年规划（2021—2025年）（送审稿）》的汇报、《相山区法治政府建设实施方案（2021—2025年）（送审稿）》的汇报；区文旅体局关于《相山区全民健身实施计划（2021—2025）》的汇报、关于第五批区级非物质文化遗产名录项目评审情况的汇报；区农业农村水利局关于相山区粮食和生猪生产情况的汇报；团区委关于全区青年发展工作的汇报；区数据资源局关于相山区基层政务服务智能化平台项目的汇报。

（区政府办）

政务服务

【概况】 相山区数据资源管理局（相山区政务服务管理局）于2019年2月挂牌成立，负责统筹全区数据资源管理，组织协调全区政务数据和公共数据资源整合、归集、应用、共享、开放等工作。下设1个二级机构政务服务中心，于2019年11月开始试运行，共有3层办事服务大厅，建筑面积3000余平方米，入驻市场、城管、公安等10家常驻窗口单位，发改、教育、应急、科技等20家单位入驻综合窗口，人民医院、供水、供电、燃气4家公共服务机构，共设置窗口56个，窗口工作人员115名，入驻政务服务事项1192项。2021年，各窗口累计办件20.55万件（其中业务办理15.28万件，电话咨询5.27万件），同比增长101%。

【“互联网＋政务服务”】“皖事通办”平台全年梳理9792个政务服务事项，全程网办事项占比达100%，平均办理时限压缩至1.07个工作日，平均申请材料1.59个。全年网上办件224万件，办件覆盖率96%，人均办件量4.15件；长三角政务地图有效访问量60.1万人次，有效访问用户4.1万人，办件量3.72万件；“好差评”主动评价量138.3万次，主动评价占比55.1%，办件评价覆盖事项占比90.77%。“互联网＋监管”平台全年累计发布监管信息120条，认领监管事项209项，监管行为覆盖率100%；编制实施清单226条，编制率100%。

【“安康码”应用便民工程】 2021年，区数据资源管理局开展“金盾加身、绿码护航”双码查验行动。全区共设置检测点12050个，亮码1928万次，累计核验2821.8万人次，人均核验52次；“安康码”申领人数56.2万人，申领率达100.1%；处理群众申诉信息2.56万条，平均处理时长3小时。

【综合窗口改革】 2021年，区数据资源管理局推进综合窗口改革，优化窗口设置，实行“前台综合受理、后台分类审批、综合窗口出件”，企业、群众办理不同部门不同事项时只领一个号、只排一次队、只交一套材料，一个窗口办到底，缩短群众办事办理时限。年内各窗口月均办理2万余件，月均办件量同比增长34%。

【“办不成事”受理窗口】 5月，区数据资源管理局开设“办不成事”受理窗口，制定联席办理制度，成立“办不成事”受理窗口工作领导小组及联席办，推行“班子成员带班—常驻部门窗口首席值班—接待咨询—及时转办—限时办结—跟踪督办”闭环工作机制，构建跨部门、跨层级协作的“办不成事”反映窗口服务机制，窗口设立以来，接待办事企

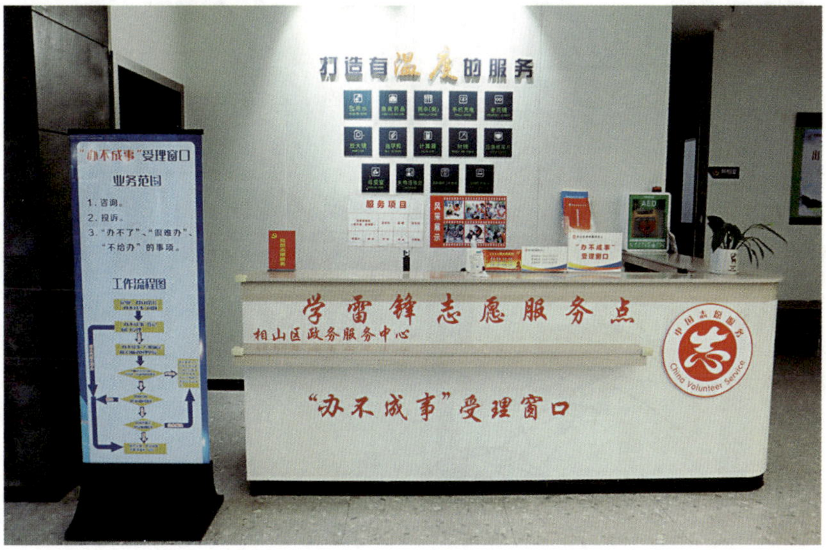

2021年5月，“办不成事”受理窗口开设（区数据资源管理局　供图）

业、群众500余人次，累计受理企业和群众反映问题345个，办结341个，办结率达98.8%。

【“帮办代办”专区】4月，区数据资源管理局创新开设全市首个“帮办代办”专区，依托咨询申请、审核代办、材料移交全流程协调体系，为企业开办提供“多对一”帮办代办服务，实现1个工作日内完成企业开办全流程服务。全年共帮助43家商贸公司成功办理业务，回复各类咨询497件，好评率100%。

2021年11月2日，相山区首届政务开放日活动直播现场（葛潮　摄）

【“政务开放日”活动】11月，区数据资源管理局筹划组织全市首届“政务开放日”，邀请区长作为“陪办员”，14名全市各界人士代表作为“体验员”，陪同办事群众办理企业开办业务，共同参观体验相山政务暖心服务。政务开放日通过“政企政民面对面”的方式，及时回应企业群众提出的诉求，从顶层设计、业务流程、机制体制等层面进行统筹协调，不断优化企业群众办事体验，破解企业群众办事的难点、堵点，全面提升“一网通办”服务水平。

【政务公开专区】4月，区数据资源管理局建成全市首个政务公开专区，划分信息查阅点、依申请公开自助办理区、政务公开宣传区、政务服务休闲区以及“两化”专题查询区五大区域，配备电脑、打印机、触控查询一体机、饮水机等设备，供办事群众自助使用。建设镇（街道）级政务公开专区，选取东街道办事处和东山街道办事处作为乡镇试点，按照“五统一”（统一标识、统一设备、统一资料、统一功能、统一管理）建设标准规范专区建设，做到有场所、有设施、有标识、有人员、有制度。配备提供政府信息查询、信息公开申请、办事咨询答复等服务。

2021年4月，“帮办代办”窗口开设（区数据资源管理局　供图）

【数据应用】2021年，区数据资源管理局、教育局联合安徽省科大讯飞股份有限公司研发“中小学线上报名系统”，打通了部门间、家校间、系统内的信息壁垒，实现了户籍、房产、身份信息等共通共享，让数据代替群众跑腿，在皖事通开启中小学网上报名通道（试行）。学生家长通过“皖事通”App相山专厅网上报名系统直接进行报名登记，打破以往传统的线下报名模式，减少人力、物力，压缩资料审核时间，提升群众办事效率。自8月12日相山区正式启动中小学网上报名系统起，三天时间，9所中小学的1100多名生，通过皖事通相山分厅“中小学线上报名系统”完成报名登记。

（区数据资源管理局）

信访工作

【概况】2021年，全区信访工作始终遵循“三到位一处理”（诉求合理的解决到位、诉求无理的思想教育到位、生活困难的帮扶救助到位、行为违法的依法处理）原则，把重心放在源头、力量压在一线、功夫用在平时，紧盯热点、难点、痛点问题，用心办理了一批初信初访事项，着力化解了一批集体访隐患，依法处理了一批违法信访行为，全区信访形势继续保持平稳向好的态势，有力维护了群众合法权益。信访事项“三率”（即信访事项及时受理率、按期办结率和群众满意率）持续优化、稳中有升，在全市保持较好位次。在全年安徽省信访工作责任目标考核中，相山区荣获全省考核得分居前列的县（区）称号，受到省信访工作联席会议通报表扬；在淮北市信访工作责任目标考核中，相山区荣获全市考核优秀的县（区）称号。

【重点信访案件化解】2021年，中央信联办交办的第一批59件重复信访积案审核通过率100%；中央信联办交办的第二批17件重复信访积案市信联办审核通过10件、省信访局审核通过8件。中央巡视组交办的37件信访事项全办结；国家信访局督办的8件信访事项及交办的3件信访事项全办结，省交办的1件重复信访事项办结，信访积案化解攻坚行动成效显著。

【网上信访有序畅通】2021年，国家信访局转送、交办、督办的邮政来信和网上投诉信访事项199件，群众致省委书记、省长的邮政来信30件，省长信箱受理的信访事项271件，省政府信访局转送、交办、督办的邮政来信和网上投诉信访事项301件，办理周期平均压缩81.67%、一次性办结率96.59%、信访部门群众满意率90.43%、责任单位群众满意率87.92%。

【矛盾纠纷多元化解】2021年，区信访局坚持和发展新时代“枫桥经验”，夯实网格员每日动态排查、村（社区）每周日常排查、镇（街道、开发区）每月全面排查矛盾纠纷措施，累计排查各类矛盾纠纷2150件，均落实责任单位和责任人。尊重基层首创精神，

2021年6月23日，区委常委、政法委书记池圣洲（中）在相山区群众来访接待中心接待来访群众（区委政法委　供图）

打造出“雷云说事拉理室”“老梁茶室”“一家人工作法”“东街e睦邻”等特色解纷新模式。

【服务保障有力有效】2021年，区信访局依法分类处理信访诉求68件，信访事项公开听证评议94件，办理复查案件23件，依法处理违法信访行为52起。

【“一岗双责”压紧夯实】2021年，区信访局严格落实市委、市政府《关于进一步落实领导干部信访工作“一岗双责”责任制的通知》，区委常委会和区政府常务会议6次听取和研究信访工作，召开16次重点案件专题调度会，推动化解80件信访积案。区委、区政府主要领导以上率下、以身示范，解决18件群众急难愁盼问题；15名区党政领导接待群众161批257人次，79名镇（街道、开发区）党政领导接待群众1616批4979人次，推动化解了一大批涉及群众切身利益的信访问题。

（区信访局）

机关事务管理

【办公用房管理】2021年，区机关事务管理中心严格执行国家党政机关办公用房建设标准有关规定和省市区工作要求，合理调配、统筹调剂办公用房，规范全区办公用房的管理，确保了全区办公用房的使用高效、合理合规。

【公务用车管理】2021年，区机关事务管理中心建立健全公车管理各项制度，先后出台《相山区公车平台人员考核办法》《相山区公车平台人员奖惩制度》，不断加强公车平台人员，严格规范公车日常管理，严格按照公车使用条例调度和使用车辆，全年出车8630余次，无安全事故发生。按照全区公务用车需求购买1辆中巴车，为全区各项公务出行提供有力保障。

【安全保卫工作】2021年，区机关事务管理中心做好日常安全隐患的排查工作，加强南黎街道综合楼物业管理及电梯、空调、消防等大型机电设备维修保养。经常性开展弱点部位、薄弱环节的安全隐患检查排查工作，防患于未然。全年开展安全保卫巡查100余次，更换改造老旧电线管道30余处，更换灭火器83个，检查供暖锅炉6次，电梯保养3次，排除安全隐患2处，无安全问题发生。

【后勤保障服务】2021年，区机关事务管理中心完成会议、调研、培训等各种会务保障1600余场次。主动对接办会单位，做好每一场会议的会前、会中、会后服务保障工作。做好供电、供水、供气等设施设备检查检修保养工作，确保各项设备正常运转。坚持卫生打扫日常制，安排专人每日对会议室、接待室、走廊、厕所进行打扫，确保机关内外保持整洁。（区机关事务管理中心）

应急管理

【概况】2021年，相山区共发生各类生产安全事故8起，死亡11人。消防、工矿商贸、特种设备、人员密集场所等重点行业领域未发生生产安全死亡事故，安全生产形势持续稳定向好。

【落实安全生产制度】会议制度。坚持安全生产会议“六个一”（召开一次安全生产工作会议，统一安全生产认识；组织一次开工前安全生产检查，和事故隐患排查并如实记录；组织一次设施设备安全状况检查，并保持良好状态；开展一次安全生产教育培训；进行一次设施设备的维护维修；签订一次与岗位相符的全员安全生产责任制，并进行学习培训）理念，及时召开常委会、常务会、安委会全体会议、联席会、专题协调会等，全年召开区委常委会会议4次、区政府常务会议6次、专题会议3次，听取安全生产工作情况汇报，研究安全生产工作。带队督查制度。制订《区领导带队督查安全生产工作方案》，13位区四大班子成员分别带队开展安全生产工作明察暗访，落实安全生产工作“党政同责、一岗双责、失职追责、齐抓共管”制度，全年共开展安全生产工作明察暗访34次，协调解决问题隐患370条。考核奖惩制度。印发《相山区安全生产考核奖惩实施办法》《相山区安全生产月度考核方案》《相山区安全生产约谈实施办法》，运用“考核、奖惩、追责、通报、挂牌、督查、约谈”等方式，推动镇（街道）、开发区、部门认真履行监管职责，定期对各单位学习习近平总书记关于安全生产重要指示精神、召开会议、安全生产三年专项行动、安全生产教育培训、重大隐患挂牌整治、投诉举报受理情况等8项考核内容定期开展考核巡查，实现安全生产工作动态化管理。

【安全宣传教育】2021年，区应急局开展《生命重于泰山——习近平总书记关于安全生产工作重要论述》电视专题片学习。承办全省应急管理行全媒体新闻活动，通过亮点采访、安全课堂、应急演练等形式，宣传全区应急管理工作成效，营造浓厚氛围。利用“5·12”全国防灾减灾日、“6·16”安全生产广场咨询日、“11·9”全国消防宣传日、“10·13”国际减灾日和“12·4”宪法宣传日、安全生产“五进”等宣传载体，广泛动员开展宣传、培训、演练各项活动，发放各类宣传单5万余份，张贴宣传彩页1.5万张，悬挂条幅520条，播放消防公益广告、宣传片150次，制作风险监测综合减灾明白卡14万张，发放无纺布袋、宣传折扇、防暑降温等物品万余份。设置13个防灾减灾宣传广场、2处“防灾减灾宣传巷”。开展VR事故模拟体验，近5000人参与，突出活动的针对性和实效性。通过聘请省级专家集中授课、现场卷宗点评等方式开展安全生产培训班2期，培训各类执法人员240余人次。在全国安全知识网络竞赛“测测你的安全力”中，相山区以281万的总积分在全省各县区排名第二，获省安委办通报表扬。在第三届全国应急管理普法知识竞赛中，相山区以136万的总积分获全省第五名。与市融媒体签订合作协议，开通官方抖音账号，加大安全隐患曝光力度，传播安全文化，普及应急知识。

【应急处突工作】2021年，区应急局建立基层民兵、城管队员、公安、消防、退役军人5支应急队伍协作处突机制，成立灭火救援攻坚组、抗洪抢险突击队、轻型地震救援队，实现应急救援队伍的“一专多能、一队多用”。定期邀请知名专家开展安全培训工作，举办全区性安全监管人员业务培训班2次，480余人参训。全区36个社区被评为国家、省级综合减灾示范社区，国家级示范社区覆盖率全国第一。围绕全国第13个全国防灾减灾日和第20个“安全生产月”宣教主题，组织大型防灾减灾救灾演练和抢险救灾紧急拉动演练，共动用13支救援队，参演人员740余人。持续支持和引导民间救援队伍参与应急管理工作，新成立相山区青年救援队、相山区阳光消防救援队两支民间救援队，相山区空中救援队基本组建完成。

【专项整治行动】2021年，区应急局先后开展冬春安全大检查、冬春火灾防控、有限空间、压力容器、特种作业、工程建设、“防风险、保平安、迎七一”、城镇燃气、安全风险隐患大起底、秋季安全生产专项整治、“安全绳、安全帽”、企业夜查、“1+11+N”专项整治集中攻坚行动、“庆两节、迎冬奥、保两会”百日攻坚等各类专项行动，每一项专项整治都力求形成工作闭环，有部署、有督办、有通报。持续开展安全生产“1+11+N”专项整治3年行动集中攻坚，全年共排查隐患2898处，已整改2871处，剩余7处正在按规定整改，整改率100%，成立检查组171次，督导检查978次，检查单位3086家，督导问题490处，行政处罚20次，罚款73.83万元，约谈警示企业25家。

【重点行业安全生产管理】 2021年，区应急局做好危化品、烟花爆竹、工商贸、大型商超、建筑施工、小餐饮市场、瓶装液化气等领域安全生产工作，对全区25家危险化学品无仓储经营企业、3家危险化学品使用企业、4家民营加油站、5家烟花爆竹零售经营店共开展52次专项检查，共发现隐患121条，下发责令整改指令书10份，行政处罚4家，罚款13.6万元。查处取缔非法加油站（点）3个，移交公安部门处理2个，收缴各类油品约5吨，罚款10万元。对全区120家工贸企业涉及的有限空间作业、粉尘涉爆、安全教育培训、管理制度和操作规程开展地毯式执法检查，行政处罚7家，罚款金额12.1万元。

【信息化平台监管】 2021年，区应急局坚持群防群治，充分利用来信来访、“12345”市民热线、“12350”安全生产举报投诉电话和省安全生产举报平台等方式，全年共接到各类举报事项188件，较上年增长74%，按照“有举必查、查实必究、究其必严”的原则，核查处理回复188件，核查回复率100%，居全市第一。对镇（街道）、开发区及88个社区、19个监管部门、235家企业分别注册全省信息化监管平台，实现了市与区、区镇街和企业的网上动态监管，企业定期开展隐患排查治理自查上报，填报隐患信息并监督整改，共自查自报隐患5695条，整改5661条，正在整改中34条，整改率99.4%，并且在平台上对企业采取“红、黄”牌管理，将超期未按规定上报自查隐患的企业作为重点监管对象，进一步落实企业安全生产主体责任。

（区应急局）

·消防救援·

【概况】 淮北市相山区消防救援大队创建于1984年，现有指战员85人，其中党员37人、团员31人。大队下辖东山路桥消防救援站、南黎路消防救援站、张集专职消防站3个基层消防站，共有执勤消防车8辆，主要担负淮北市主城区相山区近143平方千米范围内的灭火救援任务。近年来，大队先后荣立集体三等功1次，指战员荣获个人二等功1人、个人三等功35人次，先后涌现出应急部消防局优秀基层指挥员、全省最美青工等先进典型。大队也先后多次被省消防总队评为“标兵大队”“先进大队”。先后分别被安徽省政府、淮北市政府授予“文明单位”“青年文明号”“园林式单位”“精神文明建设标兵单位”等称号。

【灭火救援】 2021年，区消防救援大队共接处警802起，出动车辆1437辆次，出动人员8493人次，抢救被困群众40余人，疏散被困人员200余人，抢救财产价值1000余万元，有效确保了辖区火灾形势稳定。在抗洪防汛工作中，大队先后处置多处城市内涝、汽车涉水、清淤排险等灾情，圆满完成增援郑州新乡抗洪任务，受到党委、政府高度赞誉。

【执勤训练】 2021年，区消防救援大队科学制定训练计划，苦练业务本领，扎实开展辖区熟悉演练工作，全年累计开展重点单位演练80余次，道路水源熟悉120余次，抗洪抢险暨水域救援拉动6次，地震拉动2次，综合实战能力进一步夯实。在全市消防队伍比武中获得第二名，在全省消防队伍比武考核中获得第三名。

【思想教育】 2021年，区消防救

援大队深入开展“党史教育”教育实践活动和“总书记授旗训词三周年”等活动，组织指战员深入学习《中国共产党简史》《中华人民共和国简史》等，组织学习研讨10余次，累计撰写心得体会100余篇，开展5次参观见学。充分利用营区橱窗条幅、黑板报及“学习强国”“皖小政”等新媒体宣传教育阵地，打造全方位、立体式教育阵地，进一步坚定了消防救援人员立足岗位、努力学习、敬业工作的信心和责任心。

【财装基建】2021年，区消防救援大队持续推进财务规范化建设，加强经费审核，坚持抓住“预算管理”这个龙头，严格把握资金使用关，提高经费的使用效率，实现了全年资金安全“零事故”的工作目标。2021年在区财力紧缺的情况下，积极争取地方消防经费1000万元。年内，大队党委积极协调对接指战员及文员子女入学入托，实现100%进入意向学校；落实重大传统节日慰问品、生日蛋糕发放，落实结婚生育、生病住院慰问，积极为困难指战员申报补助。南黎路消防站执勤楼封顶以后，大队多次会同设计、施工、监理单位会商研究，积极克服疫情影响追赶建设装修进度。8月，大队部、南黎路消防站顺利入驻，年内篮球场、车棚、食堂改造相继完工，营房基建再上新台阶。

【监督执法】2021年，区消防救援大队积极开展新《中华人民共和国消防法》宣贯活动，4次提请区常委会、5次提请区政府常务会研判火灾形势，多次邀请区委、区政府领导开展带队检查，推动区政府将消防工作纳入目标考核、政务督查、民生工程和综合治理，消防安全主体责任落实明显。定期联合应急、商务、民政、教育、市场监管等部门开展行业单位消防检查，累计检查消防安全重点单位297家、教育机构150余家、养老机构40余家、商超酒店90余家，“三合一”小商铺543家、文博宗教单位15家，累计督促整改消防安全隐患1820余条。分批次组织重点单位召开“五实十岗”标准化管理达标创建活动推进会，并进行考评验收，全区消防安全环境进一步优化。

【消防宣传】2021年，区消防救援大队以“119全国消防安全宣传月”活动为契机，积极开通网上志愿服务平台，组织教育、消防、应急等单位开展大型安全疏散联合演练。积极推动消防安全宣传“五进”活动，利用乡村“小喇叭”、物业微信矩阵开展消防安全宣传，通过金鹰、东方城市广场等户外广告屏在繁华地段播放消防公益广告、宣传片等；年内有序组织140余家单位、学校、社区、团体等开展消防安全疏散暨灭火演练，举办广场宣传、消防队站开放等20多场，累计张贴消防车道、合用场所、电动车等专项宣传海报5000张，受教育群众近10万人次，群众消防安全整体素质进一步提升。

（区消防救援大队）

中国人民政治协商会议相山区委员会

重要会议

【政协第九届相山区委员会第五次会议】 1月24—27日召开。会议听取并审议九届区政协常务委员会工作报告和提案工作情况的报告；表彰区政协九届三次、四次会议优秀提案、提案承办先进单位及先进个人；列席相山区第十一届人民代表大会第六次会议，听取和讨论区政府工作报告及有关报告；大会选举；听取和审议政协相山区第九届委员会第五次会议关于提案审查情况的报告；审议通过大会决议。

【常务委员会会议】 2021年，召开常务委员会会议6次。

九届二十一次常委会会议。1月13日召开。区政协主席赵德华主持会议，副主席张仁喜、李世林、李良成、田骊，秘书长刁守华及政协常委出席会议。会议协商关于召开区政协九届五次会议的决定（草案）、区政协九届五次会议议程（草案），协商区政协九届五次会议日程（草案），协商区政协九届五次会议秘书长、副秘书长名单（草案），协商区政协九届五次会议执行主席分组名单（草案），协商区政协九届五次会议讨论分组名单及召集人名单（草案），协商区政协九届五次会议邀请人员名单（草案），协商区政协九届五次会议列席人员名单（草案），协商关于表彰九届三次、四次会议优秀提案及提案承办先进单位和先进个人的决定（草案），协商区政协九届委员会常务委员会工作报告、确定报告人，协商区政协九届委员会常务委员会提案工作报告、确定报告人。

九届二十二次常委会会议。1月27日召开。区政协主席赵德华主持会议，副主席张仁喜、李世林、李良成、田骊，秘书长刁守华及政协常委出席会议。会议听

2021年1月25日，政协相山区第九届委员会第五次会议召开
（区政协办公室　供图）

取各组召集人汇报分组讨论情况、协商通过区政协九届五次会议提案审查情况的报告（草案），协商通过大会决议（草案）。

九届二十三次常委会会议。3月5日召开。区政协主席赵德华主持会议，副主席张仁喜、李世林、李良成、田骊，秘书长刁守华及政协常委出席会议。会议协商通过政协相山区委员会2021年工作要点（草案）；传达全区招商引资大会精神，安排部署区政协招商引资工作；专题学习习近平总书记在党史学习教育动员大会上的讲话精神、习近平总书记在全国脱贫攻坚总结表彰大会上的讲话精神、习近平总书记在中央党校（国家行政学院）中青年干部培训班开班式上的讲话精神、省委书记李锦斌在全省党史学习教育动员大会上的讲话精神。

九届二十四次常委会会议。7月14日召开。区政协主席赵德华主持会议，副主席张仁喜、李世林、李良成、田骊，秘书长刁守华及政协常委出席会议。会议以“加快全域城市化进程，提升城市核心竞争力”为议题开展专题协商。区政协人口资源环境委员会围绕“小区物业管理工作”发言；致公党相山总支围绕“人文城市建设”发言。区政府副区长张运岭应邀参加会议，区发改委、区住建局、区文旅体局、区城管局主要负责人员参加会议。

九届二十五次常委会会议。9月29日召开。区政协主席赵德华主持会议，副主席张仁喜、李世林、李良成、田骊，秘书长刁守华及政协常委出席会议。会议听取区政府关于全区经济社会发展情况的通报以及关于提案办理工作情况的通报；实地视察区公共卫生服务中心、温哥华城幼儿园；集中学习习近平总书记在庆祝中国共产党成立100周年大会上的讲话精神、省委书记李锦斌在全省疫情防控工作电视电话会议上的讲话精神，学习传达中国共产党淮北市第九次代表大会精神。

九届二十六次常委会会议。12月27日召开。区政协主席赵德华主持会议，副主席张仁喜、李世林、李良成、田骊，秘书长刁守华及政协常委出席会议。会议协商关于召开区政协十届一次会议的决定（草案），协商区政协第十届委员会委员名单（草案），协商区政协十届一次会议议程（草案），协商区政协十届一次会议日程（草案），协商区政协十届一次会议主席团名单（草案），协商区政协十届一次会议主席团常务主席及主持人名单（草案），协商区政协十届一次会议主席团执行主席分组名单（草案），协商区政协十届一次会议提案审查委员会名单（草案），协商区政协十届一次会议邀请人员名单（草案），协商区政协十届一次会议列席人员名单（草案），协商区政协十届一次会议讨论分组及召集人名单（草案），协商区政协九届常委会工作报告、确定报告人，协商区政协九届常委会提案工作报告、确定报告人。

【主席会议】 2021年，召开主席会议15次。

九届四十六次主席会议。1月5日召开。区政协主席赵德华主持会议，副主席张仁喜、李世林、李良成、田骊，秘书长刁守华出席会议。会议协商通过关于召开区政协九届五次会议的决定（草案）、区政协九届五次会议筹备工作情况的报告，区政协九届委员会常务委员会工作报告及报告人、区政协九届委员会常务委员会提案工作报告及报告人。区政协住会常委陈向征、程启军列席会议。

九届四十七次主席会议。1月7日召开。区政协主席赵德华主持会议，副主席张仁喜、李世林、李良成、田骊，秘书长刁守华出席会议。会议协商通过区政协九届五次会议议程（草案），区政协九届五次会议日程（草案），区政协九届五次会议秘书长，副秘书长名单（草案），区政协九届五次会议执行主席分组名单（草案），区政协九届五次会议讨论分组名单及召集人名单（草案），区政协九届五次会议邀请人员名单（草案），区政协九届五次会议列席人员名单（草案），关于表彰九届三次、四次会议优秀提案及提案承办先进单位和先进个人的决定（草案）。区政协住会常委陈向征、程启军列席会议。

九届四十八次主席会议。1月14日召开。区政协主席赵德华主持会议，副主席张仁喜、李世林、李良成、田骊，秘书长刁守华出席会议。会议听取九届五次全体会议各筹备组工作开展情况的汇报和近期工作。赵德华主席对开好九届五次会议提出具体要求。各筹备组组长、副组长参加会议。

九届四十九次主席会议。2月8日召开。区政协主席赵德华主持会议，副主席张仁喜、李世林、李良成、田骊，秘书长刁守华出席会议。会议专题学习相山区八届五次党代会精神，传达《关于持续纠治“四风”确保2021年元旦春节期间廉洁过节的通知》。区政协住会常委陈向征、程启军以及机关全体党员列席会议。

九届五十次主席会议。2月25日召开。区政协主席赵德华主持会议，副主席张仁喜、李世林、李良成、田骊，秘书长刁守华出席会议。会议学习传达习近平总书记在党史学习教育动员大会上的讲话精神、十九届中央纪委五次全会精神和中共相山区纪委八届六次全会精神、中央第五巡视组巡视安徽反馈意见整改暨新一轮深化“三个以案”警示教育动员部署大会精神以及区委书记胡启书在省委巡视组向相山区反馈巡视“回头看”情况会上的讲话精神。区政协住会常委陈向征、程启军以及机关全体党员列席会议。

九届五十一次主席会议。3月2日召开。区政协主席赵德华主持会议，副主席张仁喜、李世林、李良成、田骊，秘书长刁守华出席会议。会议协商通过《政协相山区委员会2021年工作要点（草案）》，协商通过区政协九届五次会议重点提案。区政协住会常委陈向征、程启军列席会议。

九届五十二次主席会议。4月9日召开。区政协主席赵德华主持会议，副主席张仁喜、李世林、李良成、田骊，秘书长刁守华出席会议。会议实地视察凤凰山食博园、家家悦淮北综合产业园、淮北南翔云集文化特色街区，听取区商务局工作开展情况的通报及2021年淮北食品工业博览会筹备情况的通报。区政府常务副区长赵华参加会议。区政协住会常委陈向征、程启军以及部分政协委员列席会议。

九届五十三次主席会议。5月26日召开。区政协主席赵德华主持会议，副主席张仁喜、李世林，秘书长刁守华出席会议。会议实地视察帝景翰园小区（消防隐患）、凤凰山排涝站（防汛物资储备）、安徽金冠玻璃有限责任公司（涉危工贸企业），听取区应急管理局工作开展情况的通报。区政协住会常委陈向征、程启军、任桂华以及部分政协委员列席会议。

九届五十四次主席会议。6月9日召开。区政协主席赵德华主持会议，副主席张仁喜、李世林、李良成、田骊，秘书长刁守华出席会议。会议听取区信访局工作开展情况的通报。区政协住会常委陈向征、程启军、任桂华以及渠沟镇联络组、任圩街道联络组、南黎街道联络组、曲阳街道联络组组长列席会议。

九届五十五次主席会议。7月27日召开。区政协主席赵德华主持会议，副主席张仁喜、李世林、李良成、田骊，秘书长刁守华出席会议。会议实地视察大学科技园、安徽智茂宸智能科技有限公司、安徽盛德宝新材料科技有限公司、信息产业园、淮北聚德新能源科技有限公司、安徽诺讯智能科技有限公司等地，听取区投资促进局工作开展情况的汇报。区政协住会常委陈向征、程启军、任桂华以及部分政协委员列席会议。

九届五十六次主席会议。8月24日召开。区政协主席赵德华主持会议，副主席张仁喜、李世林、李良成、田骊，秘书长刁守华出席会议。会议实地视察新华社区（老旧小区改造）、洪山社区（协商平台建设）、四史学堂、鹰山社区（邻里之家），听取西街道办事处工作开展情况通报和“请你来协商”平台建设情况的汇报。区政协住会常委陈向征、程启军、任桂华以及部分政协委员列席会议。

九届五十七次主席会议。9月16日召开。区政协主席赵德华主持会议，副主席李世林、李良成、田骊，秘书长刁守华出席会议。会议实地视察渠沟镇钟楼村彭橙果园阳光玫瑰种植基地、四季火龙果园、鲁楼温室花卉基地、前柳园融合发展示范村建设项目，听取渠沟镇脱贫攻坚与乡村振兴衔接工作开展情况的通报。区政协住会常委陈向征、程启军、任桂华以及部分政协委员列席会议。

九届五十八次主席会议。11月2日召开。区政协主席赵德华主持会议，副主席张仁喜、李世林、李良成、田骊，秘书长刁守华出席会议。会议实地视察新华巷（老旧小区改造项目）、徐集村（高标准农田建设项目）、鲁楼幼儿园（学前教育促进项目）、南循环线高鲁路，听取区民生办工作开展情况的通报。区政府副区长唐兵陪同视察。区政协住会常委陈向征、程启军、任桂华以及部分政协委员列席会议。

九届五十九次主席会议。12月10日召开。区政协主席赵德华主持会议，副主席张仁喜、李世林、李良成、田骊，秘书长刁守华出席会议。会议协商通过区政协九届常委会工作报告（草案）、区政协九届常委会提案工作报告（草案）、区政协党组2021年工作报告（草案）。区政协住会常委陈向征、程启军、任桂华列席会议。

九届六十次主席会议。12月24日召开。区政协主席赵德华主持会议，副主席张仁喜、李世林、李良成、田骊，秘书长刁守华出席会议。会议协商通过关于召开区政协十届一次会议的决定、区政协第十届委员会委员名单（草案）、区政协十届一次会议筹备工作情况的报告、区政协十届一次会议议程（草案）、区政协十届一次会议日程（草案）、区政协十届一次会议秘书长、副秘书长名单（草案）、区政协十届一次会议主席团名单（草案）、区政协十届一次会议主席团常务主席及主持人名单（草案）、区政协十届一次会议主席团执行主席分组名单（草案）、区政协十届一次会议提案审查委员会名单（草案）、区政协十届一次会议邀请人员名单（草案）、区政协十届一次会议列席人员名单（草案）、区政协十届一次会议讨论分组名单及召集人名单（草案）、区政协九届委员会常务委员会工作报告及报告人、区政协九届委员会常务委员会提案工作报告及报告人。区政协住会常委陈向征、程启军、任桂华列席会议。

主要工作

【提案及督办】 2021年，区政协共收到提案57件，审查立案54件，其中重点提案5件，内容涉及经济发展、民生保障、生态环保等方面，分别交由21个单位（部门）办理。各单位坚持以“解决实际问题、让委员满意、让群众受益”为出发点和落脚点，完善办理机制，创新办理方式，拓展办理实效，真正做到“件件有落实、事事有回音”。从办理情况看，已解决或基本解决的提案35件，占提案总数的65%；正在解决或列入计划逐步解决的19件，占提案总数的35%，实现了办复率100%、答复满意率100%。7月，区政协提案委联合区委督查考核办以及部分委员，对“打造品牌农业助推相山乡村振兴”“关于加快相山区老旧小区加装电梯的建议”“大健康战略背景下相山区养老服务产业发展现状、问题及对策”等5件重点提案以实地视察、电话督办、组织提办双方座谈协商等形式进行全程督办。

【调研视察】3月10日，区政协人口资源环境专委会组织委员开展“加快城市化进程，提升城市核心竞争力”专题调研，听取区发改委相关工作开展情况的通报。区政协主席赵德华，副主席张仁喜、李世林，秘书长刁守华以及部分政协委员参加调研。区政府副区长朱东升陪同调研。

4月2日，区政协文化文史和学习专委会组织委员视察全区红色文化旅游工作，听取区文旅体局相关工作开展情况的通报。区政协主席赵德华，副主席李世林、李良成、田骊，秘书长刁守华，住会常委陈向征、程启军以及部分政协委员参加视察。8日，区政协视察三堤口街道办事处和曲阳街道办事处“请你来协商”和“一组一会一协商”工作开展情况。区政协主席赵德华、副主席李良成，秘书长刁守华以及办公室相关人员参加视察。9日，区政协组织委员视察凤凰山食博园、家家悦淮北综合产业园、淮北南翔云集文化特色街区，听取区商务局工作开展情况的通报及2021年淮北食品工业博览会筹备情况的通报。区政协主席赵德华，副主席张仁喜、李世林、李良成、田骊，秘书长刁守华以及住会常委陈向征、程启军和部分政协委员参加视察。13日，区政协社会和法制专委会组织委员视察常态化疫情防控工作，听取区卫健委相关工作开展情况的通报。区政协副主席张仁喜、李世林、李良成，秘书长刁守华，住会常委陈向征、程启军以及部分政协委员参加视察。

2021年4月9日，区政协组织委员视察食品工业博览会筹备情况

（区政协办公室　供图）

5月12日，区政协经济专委会组织委员围绕“发展新型商业业态，助推服务业转型升级”开展专题调研。区政协副主席李世林、李良成，秘书长刁守华，住会常委陈向征、程启军以及部分政协委员参加调研。31日，区政协教科卫体专委会组织开展“青少年视力健康保护工作”专题调研，听取区教育局相关工作开展情况的通报。区政协主席赵德华，副主席张仁喜、李世林、李良成、田骊，秘书长刁守华，住会常委陈向征、程启军以及部分政协委员参加调研。

6月15日，区政协人口资源环境专委会组织委员视察托育照护服务管理体系建设，听取区卫健委相关工作开展情况的通报。区政协副主席张仁喜、李世林，秘书长刁守华，住会常委陈向征、程启军、任桂华以及部分政协委员参加视察。23日，区政协社会和法制专委会组织委员视察全区智慧养老服务平台建设情况，听取区民政局相关工作开展情况的通报。区政协主席赵德华，副主席张仁喜、李世林、李良成，秘书长刁守华，住会常委陈向征、程启军、任桂华以及部分政协委员参加视察。

7月2日，区政协教科卫体专委会组织开展文明创建专项督查，听取区文明办关于新一轮全区文明创建工作开展情况的通报。区政协副主席张仁喜、李良成，秘书长刁守华，住会常委陈向征、程启军以及部分政协委员和联络组组长参加督查。7日，区政协民族宗教和外事专委会组织委员视察全区民族宗教界培育和践行社会主义核心价值观工作，听取区民宗局相关工作开展情况的通报。区政协副主席李良成，秘书长刁守华，住会常委陈向征、程启军、任桂华以及部分政协委员参加视察。13日，区政协人口资源环境专委会组织委员视察全区环境保护工作，听取区生态环境分局相关工作开展情况的通报。区政协主席赵德华，副主席张仁喜、李世林、李良成、田骊，秘书长刁守华，住会常委陈向征、程启军、任桂华以及部分政协委员参加视察。23日，区政协社会和法制专委会组织委员视察全区法律服务体系建设情况，听取区司法局相关工作开展情况的通报。区政协主席赵德华、副主席张仁喜、李世林、李良成，秘书长刁守华，住会常委陈向征、程启军、任桂华以及部分政协委员参加视察。

8月16日，区政协社会和法制专委会组织委员视察全区食品药品安全工作，听取区市场监督管理局相关工作开展情况的通报。区政协主席赵德华，副主席张仁喜、李世林、李良成、田骊，秘书长刁守华，住会常委陈向征、程启军以及部分政协委员参加视察。25日，区政协视察东街道办事处、相南街道办事处“请你来协商”和“一组一会一协商”平台工作开展情况。区政协主席赵德华、副主席李良成，秘书长刁守华以及办公室相关人员参加视察。31日，区政协农业和农村委员会组织委员视察农村饮水安全工作开展情况，听取区农水局相关工作开展情况的通报。区政协主席赵德华，副主席李世林、李良成，秘书长刁守华，住会常委陈向征、程启军以及部分政协委员参加调研。

9月23日，区政协提案委员会组织委员对教育局、发改委、民政局等提案承办较多的单位进行提案办理“回头看”，听取各相关承办单位关于提案办理工作的汇报。区政协副主席李世林、李良成、田骊，秘书长刁守华，住会常委陈向征、程启军以及部分提案人参加督办。30日，区政协社会和法制专委会组织委员视察全区退役军人管理及服务工作，听取区退役军人局相关工作开展情况的通报。区政协主席赵德华，副主席李世林、李良成，秘书长刁守华，住会常委陈向征、程启军以及部分政协委员参加调研。

10月18日，区政协视察西街道办事处“请你来协商”和“一组一会一协商”工作开展情况。区政协主席赵德华、副主席李良成，秘书长刁守华以及办公室相关人员参加视察。26日，区政协召开基层政协联络组工作会议，听取各联络组工作开展情况的汇报。区政协主席赵德华、副主席张仁喜、李世林、李良成、田骊，秘书长刁守华，住会常委陈向征、程启军、任桂华以及各镇（街道）联络组组长参加会议。

11月下旬，区政协提案委员会多次组织委员围绕事关全区经济社会发展和人民关心关注的问题开展走访、座谈，撰写《区政协十届一次会议提案参考目录》，区政协副主席田骊，提案委主任程启军以及提案委成员参加走访、座谈。

【民主监督】 2021年，李世林被市公安局聘为党风政风警风监督员，程启军被区纪委、监委聘为特邀监察员。3月9日，陈向征委员参加区检察院案件公开听证；黄亮、张敏博、韩磊三名委员参加“政法队伍教育整顿座谈会”。3月23日，丁长颖、马锐两名委员参加区检察院案件公开听证以及检察工作征求意见座谈会。4

月14日，王玉法、陈景峰两名委员参加区检察院案件公开听证。4月15日，杨志红委员参加区法院工作征求意见座谈会。5月13日，张拓委员参加区检察院案件公开听证。6月9日，孟艳、麻宝川两名委员参加区检察院“检察开放日”活动。7月27日，韩磊委员参加区检察院案件公开听证。8月6日，杨震委员参加区检察院案件公开听证。8月24日，王晓勤委员参加区检察院案件公开听证。9月16日，蒋斌参加区法院执行行动。10月13日，张敏博委员参加区检察院案件公开听证。12月10日，杨伦委员参加区检察院案件公开听证。

2021年5月30日，区政协开展慰问留守儿童活动
（区政协办公室　供图）

【联络联谊】4月27日，蚌埠市禹会区政协到相山区考察“一组一会一协商”工作，实地视察三堤口街道庆相桥社区、渠沟镇徐集村徐氏祠堂、徐度刚家村民议事点，区政协主席赵德华、副主席李良成、秘书长刁守华、区委组织部常务副部长周浩陪同考察。4月29日，铜陵市郊区政协到相山区考察“社会主义核心价值观进宗教场所”工作，实地视察相山基督教堂、中城基督教聚会点，区政协副主席李良成，区政协民族宗教和外事专委会主任陈向征，区委统战部副部长、民宗局局长何荷陪同考察。5月10日，市政协调研相山区“加强委员履职服务保障，更好激发委员履职积极性、主动性”工作，听取区政协相关工作开展情况的汇报，区政协主席赵德华、副主席李世林、李良成，秘书长刁守华以及住会常委陈向征、程启军和部分政协委员参加调研。6月11日，全市县区政协2021年上半年工作交流会在杜集区召开，会议传达学习省政协十二届常委会第十八次会议暨“加快科技创新攻坚力量体系建设，打造具有重要影响力的科技创新策源地”资政会会议精神，会议听取县区政协2021年上半年工作开展情况和下半年重点工作谋划，区政协主席赵德华、秘书长刁守华参加会议。12月16日，全市县区政协2021年下半年工作交流会在烈山区召开，会议听取县区政协2021年以来工作开展情况汇报和下一步重点工作计划，区政协主席赵德华、秘书长刁守华参加会议。（区政协办公室）

纪检监察

重要会议

2月9日，中共相山区纪委八届六次全会召开，回顾总结2020年全区纪检监察工作，安排部署2021年任务。区委书记胡启书出席会议并讲话。市纪委监委第一纪检监察室主任王向军到会指导。区委常委、区纪委书记、区监委主任杨飞主持会议，并代表区纪委常委会作工作报告。会议表决通过区纪委常委会工作报告和区纪委八届六次全会决议。

3月4日，相山区纪检监察系统贯彻落实“锻造铁军六项行动”动员部署会召开。区委常委、区纪委书记、区监委主任杨飞出席会议并作讲话，区纪委副书记、区监委副主任束衍彪主持会议，区纪委监委机关、巡察机构全体人员，派驻纪检监察组负责人、镇街纪（工）书记参加会议。

3月18日，相山区社区干部作风纪律专项整治警示教育大会召开。全区各街道纪工委书记、社区副书记（副主任）、社区纪检委员140余人参加会议。区纪委副书记、区监委副主任唐广建主持会议。会议传达学习市委常委、市纪委书记、市监委主任李朝晖在全市规范村级“小微权力”运行工作观摩推进会上的讲话精神，观看警示教育片《案鉴》《案鉴2》，区纪委常委、党风政风监督室主任吴杰通报5起近年来区纪委监委查处的社区（村）干部违纪违法典型案例，并就社区纪检委员如何履行监督责任作专题辅导。

6月3日，相山区严肃换届纪律暨新提拔重用区管干部集体廉政谈话会议召开。区委常委、区纪委书记、区监委主任杨飞出席会议并讲话，区委常委、组织部部长魏宾主持会议。区四大班子成员和法检“两长”之外的区委委员、候补委员及区纪委委员候选人预备人选，各街道、开发区党工委书记，2020年以来新提拔重用的正科级区管干部参加会议。

6月23日，中共相山区纪委九届一次全会召开。区委常委、组织部部长魏宾主持会议。市委换届指导组领导及新当选的17名区纪委委员参会。全会选举产生中共淮北市相山区第九届纪律检查委员会书记、副书记和常务委员会委员。会议通过《中国共产党相山区第九届纪律检查委员会第一次全体会议选举办法》。

6月28日，全市规范村级“小微权力”运行工作观摩推进会召开。市委常委、市纪委书记、市监委主任李朝晖出席会议并讲话。

7月26日，相山区整治党风廉政建设“两个责任”落实情况汇报会召开。

11月19日，相山区2021年度纪检监察业务培训班举办。区委常委、区纪委书记、区监委主任杨飞作开班动员讲话，区纪委副书记、区监委副主任王莉红主持会议。此次培训设置4个专题课程，市纪委监委有关人员分别就纪检监察信息工作、破除形式主义官僚主义的几点思考、案件审查调查谈话的策略方法、基层案件质量中存在的各种问题进行了授课。

2021年3月4日，相山区纪委监委系统贯彻“锻造铁军六项行动”动员部署会召开 （区纪委监委 供图）

监督执纪

【政治监督】 全年区纪检监委开展专项监督270余次，发现问题50余个并督促整改。办理省、市、区各级领导批示件22件，制定《党内政治监督谈话工作方案》，陪同区委、区政府领导对44人开展政治监督谈话。聚焦优化营商环境开展“调研式监督检查”13次，制订《“决战四季度 增强新动能”专项督查方案》，成立4个专项督查组，对93个重点项目开展督查，发现问题13个，均已督促整改完毕。

【开展“锻造铁军六项行动”】 2021年，区纪委监委举办全市“锻造铁军六项行动”现场会，拍摄宣传纪录片《你好，相山纪检监察人！》，创新开展“相山纪检监察青年说”“清风讲堂”等活动，征集全区纪检监察干部家风家训48条，联合淮北市书法家协会开展家风家训书写活动，下发家风家训集锦《清风传家》。参加全市纪检监察系统首届职工趣味运动会，团体赛中勇夺一等奖2个、二等奖4个、三等奖1个。全年选派优秀纪检监察干部参加省、市纪委监委培训57人次，抽调43人到市、区纪委监委跟班学习，深化全员培训，举办纪检监察业务培训班，全区纪检监察干部及新当选的村（社区）纪检委员共150余人参加培训。

【基层纪检监察体制改革】 2021年，区纪委监委制发《关于进一步加强村（社区）“小微权力”规范运行的实施意见》，编制“小微权力”清单33项，建立相山区“小微权力”网络监督平台，下发《关于在全区全面建设使用村（社区）“小微权力”网络监督平台工作方案》《相山区规范“小微权力”运行工作考核和责任追究办法》，规范平台运行。举办全市规范村级“小微权力”运行工作观摩推进会，制作“小微权力”宣传动漫，印发宣传品6万余份，打造惠苑路等3个社区纪检工作室，在全区安装村（社区）事务和财务公开情况终端查询一体机88台，进一步推深做实全区“小微权力”监督工作。截至年底，登录人数达31万余人次，录入公示信息1.3万余条，帮助群众解决“急难愁盼”300余件，群众“点赞”2.2万余次，“小微权力”监督特色做法得到中纪委《华东之窗》栏目报道推介。制定《相山区深化镇（街道）纪检监察体制改革方案》，全区一镇八办监察办公室全部挂牌成立，结合村（社区）“两委”换届，全面完成88个村（社区）纪检委员兼任村（居）务监督委员会主任工作。

反腐败工作

【正风肃纪】 2021年，全区纪检监察系统共处置问题线索431件，立案102件，结案143件，党纪政务处分133人（其中科级干部16人），开除党籍23人，开除公职4人，采取留置措施4人，移送检察机关3人。高质量办理市监委指定管辖案件3件。认真落实《关于进一步推进受贿行贿一起查的意见》，积极完善行贿人信息库，对2名行贿人采取留置措施。监督推动政法队伍教育整顿工作落细落实，全区共立案13件，处理18人，党纪政务处分13人，帮助当事人挽回经济损失88万余元。区纪委监委政法队伍教育整顿工作办案效率和服务态度得到群众高度评价并赠送锦旗，安徽纪检监察网、人民网等多家媒体作典型宣传报道。

【监督治理】 2021年，区纪委监委推进纪检监察系统检举举报平台部署应用，畅通“信、访、网、电”受理渠道，开展重复信访举报专项整治，保障群众监督落到实处。完善领导定期接访制度，区纪委监委班子成员带头接访下访59次76人。综合运用约谈提醒、谈话函询、建立廉政档案等多种方式，监督前移、增强实效，区纪委监委指导镇（街）及区直单位党委（党组）民主生活会64次，全区纪检监察系统主动约谈446件次。坚持抓住“关键少数”以上率下，组织43家党（工）委书记向区委述责述廉，督促压实管党治党政治责任。对50余名新任职区管领导干部开展集体廉政谈话，印发《红脸出汗纪实手册》200余册。全区共处理“一把手”8人，切实管好关键人、管住关键事。

党风廉政建设

【纠治形式主义、官僚主义】 2021年，区纪委监委推深做实新一轮深化“三个以案”警示教育，下发典型案例通报6期，建立问题整改“四清单”，排查整改问题55个，督促建立健全规章制度19项。下发《关于进一步精文减会工作提示》，带头落实并督促基层减负工作。全区共查处形式主义、官僚主义问题25起，处理25人，其中党纪政务处分9人。紧盯重要时间节点，密切关注隐形变异新动向，通过常态化明察暗访、专项监督检查、联合督查等方式加强监督、精准施治。深化开展违规公款吃喝、违规收受名贵特产和礼品礼金问题专项整治，坚决防范收送高档烟酒茶等问题发生。全区共查处享乐主义、奢靡之风问题10起，处理10人，其中党纪政务处分8人。开展作风纪律专项整治，严肃查处公款旅游、绕道旅游等违反中央八项规定精神突出问题。扎实做好单位集中购酒、公务用酒、公职人员操办婚丧嫁娶事宜日常报备，推动完善公务用车管理、工会经费

2021年6月3日，相山区严肃换届纪律暨新提拔重用区管干部集体廉政谈话会议召开（区纪委监委 供图）

收支管理等制度。全年共查处违反中央八项规定精神问题35起，处理35人，其中党纪政务处分17人。

【精准监督】2021年，区纪委监委严格落实“三个区分开来”，运用“四种形态”处理481人次。其中第一种形态340人次，占70.7%，第二、第三、第四种形态分别占比19.5%、5.8%和4%。坚持权责统一、失责必问、精准问责，全区共问责党员领导干部、监察对象15人、单位2家。坚持严管与厚爱并重，常态化开展暖心回访工作110余人次，为2名受到不实举报的干部澄清正名。建立区委巡察机构与纪委监委、政法、审计、财政、信访、统计等部门协调协作机制，细化人员抽调、情况通报、业务咨询、协作方式、成果运用等事项。区纪委监委列席巡察反馈会议14次，区委组织部协调派出6名党务工作人员参加巡察工作，区信访局提供相关单位信访件20余件，区审计局提供相关审计报告5件。整合人员力量，开展“室组”联动监督、“室组地”协同监督，聚焦征地拆迁、优化营商环境、“僵尸企业”出清等重点工作统筹谋划，一体推进监督检查、线索处置、审查调查等工作。规范化运转3个纪检监察工作协作区，充分发挥协作区“监督检查、审查调查、宣传教育”三大职能作用，共处置问题线索342件，立案97件，党纪政务处分96人。

（汪静文）

民主党派

中国国民党革命委员会相山区总支委员会

【组织建设】8月，民革相山区总支委员会党员代表大会召开，选举产生新一届领导班子。全年共吸纳8名党员加入民革组织，截至年底，共有党员236名。11月，相山支部被民革中央评为“民革中央示范支部”，相山总支党员之家被民革中央评为“优秀党员之家”。

【思想建设】4月，主委李红带领40名党员到濉溪县双堆集淮海战役纪念馆开展清明祭扫活动。开展红色教育，传承红色基因。6月，总支举办庆祝中国共产党成立100周年知识竞赛活动，开办四期“书香民革”读书会，举办中共十九届六中全会精神学习培训班。组织党员共同学习习近平总书记在庆祝中国共产党成立100周年大会上的重要讲话精神，全员集中研习。全员集中学习《中国共产党统一战线工作条例》。开展擦亮“送教下乡”品牌，共促乡村振兴发展活动，开展不忘初心、继往开来、继续奋斗党史学习活动，召开初心不改再续华章“五史”学习座谈会。

2021年8月，民革相山区总支四届一次党员代表大会召开

（李红　摄）

【参政议政】2021年，民革相山区总支提交提案28篇、社情民意10篇、调研报告4篇、大会发言4篇，其中《关于加快我市陶铝新材料产业化发展的提案》被市政协评为2021年重点提案，李红撰写的《规范开展推进中小学课后延时服务工作》被政协选为十届四次大会口头发言材料。7月，李红撰写的《关于优化城乡空间布局的思考与建议》在淮北政协“加快推进新型城镇化全面提升核心竞争力”专题协商会上被选为口头发言材料；10月，李红撰写的《加大扶持力度，强化常规管理，推进民办普惠性幼儿园健康发展》在市政协第十七次双月协商座谈会暨“促进学前教育发展”

对口协商会上被选为口头发言材料。9月，民革相山总支与淮矿总支联合举办2021年度参政议政培训班。

【社会服务】1月，机关支部党员在主委李红的带领下走进相山区瓦房村周神庄小学，并向该小学捐赠150套冬季校服。法律支部在支部主委张杰的带领下，走进梅苑学校为学生们开讲一堂生动的普法课。3月，民革相山总支财经支部主委杨震带领党员，到民革党员赵思嘉的企业——众安机动车检测中心走访交流。3月，主委李红带领40名党员走进相山区鲁楼村开展“挥洒汗水万点，育出新绿千重”义务植树活动。5月，民革相山区总支教育支部联合民革烈山总支二支部在相山区民革党员之家开展“百年中国梦　风雨同舟情”庆祝中国共产党成立100周年党史集中学习活动。8月，教育支部部分支部委员在支部主委金勇、副主委孟艳带领下，到安徽金冠玻璃有限责任公司和阜邦生物科技有限公司开展安全教育培训工作。10月，教育支部联合区教育局教研室、市第二实验小学、翠峰路小学前往市桃元小学，开展主题为“博爱牵手”的送教下乡活动。11月，财经支部组织党员代表到市精神病卫生中心开展“送温暖　献爱心”慰问关爱活动。

（吴伟伟）

中国民主同盟相山区总支委员会

【组织建设】截至2021年，中国民主同盟相山区总支委员会共有在职盟员56人。全年召开总支扩大会议3次，学习中共十九届六中全会精神及上级各级盟组织的文件，讨论研究落实总支的各项工作。按规定收缴盟费，收缴率达98.45%。

【思想建设】2021年，民盟相山区总支高举习近平新时代中国特色社会主义思想伟大旗帜，贯彻落实中共中央统一战线工作精神，扎实推进自身建设，认真履行参政议政职能，深入调查研究，积极建言献策。总支盟员认真钻研业务，做好本职工作，为淮北市相山区的经济社会发展作出积极贡献。

【参政议政】2021年，淮北市、相山区两级人大、政府、政协集中换届，民盟相山区总支共有14名盟员被推荐提名为人大代表、政协委员，其中市人大代表2人、市政协委员4人，区人大代表1人、区政协委员10人，共撰写各级人大建议、政协提案17件。

【社会服务】3月，民盟相山区总支根据盟市委的安排，排演录制中国民主同盟盟员短视频，并上报民盟中央参加庆祝民盟成立80周年活动的评选。

（马　冲）

2021年3月25日，民盟相山区总支盟员录制《我是中国民主同盟盟员》，并参加首映式
（葛婕　摄）

中国民主建国会相山区总支委员会

【组织建设】4月，民建相山区总支第三次会员大会召开，选举产生新一届民建相山总支领导班子。截至年底，中国民主建国会相山区总支委员会共有会员31人，其中市人大代表2人、市政协委员3人、区级人大代表2人、区政协委员6人。年内发展新会员1名，培养入会积极分子1人。

【思想建设】2021年，民建相山总支组织全体会员认真学习习近平总书记在庆祝中国共产党成立100周年大会上的重要讲话精神，开展庆祝建党100周年“学党史、观看红色电影”主题教育，深入了解中国共产党艰苦卓绝的奋斗历程，感悟和铭记中国共产党坚定不移为中国人民谋幸福、为中华民族谋复兴的初心使命。组织会员深入学习中共十九届六中全会精神，深刻理解党的百年奋斗重大成就和历史经验，迅速把思想和行动统一到六中全会精神上来，自觉做中国特色社会主义的实践者、维护者、捍卫者，增进政治共识。

【参政议政】2021年，民建相山总支发挥会员联系面广、专业熟悉的特点，提高调查研究的深度和针对性，使会员提交的社情民意从不同层面反映社会的热点和难点问题。主委黄思华撰写的提案《关于消除G237国道与S411省道安全隐患的建议》《关于设立行政审批局的建议》、会员陈霞提出的《我市蔬菜发展存在的问题及建议》、会员马玲提出的《进一步完善相山区公共卫生服务体系，不断提升疫情防控能力》、会员杨志红提出的《关于加强我区三资账户管理的几点建议》、会员李德成撰写的《全面推行河长制对实现改善河湖环境和维护生态平衡的分析和建议》的调研报告及会员朱晓瑜撰写的《从中国共产党的百年历史看统一战线的传承与发展》的理论研究文章，有的被列为市、区重点议案或建议，有的被市、区主要领导签批，引起相关部门的高度重视，使问题得到有力解决。

2021年4月，民建相山区总支第三次会员大会召开

（民建相山区总支　供图）

【社会服务】2021年，民建相山总支紧紧围绕区委、区政府的工作部署，结合民建以经济界代表人士为主的特点，积极引导他们参加各种社会公益活动、奉献爱心，回报社会。会员企业淮北口腔医院组织口腔知识免费宣教及困难儿童免费口腔治疗活动，参与疫情防控演练筛查。组织会员参加文明城市创建志愿服务活动，在包干路段对过路的行人进行宣传，倡导大家文明停车、爱护环境卫生，文明劝导小区居民做好垃圾分类投放，对负责路段卫生死角、小广告和枯枝杂草进行认真清理。在疫情防控新冠疫苗接种阶段，配合村居开展疫情防控工作，动员会员深入社区一线，发动居民及身边的亲朋好友们积极接种新冠疫苗，共同筑牢免疫屏障。

（杨志红）

中国民主促进会相山区支部委员会

【组织建设】8月，民进相山区支部第五次全体会员大会召开，选举产生新一届民进相山区支部委员会。年内发展新会员1人。在市、区人大、政协换届中，共推选产生市人大常委1人、区人大常委1人、区政协委员3人。

【思想建设】2021年，民进相山区支部强化会员思想政治引领，切实把思想和行动统一到习近平新时代中国特色社会主义思想上来，不断增强对中国共产党和中国特色社会主义的政治认同、思想认同、理论认同和情感认同。组织会员参加全市统战干部和党外代表人事学习宣传市第九次党代会精神宣讲报告会，学党史、严纪律专题学习研讨扩大会议、民进淮北市2021年反映社情民意信息主题年培训会，淮北市政协大讲堂等，保持会员坚定信念，提升履职水平和能力，增强参政议政能力。支部会员通过“学习强国”学习平台开展线上学习，增强对统一战线和多党合作的理解。

【参政议政】2021年，民进相山区支部通过人大建议、政协提案、专题调研等多种形式开展参政议政工作。在市、区“两会”上，张运成、张纯枝、陈建文、张文秀、舒艳艳5位代表和委员提出《优化公共自行车运行服务》《关于加强相山区主城区洒水车科学管理和使用的建议》《关于整治住宅小区电动车违规充电问题的建议》《关于加强对生活超市生鲜食品类商品监督的建议》《关于老旧小区改造设计方案应灵活变通的建议》《依法处理“僵尸车”有效释放停车资源》《关于垃圾分类下一步的工作建议》等13份建议和提案，内容涉及文明城市建设、老旧小区的改造、垃圾分类等方面。其中，舒艳艳执笔的《依法处理“僵尸车”有效释放停车资源》被市政协评为“优秀界别提案”。

【社会服务】根据市政协一组一会一协商的活动方案，市政协民进界别联合民进相山区支部会员，举办“我为群众办实事”送医疗下基层活动，助力乡村振兴。到相山区渠沟镇孟庄村，为近200户村民进行诊疗，现场免费发放口罩、84消毒液等疫情防控物资。市政协副主席、民进省委常委、市委主委刘添才，市人大代表、区政协常委、民进相山区支部主委、中医院副院长与困难群众倾心交谈，了解他们的家庭情况和实际需求，送去米、油等物品。重阳节组织医卫界专家携带诊疗设备到金谷曲阳敬老院义诊，为老人们送去牛奶、糕点等慰问品和节日的祝福。

（民进相山区支部）

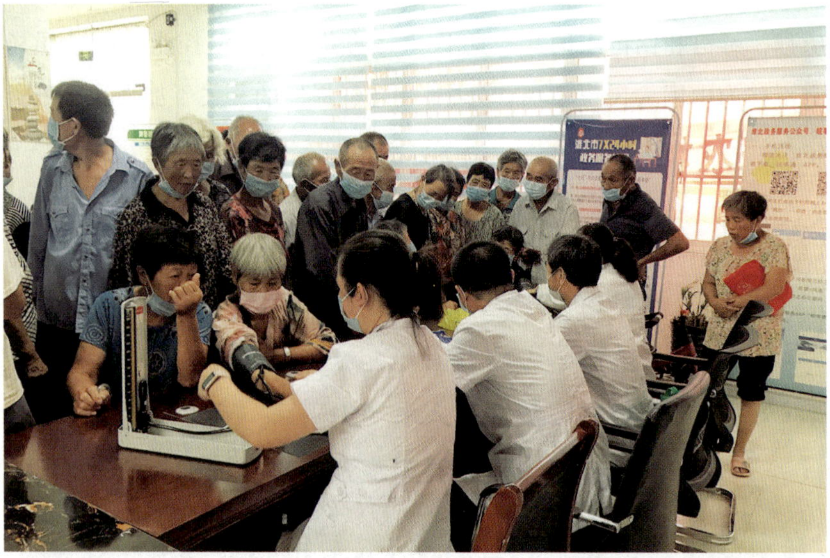

2021年7月15日，民进相山区支部在相山区渠沟镇孟庄村开展义诊

（民进相山区支部　供图）

中国农工民主党相山区总支委员会

【组织建设】 截至2021年，农工党相山区总支共有党员33名。其中市政协特邀委员2名，区人大常委、区政协常委各1名，区政协委员3名。年内新发展党员3名。

【思想建设】 2021年，农工党相山区总支深入学习和领会习近平总书记关于加强和改进统一战线工作的重要思想、关于多方合作的重要论述，认真学习贯彻中共十九届六中全会精神，开展形式多样的学习活动。3月，组织视频讲座学习“两会”精神；7月，单润琴领学习近平总书记在庆祝中国共产党成立100周年大会上的重要讲话精神，并分小组讨论；9月，单润琴领学习近平总书记考察安徽讲话精神；11月，总支党员在农工党淮北市委举行的“四史”知识竞赛中获得一等奖；12月，组织全体党员学习贯彻中共十九届六中全会精神。

【参政议政】 2021年，农工党相山区总支始终重视界别优势，努力提高参政议政水平和质量。1月，党员刘明文在市政协十届四次会议上提交个人提案《关于将淮北职业技术学院生命科学馆设立为科普基地的建议》；5月，党员尹娜、李芳参加中共淮北市委统战部举办的“同心向党　砥砺前行”全市党外代表人士学党史宣讲会；10月，组织党员参加市委统战部组织的学习宣传贯彻《中国共产党统一战线工作条例》专题培训会以及市第九次党代会精神宣讲报告会。

2021年5月，农工党相山区总支组织党员参加市委统战部举办的“同心向党　砥砺前行”全市党外代表人士学党史宣讲会　（李芳　摄）

【社会活动】 10月，总支党员在淮北市委会的带领下联合宿州市委会赴濉溪县四铺镇新庄村开展重阳节赏菊活动。

（李　芳）

中国致公党相山区总支委员会

【组织建设】 截至2021年，致公党相山区总支下设相山一支部和相山二支部，共有党员27名，其中市政协委员1名、区政协副主席1名、区政协常委2名、区政协委员4名、区人大常委1名。年内，相山区总支被评选为致公党淮北市目标考核优秀单位。

【思想建设】 5月，致公党相山区总支组织党员参观徐度乐事迹馆，学习徐度乐烈士先进事迹，夯实共同思想政治基础；6月，组织人员参加相山区庆祝中国共产党成立100周年先进典型表彰暨歌咏大会，向中国共产党成立100周年献礼；11月，派员参加相山区2021年宣传思想工作暨意识形态与通讯员培训班的学习，加强总支意识形态工作能力的建设。积极参加市、区统战系统及致公党市委会组织的各类参政议政业务知识培训班，提升党派成员的统战理论素质和参政议政能力。

【参政议政】 2021年，致公党相山区总支承接市政协和致公党市委会交办的“加快全域城市化进程 提升城市核心竞争力”课题研究，5月，成立“全域城市化建设”课题考察组，先后赴福建省石狮市、浙江省丽水市莲都区和芜湖市弋江区，学习考察全域城市化建设方面的先进经验和做法，围绕如何进一步加快淮北市全域城市化进程，提出建议和意见，形成3000余字的调研报告《注重人文城市建设的意见和建议》，报告入选市政协专题议政性常委会发言材料。年内，提出的《关于打造全国首家淮海战役支前纪念馆的建议》入选市政协提案。全年在市、区两级人大和政协会议上共提出具有战略性、前瞻性和可操作性的高质量提案和建议案12件，助推相山区更好融入长三角一体化交流合作。

【社会服务】 6月，致公党相山区总支开展学党史“我为群众办实事——送医送药送科技”实践活动，帮助渠沟镇张集村忙于午收的脱贫群众解决看病就医难的实际问题。7月，致公党相山区总支开展“学党史开新局——致力为公风‘豫’同舟”救助河南灾情奉献爱心活动，服务灾区民众。致公党相山区总支先后参加和组织4批次20人次，分别到渠

2021年6月中旬，致公党相山区总支为渠沟镇张集村送医送药送科技
（孟兰 摄）

沟镇张集村、曲阳街道等扶贫对接单位，围绕健康扶贫衔接乡村振兴，紧抓对接需求，排定支持项目，巩固脱贫成果助力乡村振兴，推动社会服务工作新发展。组织带领全体成员积极协助市中医院和包点社区做好新冠疫苗接种工作，指导党员深入包保社区和居民家中，协助社区做好疫苗接种宣传和服务。

（孟　兰）

九三学社相山区基层委员会

【组织建设】 截至2021年，九三学社相山区基层委共有社员29人，其中在职社员19人，退休社员10人；市级政协委员4人、区级人大代表1人、区级政协委员3人（其中政协常委1人）；九三学社市委委员2人。全年新发展社员2名。年内，相山区基层委获“九三淮北市委会2021年度先进基层支社”称号。

【思想建设】 2021年，九三学社相山区基层委坚持以习近平新时代中国特色社会主义思想为指导，把思想政治建设摆在更加突出的位置。根据《九三学社中央关于在全社开展中共党史学习教育的通知》要求，组织社员利用好“社员之家”App学习教育平台，积极参与党史知识竞赛。围绕学懂弄通做实党的创新理论，学习“四史”和社章社史相结合，始终做中国共产党的好参谋、好帮手、好同事，筑牢“不忘合作初心，继续携手前行”的思想根基。6月，九三学社相山区基层委参加社市委组织的赴常州开展党史社史学习

教育活动，参观全国爱国主义教育基地瞿秋白纪念馆和九三学社全国传统教育基地吴阶平纪念馆。

【参政议政】 2021 年，九三学社相山区基层委积极履职尽责、建言献策，在深入调研的基础上，围绕中心工作，提出提案和建议。市政协提案 3 件，即刘斌的《关于解决相山区市政园林管理相关问题的提案》、柳洁坤的《关于打造中心湖区夜间旅游景点的建议》《关于加强淮北与徐州人才交流的建议》；区人大建议 2 件，即陈靖的《关于开展家风家训活动 弘扬中华传统美德的建议》《关于将未成年人法治教育基地纳入相山区人民检察院建设的建议》。

（刘 斌）

2021 年 3 月 12 日，九三学社相山基层委到相山区党群服务中心参观学习 （刘斌 摄）

群众团体

相山区总工会

【职工思想引领】2021年，区总工会加强职工思政工作，精心打造新时代产业工人思政课“套餐”，相山区职工思政课套餐案例获评全省工会职工思政工作典型案例。建成安徽恒纳控股集团有限责任公司市级职工书屋、相南街道惠苑路街区联合工会等11家职工书吧，区总工会先后为18家基层工会赠送2万元的图书，年内，相山区总工会职工书屋获评全市星级职工书屋。推荐的相山区税务局获安徽省职工职业道德标兵单位，是淮北市唯一获奖单位，纵峰、刘文芳2人分获2021年淮北市“最美职工”、2021年淮北市“职工职业道德建设标兵”提名称号。常态化开展全区文明行业创建活动，完善三级联查等多项机制，完成年度创城任务。

【工会组织建设】2021年，区总工会以基层组织建设提升年为指引，加大基层工会组建力度，返还相山区2020年小微企业工会经费133家53.74万元，督促未建立工会单位成立组织。联合区委组织部召开全区党建带工建、加强工会基层组织建设工作会议。按照省总和市委组织部要求对民办学校、民营医院、社会组织、非公企业等320家单位进行排查，工会组建重点向网约送餐员、快递小哥、货车司机等新就业形态延伸，全年共新建工会组织131家，发展会员2600人。淮北徽香昱原早餐工程有限公司工会、相山经济开发区总工会分别被授予全国模范职工之家、全省模范职工之家称号。持续加大对下经费补贴，年内共向10家基层工会拨付活动项目资金32.91万元、基层单位配套资金35万余元，激发基层创新活力。

【文体活动开展】“三八”妇女节前夕，区总工会开展女职工“书润匠心”读书征文活动，联合西街道举办“遇见最美的你”美妆培训讲座。“五一”劳动节前夕，联合相南街道党工委开展以“我运动我健康我快乐”为主题的趣味运动会。3—6月，组织职工积极参加全市“永远跟党走　奋进新征程”主题征文、经典诵读比赛，“中国梦 劳动美——我心向党”职工书画摄影展等5项庆祝建党百年群众性主题活动。推选的正大源集团职工张斌荣获全市非公企业职工学党史经典诵读比赛一等奖。按照市总工会安排，申报相山区职工活动中心项目。

【劳动竞赛活动】2021年，区总工会开展“建功十四五　奋进新征程”系列劳动竞赛。5月11日，联合区卫健委举办相山区护理技能大赛，渠沟镇卫生院张玉等5名选手被授予相山区“金牌护士”称号。6月2日，联合区城管局、区物管中心在中泰广场举办全区物业岗位技能大赛，金碧物业有限公司淮北分公司等3家公司获得前三名。9—12月，在相山经济开发区举办相山区重点工业、信息产业园、国家大学科技园3个项目建设劳动竞赛，以“疏堵点、解难题、促落地、助发展”为目标，分别评出信息产业园项目等10个重点工业优胜项目奖、安徽深淮集成电路有限公司等3家信息产业园优胜项目奖、安徽北福通讯科技有限公司等3家国家大学科技园优胜项目奖。

【弘扬劳模精神】2021年，区总工会在《淮北日报》刊发“五一”劳动节专版，营造劳动光荣的社会风尚。组建劳模工匠“五进”宣讲团，分别走进安徽家家悦供应链管理有限公司常温配送车间、开放式党校两宫广场、区党群服务中心、春秋社区等单位开展“中国梦 劳动美”主题宣讲10余场，引导广大职工听党话、感党恩、跟党走、建新功、开新局。开展关爱劳模活动，“五一”劳动节前夕，为4名困难劳模发放慰问金2000元，为54名劳模办理公交卡充值，为9名市级以上劳模新办劳模公交卡，为10名省劳模申请困难补助60400元。4月底，从基层工会推选并命名16名区级“金牌职工”。5—9月，区总工会联合区物管局开展安徽雅文物业“最美职工”评选活动，博桂珍等20人被授予“最美职工”称号。6月底，指导安徽金冠玻璃有限责任公司开展“传帮带”拜师活动，5名师傅结对帮助6名徒弟。

2021年4月28日，“劳动最美——永远跟党走 奋进新征程”庆五一劳模宣讲活动在淮北市两宫广场举行　（区总工会　供图）

【工会帮扶活动】做靓帮扶品牌。全年全区帮扶288户次46.91万元，40户困难职工家庭解困脱困；组织金牌蓝领圆梦、“微心愿·助成长”等金秋助学活动，28户困难职工子女获助15.53万元；实施就业创业援助行动，先后组织参加“暖风行动”系列招聘会6场，提供就业岗位1.5万个；利用市总工会微信公众号为相山经济开发区24家企业发布岗位信息超600个。做实普惠服务。为43家单位近2000名职工办理互助保险，保费共计492929元，总量比上年翻一番，为13名职工申报意外保险赔付金18400元；为1146名农民工、环卫工、家政服务员、保安员、快递小哥、商场信息员赠送意外伤害互助保障；为230名困难企业女职工赠送特殊疾病互助保障。做优服务平台。新建董庄社区城管岗亭等5家工会服务驿站，新建三堤口街道等省级2家阳光家园。在市妇幼保健院为40名一线女职工和10家困难企业230名女职工开展“两癌筛查”免费体检。做新服务项目。实施“淮北是我家·就地过大年”暖乡服务专项行动，拍摄制作《三牛送温暖　共犇新征程》抖音短视频，在淮北工会抖音公众号点击播放量达1万多次，为全区就地过年的职工赠送3000份以“三牛”为主题的窗花剪纸；开展“学党史　办实事——心系

2021年7月8日，相山区总工会组织环卫工人在铭一体检中心体检

（区总工会　供图）

职工　爱心体检”活动，为240名农民工、环卫工人每人送去价值1000元的免费体检；组织8名一线职工赴黄山疗休养。

【职工维权服务】 2021年，区总工会联合区人社局、区工商联集中开展集体协商“春季要约”行动，落实劳动法律监督条例，完善劳动争议调解机制，逐步建立调解员队伍。开展“法在你身边”维权普法系列宣传活动，通过《中华人民共和国民法典》网上答题、观看维权电影、法律法规知识有奖问答、法律讲座进园区、“12·4”宪法日普法咨询等活动，提升职工学法、知法、懂法、用法水平。

【职工劳动保护】 2021年，区总工会以“落实安全责任　推动安全发展”为主题，开展“安全生产月”活动。筹集“送清凉”资金2.2万元，慰问重点企业、重点项目和高温、高危、高空等8家单位一线职工共400人次，带动全区30家行政机关、企事业单位投入资金40余万元，慰问2.5万人次。

（潘　娣）

共青团相山区委员会

【概况】 截至2021年，相山团区委共有直属团组织26个，下级组织617个，其中团委21个、团工委10个、团总支51个、团支部499个，毕业生团组织36个，注册团员人数7803名。年内，团区委获得市级“五四红旗团委”、安徽省“2021年度全省共青团信息工作先进单位”称号。

【青年思想引领】 2021年，团区委利用青少年入学、入队、入团、入党等时机，在广大青少年中持续深入开展中国特色社会主义理论体系教育活动，切实提高青少年思想道德素质，坚定理想信念。

扛稳为党育人政治责任。深入学习宣传贯彻习近平新时代中国特色社会主义思想，引导青年坚定不移听党话、跟党走；组织相山共青团系统学习党的十九届五中全会精神和习近平总书记在庆祝中国共产党成立100周年大会上的重要讲话精神，进一步加深对习近平总书记关于青年工作的重要思想的理解领悟，发起网络热议话题，在团员青年中掀起学习热潮；开展青少年“四史”教育，“青年大学习”线上线下学习，共计7万余人次参加。

强化青少年意识形态引领。3月30日，由团区委、区教育局、区文明办联合举办的“十八而志　不负韶华”相山区2021年十八岁成人宣誓仪式在国泰中学举行，学生们戴上成人帽，进行成人宣誓，穿过“成人门”，共同度过18岁的生日，共同分享成长的喜悦；4月30日，举办相山区庆祝中国共产党成立100周年主题活动暨纪念五四运动102周年、建团99周年主题集会，表彰先进，重温入团誓词，进一步引导和激励全区广大青少年在新时代传承共青团优良传统，弘扬“五四”精神；10月，为纪念少先队建队72周年，组织开展“红领巾心向党”“争做新时代好队员”“请党放心，强国有我”等系列主题活动20余场，引导广大少先队员继承和弘扬少先队光荣传统，立志为实现伟大复兴的中国梦不懈奋斗；用好庆祝中华人民共和国成立72周年、庆祝中国共产党成立100周年重大时间节点，组织开展各类革命传统教育10余场，教育引导全区少先队员“扣好人生第一粒扣子”，做到“红领巾心向党”，将“爱党爱国爱人民”的种子种在心中，把红色基因一代代往下传；举办“呵护青少年心灵健康”“关爱青少年·点亮心希望”阳光心理沙龙主题活动，培养青少年良好心理素质。

搭建贴近青年的网络矩阵。深化“网上共青团”建设，创作《信念》微视频、《青少年网络安全》动漫等文化产品，开展“云游相山·团团来探”“党史学习知识竞赛”“相山青年·颂百年”“学党史·青起来”等线上活动，网络引领更有青年味；积极宣传推介在疫情防控、脱贫攻坚、爱岗敬业等工作中涌现出的青年先进典型，在微信公众号开辟“相山青榜样”专栏，发布信息40余篇，充分发挥优秀典型的示范带动作用。

“全团带队”开新局。10月12日，召开淮北市相山区第二次少代会，选举产生新一届少工委；认真履行好全团带队职责，团结带领少先队牢记初心使命，引导广大少年儿童为将来报效祖国、奉献社会、建设家乡时刻准备着。

选树青年优秀典型。通过组织推荐等多种方式，在全区范围内充分发掘先进青年典型，评选表彰相山区优秀共青团员25名、优秀共青团干部9名、五四红旗团委（团支部）7个和向上向善好青年27名，为青少年树立身边榜样，注入成长正能量。

2021年3月30日，团区委、区教育局、区文明办在国泰中学联合举办“十八而志　不负韶华”相山区2021年十八岁成人宣誓仪式

（团区委　供图）

【志愿服务】2021年，团区委持续打造“青春相山”志愿服务品牌，制定志愿服务计划，引领广大青年积极投身文明创城的队伍。以重要节点为契机，开展“学雷锋志愿服务月”、禁毒宣传、春运暖冬行动等多项志愿服务活动。开展“我为青年办实事·爱心助力高考”志愿活动，为考生及家长提供纯净水、扇子、纸巾等防暑物品，赢得社会广泛好评。开展“五四”系列活动，关爱留守儿童、孤寡老人，防溺水等活动，共计500余名青年志愿者参与。

【助推社会发展】2021年，团区委开展微心愿征集活动，帮助全区93名贫困、留守儿童完成他们的心愿。慰问全区20名困难青少年，为他们送上生活必需品。定期到定点社区开展帮扶，了解实际情况，巩固脱贫成果。开展关爱系列活动，为留守学生送去学习生活用品。面向全区淮北籍大学生开展“青春筑梦·淮才有你”社会实践活动，为全区镇（街道）、区直部门输送见习大学生21名。全力扶持青年创业，有效帮助青年缓解创业过程中的资金瓶颈问题。全年累计为15名符合条件的创业青年发放省财政贴息资金14.23万元，涉及贷款276.1万元。深入开展共青团社会公益品牌“希望工程·爱心圆梦大学”活动，大力发动社会各界人士开展爱心募捐，共收到爱心捐款17.2万元，累计资助33名困难学子。

【基层组织治理】2021年，团区委坚持“党建带团建、团建促党建”工作模式，扩大共青团对基层青年特别是非公企业领域和社会领域青年的有效覆盖。全年新建非公企业和社会领域团支部180个，有效解决基层团组织弱化、虚化等问题。依托区党群服务中心党建沙龙阵地建设“青年之家”，开辟惠苑路街区团支部和番茄田艺术培训团支部，组织开展惠苑路街区“朝气蓬勃　竞展青春”趣味运动会和与“我们的节日”相关的主题绘画活动；打造“团小鲤”品牌形象文创周边，孵化当代青年喜闻乐见、实用性强、正能量的活动项目，提升青年综合能力，巩固和扩大团的阵地建设，推动团的组织形态、工作力量、服务项目在团员青年身边实现有形化、日常化。严把发展团员质量，按照择优入团的原则，严格落实年度团员发展计划，将325个发展团员计划指标合理分配到辖区各学校和各直属团委，规范入团程序，提高团员发展门槛，落实“三会两制一课”制度，规范仪式教育体系，为团员赋予先进和光荣底色。以“智慧团建”平台建设为依托，坚持一切工作到支部，指导团支部（团总支）按照《基层团组织规范化建设工作的实施方案》要求，对全区300个团（总）支部开展对标定级工作，通过持续改进提高，增强组织力。

（团区委）

2021年8月，团区委开展疫苗接种知识科普宣传引导（团区委　供图）

相山区妇女联合会

【概况】截至2021年，全区共有镇（街道）、开发区妇联组织10个，村（社区）妇联组织88个，“四新”（新领域、新业态、新阶层、新群体）领域妇联组织181个。

【巾帼建功行动】2021年，区妇联指导帮助淮北市广惠职业培训学校申报省妇女创业扶持项目资金7万元，先后在渠沟镇张楼村、郭王村、钟楼村开展3期巾帼电商培训班，面向138名农村妇女进行农产品网上销售、网络平台使用、市场推广运营等方面的授课培训，帮助就业创业。指导淮北徽香昱原早餐工程有限责任公司农副产品加工基地申报全国巾帼现代农业科技示范基地，获补3万元扶持资金。以纪念“三八”国际劳动妇女节为契机，评选表彰区级三八红旗手20人、巾帼建功标兵10人、三八红旗集体5个、巾帼文明岗5个。推荐获评市级三八红旗手2人、三八红旗集体1个、省级三八红旗手1人、全国巾帼建功标兵1人。

【巾帼维权行动】2021年，区妇联做好妇女群众维权接待工作，全年妇女维权站共接待妇女来访28人次，件件做到及时反馈，办结率100%。协调区公安分局和区人民法院为遭受家庭暴力的妇女出具家暴告诫书79份、人身安全保护令1份，切实维护妇女儿童合法权益。引导各级妇联干部深入村居、家庭，实行每月上报、逐项登记、建立台账的工作机制，努力做到“早报告、早控制、早调处”，推进婚姻家庭矛盾纠纷排查化解工作，把矛盾纠纷消除在萌芽状态。全年全区共排查上报涉及婚姻家庭矛盾纠纷信息900余条，对排查到涉及家暴事件的，第一时间转交公安机关，切实维护妇女儿童合法权益。

【巾帼文明行动】2021年，区妇联联合区文明办常态化开展寻找“最美”系列活动，全年选树“最美家庭（成员）”23户（人），区级“平安家庭”20户，涌现出市级以上“五好家庭”“最美家庭（角色）”22户（人），省“最美家庭”1户，评选各级“美家美院清洁家庭”示范户324户。争取省项目资金5万元，在相南街道中城社区打造省级家庭教育指导服务阵地，通过举办家庭教育专兼职工作者培训、家庭教育公益课堂、家庭教育咨询和指导等20余场活动，帮助辖区600余名家长提升家教水平。以中国共产党成立100周年为契机，围绕主题主线，扎实开展党史学习教育，在公众号上开设“巾帼学党史”学习专栏，每日推送党史知识和巾帼英雄故事；开设“线上党史知识竞赛”单元，通过以赛促学、以学促行，积极营造党史学习的浓厚氛围；组织吸纳妇联执委、妇女干部组建党史宣讲小分队，通过开展党史读书会、流动微课堂等活动，深入基层面对面向妇女群众和少年儿童讲深讲实中国共产党百年奋斗历程。自党史学习教育开展以来，共开展流动党史课、党史读书会（分享会）、红色家书故事会等活动20余场次。

【巾帼关爱行动】2021年，区妇联牵头组织实施城镇低保适龄妇女“两癌”免费筛查民生工程项目，联合相山区人民医院为396名城镇低保适龄妇女进行“两癌”免费筛查。通过调查摸底、资料审核、逐级申报，共为4名低保患病妇女争取中央专项彩票公益金和安徽省城乡困难妇女“两癌”项目救助金4万元。对全区24所中小学校青少年进行视力健康筛查，免费为150名少年儿童进行视力矫正训练。探索“儿童之家”常态化运行模式，争取省项目资金3万元，在滨河社区开办“四点半”课堂，填补学校放学后、家长下班前孩子无人看管“空档期”，解决广大家长和家庭的后顾之忧。周六或周日在郭王村、古镇社区、幸福社区3个城乡儿童之家开办快乐学堂，引领带动儿

2021年3月5日，相山区妇联组织巾帼志愿者在志愿者活动日开展妇女维权宣传活动（区妇联　供图）

童传承传统文化，助力孩子们健康快乐成长，累计开展书法、舞蹈、美术等公益课堂60余场，参与青少年1200余人次。争取各级贫困妇女儿童救助资金，积极联系社会爱心人士，走访救助困难妇女儿童35人，发放救助金6.4万余元。“六一”儿童节期间，组织区四大班子领导和30个区妇儿工委成员单位走进学校，看望慰问少年儿童，送上价值4万余元的慰问物品。持续推进“春蕾成才”助学活动，共发放助学金4.5万元，帮助9名贫困女学生圆了大学梦。组织开展“护佑女性健康”暖心行动，为200名贫困妇女开展女性常见病健康检查。

【强基固本工程】2021年，区妇联坚持“党建带妇建”，以村（社区）“两委”换届选举为契机，推动村（社区）妇联与村委会（社区居委会）同步换届，全区88个村（社区）全部完成妇联换届选举，共选举产生新一届村（社区）妇联执委813名，其中妇联主席88名、妇联副主席112名，实现村（社区）“两委”中100%有女性，妇联主席100%进村（社区）“两委”。本着服务企业、服务妇女的原则，按照“先建立、后完善、再提高”的工作思路，先后在127家非公企业和社会组织中成立妇联组织，在全力推进组建工作的同时，采取以点带面、示范带动的方式，打造了徽香昱原、丽华近视弱视研究所等非公经济妇女组织示范点，积极帮助指导“四新”领域中的妇女组织健全工作机制，开展各类活动。在推进非公妇联组织建设提质扩面的同时，区妇联把非公领域中的个体经营者、全职妈妈、自由职业者、网络创业者等妇女群体组织起来，成立“单飞雁”抱抱团，组织她们开展党史读书交流会、红色家书诵读会，并利用母亲节、建党节、中秋节、国庆节等节点，组织抱抱团成员开展手工编织制作、趣味运动会、申时茶会、鲜花绘党旗花艺制作、礼仪素养提升专题培训等联谊活动，通过一系列更具价值导向和情感温度的活动，畅通与这一女性群体的沟通渠道，提高了她们的获得感和归属感。

2021年5月24日，相山区妇联巾帼志愿者在濉河社区开展“两癌”筛查宣传活动 （张锋　摄）

【完成“两纲”终期评估】4月，接受市妇儿工委对全区“两纲”终期评估的检查验收，检查组先后深入任圩街道社区卫生服务站、万达商场母婴室和淮北市第四中学青少年宫，全面检查十年来实施“两纲”所采取的措施和重难点指标任务完成情况，并进行全方位的验收评估，圆满完成“两纲”终期验收评估工作。组织全区16家妇儿工委重点指标成员单位在渠沟镇钟楼村集中开展“两纲”宣传活动，发放男女平等基本国策、妇儿权益保障等宣传单页千余件，通过法律咨询、医疗义诊等志愿活动服务妇女儿童。与省应急厅积极对接妇儿工委结对共建工作，10月11—12日，省应急厅到南黎街道李楼社区组织开展安全知识讲座，现场进行紧急疏散演练和电动车自燃扑救演练，提高群众自我防范意识和自我保护能力，并为社区群众送上应急演练物品。

（区妇联）

相山区科学技术协会

【概况】 截至2021年底，认定国家级科普示范社区1个、省科普示范社区7个、市科普示范社区13个、国家级科普教育基地1个、市科普示范基地4个、省示范农技协3个、市示范农技协4个。

2021年5月13日，相山区科协联合区卫健委在东街道民生社区开展科普志愿服务活动 （区科协 供图）

【全国科普日】 2021年，区科协贯彻实施《全民科学素质行动计划纲要》，以“百年再出发，迈向高水平科技自立自强”为主题，在全区范围内集中开展系列主题宣传活动。先后在相南街道相阳、曲阳街道濉河、西街道安康、东街道幸福、民生等社区，开展“科普志愿服务进社区”活动。在渠沟镇钟楼、张集、徐集、郭王等村开展“科普惠农乡村行”活动。整个“全国科普日”活动期间，区科协共向居民发放各种科普宣传手册和宣传单15000份、科普活动用品5000余份，接受现场居民群众咨询1350余次。

2021年9月7日，区科协组织科普志愿者在相南街道相阳社区开展科普宣传志愿服务进社区活动 （区科协 供图）

【科普宣传】 青少年科普宣传。在渠沟镇合众小学和曲阳小学，开展“科普大篷车进校园”活动；在任井、濉河、惠民、相阳等社区开展“农村少儿爱科学”活动；全年共组织各类青少年科普宣传活动12次，发放科普资料20000余份、科普宣传环保袋3000多个。助农惠农科普宣传。在相山经济开发区渠沟镇、曲阳街道办事处和凤凰山经济开发区开展“科普为民惠民乡村行”活动4次，引导农民科学合理耕作，着力提高农民科学素养。实施“智爱妈妈行动”。在渠沟镇张楼村、钟楼村、张集村和开发区河北社区实施“智爱妈妈行动”，面向农村妇女，开展科学种植养殖技术培训，提高农村妇女科学素质，为乡村振兴贡献巾帼力量。

【科普示范项目】 2021年，区科协指导已成功认定的渠沟镇蔬菜协会、黄里软子石榴协会和鑫鹏养猪协会，科学经营，发挥示范带动作用，带动周边群众共同致富。打造一批省、市级科普示范社区，进一步增强社区居民和城镇劳动者科学素养。年内，曲阳办事处濉河社区被评选为安徽省科普示范社区，曲阳办事处濉河、东街道幸福、西街道鹰山被评选为淮北市科普示范社区，任圩街道新星、三堤口街道庆相桥两个社区被评选为淮北市科普教育基地，成功推荐安徽省果力智能科技有限公司参加申报国家级科普教育基地。

（区科协）

相山区工商业联合会

【概况】 2021年，相山区工商联紧扣五大发展行动，围绕全区重点工作，认真履行职能，优化营商环境，不断增强政府服务能力，把“六保”“六稳”作为工作的着力点和支撑点，充分发挥工商联服务和引领非公企业发展的作用，当好政府管理非公有制经济的助手，为“两个健康”的常态化发展做出积极贡献，为民营经济平稳运行保驾护航。年内，连续第四年获全国“五好”县级工商联称号，被评为2021年度全省“五好”县级工商联、全省民营企业信息直报点先进集体、安徽省2021年抗疫先进单位等。

【区工商业联合会第五次代表大会】 12月30日，相山区工商业联合会（总商会）第五次代表大会召开。市工商联主席姚勇，市委统战部副部长、市工商联党组书记孙秋玲，区委常委、统战部部长李拥军，四届区工商联主席任宇，四届区工商联党组书记刘学，区委统战部副部长、五届区工商联党组书记宋雨倩，五届区工商联主席（会长）候选人杨蔚出席会议，100名会员代表参加会议。大会选举出第五届相山区工商联（总商会）成员39名，其中工商联专职主席、会长1名，常务副主席、副会长1名，副主席、副会长1名，企业副主席15名，企业副会长12名，专职执委9名。

【开展企业家座谈会】 2021年，区工商联积极推动构建“亲”“清”新型政商关系，强化精准服务，引领广大民营企业家在复杂经济形式下坚定信念、坚守恒心。4月23日，召开民营企业家座谈会，面对面倾听企业生产经营情况和所思所盼，征求对全区民营经济高质量发展的意见建议，拉近与企业家的距离，7名民营企业家代表结合企业发展实际进行发言，并从营商环境、人才引进、运营成本、金融创新、政策扶持等方面提出意见建议，发言过程中，区领导不时与大家交流，并

2021年4月23日，相山区民营企业座谈会召开　（区工商联　供图）

就企业家提出的一些问题进行现场答疑和交办。

【专题讲座】 4月20日，区工商联举办第九期民营企业家大讲堂，邀请相山区检察院副检察长李胜利授课，重点讲述企业如何进行法律风险防范。5月13日，举办第十期民营企业家大讲堂，邀请相山区生态环境分局局长牛家标作环保知识专题讲座，着重帮助企业梳理环保管理疏漏易发点位，指导企业掌握环保管理需要注意的方式方法，辅助企业建立完善的排查治理管理机构及制度。

【调研服务】 2021年，区工商联积极开展“绿色大走访”活动，全年走访企业50余家。走进淮北市油西环保建材有限公司、淮北徽香昱原早餐工程有限责任公司、安徽杨府锦调味食品股份有限公司等会员企业的生产车间、项目现场、建设工地一线，倾听企业发展需求的声音，与企业共同探求绿色发展良策，切实帮助企业破解发展难题，不断增强企业信心，主动适应新常态，鼓励企业全力以赴开拓市场，努力实现企业持续健康发展，同时要求企业自身要坚持创新发展理念，加大技术改造力度，推动产业提档升级，并以市场为导向，调整产业结构，千方百计克服瓶颈制约，进一步挖掘发展潜力，增强发展后劲。5月19日，与市中级人民法院到区工商联会员企业厂房，帮助企业解决厂房被盗事件；5月20日，到企业调研，帮助企业解决生产用地问题；6月7日，为中旭建筑公司（淮北项目）协调处理安全事务；6月10日，解决淮北华润燃气有限公司价格垄断问题，维护企业的合法权益；6月28日，帮助安徽蓝宇集团协调在江苏常熟的经营问题；8月6日，为淮北国金控股集团有限公司解决交房和资金回笼问题。

2021年5月13日，举办相山区工商联（总商会）民营企业家大讲堂（第十期：环保知识专题讲座）

（区工商联　供图）

【爱心助学活动】 9月，区工商联会员企业淮北国金控股集团董事长许伟捐资12万元，资助24名贫困学子；9月17日，区工商联会员企业安徽企策企业管理咨询有限公司捐款6万元，开展捐资助学活动。全年组织会员企业捐款21万元，资助48名品学兼优、家境贫困的学子。

（区工商联）

相山区残疾人联合会

【概况】 2021年，相山区共有持证残疾人7217人。其中，视力残疾891人、听力残疾945人、言语残疾155人、肢体残疾3664人、智力残疾466人、精神残疾863人、多重残疾233人。全年护理补贴发放3229人，生活补贴发放1764人，困难残疾人生活补贴和重度残疾人护理补贴覆盖率达到100%，家庭医生签约服务371人，为150名智力、精神残疾人和重度肢体残疾人提供居家生活服务。

【康复救助】 2021年，区残联投入354万元为236名视力、听力、言语、肢体、智力等残疾儿童和孤独症儿童提供康复训练，家长满意率100%；投入59.2万元为592名贫困精神残疾人提供药费补助；投入12万元为20名重度残疾人提供无障碍改造，通过安装扶手、改造坡道、建造低位灶台等措施，使他们的生活环境得到改善。

2021年9月24日，相山区曲阳街道残联组织残疾人开展文化进家庭“五个一”活动

（区残联　供图）

【残疾人就业扶持】 2021年，区残联实施残疾人创业就业扶持工程，扶持残疾人128人，建成阳光大棚26个，发放扶持资金44.375万元。开展残疾人实用技术培训，在乡镇举办种植养殖、电商、电器维修、面点等门类培训4期，培训残疾人121人，增强残疾人自主创业能力，为残疾人集中就业、自谋职业提供帮助。

【残疾人教育救助】 2021年，区残联资助各阶段残疾学生、残疾人家庭子女294人，发放资金19.95万元。其中，资助义务教育和高中阶段残疾学生以及残疾人家庭子女294人，发放资金17.95万元；资助贫困残疾大学生和研究生12人，发放资金2万元。

2021年6月，区残联到康复机构为残疾儿童送上节日礼物

（区残联　供图）

【残疾人文体活动】 2021年，区残联在报刊、网络等媒体刊发稿件50余篇，开展“爱耳日”、“残疾预防日”、惠残民生工程等宣传活动，印发宣传单2000余份，接受群众咨询220人次。采取线上加线下的方式开展读书达人演讲比赛，丰富残疾人精神文化生活。组织40名残疾人开展读一本书、看一次电影、游一次园、观看一次展览、参加一次文化活动的“五个一”残疾人文化进家庭活动。9月24日，组织残疾人以“学党史、守初心、关爱残疾人”为主题，开展“五个一”文化进残疾人家庭活动，组织残疾人游览淮北市东湖湿地公园、淮北城市规划展示馆，向残疾人发放党史学习类书籍，发放影院观影券，为残疾人搭建参与社会、融入社会的交流平台。

（李千晓）

法 治

政法委及综治

【获评“平安中国建设示范县”】2021年，相山区被命名为“2017—2020年度平安中国建设示范县（市、区、旗）”。12月15日，区委常委、政法委书记王玉岭到北京参加平安中国建设表彰大会。

【政法队伍教育整顿】2—7月，全区政法队伍教育整顿举行，分学习教育、查纠整改、总结提升3个阶段，全区政法系统开展政治轮训、宣讲报告会、专题辅导讲座30余场，111名干警主动说明问题，顽瘴痼疾整改458件，处理处分31人，制定各类制度机制78项。

【政法队伍进社区】3月28日，相山区政法队伍进社区（村）活动启动仪式在两宫广场举行，区各政法单位、各镇（街道）150余人参加。全区政法干警每人每月走访不少于1次，带着问题清单进村入户。区委政法委设立举报电话，接受群众监督。

2021年3月28日，相山区政法队伍进社区（村）活动启动仪式在两宫广场举行（区委政法委 供图）

【情报搜集研判】2021年，区委政法委紧盯重点，搜集不稳定因素动态性、预警性情报信息，做到及时发现及时处置。全年相山公安分局搜集上报信息130余条，上级采用70余条。

【反邪教反恐斗争】2021年，全区依法严厉打击邪教组织，立案2起，破案2起，抓获2人。捣毁邪教组织聚会点1处，教育训诫16人。开展摸排专项行动。组织开展反邪教宣传电影进机关、校园、社区放映活动20场。开展反恐演练140余次，检查重点单位70余家，发放反恐宣传单2000余份。

【各类风险防范】2021年，全区开展社会治安大排查大防控大整治专项活动，围绕征地拆迁、房地产、涉法涉诉等重点领域排查出信访隐患157件，逐一落实化解和稳定包保责任。

【市域社会治理试点工作】 2021年，区委政法委扎实推进市域社会治理现代化试点工作，纳入相山区“十四五”经济社会发展总体规划，出台《相山区推进全国市域社会治理现代化试点实施方案》，将17项43个具体任务全部分解落实到镇、街道、开发区和区直单位。截至年底，12个智慧安防小区已基本建设完工，“雪亮工程”建设全面完成，社会资源单位接入90余家。

【矛盾纠纷化解】 截至2021年，全区共建成百姓说事点92个，打造徐度刚、“雷云说事拉理室”、锦花苑温哥华城小区等特色百姓说事点品牌7个。推进“一站式诉讼服务中心”建设，成立律师事务所调解工作室12个。全年共调处各类矛盾纠纷1900余件。

【扫黑除恶斗争常态化】 2021年，相山区成立扫黑除恶斗争领导小组及其办公室，全年共开展各类宣传活动60余场，发放宣传材料17万份。区扫黑办全年共接收各类线索16条，已核结14条，核结率87.5%。3月，成功破获孟某涉黑涉恶团伙，抓获涉案人员23人，其中批捕9人，查封、冻结涉案资产近3亿元。深入开展重点行业领域专项整治，相山公安分局共立电诈案件1216起，抓获各类涉电诈嫌疑人450人，刑拘314人，破获案件325起，挽损400余万元，捣毁涉诈窝点35处。

【社会面整体防控】 2021年，全区对16个涉枪支管理单位定期开展专项检查工作，对41家民爆、易制爆、剧毒危险化学品企业定期开展安全检查，确保枪支、爆炸物等危险物品“零流失、零被盗、零危害”。在全区火车站、商场广场等重点部位落实武装执勤、动态屯警和“1.3.5”快速响应机制。

（区委政法委）

法治政府建设

【依法治区工作】 2021年，相山区制定《区委依法治区2021年工作要点》，将本级党政主要负责人履行推进法治建设第一责任人职责细化分解为17项党委主要负责人职责、22项政府主要负责人职责以及7项工作保障，将述法工作机制化、制度化。8月，市法治建设第三督察组对相山区开展法治建设督察。全年共召开涉及法治建设事项会议9次。创新开设《法治相山》广播节目，每周工作日由区委依法治区委员会成员单位轮流上线，普及法律知识，解答相关领域问题。

【政府决策规范】 2021年，区司法局全面落实重大行政决策程序，规范合法性审查流程，确保政府决策的合法性、有效性，全年共出具重大事项合法性审查意见书25份。切实发挥法律顾问的参谋和助手作用，全年共代理区政府涉及的行政案件54件，参加区政府常务会议和专题会议50余次，审查合同文本90余件。12月18日举行全区公平竞争审查、合法性审查、规范性文件及重大行政决策培训会，为区政府科学民主依法决策、防范法律风险、参与调处社会矛盾、推动改革发展等方面提供法律服务并办理涉法事务，保证行政决策的合法性。

【规范性文件管理】 2021年，区司法局应用法制监督平台实现规范性文件报审报备工作电子化，对规范性文件实行目录和文本动态化、信息化管理，定期对规范性文件进行清理并及时将清理结果向社会公布。5月，中共淮北市相山区委全面依法治区委员会办公室印发《关于开展全面清理行政规范性文件工作的通知》，启动全区规范性文件清理工作。11月9日，召开相山区规范性文件清理工作会议，开展规范性文件清理工作。

【行政执法队伍建设】2021年，区司法局组织全区各行政执法部门已经领取行政执法证件的执法人员做好行政执法人员培训，确保行政执法工作规范开展。全年全区举办2次行政执法培训，参训人员达200人次。根据相关文件要求，组织全区符合报名条件的行政执法部门工作人员积极参加执法资格认证考试并做好执法资格证的发放工作。年内，全区共有64人参加全省行政执法人员资格认证考试，47人通过考试。

【行政执法专项督查】3月，区司法局开展行政执法专项督察，对法治政府建设情况和行政执法案件卷宗进行评查，开展法治政府建设专项督查和依法行政专项督查。9月，组织区法律顾问对区城管局、区市场监督管理局、区应急管理局、区生态环境分局4个单位共67件执法卷宗进行评查。

【行政复议应诉工作】2021年，区司法局充分发挥行政复议的监督和救济功能，在化解行政争议、维护社会稳定方面取得较好成效。全年共受理行政复议案件21件，办结21件，其中驳回1件、维持10件、撤销3件、复议终止7件；办理行政应诉案件55件，其中一审案件28件、二审案件25件、再审2件。

【法治政府示范创建】2021年，相山区制定印发《中共相山区委 相山区人民政府关于印发〈相山区法治政府建设实施方案（2021—2025年）〉的通知》，积极参与国家级法治政府建设示范创建活动。

（区司法局）

2021年8月11日，相山区召开法治政府建设工作领导小组暨法治建设督察工作部署会议 （区司法局 供图）

公 安

【打击违法犯罪】2021年，区公安分局共立刑事案件2521起，破刑事案件479起，起诉461人，提捕312人。立九类涉黑案件76起，刑拘94人，起诉45人。将孟某、孟某军黑社会性质组织团伙一网打尽，破获刑事案件27起、行政案件10起，提起公诉14人，监视居住、取保候审17人，冻结扣押涉案人员账户300个、车辆85辆、房产70套、名下土地2处、淮北农商行股份930万股等资产，合计人民币3.9亿元，被“今日头条”等多家媒体报道，产生良好社会效应；赴广东抓获“天博体育”跨境网络赌博案涉案人员，对19名犯罪嫌疑人采取刑事强制措施，刑事拘留5名主要犯罪嫌疑人，扣押车辆4台、台式电脑30台、笔记本电脑10台、手机120余部、涉案银行卡50余张、现金10万余元，勘测涉案流水已达2000余万元；破获“10·19”倒卖文物案件，抓获3名倒卖文物犯罪嫌疑人，破获案件92起，追回涉案汉画像石100余件，被中央电视台等媒体报道，形成良好的震慑效应。

【城乡道路安全优化】2021年，区公安分局多次邀请召集交通运输部公路科学研究院相关专家与渠沟镇政府等单位对相山区西侧237县道与411县道交叉口、家家悦集团厂房附近路口等30多处交通易肇事肇祸路段进行实地考察调研，反复论证后已开展落实。237县道与411县道交叉口角度已由原来小于60度优化至75度；411县道与乡镇小路的多个交叉口已经垫高乡镇连接路面、铺设防滑沥青路面、提前设置缓冲带，乡镇道路与省道的交叉口也用200米左右的低矮草坪代替中间隔离带树木，扩大安全视野；家家悦淮北综合产业园厂房门口进出口安装交通灯；青谷、王店小学等多个学校门口铺设防滑功效彩色减速带。全年相山辖区事故遇难人数较同期减少1人。

【群体事件妥善化解】2021年，区公安分局邀请市政府专职处理部门，收集多种渠道情报信息提前处置，多警联动合成处置，全年共处理10人以上群体性维权事件181起、非正常死亡事件104起。相山分局动员全局警力应急支援，深入了解民众诉求，积极组织多方沟通，妥善化解每一起群体性维权事件，全年没有一起群体性维权事件发酵升级。

【社会治理机制创新】2021年，区公安分局率先推广“微警察”工作法，建立、加入微信工作群700余个，在群人数10万余人。组织开展相山区争创“无诈社区”暨“我为群众办实事、全体民警大走访”活动，活动要求除社区民警每日走访8户之外，包括局领导在内的全体民警每月走访20户，全年共走访48677户，为群众办实事646件。严格执行全年无休常态化屯警街面工作，120名机关民警、辅警每天19时至22时于淮北国购广场、淮北隋唐运河古镇、淮北万达广场等12个点位开展街面巡逻防控工作，保证见警率、管事率。全年12个屯警点共出动巡逻车辆7500余辆次、执勤警力14200余人次，服务群众1300余次，抓获违法犯罪嫌疑人32人，就近接出警1315次，调解纠纷885起，处理突发事件8起，重点区域社会治安环境明显提升。率先成立淮北市公安局相山分局执法办案管理中心，配备民警8人、辅警20人，年内共入区登记1366人，送押283人，采集各类信息1592人次，协助外地警方看护184人，收到外地警方感谢信100余封，受到分局基层民警的一致好评，按照被看护人员与警力1∶3的比例，共解放警力3000人次，最大限度降低执法办案风险，大幅度解放基层警力。在古城派出所投资40余万元，打造责任区刑警队、淮北市公安局相山分局执法办案分中心3个单位一体式办公模式，形成更加融合的作战方式。

（区公安分局）

2021年7月27日，相山公安在台风“烟花”过境期间，全力保障人民群众生命财产安全
（区公安分局　供图）

检 察

【概况】2021年，相山区人民检察院内设办公室、政治部、第一检察部（刑事检察）、第二检察部（民行与公益诉讼检察）、第三检察部（未成年人检察）、第四检察部（综合业务，与检察委员会办事机构合署办公，加挂法警大队和国家赔偿工作办公室牌子）6个机构，有正式干警44人，其中员额检察官18人，检察官助理9人，行政人员9人，司法警察5人，试用期人员3人。16件案件入选国家、省级各类典型案例，64个集体、个人和事项受到市级以上表彰，其中国家级9项，省级21项。

【社会和谐稳定维护】2021年，区人民检察院认真履行审查逮捕、审查起诉职能，全年共受理审查逮捕案件319件432人，受理一审公诉案件874件1044人；审查起诉故意杀人、强奸、故意伤害、抢劫、抢夺等暴力犯罪案件92件115人；审结制贩毒品类审查起诉案件27件28人；审查起诉危害公共安全案件456件456人，有力地保护了人民群众生命财产安全。正确行使不起诉权，办理不起诉案件163件163人，不断提升司法“温度”。建立扫黑除恶斗争常态化机制，办理涉黑涉恶案件3件15人。稳步推进未成年人检察工作有序开展，受理未成年人犯罪案件及成年人侵害未成年人案件50件67人。依法落实认罪认罚从宽制度，对犯罪嫌疑人自愿认罪并签署具结书的826人依法从宽处理，真正实现“节约司法资源”的立法效能。

【经济社会发展保障】2021年，区人民检察院把保障民营经济健康发展作为服务大局的重要内容，开展涉非公经济立案监督和羁押必要性审查专项活动，全年共办理故意毁坏财物等涉及民营企业案件8件，严厉打击了侵犯非公经济领域犯罪行为；对涉企案件坚持“少捕慎诉”，对犯罪情节轻微的民营企业负责人、技术骨干等依法不起诉3人。打好打赢三大攻坚战役，围绕打好防范化解重大风险攻坚战，重点惩治非法吸收公众存款、集资诈骗、“套路贷”等严重危害金融安全的犯罪行为。围绕打好精准脱贫攻坚战，强化弱势群体保护，对因案致贫、因案返贫被害人发放救助金16.5万元，通过支持起诉帮助农民工追回被企业拖欠劳动报酬7.5万元。

【为民办实事活动】2021年，区人民检察院常态化“下基层、护民企、润青苗、保平安”，真抓实干为群众排忧解难。深化开展“五进五服务”活动，全体检察人员包保75个社区、13个村，下基百余人次。严格落实“一号检察建议”，深入30余所学校开展专题座谈，联合多部门专项清查网吧、网络主题宾馆、校外培训机构，切实消除校园周边“危险源”。紧盯人民群众“舌尖上的安全”，发出食品药品安全领域诉前检察建议9份，督促查处无证无照经营案6件，罚没款3万余元。积极贯彻高检院“四号检察建议”，督促相关部门排查道路窨井设施50余次，完成排查6000余处，整改、修复窨井200余处，守护群众“脚底安全”。

【未成年人保护】2021年，区人民检察院完善“捕、诉、监、防、教”一体化工作格局，依法为23名未成年犯罪嫌疑人提供法律援助，通知法定代理人或合适成年人到场32人，犯罪记录封存15人，开展社会调查、亲职教育、心理疏导20余人次。区人大常委会出台《关于加强未成年人检察工作的决定》，有效构建社会支持体系；联合多部门建立合作机制，检妇携手、检校共育、检青合力，共同营造未成年人保护共建共治共享的社会治理格局。持续强化“相城未检先锋”党建品牌建设，大力打造“启明星”未检工作室，建立“常青树”“向阳花”网络管理平台，开辟《守护青春》电视专栏。送达安徽省首例《督促监护令》，建立淮北市首个未成年人观护基地、首个未成年被害人“一站式”询问室。

【社会矛盾化解】 2021年，区人民检察院积极探索新时代“枫桥经验”，全面推开“温暖控申”品牌，在配合城市总体规划，原办公地址被拆迁的情况下，以更加积极的态度在租赁办公用房中不断完善检务工作区功能，全面升级12309检察服务中心；全年受理信访案件35件，接访群众165人，收到群众来信、来电86件次。认真落实“谁执法谁普法”责任制，大力开展扫黑除恶、《中华人民共和国民法典》、检察公开听证等主题宣传，利用新媒体发布宣传信息1800条，发放宣传册1600余份；践行“院领导、未检检察官兼任法治副校长”全覆盖，走进全市多所学校开展法治宣讲活动40余场，发放宣传手册5000余份，受益人数达数万人。

【检察司法监督】 2021年，区人民检察院强化刑事诉讼监督，全年共监督立案7件、监督撤案5件，纠正漏诉12人，刑事抗诉案件改判5件。做实刑事执行监督工作，办理社区矫正检察监督案件46件，羁押必要性审查案件78件，暂予监外执行审查案件32件。加快打造民行检察“强化版”，深入拓宽案件来源，提升监督质效。在积极促进相关机构严格执法、依法行政的同时，加强释法说理、息诉罢访工作，促成当事人和解，息诉101件，把化解矛盾贯穿执法办案工作始终，促进案结、事了、人和。

【公益诉讼检察】 2021年，区人民检察院构建各方协作的公益诉讼工作格局，全年收集公益诉讼案件线索77件，行政公益诉讼立案25件，刑事附带民事公益诉讼立案2件，提出诉前检察建议25件。区人大常委会在全市率先出台《相山区人大常委会加强和支持区人民检察院公益诉讼工作的决定》，大力支持区院公益诉讼工作。积极参与“守护绿色江淮美好家园”深化年活动，发出督促整改路面积水、油污污染等问题的检察建议13份；针对中湖国家湿地公园园内存在的火灾安全隐患问题，向相关部门发出检察建议4件，督促巡林履职6000余次，解决安全防火问题50余个；通过检察建议督促拆除湖畔御景小区与桓谭公园之间违建小门8处、水泥阶梯2处，被多家省、市级媒体广泛刊载、宣传；在英雄烈士纪念设施保护、街道内危墙拆除、濒危野生动物保护、沐浴业安全监管等方面，加大监督力度，取得监督实绩。

【公开听证工作】 2021年，区人民检察院做到“应听尽听”，开门办案、阳光司法，邀请代表、委员、人民监督员、律师等担任听证员，共举行公开听证35场。开展“让公平正义看得见”新时代检察宣传周活动，让群众走近检察、了解检察、监督检察。综合运用全媒体实时发布检察动态，全方位、多角度讲述检察好故事，传播检察好声音，通过“两微一端”发布信息1800余条。发挥检务公开效能，公开重大案件信息329件，法律文书532份，程序性信息998件，让检察权在阳光下运行。

（区检察院）

法　院

【概况】 2021年，相山区法院内设立案庭（诉讼服务中心）、刑事审判庭、民事审判一庭（环境资源审判庭）、民事审判二庭、行政审判庭（综合审判庭）、家事审判庭、执行局（执行庭）、审判管理办公室（研究室）、政治部（机关党委）、综合办公室（司法警察大队），下辖凤凰山人民法庭和渠沟镇人民法庭。有中央政法编制80个、在编干警78人、员额法官35名。全年共受理各类案件13500件，审执结12625件，结案率93.52%。被授予“政法队伍教育整顿先进单位”称号。

【服务优化营商环境】 2021年，区法院聚焦“六稳”“六保”，找准司法服务优化营商环境的切入点、着力点，平等高效保护市场主体合法权益。积极开展走访企业活动，先后走访安徽淮海实业发展集团有限公司、安徽曦强乳业集团有限公司等多家企业，准确把握企业司法需求，帮助企业提高风险防控能力。建立健全企业破产处置府院联动机制，运用房企破产和解“淮北模式”，成功审结安徽国宇置业有限公司破产和解案，着力推动“香榭左岸”烂尾工程复工复建。强化司法与行政的良性互动，监督支持行政机关依法履职，审查非诉行政执行案件56件，开展全区行政执法人员法治讲座及公职人员旁听庭审活动，有效推动行政机关规范执法，从源头上预防和减少行政争议。不断强化司法建议工作，针对审判、执行过程中反映的突出问题，向有关单位和管理部门提出司法建议23条并得到回应。充分发挥人民法庭职能作用，找准司法服务乡村振兴和保障园区企业发展的着力点，积极参与基层社会治理。

【诉讼服务】 2021年，区法院深入推进“一站式诉讼服务中心”建设，在深化立案登记制改革成果的基础上，推行网上立案和跨区域立案等便民措施，积极推进移动微法院应用，努力做到“让信息多跑路，让群众少跑腿”。在诉讼服务大厅设立青年志愿者服务岗，为群众提供咨询、指引诉讼等服务，开通老年人、残障人士等特殊群体“绿色通道”，设置免费自助复印机等便民设备，提高服务水平。进一步提高司法效率，在全市率先实现审执辅助事务社会化，与中国邮政淮北市分公司合作成立综合送达服务中心，集约化办理卷宗扫描、信息录入、文书送达、排期开庭等司法辅助事务。

【审判工作】 2021年，区法院保持惩治犯罪高压态势，全年审结刑事案件702件，其中审结全市首例袭警案，被告人肖某被判处有期徒刑6个月；审结安徽省建设监理公司原法定代表人陈某贪污案，判处被告人陈某有期徒刑10年。规范市场经济秩序，秉持平等保护理念，审结各类民商事案件5820件，切实维护社会诚信体系。妥善化解家事纠纷，审结离婚、继承、抚养等案件605件，建立特殊案件判后回访制度，切实做到案结、事了、人和。

【执行工作】 2021年，区法院执结各类案件5581件，执行到位金额3.6亿元。开展对长期未结案件、终本案件、执行案款“三清

2021年3月18日，为深入推进政法队伍教育整顿，相山区法院组织开展全院干警宣誓活动 （区法院 供图）

理”专项活动，着力解决影响执行成效的“堵点”。举行“我为群众办实事”执行案款集中发放活动3次，现场发放案款5795万元。加大执行力度，依法强制拆除特凿公司职工居民区2处违建房屋，解决困扰居民达20年之久的居住环境难题。

【速裁快审】 速裁快审团队自2020年4月成立以来，始终践行“以人民为中心”宗旨，大力推进一站式多元解纷和诉讼服务体系建设，不断拓展工作思路，创新工作方法，完善纠纷化解机制，在服务群众、参与基层治理等方面发挥重要作用。速裁快审团队发挥着全院案件“冲锋舟”“减压阀”“稳压器”的作用，肩负着推进一站式多元解纷工作的重任。通过创新搭建“法官+法官助理+书记员+调解员”新型审判团队模式，将原诉调对接中心特邀调解员配置到各个速裁团队，同时由团队的法官及法官助理组建先行调解指导法官队伍，对应到全区物业调解中心等基层调解组织，开展先行调解、委托委派调解工作指导，既提升调解工作质效，又增强基层治理的法治化、规范化意识。在完成审判任务的同时，速裁快审团队奉行司法为民理念，注重案结事了。速裁快审团队积极统筹各方面资源，参与基层纠纷化解，融入辖区矛盾化解格局一线。充分借助一站式多元解纷平台，发挥多元解纷力量，推进诉源治理。民商事速裁案件采取集约审理模式，提高审判质效。科学利用时间，善用巧劲。采取集约化审理模式，集中处置一批涉保险公司、物业公司追索代偿款、索要物业费等案件，集中开庭、集中调解、集中撰写裁判文书，将碎片时间集中起来，大大提高了审判效率，节省了审判资源，减轻了当事人的诉累。积极探索要素式审理模式，针对简单的民间借贷、买卖合同纠纷等案件，对说理部分进行简化，判决结果直接在判项处写明。同时，在简化文书内容的基础上，积极探索表格式、要素式判决书制作新思路，做到省而不略、详简有度、清晰明了。

【审判机关司法改革】 2021年，区法院全面落实司法责任制，更好实现“让审理者裁判，由裁判者负责”。坚持院庭长办案常态化，院庭长带头办理重大、疑难、复杂和新类型案件。健全审判委员会和专业法官会议工作机制，加大对法官自由裁量权行使的监督制约力度。持续深化“分调裁审”改革，全年速裁快审团队受理各类民商事简案3382件，调解撤诉结案1586件，调撤率46.9%。对事实清楚、权利义务关系明确、当事人争议不大的民事案件试行要素式审判，进一步简化审理流程、提高审判效率。出台《关于立案、执行阶段适用律师调查令的规定》，在“立审执”环节推行律师调查令制度，有效提升审判质效。

（区法院）

2021年3月23日，相山区法院开展执行案款集中发放活动，此次活动为10名申请执行人共计发放执行案款1400余万元　　（区法院　供图）

司法行政

【概况】2021年，区司法局内设机构5个，直属机构1个，下设司法所9个；现有在职在编人员86人，其中政法专项编制30人，事业编制11人，社区矫正专职工作者10人，退役军人专岗25人，其他人员10人。管理从业律师13人，法律服务工作者11人。

【法治宣传教育】2021年，区司法局印发《相山区2021年普法依法治理工作要点》《关于报送2021年度普法责任清单的通知》，指导法宣成员单位制定2021年度普法计划和普法责任清单，落实"谁执法、谁普法"责任制。将习近平法治思想纳入"八五"普法规划。打造"法润相山"普法品牌，深入开展"法律六进"活动，全年开展《中华人民共和国宪法》《中华人民共和国民法典》《防范电信网络诈骗》等各类法治宣传310场次，法治文艺巡演18场次，法治讲座19场次，共计发放宣传资料26000余份。开展"民主法治示范村（社区）"创建活动，截至年底，全区有国家级民主法治示范村1个，省级民主法治示范村（社区）8个，市级民主法治示范村（社区）75个。

【公共法律服务】2021年，全区建成区级公共法律服务中心1个，镇（街道）公共法律服务工作站9个，村（社区）公共法律服务工作室88个，全面建成区、镇（街道）、村（社区）三级公共法律服务平台，法律顾问实现村（社区）全覆盖。法律援助、人民调解、基层法律服务、律师服务全部入驻"12348安徽法网"，区中心、各司法所法律服务热线畅通，群众足不出户就可获得"电商"式公共法律服务。结合党史学习教育"我为群众办实事"，安装公共法律服务提示牌153块，创新设立"12348"公共电话亭，实现7×24小时法律咨询服务。

【法律援助】全年办理法律援助案件545件，接待群众法律咨询950余人次，开展法律宣传55场次，其中以"法援惠民生"为主题的专项宣传活动15场次。开展认罪认罚从宽刑事法律援助工作，共见证认罪认罚从宽具结案件573件592人，为600余名犯罪嫌疑人、被告人提供了法律援助和帮助。

【人民调解】2021年，区司法局加强人民调解组织建设，建成1个区级调解中心，9个镇（街道）、88个村（社区）人民调解委员会。推进"百姓说事点"建设，全区建立百姓说事点92个。加强人民调解员队伍建设，持续开展人民调解员队伍建设"十百千"工程，培育、培养周玲等70名优秀人民调解员。全年全区受理各类矛盾纠纷1777件，调处成功1776件，调处成功率99%以上。

2021年12月4日，相山区法宣办和相山区司法局主办的《法治相山》节目开播，孙川做客直播间 （区司法局 供稿）

【社区矫正】2021年，区司法局试点打造“智慧社区矫正中心”。使用心岸App和社区矫正电子腕带管理系统，不断提高社区矫正工作信息化管理水平。为提升社区矫正对象职业技能水平，帮助其顺利融入社会，11月28日至12月12日，举办社区矫正对象技能培训班，对社区矫正对象进行保健按摩技能培训。全年累计接收社区矫正对象245人，解除矫正234人。

【安置帮教】2021年，全区在册安置帮教对象457人，其中重点帮教对象68名，一般帮教对象389名。严格落实“必接必送”工作，全年衔接安置帮教对象128人，接回8名重点帮教对象。认真贯彻落实帮教措施，开展“黄丝带”帮教和送温暖活动，对4名特困安置帮教对象进行慰问。做好远程帮教会见服务工作，全年探视885人次。开展护航建党百年安全隐患集中排查整治专项活动，对重点人员进行排查，确保中国共产党成立100周年期间社会安全稳定。

【司法所建设】8月，任命2名副科级所长，7个副科级建制司所长全部配齐，专职副科级所长配备率达100%。出台《相山区司法局工作人员行为规范》，对司法所干警的工作形象、工作态度、工作时间、工作纪律等方面作了统一规定。

【基层法律服务】安徽淮信律师事务所全年办理各类案件122件，其中办理民事案件105件，刑事案件5件，行政案件3件，非诉讼案件9件，担任企事业单位常年法律顾问14家。7月，安徽徽晟律师事务所成立，全年承办民事案件68件，刑事案件16件，仲裁1件，担任17家公司法律顾问。淮北市相山区辰光法律服务所代理民事案件689件，行政案件11件，办理公益法律服务件数125件，在全市基层法律服务所中业务排名前列。

（区司法局）

2021年11月23日，省司法厅社区矫正管理处到相山区检查社区矫正工作
（区司法局　供图）

军　事

人民武装

【政治引领】2021年，区人武部始终把政治建设摆在首位，确保方向正确、行稳致远。按照省军区党委部署，扎实开展“五型”机关建设，锻造善学习、会指挥、能打仗的人武部机关队伍；深化“不忘初心、牢记使命”和“传承红色基因、担当强军重任”主题教育成果，组织干部职工和民兵参观红色教育基地，开展烈士纪念日等活动，引导官兵不断强化政治自觉和责任担当；扎实推进党史学习教育，将党史学习教育与“弘扬优良传统、整顿作风纪律”学习教育活动结合起来，确保党史学习教育走深走实，学有所获、学有成效。

【练兵备战】2021年，区人武部认真贯彻军委开训动员令精神，聚焦专项任务准备，旗帜鲜明立起备战打仗“指挥棒”。修订完善战备、应急、动员等方案预案，根据省军区统一部署，同步参加二级指挥部署演练，提高应对战备行动能力；依案编实民兵应急连、保交护路连，编建舆论法理斗争、心理攻防专家以及网络红军。在区委、区政府大力支持下，购置完善应急战备物资器材，形成平战结合、应急应战一体的民兵力量体系。围绕能力建设标准和急用先训原则，参加省军区组织的三级首长机关实案推演和省军区组织的演练，熟悉联合指挥流程，提升任务分队遂行行动能力。与地方应急部门联合组织减灾防灾和抗洪抢险演练，锻炼应急分队应急应战能力。按计划完成年度民兵分队训练演练任务。

【完善动员体系】2021年，区人武部按照“完善国防动员体系”目标要求，坚持创新驱动，深入推动动员工作落实，及时调整区国防动员机构组成，召开业务培训会，明确责任，落实单位、人员、工作对接，区分重点数据、基础数据和补充数据三大类，按照全程考评会审的要求，以应急、新质和任务分队为重点，编建民兵分队。紧盯征兵“五率”（报名率、上站率、合格率、择优率、退兵率）考评指标，牢牢把握廉洁征兵底线，征兵工作有序推进，全年超额完成年度征兵指标任务。

【强化责任担当】2021年，区人武部积极适应全面从严治党和正风反腐新形势新任务新要求，坚持把纪律挺在前，强力推动党风廉政建设。贯彻军委主席负责制，扎实开展军队人员参加社会组织及活动、发表言论清理整治活动，始终保持良好的政治生态，确保正风肃纪压力传导到位；扎实开展法纪警示教育，及时通报违规违纪问题，深入组织讨论辨析，讲清规矩有哪些、权力怎么用，不断强化按纪律办事、按规矩落实的意识，引导干部职工知敬畏、存戒惧、守底线；扎实抓好作风纪律大检查，结合军委国防动员部巡察反馈通报问题专题研究整改措施，对照标准，举一反三，列出问题清单，逐条制定整改措施，明确整改要求和时限。

【安全管理】2021年，区人武部牢固树立“安全靠建、管理要严”的理念，实施严管严控，持续抓安建安。认真贯彻国动部和省军区基层建设会议精神，扎实开展“条令学训”和军事政策法规学贯活动，加强战备、训练、工作、生活等规范化建设。5月初，军分区在人武部组织“四个秩序”规范化建设现场观摩会。按照国动部和省军区统一部署，认真抓好资产大清查、枪弹大清查和生活费专项清查，重点是拓展清查范围，深入排查隐患，确保清查活动见底见效；紧紧扭住“人车枪弹密、酒油黄赌毒、水火电钱航、涉外涉地方”等17个重点内容，结合重点部位和重要时机，开展安全工作大排查，扎实推进“百日安全活动”；根据省军区统一部署，认真开展微信泄密专项整治行动，人武部保持良好的安全发展形势。（区武装部）

退役军人事务

【退役军人就业创业】2021年，区退役军人事务局组织完成退役士兵接收移交工作，积极沟通协调相关部门，密切协作，为符合安置政策退役士官开发事业岗位6个，高质量完成安置计划。会同市退役军人事务部门及培训机构，针对退出现役未参加过技能培训的自主就业退役士兵，根据自愿报名原则选择培训课程，并鼓励有意愿的退役军人参加学历提升，全年全区共有100余名退役士兵通过审核参加培训。本着“公开、透明、公平、公正”的原则，面向全区各部门制定退役军人扶持就业专项岗位开发计划，积极开发岗位；会同相关部门严谨审核把关，加强对登记人员档案核查，确保应安排的尽快安排，不符合条件的坚决不予安排。

【退役军人服务保障】2021年，在元旦、春节、“七一”等重大节日，区退役军人事务局全面开展优抚对象走访慰问活动，将党和政府的关爱传递到位。保障各类优抚资金及时发放，为优抚对象发放各类优抚资金，为2020年度秋冬两季退役士兵发放一次性补助金。推动退役军人服务站按照国家示范型退役军人服务站标准进行建设，4个基层退役军人服务站（曲阳街道、西街道、相南街道、开发区）和18个村（社区）退役军人服务站争创2021年全国示范型退役军人服务站。截至年底，以上22个退役军人服务站区级验收已合格，正在等待省级验收。加强信息化建设，筑牢退役军人服务保障基础，依托三级服务体系，实行定点采集、入户采集方式相互补充，认真采集相关信息并录入全国退役军人和其他优抚对象建档立卡系统。截至年底，共完成全要素信息采集维护17306条，比对原采集总数，完成比率100%。做好常态化联系、政策宣传工作，对生活严重困难的退役军人，根据其困难程度给予临时性、过渡性帮扶援助。坚持问题导向，针对退役军人的困难和问题，持续提升服务保障水平，促进社会和谐稳定。

【“省级双拥模范城”创建】2021年，区退役军人事务局联合相南街道、市戎耀拥军服务中心打造惠苑路双拥一条街，62家商铺签约成为“双拥联盟合作店铺”，对现役、退役军人分别提供不同折扣优惠；高标准建设双拥精神堡垒、最美退役军人、拥军人物宣传墙和沿街灯杆宣传牌等，强化示范引领，展示人民军队风貌，展现退役军人风采。

（区退役军人事务局）

经济管理

发展和改革

【经济规划】坚持规划引领，高点定位发展目标。制定出台《相山区建设皖北承接产业转移集聚区实施方案》及《分工方案》，加快编制各专项规划方案，切实把集聚区建设作为落实长三角一体化发展战略、推动经济社会高质量发展的重大事项，列入全区“十四五”规划及相关专项规划、政府工作报告等内容，明确发展路径和目标任务。围绕培育绿色食品（生物技术）、信息产业两个百亿产业集群，加强对印刷电路板、集成电路、生物科技等细分领域产业链的研究和分析。食品制造（生物科技）方面，以绿色食品生产加工为基础，着力发展方便食品、功能性保健食品等特色食品产业，培育壮大一批龙头企业；大力引进生物科技产业，培育新的经济增长点，打造具有区域影响力的绿色食品产业园。信息产业方面，围绕产业前沿与市场需求，以印刷电路板（PCB）制造为基础，大力发展从集成电路、显示器件等电子元器件，到多层高密度线路板，再到信息终端设备、消费电子、通讯电子、汽车电子等终端产品完整信息产业链条；积极培育智能制造、大数据、软件及信息应用，构建独具特色的信息产业体系，力争“十四五”期间建成全国有影响力的先进制造业基地。

做好重大战略实施工作。认真研究国家、省出台的重大发展战略和政策，制定出台《相山区现代服务业“锻长补短”行动方案（2022—2025年）》；认真落实《相山区五大发展行动实施方案》《关于促进经济高质量发展的实施方案》《推动长三角一体化发展相山区实施方案》等重大政策，创新驱动进一步加强，民生福祉进一步增进。

【重点项目推进】紧扣省、市重大战略和投资重点，始终把项目建设作为转型发展最重要的抓手，实行重点项目季度动态考核，建立红旗激励和黄牌警示制度，聚焦产业发展、民生保障等领域，2021年全区实施重点项目232个，总投资1195.8亿元，年计划投资162.2亿元，全年累计完成投资178.5亿元，完成年计划的110%。其中续建项目54个，计划新开工项目78个，储备项目100个。

实施“四督四保”制度，及时跟踪项目前期工作和实施进度，协调解决项目推进中遇到的困难，推进项目加快建设。2021年，淮北市多成电子线路板有限公司多成电路板等51个项目开工，淮北世贸云图、淮北碧桂园黄金时代、淮北恒基置业集团有限公司御龙国际等105个项目加快建设，运河大观园、淮北南翔云集文化特色街区、信息化产业园标准化厂房一期等42个项目竣工；淮北大连第一楼海产品、山水文园三期、安徽味知轩食品有限公司味知轩改扩建等6个项目已转化实施。

争取政策支持。紧盯中央宏观调控政策，抢抓国家发行专项债、加大中央预算内投资力度等重大机遇，聚焦“两新一重”、产业发展、园区建设、老城区改造、社会事业等重点领域，凝心聚力谋划申报项目，积极向上协调争取资金，为重点项目实施夯实资金保障。成功争取老旧小区改造、城镇雨污管网、沪皖相莘产业园标准化厂房等2021年中央预算内投资项目12个，涉及资金约1.95亿元，占全市相同领域资金比重50.7%；累计获批双创信息产业园、公共卫生服务提升工程等政府专项债项目11个，审定总额度95.5亿元，已发债10.2亿元。

【战略性新兴产业发展】 2021年，深入贯彻市“五群十链”战略部署，着力推动主导产业链式集群发展。紧紧抓住相山经济开发区主导产业调整契机，持续优化产业结构，推动形成了具有相山特色的战新产业发展格局。全年全区战新产业产值同比增长20.1%。其中，生物产业同比增长21.8%，占总体比重76.7%，是全区战新产业增长的主要动力；环保产业同比增长23.2%，占总体比重的12.3%；新一代信息技术产业同比增长0.1%，占总体比重的8%。

【老工业区搬迁改造】 城市布局持续完善。坚持产城融合，稳步实施新区建设，高标准编制高铁西站片区规划，人民西路、西山北路基本建成，淮宿蚌城际高铁、徐淮阜高速等项目加快推进，城市加速西进。有序推进老工业企业搬迁改造，安徽省正大源饲料集团有限公司、安徽金冠玻璃有限责任公司等112家老工业企业搬迁任务全面完成，老工业基地搬迁改造工作获省政府“真抓实干、成效明显”表扬激励。

【推进产业融合发展】 加快推进凤凰山国家农村产业融合发展示范园建设，出台《2021年相山区凤凰山国家农村产业融合发展示范园建设工作要点》，推动实施产业融合重点项目31个，凤云路、迎凤路、张集街景观提升改造项目正按计划序时推进。省级特色小镇建设持续推进，芳香小镇客厅正在加快建设，前柳园旅游观光项目开工建设，食品小镇客厅改造施工完成。

【服务业重点项目建设】 全年服务业实现增加值264.7亿元，同比增长7.4%，占全区GDP比重为64.1%，占全市服务业增加值的42.5%；服务业从业人员占全社会从业人员比重为80%，服务业固定资产投资占全区固定资产的72%，拉动GDP增长4.9个百分点，固定资产投资占全区固定资产的74.6%；税收占全区税收的80%；相山经济开发区获批安徽省“十四五”首批两业融合试点园区，淮北隋唐运河古镇获评省级服务业集聚区，服务业在全区经济社会发展中的支柱作用进一步凸显。

【综合改革深入推进】 深化“放管服”改革，实施企业开办帮办代办服务，优化精简审批环节，平均提交材料时间减少55%，投资活力持续激发。推行建设工程一窗“综合受理、容缺受理”，工程建设立项和施工许可阶段可容缺28项申请材料。深入参与长三角地区证照管理一体化建设，积极推进政务接轨，实现79个政务服务事项“跨省通办”。学习借鉴马鞍山经济开发区、浙江长兴县考察交流“标准地”改革经验做法，出台《相山经济开发区“标准地”改革工作实施方案》，全面完成区域规划环评、区域能评等10项区域评估。会同相关职能部门研究控制性指标设置标准以及操作流程，加快推进“标准地”出让。

【融入长三角一体化】 紧扣“一体化”和“高质量”两个关键词，切实加快融入长三角一体化发展步伐，出台《相山区建设皖北承接产业转移集聚区实施方案》，明确产业承接重点方向。组团赴徐州、昆山、深圳等地考察，深化与上海莘庄、浙江长兴战略合作关系，先后选派8名干部到上海市嘉定区、闵行区、普陀区等地挂职锻炼，加强沟通对接，探索共建园区、共享税收的合作机制，大力发展"飞地经济"。

【信用体系建设】 将信用体系建设与项目审批相结合，将行政许可事项列入全区信用体系建设"双公示"的范围，上报"双公示"信息9501条，其中行政许可信息8750条，行政处罚信息751条；上报信用信息目录数据3035条。建立本辖区可开展信用承诺的行政许可事项清单，并上传到信用淮北网站，在环保、教育、税务等14个领域开展主动公示型、信用修复型、行业自律型等承诺试点工作。出台《相山区2021年社会信用体系工作要点》《相山区公共信用信息目录（2021年版）》等一系列配套政策，充分发挥信用信息共享平台作用，推进实施守信联合激励和失信联合惩戒工作。

【节能工作】 深入落实节能"双控"要求，坚决遏制"两高"项目盲目上马，对淮北矿业（集团）有限责任公司、安徽蓝宇集团蓝宇洗精煤、新光集团淮北刘东煤矿有限公司、安徽金冠玻璃有限责任公司，帮助安徽金冠玻璃有限责任公司光伏玻璃技改项目通过节能审查，全年全区规上工业能源消费量下降13.3%。开展以"节能降碳，绿色发展"为主题的系列节能宣传周活动，全区节能氛围进一步浓厚。

（区发改委）

自然资源管理

【耕地保护】 2021年，区自规局按照市委、市政府工作部署要求，印发《淮北市相山区推行耕地保护田长制的实施方案》，推行耕地保护田长制工作，建立区、镇（街道）、村（社区）三级田长制责任体系，初步形成"横倒边、纵到底，网格化、全覆盖"的耕地保护监管格局，切实遏制土地违法行为，完成耕地保有量不减少、基本农田保护率不降低的目标任务。组织实施6个新增耕地复垦项目，实现新增耕地面积7.7892公顷，保持耕地占补平衡。

【用地报批】 2021年，区自规局保障重点项目用地，推进城市、城镇建设用地项目组件报批工作，组件8个批次建设用地项目62.5067公顷，其中张集中学扩建项目0.5934公顷、西山北路扩建项目1.0706公顷、凤竹路建设项目1.9048公顷、信息产业园项目用地2个分别为3.7407公顷和22.095公顷（省政府已批）、信息产业园道路用地1.5926公顷、碧桂园变电站建设0.181公顷、新建淮北至宿州至蚌埠城际铁路

2021年1月5日，淮北市自规局在渠沟镇郭王村验收新增耕地项目

（任伟　摄）

（淮北市相山区段）项目 31.3286 公顷上报工作。绿金湖片区土地征收成片开发方案编制经省专家论证会评审通过。

【执法监察】2021 年，区自规局贯彻执行自然资源管理法律法规政策，依法履行职责，强化执法监察与案件查处，遏制土地违法行为，有力促进规范用地。通过对 2021 年度卫片逐宗图斑的核实举证、研判上报、系统填报、查处整改，违法占用新增建设用地问责比例为 0。

【地灾防治】2021 年，区自规局健全完善地质灾害群测群防网络体系，进一步夯实地质灾害防治基础，全面提升全区地质灾害综合防治能力和水平，实行地质灾害防治网格化管理，开展相山区 1 ∶ 50000 地质灾害风险调查评价工作，全面摸清潜在地质灾害风险。依据《地质灾害风险调查评价技术要求》编制设计方案，通过省自然资源厅专家组审查。

【基础管理】2021 年，区自规局依据《淮北市国土空间总体规划（2020—2035 年）编制工作方案》要求，组织编制《淮北市相山区任圩片区控制性详细规划》。实施淮北市“多规合一”实用性村庄规划工作，经现场勘查、会议研究，确定相山区市级试点村庄钟楼村，村庄规划已完成专家评审。推进相山区农村房地一体宅基地和集体建设用地使用权确权登记颁证工作，全区总面积 141.72 平方千米，辖 16 个行政村，206 个村民小组，发证总宗地数 25252 宗，已完成房地一体地籍调查 25252 宗，录入地籍调查数据库的 25252 宗，房地一体已登记发证 1335 宗，不具备登记发证条件 8843 宗，登记发证率 5.4%。持续开展相山区解决房地产领域历史遗留“难办证”和“难安置”工作，按照“单独建账，应办尽办，参照执行”的原则，实行台账化管理，妥善处理到位。“难办证”项目共 139 个，涉及 84232 套，其中安置房项目 22 个，涉及 22447 套。139 个“难办证”项目首次登记已办理 132 个项目、79284 套，完成率 94.13%；转移登记（分户）已办理 70940 套，完成率 89.47%。安置房项目 22 个，22447 套，转移登记已办理 21883 套，完成率 97.49%；未办理 564 套，不愿办理转移登记的业主，均建立“一户一策”台账。

【资本运营】2021 年，区自规局科学编制辖区收储土地计划 8 宗 409 亩，招拍挂成交用地 7 宗 447.6 亩，成交额 214210 万元，为全区基础设施建设和经济发展提供用地保障。拟定并上报长山路西、西流河北等 3 宗土地的收储请示。

【林业管理】2021 年，区自规局全面建立区、镇（街道、开发区）、村（社区）三级护林队伍，坚持以林业增绿增效、森林长廊、

2021 年 11 月 14 日，相山区在曲阳街道黄里社区风景区南广场举行 2021—2022 年冬春季森林防火演练（王立群　摄）

森林城镇、森林村庄等林业生态工程建设与提升为重点；全面加强森林资源管理，优化林业发展环境，推动林业高质量发展，不断推深做实林长制改革，完成增绿增效造林200亩；完成省级森林抚育1000亩；重点开展农村宅旁、村旁、路旁、水旁绿化，完成“四旁”“四边”造林300亩；强化林业有害生物防控，实施美国白蛾飞机防治4万亩、地面防治1.8万亩。实现有害生物防治目标管理“四率”指标。重点做好黄里古侧柏林、相山公园古树名木的保护，保护率达到100%；建设省级森林村庄1个，全面完成省市下达的林业目标任务，森林覆被率达到25.26%。

（区自然资源规划分局）

市场监督管理

【政务服务优化】2021年，区市场监管局以推进“互联网+政务”服务为抓手，深入推进压缩企业开办时间改革。推进政务服务“一网、一门、一次”改革工作，进一步“减环节、压材料、降成本、提效率”，通过优化“一窗通”服务平台进行信息“一次采集”，即时共享，企业开办设立登记、印章刻制、发票申领、银行预约开户、社保登记、住房公积金开户，实现一个工作日办结。全年全区新增私营企业3593家，其中办理注册资金在500万元以下（含500万元）公司3144家；新增个体工商户7923户；新增农民专业合作社13户。办理企业变更3512家，企业注销1257家，简易注销登记938家。1月起，免费为新开办企业刻制印章增加至5枚。为企业免费刻章2953套，共计14765枚，减免费用约88.59万元。11月23日，相山区被省质量强区领导小组评为“安徽省质量强县（市、区）”。

【智慧监管机制】2021年，区市场监管局通过构建“线上监管智能化、线下监管网格化、平台监管统一化”市场监管机制，实现“互联网+市场监管”的智慧监管模式，全年接入“相食安”智慧监管平台餐饮单位113家、学校及幼儿园食堂102家、生产企业52家。把控关键环节，远程监管餐饮现场动态，提高巡查工作质量和效率，为查询监管信息提供便利。

【进口冷链食品监管】2021年，区市场监管局开展进口冷链食品“全受控、无遗漏”监管，加大对2家进口冷链食品监管仓的集中管控，严格要求进入相山辖区的进口冷链食品务必提前24小时进行报备。相山区进口冷链食品监管仓自运行以来，已报备32家企业，共计报备2111.826吨，核酸检测人员6983份、环境及物品270461份，共核酸检测277444份，检测结果均为阴性。督促进口冷链单位加大冷链追溯平台的应用，共上传进口冷链食品追溯信息1108条，索证473条，并按要求赋码销售。

【食品安全监管】“你点我检 你送我检”活动罗列出21大类66个食品品种，通过问卷形式向社区居民征求，点出群众所愿，抽出群众所需，检出群众所盼。通过你点我检、你送我检、我执法你协助、我宣传你传递。针对“米袋子”“菜篮子”中的农兽药残留、食品添加剂超标等问题，快检15组、实验室抽检6组。监督检查农贸市场1家、食品经营店4家。发放宣传资料500份，答疑群众咨询53条。区市场监管局不断推进食品安全“你点我检 你送我检”活动常态化，通过“网上‘你点’、线下‘我检’”的工作机制，8个市场监管所按照每月一次序时开展活动，积极回应群众关切的食品安全问题，切实增强群众的获得感、幸福感和安全感。

（区市场监管局）

统　计

【统计业务】 统筹做好第七次全国人口普查数据质量审核、劳动力调查、住户调查等普查调查工作，组织实施工业、建筑业、批零和住餐业、投资、房地产、服务业、能源等一套表联网直报月报、季报、年报监测、预警、评估工作。配合上级部门完成抽查、实地查询、统计执法等工作；及时对名录库进行维护更新；认真做好“四上”企业和投资项目入库申报审核工作。

统计核算。与市统计局各业务科室沟通对接，牵头推进2021年度地区生产总值统一核算工作，及时公布全区GDP统一核算结果；与市局能源科对接，做好2021年季度万元GDP能耗核算工作；与市场监管、人社等部门对接，收集数据资料，抓好小微企业营业收入测算工作；与市局综合科对接，抓好民营经济测算工作。

企业申报。按照国家统计局入库标准，深入基层，做好“四上”（规模以上工业企业、资质等级建筑业企业、限额以上批零住餐企业、国家重点服务业企业）企业摸底排查工作，及时跟进招商引资重点项目建设、重点企业生产经营情况，确保符合标准的企业、项目按时纳入统计。加强对申报材料的质量管控，对主要统计指标进行科学性、规范性审核评估，提高申报的时效性、准确性和完整性。全年新增“大个体”18家；新增“四上”企业41家，其中规模以上工业企业6家、限额以上商贸业企业18家、规模以上服务业企业7家、房地产企业7家、建筑业企业3家。

【统计规范化建设】 2021年，区统计局对镇（街道）、部门、企业基层基础规范化开展全方位统计督查检查，核查源头数据真实准确；联合有关部门定期实施执法检查、专项检查，“四上”企业实现全覆盖。坚持日常统计执法检查、“双随机”抽查和数据质量核查相结合，进一步加大统计执法力度；认真做好统计违法案件的举报、受理和查处工作，切实增强统计违法案件查处能力，确保统计基础工作扎实，统计数据客观真实。

【统计法治建设】 制作精美的法治漫画作品参加安徽省第七届“法润江淮共筑美好安徽”作品征集活动；承办淮北市第十二届“中国统计开放日”活动；开展“12·4”国家宪法日统计法律法规宣传，扩大普法效果。通过各类培训会、调研走访等多举措开展《中华人民共和国统计法》《统计法实施条例》《统计违法违纪行为处分规定》等统计法律法规的学习宣传，结合全市统计核查工作，推进统计基层基础资料档案化管理，对统计台账不完整、数据异常的企业，及时指导整改，做到数出有据、数据合理、逻辑匹配。同时加大统计检查力度，全年共检查162家单位，通过检查，对单位统计基础工作中存在的困难提出合理化建议或解决方案，加强宏观经济运行的监测力度，进一步推进统计基层基础工作。

【统计服务】 2021年，区统计局结合新形势和新需求，不断提高统计服务质量，加强统计分析研判和数据解读，加强与市统计局、市调查队的工作对接；及时搜集整理全区及镇、各街道、相山经济开发区主要经济指标数据，充分发挥统计工作的服务功能。

业务培训。区统计局在全区开展“统计大讲堂”活动，全年共举办区级讲堂15期，街道、开发区业务大讲堂9期。并通过服务千企、专业年报会等活动，持续加大培训指导力度，强化学习，钻研业务，深入指导，切实增强统计工作规范化建设水平。

编制统计产品。2021年共撰写统计分析50余篇、统计信息25篇、其他信息30余篇，制作相山统计月度手册11期，组织编印统计业务知识读本、《“两会”服务统计资料》，为区委、区政府准确把握社会经济发展形势、研究应对性决策，发挥参谋助手作用。

服务千企工作。区统计局精准提高服务质量。各相关专业与本专业服务对象企业确定一对一联系人，通过建立微信群、QQ群、统计“服务千企”联系卡等方式畅通服务渠道。截至年底，统计工作人员对纳统工业、固定资产投资、服务业、商贸业等企业进行走访调研350余次，实地了解企业需求，及时开展业务指导。加强与上级业务主管部门、区直相关部门的联络沟通，做好信息共享，齐心协力为全区经济社会发展出谋划策，形成应统尽统的强大合力。

（区统计局）

审　计

【概况】 截至2021年，区审计局编制11人，实有人员14人。全年完成审计项目58个，审计发现问题310个，提出审计建议183条，发布审计结果公告8篇，提交审计专题报告、综合性报告和信息简报58篇，向区纪委监委移送审计发现问题线索3条，向主管部门移送审计发现问题线索3条。区审计局被授予2021年度“品质相山”建设先进集体称号。

【财政审计】 2021年，区审计局紧扣预算执行和财政财务管理重点目标，组织开展区级预算执行审计，对1个区直部门进行部门预算执行审计，促进深化预算管理改革，强化预算约束和绩效管理，规范财政财务收支行为，保障财政资金规范安全高效运行。组织开展“相山区2018至2020年度公共投资EPC项目建设情况专项审计调查”等8个重大建设项目审计，促进提高工程质量和效益。

【经济责任审计】 2021年，区审计局认真贯彻落实中央两办经济责任审计新规定，建立完善经济责任审计体制机制，重点围绕高质量发展、重大经济决策、工程建设、招标采购等重点领域和关键环节，加大审计监督的穿透力。完成年度计划安排22个项目，查出领导干部对违规行为负有领导责任的问题资金1572.58万元。注重揭示各类风险隐患，推动完善内部治理，及时移送处理有关问题线索，促进权力规范运行和反腐倡廉。

【资源环境审计】 2021年，区审计局密切关注生态文明建设决策部署落实情况，聚焦污染防治攻坚战任务推进，完成年度计划安排领导干部自然资源资产任中审计1个项目，促进领导干部认真履行自然资源资产管理和生态环境保护责任，助力新阶段现代化美好相山建设。

【政策落实审计】 2021年，区审计局围绕做好“六稳”工作、落实“六保”任务，密切关注乡村振兴、创新驱动发展等重大战略实施，以及就业优先、优化营商

2021年8月11日，相山区审计局到东山街道党工委、办事处召开领导干部经济责任审计进点会　（区审计局　供图）

环境、减负降费、生态环保、公共卫生体系建设等重大政策举措落实情况，组织实施有关创新创业政策专项审计，推动中央及省重大政策部署落地见效，保障党中央政令畅通。

【公共投资项目审计】 2021年，区审计局充分发挥审计专业优势，重点对项目立项决策、土地使用、项目概预算批复及执行情况、征地拆迁、工程招投标及物资采购、工程质量、环境保护、建设资金管理使用、项目竣工决算及项目投资绩效等方面进行审计监督。完成年度计划安排“渠沟镇大梁楼采煤塌陷村庄搬迁一期工程”等23个项目。

【企业审计】 2021年，区审计局以推动国有企业深化改革，维护国有资产、国有资本安全完整和保值增值，促进做优做大做强国有企业为目标，重点关注贯彻落实国家经济政策情况、企业治理结构及内部控制制度的建立和执行情况、企业资产负债损益情况等，完成年度计划安排企业审计1个项目，推动国有企业深化改革，维护国有资产、国有资本安全完整和保值增值。

【审计整改】 2021年，区审计局坚持把揭示问题与推动解决问题相统一，做实审计监督后半篇文章。对审计查出的问题逐一落实举措、对账销号，维护审计监督的严肃性和权威性。依法向区人大常委会汇报审计整改工作落实情况。联合区委组织部、区委督查考核办公室、区财政局等单位对审结的审计项目审计整改工作进行考核，将考核结果纳入被审计单位当年度综合目标考核成绩。

（王　芹　刘　超）

人力资源管理

【事业单位人员招聘】 区人社局向市人社部门申报2021年上半年事业单位招聘计划，为区疾控中心招录紧缺人才4名。

【“三支一扶”人员期满安置】 2021年，区人社局为2019届26名“三支一扶”高校毕业生办理期满入编安置。

【评选表彰】 2021年，区人社局推荐2021年度淮北市高质量转型发展先进集体6个、先进个人19名。

【城镇新增就业】 年内任务9500人，全年城镇新增就业13250人，完成全年目标任务的139%。

【城镇登记失业率】 城镇登记失业率2.8%，控制在4.5%以内，全区就业形势稳定可控。

【人才政策兑现】 紧扣“免、减、缓、返、补”五方面，在减负、稳岗、扩就业等方面下功夫，及时兑现各类惠企惠民政策。全年为44家企业发放稳定就业补贴693.57万元，为17家小微企业发放新增就业岗位补贴14.4万元，为678名灵活就业困难人员发放灵活就业社保补贴216.48万元，为23名高校毕业生发放一次性就业补贴6.9万元，发放创业担保贷款260笔6000万元。

【人才招聘】 常态化开展“2+N”招聘活动。精心组织常态化招聘、线上招聘、微型招聘、专场招聘等线上线下招聘活动，提升招聘求职成效。全年开展各类招聘会123场，其中线上招聘会91场，网络招聘职位数801个；线下招聘会32场，入场企业1192家，提供就业岗位49336个，进场求职4197人，达成就业意向1323人。

【重点群体就业】 开发公益性岗位611个，在岗人数308人，均超额完成全年目标任务；补录大学生基层特岗47名；就业见习目标任务160人，完成231人，完成民生工程就业见习任务的

144%。其中，开发见习岗位754个，组织57个单位与231名见习人员签订见习协议。

【技能人才队伍建设】 发挥技能培训作用。积极宣传培训政策，大力开展技能培训，持续提升劳动者技能水平。截至目前，共开设岗前技能培训班86期，培训4464人，完成全年目标任务的142%；开设就业技能培训班91期，培训8370人，完成全年民生工程目标任务226%。开设创业培训班40期，培训1200人次。开设援企稳岗以工代训8期，培训630人次。共拨付培训补贴800.36万元。

【就业服务】 巧用“快打工”App推进就业服务。支持智诚人力资源公司推广运用“快打工”软件，联合市总工会打造职工就业服务平台，成立镇（街道）、村（社区）就业网点，将线上平台和线下平台相结合，提供线上线下全方位全程免费就业服务。开展“快打工”招聘专员进社区活动，把企业用工信息直接带给求职者，现场开展职业规划和职业介绍，让求职者不出社区即可找工作。截至年底，“快打工”平台合作企业890家，吸纳粉丝54753人，广告投放72万人次，累计登记求职者信息43514人，推荐求职者面试26780人，初步上岗7850人，每月实现推荐就业255人以上。

【城镇居民收入持续增长】 2021年相山区城镇居民人均收入45004元，排名全市第一，增速9.0%，排名全市第二，增速与省、市增速一致，完成年度目标任务。

【劳动仲裁与监察】 2021年，区人社局发挥劳动关系三方机制牵头单位作用，加大劳动保障执法和劳动争议调解仲裁力度，相山区管辖范围内劳动关系和谐稳定。相山经济开发区被命名为“淮北市和谐劳动关系工业园区”，安徽曦强乳业集团有限公司、淮北金鹰国际购物有限公司被命名为“淮北市劳动关系和谐企业”。加大农民工工资清欠力度。扎实开展保障农民工工资支付专项检查行动、农民工资支付规范化管理专项行动、化解重难点案件百日攻坚行动、根治拖欠农民工工资冬季攻坚行动，坚持欠薪问题的源头治理，全面推进“一金三制”（农民工工资保障金制度、劳务用工实名制管理制度、银行代发工资支付制度、农民工工资储蓄账户制度）落实。将工资支付保障制度执行情况纳入工程项目审批和日常管理全过程，切实提高制度覆盖率和运行率。同时，对“一金三制”制度落实及运营情况进行常态化检查，对未落实或只建立未启用的项目进行约谈、督促，限时整改，对未按要求完成制度落实的项目，督促行业主管部门责令停工。全年共收取农民工工资保证金18家，总额为5403.0794万元，其中5家以现金形式缴纳128.1844万元，保函5274.895万元，保证金退还2家，金额为47.56万元（现金）。受理投诉537件，其中人社部欠薪线索反映平台92件，“12345”市长热线61件，以上共涉及劳动者985人，拖欠工资约1357.74万元。通过协调处理412件，为769名劳动者讨回工资1120.62万元，案件结案率98%；受理劳动仲裁案件164件，为劳动者挽回经济损失645.0615万元。有力保障劳动者合法权益。为督促在建工程项目遵守劳动保障法律规定，履行守法诚信义务，营造全区诚信守法良好氛围，9月，相山区劳动保障监察大队创新开展相山区2021年度保障农民工工资支付诚信示范单位评选工作，该项评选工作在全市首次开展。落实《保障农民工工资支付条例》，规范农民工工资发放管理，开展《保障农民工工资支付条例》实施一周年宣传活动，联系市传媒中心全程跟踪报道。 （区人社局）

招商引资·开发区建设

招商引资

【概况】2021年，市委、市政府下达全区招商引资目标任务3项，分别为当年实际固定资产投资亿元以上项目5个，规模工业项目当年实际固定资产投资额13亿元，利用省外资金110亿元。全区完成当年实际投资亿元以上项目7个，完成年度目标任务的140%；完成规模项目当年实际固定资产投资额15.4亿元，完成年度目标任务的118%；认定利用省外资金115亿元，完成年度目标任务的105%。

2021年6月28日，固安翌光科技有限公司“第4.5代OLED屏体产业化及终端整机生产线”项目正式签约入驻相山经济开发区　（孟磊　摄）

【产业招商】2021年，区投资促进局建立推行“十个一”产业链招商新模式，编制产业招商指南，绘制产业招商地图，抓龙头引配套，着力引进一批补链、延链、强链项目，新签约项目与主导产业契合度达95.2%，开发区主导产业标识更加明晰。新开工招商项目20个，建成投产15个招商项目，拉动工业投资增长13.6个百分点。

【招大引强】2021年，区投资促进局高频对接华润雪花啤酒（中国）有限公司、上海均瑶（集团）有限公司、今麦郎食品股份有限公司、深圳市银泰福控股有限公司等大型国企和民营企业跟踪服务，制订针对性推进方案，招大引强成果显著。全年新签约翌光科技第4.5代有机发光器件、珠海宏广科技有限公司高端消费类电子FPC等优质项目36个，总投资90.1亿元，同比增长15.3%，其中亿元以上项目23个，20亿元（翌光科技第4.5代有机发光器件）、10亿元以上（安徽诺讯智能科技有限公司诺讯智能制造产业园）项目实现了零的突破。

【全员招商】2021年，相山区成立由区四大班子领导任（团）组长、区直部门和镇、街道、开发区为成员的17个招商组，组建

3个驻外招商团和2个驻外招商中心，建立招商考核、服务保障等机制，掀起“双招双引”新热潮。全年累计外出考察202次，合计616天，高标准举办2021食品工业博览会、安徽淮北电路板行业高峰论坛等大型招商活动，接待到淮北考察企业308家，联系协会商会37批次，在深圳、昆山等地举办专场招商推介会6次。在市委党校举办为期一周的2021年相山区招商引资业务培训班，并多次邀请上海、昆山等地长期从事招商工作的专业人员为全区招商干部进行招商实践、产业知识、招商方法等方面的培训，加强对专业招商人员的培训，提高招商队伍综合素质和工作能力。

2021年7月26日，2021年相山区招商引资业务培训班在市委党校开班 （刘奇　摄）

【以商招商】 2021年，相山区围绕已落地企业供应链、市场链、产品链引进战略合作伙伴和上下游关联企业，促进产业纵向成链、企业横向成群。聘请有影响力、有实力专家、企业家等8名社会人士担任招商大使，为全区招商工作提供有效信息，协助项目洽谈，取得良好效果。年内通过以商招商引进安徽诺讯智能科技有限公司诺讯智能制造产业园、淮北银泰福智能终端产业园多层高密度线路板等8个项目。

2021年1月25日，相山区举办昆山PCB产业园推介会 （孟磊　摄）

【招商活动】 相山区PCB产业园推介会。1月15日在昆山举办。上海速青生物科技有限公司、江苏苏杭电路板集团公司等龙头企业以及20多家台企、民企参加推介会。相山区委副书记、区长朱龙，区委常委、常务副区长赵华，区投资促进局负责人员等参加此次推介会。会上，赵华介绍相山区产业园的建设情况、发展前景、优惠政策、投资环境等，并邀请企业家到相山区实地考察，进一步洽谈合作。

2021年食品工业博览会。4月16—18日举办。本次食博会共邀请客商106人，18个招商引资项目在投资说明会上集中签约，协议投资额86.83亿元人民币，

相山经济开发区全貌　（相山经济开发区　供图）

其中工业项目16个，总部经济项目2个；超10亿元项目4个（省科技投产业园区建设项目、银泰福智能终端产品产业园项目、珠海运泰利战略合作项目、中燃能源发展战略合作项目），招商引资成果显著。

安徽淮北电路板行业高峰论坛。12月25日，安徽淮北电路板行业高峰论坛暨安徽深淮集成电路公司投产仪式在相山区举行。副市长高维民参加活动。活动中，相山经济开发区与深圳市领德晖电路有限公司等6家企业签约。百余位企业代表应邀参加深淮集成电路公司投产仪式，中国电子电路行业协会副秘书长朱民讲话。

（区投资促进局）

相山经济开发区

【概况】 相山经济开发区前身为2006年成立的渠沟工业项目区（淮海西路以南）；2009年5月，经省政府批准筹建安徽淮北凤凰山经济开发区，规划面积11.2平方千米，主导产业为发展食品工业及其他农产品深加工业；2013年8月，省政府同意凤凰山经济开发区扩区，总体规划面积扩大至19.4平方千米，建成区10平方千米，常住人口1.2万人。2009年5月经省政府批准建设，2018年2月进入中国开发区审核名录，2019年12月，主导产业调整为食品制造和信息产业，成为皖北唯一一家可落户PCB电路板企业的园区。截至2021年底，累计入驻工业企业163家，其中规上工业企业64家。建成区实现"九通一平"，建成"四纵十二横"30千米道路、8千米供电双回路、22千米污水管网。大学科技园、信息产业园、食品产业园、科技小镇等4个创新平台项目共计47万平方米标准化厂房建成使用。日处理2万吨信息产业园污水处理厂建成使用。建设13.9千米供热管网。先后被认定为"国家农业科技园区""国家农村产业融合发展示范园区""国家农业产业化示范基地""全国农产品加工示范基地""安徽省新型工业化产业示范基地""安徽省和谐劳动关系示范工业园区"等。

2021年，全区完成规上工业产值45.1亿元。固定资产投资完成16亿元，同比增长6.3%，其中工业投资完成15.9亿元，同比增长8.5%，技改投资8953万元，同比增长117%。战新产值完成13.37亿元，同比增长20.1%；高新产业产值11.38亿元，同比增长20.1%。社会消费品零售总额完成3.84亿元，同比增长21.2%。完成税收1.6亿元，同比增长55%。

淮北凤凰山绿色食品博览园获评国家AAA级旅游景区、"第四批省知识产权示范园区"、"十四五首批省级先进制造业和现代服务业融合发展试点园区"等。

做响"六单制"服务品牌，创新"双融合三培养""三联三创"等非公党建模式，重点打造淮北徽香昱原早餐工程有限责任公司、安徽金冠玻璃有限责任公司等5个非公企业党建示范带。

指导设立“党员岗”“党员墙”，激发企业党员立足岗位、争先创优。创新实施“1+1+11”非公党建发展模式，组织建设“益企党建圈”，引领园区非公企业高质量发展。

组建3个驻外招商团，围绕食品制造（生物科技）、信息技术两大主导产业，实施“建链、补链、强链、延链”产业链招商。新签约安徽诺讯智能科技有限公司诺讯智能制造产业园、翌光科技第4.5代有机发光器件、深圳市银泰福智能终端产品产业园、安徽盛德宝新材料科技有限公司半导体新材料等项目31个，协议总投资81.44亿元，累计申报省外资金65亿元。

加大规上企业培育，新增10家规上工业企业。加快推动项目投产达效，安徽智茂宸智能科技有限公司、安徽诺讯智能科技有限公司诺讯智能制造产业园、家家悦淮北综合产业园一期淮北禾美环保技术有限公司、安徽盛德宝新材料科技有限公司半导体新材料等企业项目。

制定《办理工业项目施工手续明白手册》，推动工业项目建设程序化和规范化。积极推动标准化产房建设，大学科技园一期已入驻8家企业，二期12.5万平方米标准化厂房建成并交付使用；信息产业园一期7.5万平方米的5栋标准化厂房和3万平方米的5栋宿舍楼已交付使用，二期15万平方米标准化厂房和配套设施已进入规划设计阶段。实现信息产业园污水处理设施正常运营；实施园区电网优化改造，确保园区企业用电双电源、双回路；雨污分流管网提升改造工程全面完工；13.9千米供热管网基本建设完成，园区承载能力得到显著提升。

2021年4月29日，“2021年全省第四批贯彻‘六稳’重大项目集中开工动员会淮北分会场”现场（相山经济开发区　供图）

推进“四送一服”和疫情防控包保机制，积极创优“四最”（审批事项最少、办事效率最高、投资环境最优、市场主体和人民群众获得感最强）营商环境。全面落实国家和省市“三重一创”、科技创新等系列惠企政策，兑现企业各项优惠政策奖补资金2.17亿元。引进企策、天造等人力资源公司，帮助企业招工1014人。深入推进“放管服”改革，承接24项区级行政审批事项，缩短办事流程，提高行政效率。

树牢“两山”理念，坚决打好污染防治持久战，抓好中央环保督察反馈问题整改，实施湘西沟、凤翔沟、申家沟水环境综合治理工程。推进智慧环保工作，对园区27家涉水排污单位安装废水在线设施并联网。全面落实安全生产工作机制，开展危险化学品、建设项目施工等7类安全生产大检查，下达隐患整改指令书135份，整改隐患578处。

完成信息产业园一、二期土地征收工作；全面推进疫苗接种工作，在全区率先完成18周岁以上人群疫苗第一剂接种目标。积极实施乡村振兴战略，实施雨露计划14人次，35人得到助学计划帮扶，发放3年扶贫资产收益分红89万元，完成省级脱贫攻坚成果巩固迎检工作。

开展河道“四乱”（乱占、乱采、乱堆、乱建）现象治理活动。投入23万元，更换水表、闸阀2115户，水表箱89个，改善居民用水质量。收缴农村合作医疗保险10547人、295.316万元。全面落实优抚政策，发放各类优抚资金300余万元。

【创新体系建设】积极引导企业加大技改投入和科技研发，加快推进“两化融合”。人良生物科技（安徽）有限公司、安徽极速生物科技股份有限公司等企业获评国家级“两化融合”管理体系评定企业。依托中国农业大学、江南大学、淮北师范大学等高校，成立中国农业大学淮北实验站、黄淮海食品检验检测中心、国家大学科技园等科技创新平台，积极构建以企业为主体、市场为导向、产学研相结合的自主创新体系。今麦郎饮品（淮北）有限公司、安徽盛美诺生物技术有限公司等企业获评省智能工厂和数字化车间。拥有省认定企业技术中心7家、高新技术企业30家、省“专精特新”企业16家，中国驰名商标5个、安徽省著名商标17个、省名牌产品8个、省“工业精品”1个。

【对外开放】2021年，全区深度参与“一带一路”“长三角一体化”建设，抢抓皖北承接产业转移集聚区建设机遇，持之以恒推进招商引资，先后引进香港嘉士利集团、马来西亚完美集团、美国新选择食品、新西兰环球食品、家家悦集团等企业，紧盯南亚电子材料（昆山）有限公司、立讯精密工业股份有限公司、竞陆电子（昆山）有限公司等意向企业，重点跟踪联合利华、伊利、华为、联想等知名企业。鼓励企业开展自营出口，进一步拓宽国际市场。

【优化营商环境】2021年，全区以创建省内一流营商环境园区为目标，制订开发区精准帮联企业行动工作方案，实施精准帮联，服务企业零距离，及时快捷解决企业难题，着力构建新型“亲”“清”政商关系。推动建设企业家服务中心和办事大厅，实现手续办理、融资租赁、中介咨询、讲座培训等涉企一站式服务。“十三五”期间，兑现各类优惠政策奖补资金4.51亿元，帮助企业融资发展资金20.6亿元。充分发挥党建核心引领作用，创新“双融合三培养”“三联三创”等非公党建模式，重点打造淮北徽香昱原早餐工程有限责任公司、安徽苏太太食品有限公司、安徽果力智能科技有限公司、安徽杨府锦调味食品股份有限公司、安徽金冠玻璃有限责任公司等5家非公企业非公党建示范带。加快推进亩均效益评价和“标准地”改革，以“亩均论英雄”，亩均税收、投资、产值大幅提升。

【绿色食品产业】2021年，全区有农副食品加工及生物科技企业87家，其中规模以上农产品加工企业39家；全年实现规模以上农产品工业产值35.17亿元，产值超亿元企业有13家，税收超100万元企业有8家。

抓好招商带动。制订《相山经济开发区派驻招商团工作实施方案》，对标对表、谋深谋实食品制造（生物科技）产业国家支持重点，实施精准招商。全年招引食品制造（生物科技）及配套企业7家，其中投资亿元以上企业2家，协议总投资额5.92亿元。

抓好产业集聚。围绕“一二三产业”融合式、集群式发展，延伸产业链条，推进产业集群集聚发展，有省级农业产业化龙头企业8家、市级农业产业化龙头企业16家，形成烘焙类、休闲食品类、软饮料类、农产品加工类、生物科技类5大食品产业链，吸引今麦郎食品股份有限公司、香港嘉士利集团、马来西亚完美集团等一批行业龙头企业入驻。

抓好品牌培育。实施商标战略，有中国驰名商标5个、省商标品牌示范企业7个、皖美品牌示范企业5个，思朗饼干、曦强乳制品获评“中国好食品”，淮北徽香昱原早餐工程有限责任公司被评为“全国主食加工业示范企业”，安徽鑫乐源食品有限公司、安徽金富士食品有限公司、安徽贝宝食品有限公司等多家企业被认定为省“专精特新”企业。

抓好科技创新。加大科技创新扶持力度，加快推进工业化和信息化“两化融合”，依托中国农业大学、合肥工业大学等高校院校，共建国家大学科技园等科技创新平台，积极构建以企业为主体、市场为导向、产学研相结合的自主创新体系，有省认定企业技术中心7家、高新技术企业30家、省“专精特新”企业16家。

抓好基地建设。以农产品及食品加工为基础，大力发展订单农业、仓储物流和休闲农业，带动农产品原料基地种植、畜牧养殖基地建设，园区建成安徽家家悦真棒超市有限公司1000余亩蔬菜种植基地、安徽汉芳生物科技有限公司3000亩芳香植物基地和薰衣草主题庄园、安徽曦强乳业集团有限公司5000余头标准化奶牛养殖基地和10余家专业合作社。

抓好环境优化。建成区10平方千米内实现“九通一平”；入驻项目实行容缺审批、并联审批、网上审批。建成大学科技园12.5万平方米标准化厂房、7000平方米研发中心、8000平方米中试车间、192套人才公寓，7200平方米食品会展中心、3400平方米食品博览馆及1790平方米美食街建成并投入使用，连续九年举办淮北食品工业博览会，相山好食品的知名度和美誉度进一步提升。

2021年4月18日，游客在2021淮北食品工业博览会现场选购商品
（相山经济开发区 供图）

【信息产业】高标准编制信息产业园规划，规划面积约10000亩，其中2300亩集中发展PCB产业。其中电子信息产业园一期已建成并交付使用，二期已开工建设。深化与高校院所合作联动，引进高水平创新创业团队；瞄准业内领军企业，聚焦PCB、半导体、移动终端、可穿戴设备等产业链精准招商，引进安徽诺讯智能科技有限公司、淮北翌光科技有限公司等电子信息企业29家，总投资46.65亿元。建设信息产业园标准化厂房22.5万平方米、宿舍楼3万平方米。投入3.7亿元建设日处理能力2万吨的污水处理厂，一期建成运营。

（相山经济开发区）

工业

综述

【概况】2021年，相山区大力实施工业强区战略，以产业招大引强、扶优扶强为抓手，以企业提质增效、提档升级为目标，积极调整优化产业结构，加快培育食品制造（生物科技）、信息产业两个百亿主导产业集群，全区工业经济在集聚发展、转型发展、高质量发展中实现新突破。新增安徽欧米莱生物科技有限公司、淮北聚德新能源科技有限公司、淮北泽力新能源科技有限公司等规模以上企业15家。谋划实施工业转型升级和技术改造项目20个，今麦郎饮品（淮北）有限公司凉白开技改、安徽金冠玻璃有限责任公司窑炉技改、安徽贝宝食品有限公司智能化改造等13个项目完成。淮北徽香昱原早餐工程有限责任公司、人良生物科技（安徽）有限公司等6家企业获评国家级两化融合管理体系评定企业。安徽雷鸣科化有限责任公司、今麦郎饮品（淮北）有限公司被评为省级智能工厂，淮北矿业（集团）有限责任公司、思朗食品（淮北）有限公司、安徽盛美诺生物技术有限公司被评为省级数字化车间。依法处置和盘活"僵尸企业"14家，涉及土地1021.26亩，完成市下达全区年度任务的102.1%。全年规上工业企业总产值增长17.1%，高于全市1.6个百分点，工业投资增长8.4%，高于全市7.7个百分点，技改投资增长4.7%，高于全市2.2个百分点，高新技术产业增加值增长22%，战略性新兴产业产值增长20.1%。全区初步形成了以安徽曦强乳业集团有限公司、今麦郎饮品（淮北）有限公司、安徽苏太太食品有限公司等食品企业为主的绿色食品产业群；以完美（淮北）生物科技开发股份有限公司、安徽盛美诺生物技术有限公司、安徽阜邦生物科技有限公司

2021年9月26日，区经信局会同相关部门举办相山区电子信息产业链企业家沙龙
（区经信局　供图）

等企业为主的生物科技产业集群；以安徽深淮集成电路有限公司、淮北市多成电子线路板有限公司、安徽诺讯智能科技有限公司等智能制造为主的电子信息产业群，为培育发展新兴产业和先进制造业打下良好基础。

【产业链提升】 2021年，全区围绕绿色食品（生物科技）、信息技术两大主导产业，编制完成“十四五”工业发展规划和食品制造（生物科技）、信息产业两个主导产业专项规划。制定出台《相山区重点产业链链长制工作方案》和《相山区贯彻落实“五群十链”提升重点产业集群和产业链水平实施方案》，明确信息产业、生物科技、食品制造、现代服务业4个产业链链长、牵头部门、责任部门、发展方向和重点、产业链全景图、重点招商目标、谋划项目等，积极推动主导产业链式发展和集群发展，截至年底，全区食品制造类规模以上企业28家、生物科技类11家、电子信息类6家，其中市级农业产业化龙头企业16家、省级农业产业化龙头企业8家。成功举办2021淮北食品工业博览会、安徽淮北电路板行业高峰论坛，签约淮北银泰福智能终端产业园、安徽智茂宸智能科技有限公司电子等产业链上重点项目36个，总投资90.1亿元，淮北德兰和创生物科技有限公司、人良生物科技（安徽）有限公司、淮北市宇奇电子科技有限公司、淮北泽力新能源科技有限公司等13个产业链上重点企业产值增长36.8%。

【技术创新】 2021年，全区谋划实施工业转型升级和技术改造项目20个，今麦郎饮品（淮北）有限公司凉白开技改、安徽金冠玻璃有限责任公司窑炉技改、安徽贝宝食品有限公司智能化改造等13个项目完成。引导淮北市宇奇电子科技有限公司、淮北中德矿山机器有限公司等企业专精特新发展，人良生物科技（安徽）有限公司、淮北徽香昱原早餐工程有限责任公司、淮北辣魔王食品股份有限公司等6家企业被认定为国家级“两化融合”管理体系评定企业；安徽雷鸣科化有限责任公司、今麦郎饮品（淮北）有限公司被评为省级智能工厂，淮北矿业（集团）有限责任公司、思朗食品（淮北）有限公司、安徽盛美诺生物技术有限公司被评为省级数字化车间；安徽杨府锦调味食品股份有限公司等2家企业被认定为省级消费品工业“三品”示范企业；安徽雷鸣科化有限责任公司等2家企业被认定为省级绿色工厂；安徽正大源饲料集团有限公司被认定为省级工业设计中心；安徽果力智能科技有限公司等2家企业被认定为省高成长型小微企业；淮北合众机械设备有限公司、安徽极速生物科技股份有限公司等3家企业产品被认定为省工业精品和省级新产品。

【重点项目建设】 2021年，全区共谋划编排并动态实施重点工业项目45个，其中续建项目8个，计划新开工项目19个，前期项目18个，总投资212.3亿元，年计划投资22.3亿元，预计年产值达323.1亿元。大学科技园二期、信息产业园一期标准化厂房及污水处理厂一期建成使用，家家悦淮北综合产业园一期、淮北晋胜机器人、安徽三航机电科技有限公司三航机电项目相继建成。安徽诺讯智能科技有限公司诺讯智能制造产业园、安徽盛德宝新材料科技有限公司半导体新材料生产、安徽深淮集成电路有限公司深淮PCB电路板生产线等12个电子信息项目建成投产；安徽北福通讯科技有限公司北福通讯、淮北市赛柏尔电子科技有限公司赛柏尔电子等10个项目正在进行厂房装修和设备安装调试；中科达电子有限公司电子、珠海宏广科技有限公司高端消费类电子FPC等11个前期项目已签约落地。

【发展环境优化】 2021年，区经信局深入开展“四送一服”（送新发展理念、送支持政策、送创新项目、送生产要素，服务实体经济），进企入园精准摸排企业融资、用工等要素需求，实施精准对接。推行顶格服务企业机制，分行业举办企业家沙龙3期，开展政策解读，加强交流沟通，解决企业反映问题28条。加快兑现相山区支持先进制造业发展若干政策奖补，申报争取制造强省、工业互联网、市工业经济高质量转型发展、民营经济发展、疫情防控政策资金2014.2万元。通过专项资金引导、强化要素保障等政策措施，进一步推进民营经济扩量提质、转型升级。相山区在2020年度全省发展民营经济考核得分位居前列，受到省发展民营经济领导小组通报表扬（全省36个二类县区排名第9位）。

（区经信局）

淮北凤凰山实业集团有限公司

【概况】 截至2021年，集团公司总资产1386505.32万元，较同期增长20.49%；净资产677942.43万元，较同期增长5.35%；资产负债率51.10%，较同期上升7.02%；全年实现经营收入66691.86万元，较同期增长109.73%；成本费用率108.34%，较同期上升16.00%；利润总额-2615.94万元，较同期下降225.44%；净利润-2907.50万元，较同期下降245.33%；上缴各项税费5548.03万元，较同期增长301.58%。

【工程建设】 2021年，集团公司实施亿元以上重点项目5个，完成固定资产投资6.25亿元。大学科技园二期项目占地116.2亩，总建筑面积12.5万平方米，总投资2.75亿元，建设内容为14幢四层标准化厂房和相关配套服务设施，3月底交付使用。大学科技园三期项目占地80.18亩，总建筑面积约15万平方米，总投资约4.15亿元，建设内容为4幢标准化厂房、1幢宿舍楼、1幢综合楼及配套设施，10月开工建设，计划2022年5月厂房交付使用。信息产业园一期项目占地约195亩，总建筑面积10.6万平方米，总投资约3.15亿元，建设内容为5幢厂房和5幢宿舍楼及配套工程，每幢厂房建筑面积约1.47万平方米，每幢宿舍楼的建筑面积约6021平方米，7月底已交付使用。信息产业园污水处理厂项目占地71.47亩，总投资约2.74亿元，该项目为信息产业园配套的市政综合工程，用于服务入驻的印制电路板企业，主体工程完工，已完成设备安装及调试，启动试运营。供热管网项目总投资1.2亿元，该项目从濉溪经济开发区供热管网接出，沿老濉河和萧濉新河敷设至相山经济开发区，设计蒸汽输送能力100吨/小时，全长约13.9千米的供热管网，预计2022年4月完成。

【资产运营及管理】 2021年，集团公司共计接收资产面积68.15万平方米，其中可经营性资产35.58万平方米，安置房32.37万平方米。全年资产出租率、租金收缴率创历史性新高。资产出租率85.37%，租金收缴率92.93%。全年资产收益1329万元（含厂房清理154万元，三期拆除厂房275万元）。已完成所有资产信息台账建立，国资管理规范化水平进一步提升。

【金融服务】 截至2021年，集团公司存量融资规模11.75亿元，其中完成续期及新增流动资金贷款7.75亿元，完成大学科技园及信息产业园项目贷款新增授信8.65亿元，已发放贷款4亿元。全年归还金融机构贷款本金1.6亿元，其中徽商银行疫情贷款0.8亿元，中航国际融资租赁（深圳）有限公司租赁0.4亿元，建行疫情贷款0.4亿元。淮北鑫诚融资担保有限公司全年实现经营收入484.43万元，总资产26386.48万元，净资产 22483.52 万元，资产负债率 14.94%，净利润 -141.94 万元；保证金余额 6521.15 万元；在担保业务 75 笔，共计 40488 万元，其中政银担业务 62 笔，担保金额 33487 万元；担保业务合作机构为淮北市农商行担保 39 笔，担保金额 19039 万元；濉溪县农商行担保 29 笔，担保金额 17885 万元；推荐同创担保 6 笔，担保金额 3564 万元，过桥业务担保 1 笔，担保金额 170 万元。太上融资租赁全年实现公司设立以来的第二次利润分配，顺利完成首次金融监管评级工作并取得 B 级分类中的最高得分；全年共促成 6 个平台项目落地，实现账面营业收入 2367 万元、可支配收入 1815.11 万元、净利润 876.16 万元、税收 433.66 万元，可支配收入和净利润均超额完成全年目标任务。

【产业基金】 2021 年，集团公司协助基金管理人对北京计算未来公司开展投后管理，配合基金管理人对北京计算未来、安徽感知未来开展定期巡查。配合泰润基金完成设立，实缴出资 4500 万元，并完成基金协会备案工作。积极会同市产业投资基金，遴选新的基金管理人，在基金管理人完成对淮北翌光科技第 4.5 代有机发光器件项目前期尽调的基础上，联合其他合伙人及时完成实缴出资，推动淮北翌光科技项目开工投产。

【业务拓展】 2021 年，安徽现代城市建设投资有限公司与淮北矿业（集团）工程建设有限责任公司共同出资设立淮北城市建设工程有限责任公司，公司注册资本 5000 万元。现代城投资公司以货币出资 2550 万元，占注册资本的 51%，淮北矿业（集团）工程建设有限责任公司 2450 万元，占注册资本的 49%，合资公司已正式开展运营。现代城投资公司与中煤特殊凿井有限责任公司合作成立淮北淮相建设工程有限责任公司，公司注册资本 1000 万元。现代城投资公司以货币认缴出资额 660 万元，占注册资本的 66%，中煤特殊凿井有限责任公司认缴出资额 340 万元，占注册资本的 34%。

【商贸文旅产业】 2021 年，集团公司以淮北凤凰山实业集团有限公司作为融资主体，大力发展商品混凝土、钢材、煤炭等大宗商品贸易业务。鑫凤商贸业务重点围绕专项债相关项目开展大宗商品贸易，资金安全有保障，已供应的项目有淮北市相山经济开发区大健康产业园一期、大健康产业园二期混凝土、钢材、砂浆等，相山经济开发区标准化厂房建设项目信息产业园一期项目混凝土等；在供应项目有相山区渠沟镇大梁楼采煤塌陷村庄搬迁二期续建工程项目钢材和混凝土、龙源里项目混凝土、淮北师范大学附属相山学校项目钢材、淮北生物科技孵化基地——国家大学科技园项目混凝土等。截至年底，商贸业务营业收入达 5918 万元，为相山区创造税收 426 万元，为集团融资 8800 万元。文旅业务板块淮北凤凰山绿色食品博览园 1 月成功申报国家 AAA 级旅游景区。

【物业管理】 2021 年，淮北凤凰山物业管理有限公司有物业管理面积 94.11 万平方米，全年实现物业收入 348.2 万元。其中接管电厂、特凿公司、910 厂等大小 7 处“三供一业”职工家属区物业管理项目，接收面积 48.92 万平方米；公租房项目物业管理面积 24.98 万平方米，成功收缴房屋租金 1092.71 万元并上缴区财政，其中清欠接管前的历史拖欠租金 484.23 万元。

【债权清收】 2021 年，淮北凤凰山实业集团有限公司通过协议协商、申报债权、账务调整以及司法诉讼等方式化解不良债权 43730.724 万元，其中账务调整 11618.44 万元【大梁楼搬迁项目款 4899 万元、中航国际融资租赁（深圳）有限公司租赁保证金600万元、相山经济开发区黄里牧场投资款5587万元、淮北市供水有限责任公司双创信息产业园工程款200万元、淮北万里电力规划设计院核心区工程款300万元，相山区财政局30万元等】;实际资金到账930万元（安徽金富士食品有限公司600万元、源创客控股集团有限公司150万元、安徽优乐食品科技有限公司85万元、安徽辉业房地产开发有限公司20万元、安徽香吧传奇食品有限公司25万元、安徽汉芳生物科技有限公司50万元）。全年涉及债权清收案件起诉10件，已胜诉7件（淮北友安秋艳消防工程有限公司100万元、淮北亿隆塑业有限公司74万元、安徽优乐食品科技有限公司执行异议纠纷85万元、安徽永骏生物科技有限公司900万股权纠纷、淮北市顺和房地产开发有限公司3000万元、安徽辉业房地产开发有限公司3700万元、安徽汉芳生物科技有限公司300万元）。

（凤凰山实业公司）

农 业

综 述

【农村土地确权登记】 2021年，区级农村土地确权登记颁证实体档案13594件移交区档案馆入馆归档，在全市率先实现档案数字化。按照省确权办部署，积极汇交相山区农村土地确权数据变更包，提交质检的变更包有农户12781户，承包地块总数32889块，土地面积62671.46亩。

【新型农业经营主体】 申报全省农民合作社家庭农场高质量发展试点区，争取省财政资金49万元，市财政农业产业扶持资金奖补省级示范主体15万元。全区正常经营的农民专业合作社25家，家庭农场105家，培育区级以上示范社和示范家庭农场40个，其中国家级示范社1个，省级示范社示范家庭农场16个，市级示范社示范家庭农场9个。全年新增评定示范经营主体19个（其中省级示范社示范家庭农场5个、市级示范家庭农场1个、区级示范社示范家庭农场13个），同比增长125%，示范主体占比达到30%。全年遴选认定区、镇、村三级农村产业带头人50名。其中，推荐省级农村产业带头人1人、区级带头人10名、镇级带头人15名、村级带头人25名，建立农村产业带头人台账。

【高标准农田建设】 根据《安徽省农业农村厅关于下达2021年农田建设任务的通知》文件精神，相山区2021年高标准农田建设任务为0.5万亩，项目区域安排渠沟镇鲁楼、郭王、刘楼、孟庄、徐集、大梁楼等行政村计0.47万亩，渠沟镇徐集农民专业合作社0.03万亩。总投资额1645.29万元，其中中央财政资金458万元，省级财政资金311万元，市级财政资金156.24万元，区级财政资金699.83万元，群众自筹资金20.22万元。具体建设为土壤改良地力培肥0.47万亩；农用井新建53眼；沟渠清淤8.081千米，新建生态护坡14829平方米；建设农桥30座；新建田间道路7.206千米等。项目于9月底开工建设。可改善灌溉达标面积0.50万亩，新增和改善排水达标面积0.50万亩，节约用水14.00万立方米，灌溉水利用率提高13.04%，增加农田林网防护面积62亩。

【土地流转】 根据《关于申报2020年度新增农业产业扶持项目的通知》文件要求，全年共核实2020年新增流转面积1890.83亩，争取市财政农业产业扶持项目资金37.817万元。全区累计流转土地1.9万亩，土地流转率31%。相山区集中办理发放98户农户合同书及确权证，整理需要修正的农户类档案资料615件，保证779盒区级档案达到入馆归档要求，实现农村土地确权档案数字化。

【农村居民可支配收入】 2021年

度，相山区农村居民可支配收入5个调查点分别为渠沟镇钟楼村、桥头村、徐集村、张楼村及开发区的河北社区，调查记账户50户，常住人口169人。全年相山区农村居民人均可支配收入达16976元，同比增长10.6%，位居全市第一，高于全市平均水平2.1个百分点，高于全省平均水平0.1个百分点。

【农村人居环境整治】 2021年，全区完成改厕74户。渠沟镇全力推进农村人居环境综合整治，全年共清理农村生活垃圾9772吨、农业生产废弃物361吨、沟塘淤泥979吨，清理乱搭乱建297户、废旧广告牌293个、无功能建筑1705平方米。区农水局、渠沟镇积极宣传，开展村庄清洁活动，设立宣传专栏，其间，共发放宣传资料4460份，开展清洁卫生宣传教育活动121次，发动群众参与11890人次。

【美丽乡村建设】 2021年，完成渠沟镇瓦房村周神庄2020年市级美丽乡村建设，新建道路3.8千米、广场2个、公厕1座，并顺利通过市级验收；年内实施徐集、前柳园中心村省级美丽乡村申报并开工建设，两中心村农村生活污水施工管道施工基本完工，道路、广场、排水等工程正在进行施工。

【农作物秸秆综合利用】 2021年度，相山区相继制定《相山区农作物秸秆产业化利用实施方案》等，相山区农业农村水利局、相山区财政局下发《农作物秸秆综合利用奖补资金实施细则》等秸秆综合利用相关文件，明确秸秆综合利用的目标任务、工作重点和保障措施。使秸秆综合利用率达到93.11%。秸秆产业化利用量0.3102万吨。

【新型职业农民培训】 2021年，下发《相山区新型职业农民培训实施办法》，同时根据不同培训专业制订《相山区2021年粮食作物种植人员培训方案》和《相山区2021年农资经销人员培训方案》。通过招标确定培训机构，对辖区内的种植大户、相山区成河家庭农场、农民专业合作社领办人进行培训，全区培训新型职业农民80名，其中粮食作物种植人员40名、农资经销员各40名，培训合格率到100%。

【农业科技服务】 全年选聘27名农业技术人员，其中粮食作物技术指导员10名、蔬菜技术指导员12名、畜牧技术指导员5名。遴选科技示范户135户，每名指导员指导科技示范户5户，辐射带动675户。淮北市相山区成河家庭农场、淮北市彭橙果园农产品有限公司、淮北市四季蔬菜种植农民专业合作社、淮北市相山区渠沟镇张坤玉家庭农场、淮北市金桃果业有限公司5个示范基地被认定为新品种新技术试验示范基地。制定下发《相山区农业主推品种及技术推介方案》，其中小麦主推技术2项、玉米主推技术2项、大豆主推技术1项、蔬菜主推技术2项、养殖主推技术1项。

种植业

【粮食生产】 2021年，全区种植的农作物为小麦、玉米、大豆，播种面积11万亩。其中，小麦产量2.27万吨，玉米、大豆产量为1.62万吨，合计3.89万吨，完成区政府年初制定的目标任务。

【小麦赤霉病防治】 全年全区小麦赤霉病防控筹措防治资金70.57万元，通过市公共资源交易中心招标采购小麦赤霉病防控农药剂2.7吨（戊唑·咪酰胺1.5吨、吡虫啉1.2吨），做到6.2万亩小麦赤霉病防控全覆盖。

【农药减量增效】 全年全区化肥施用量2877吨（折纯），较上年全区化肥施用量2882吨减少5吨，化肥使用量减少0.27%，完成了化肥使用量负增长目标任务。

【农产品质量安全】 2021年，全区开展2021年度区农产品质量安全培训班、食用农产品承诺合格证培训班，共培训农产品质量安全监管人员及“四员”（安全管理员、宣传员、协管员、信息员）队伍200多人次。

全年区农残检测室任务抽检1000个样，实际抽检105次1279个样。渠沟镇全年任务1500个样，其中农产品1000个样，已抽检1035个样，畜产品500个样，已抽检552个样。农业农村部在全区抽样一次9个样，省农业农村厅抽检6次386个样，市农业农村局抽检4次93个样，经检测所抽样品全部合格。年内开展企业自律性农残快检试点工作，在全区7家家庭农场配备快检设备。

【品牌农业建设】 年内，“三品一标”认证有成河家庭农场的茼蒿、生菜、菠菜，渠森林家庭农场的黑木耳、羊肚菌和相山区天藏农民专业合作社的杏、石榴，共7个产品获得绿色食品认证；相山区鹏泰养殖专业合作社生猪获得无公害认证。合计8个产品获得“三品一标”认证。

农业机械化

【概况】 2021年，全区乡村农机从业人员7063人，机耕面积5940公顷、机播面积6830公顷、机收面积6600公顷，达到主要农作物综合机械化水平的95.49%。全区投入各类农业机械，其中播种机械200多台、玉米联合收获机61台、秸秆粉碎还田机340台、小型拖拉机3400台、中型拖拉机450台、大型及以上拖拉机96台。

【农机购置补贴】 全年全区共完成中央财政农机购置补贴资金74万元，购置各类农业机械108台（套）。其中，动力机械9台、无人植保机械3台、配套农机具96台，直接受益农户82户。

【农机活动教育培训】 2021年，区农水局联合区工会及渠沟镇在鲁楼村举办午季小麦机收技能大赛，参赛人员及观众500人。

畜 牧 业

【概况】 截至2021年，全区生猪存栏8242头，比上年下降5%，出栏1.82万头，同比增长8%；家禽存栏16.8万只，同比下降7%，出栏40.8万只，同比下降12%；羊存栏7391只，同比增长7%，出栏0.87万只，同比增长2%；奶牛存栏378头，同比下降51%；肉类总产2610吨，同比增长41%；蛋类总产1675吨，同比下降1%；奶类总产3211吨，同比下降23%。

【动物疫病防控】 全年累计免疫猪口蹄疫1.48万头、牛A口蹄疫0.14万头、羊口蹄疫0.6万只、羊小反刍兽疫0.6万只、禽流感24万只，应免动物免疫密度、免疫标识打挂率、免疫档案建档率、免疫证明发放率均达到100%，抗体监测合格率80%以上。

【畜产品安全】 2021年，结合新冠肺炎疫情防控，举办培训班2期，培训人员85人次，印发明白纸1100余份、防控应急知识500份、排查手册200本，要求宣传到人。加强动物卫生监督工作，做好动物及其产品产地、运输、屠宰检疫工作，全年累计检疫生猪1.83万头、家禽21万只，确保畜产品质量安全。全区畜禽粪便综合利用率97%，其中规模养殖场污染处理装备配套率和资源化利用率均100%，2家畜禽规模养殖场落实畜禽规模养殖场环评报告书，2家畜禽规模养殖场进行建设项目环境影响。

水 利

【全面推行河湖长制】 2021年，为切实履行好管河湖、治河湖责任，完成王引河相山段、洪碱河相山段、湘西河相山段及岱河下段4条河流“一河一策”第一次修编工作；完成王引河相山段、洪碱河相山段及湘西河相山段河湖健康评价工作；县乡村三级河湖长使用河长通App系统巡河2375人次，巡河率达到99%；完成新大庙沟、申家沟及大庙沟水普以外河湖划界；辖区第一批12个乡村坑塘建立小微水体河长体系；建立河湖长+检察长工作机制；建立洪碱河、湘西河及王引河的跨界河流县级联合河长制；完成绿金湖创建省级幸福河湖。相山河湖“四乱”问题排查处置86件，动用机械设备约200台次，累计用工约1200人次，更新更换告示牌、警示牌及宣传牌300多块，发放宣传资料2000余份，依法清理乱耕乱种约1000亩，清理河道水草60000平方米，清运垃圾约1000吨，清理收缴捕鱼“地笼”“渔网”230条，收缴捕鱼小船8艘；疏通治理沟渠1600米。

【农村饮水安全】 相山区2021年度农村饮水安全中央补助维修养护资金项目为2021年民生工程之一。项目主要采购供水工程维修养护设备、管材管件等，工程投资18.445万元，其中中央补助维修养护资金16.2万元。项目采取集中采购招标的方式进行，3月完成采购招标，4月完成供货，共采购DN75供水管300米及配件、DN50供水管300米及配件、DN20供水管2000米及配件、水表池65套、DN15水表600块、物联表定制保温棉5000副等。货物全部按要求供应到位、验收合格，及时移交给渠沟镇供水管护单位相山区铸力乡村公司。

【农田水利】 “最后一公里”项目建设，实施渠沟镇徐洼沟灌排片，实施面积4400亩，实施内容新打机井22眼；沟渠疏浚共计8条，6.575千米；节水灌溉1017亩；新建1×2×6板梁桥5座、DN80涵管桥6座等，工程总投资344.08万元，其中省级投资120万元，市区级配套188.46万元，受益群众自筹35.62万元，工程4月21日完成建设任务，5月10日区级验收合格，9月28日通过市级竣工验收。

【水土保持】 2021年，全区完成水利部下发的14处2021年水土保持遥感图斑的认定查处工作，其中已完成整改销号4处，认定合规3处，其余7处项目建设单位正在联系设计单位进行方案编制工作，预计年内完成整改任务；省级下发清单全区共有3处，已完成整改1处，其余2处已下发整改通知。

【水资源管理】 2021年，区农水局对重点用水单位计划用水执行情况进行监督检查，年度监督检查3次；加强用水定额控制，辖区内各取用水户未见有超定额用水。提倡节约用水，积极开展宣传，全年新印制宣传单10000份、宣传海报500份，制作宣传展板3块以及宣传纸杯、水杯等宣传用品；结合下乡、集中宣传等活动，累计发放宣传单800份、海报100份；利用报纸、广播电台等各种媒体和世界水日、中国水周、城市节水宣传周、节能宣传周等重点时段，大力宣传全区实行最严格水资源管理制度情况。

（孙炎宏）

商贸服务业

商贸流通

【物流业】 2021年，淮北邮政、申通、圆通、韵达、极兔等主要品牌的快递物流公司加快网点布局，全区共许可快递企业13家。全年全区快递收发3333.09万件，同比增长63.34%，占全市快递业务量77.20%；快递派送7505.46万件，同比增长39.27%，占全市派送总量70.82%。依托凤凰山快递物流与淮北市韵达快运有限责任公司合作共建的相山区农村电商快递物流配送中心，实现农村电商物流全覆盖，快递服务企业业务量累计完成860.9万件，同比增长7.3%，其中上行228.7万件，下行632.2万件，快递进村通达率达到100%，投送频次1周7次。

【电子商务】 全年全区电子商务网络零售额为19.869亿元，同比增长20.89%，居全省第27位，全市第一位。全年农村电商交易额11.24亿元，同比增长11.1%，其中农产品网销额3.68亿元，同比增长10.7%，居全省第一方阵。农村电商开展线下培训，共计培训304人次，开展线上课程培训135期，45课时，共计播放量18954次。市级农村电商考核居全市第一。

（戚诺诺）

【对外贸易】 2021年，区商务局牵头开展全区对外开放发展专项行动，引导拓展开放的领域、层次、布局，推进全市对外开放实现新高度，成功推动安徽中拓电气有限责任公司、淮北市复营贸易有限公司、淮北市森丁商贸有限公司、安徽非掣进出口有限公司等企业实现自营出口，兑现2020年度区级外贸出口奖励资金219万元，充分调动企业出口积极性。组织淮北矿业股份有限公司、安徽相王医疗健康股份有限公司等企业参加广交会、世界制造业大会、进博会等国内知名展会，积极扩大进口，加强对外合作。

（陶　赟）

淮北伯瑞特酒店　（杨黎明　摄）

【2021 淮北食品工业博览会】 4月16日，2021淮北食品工业博览会在凤凰山食品博览园会展中心开幕。此次展会的主题是“融合发展·科技创新”，来自全国15个省、自治区、直辖市的150家食品企业参会。全国政协委员、中国华文教育基金会理事长任启亮，全国政协参政议政人才库特聘专家庄聪生，中国食品工业协会常务副会长沈篪，中国商业联合会副会长傅龙成，中国食品工业协会副会长、安徽省食品行业协会常务副会长、秘书长邵栋梁，中国社会科学院食品药品产业发展与监管研究中心主任张永建；省直有关单位负责人员；市领导方宗泽、谌伟、周天伟、胡亮，市政府秘书长徐涛等参加开幕式。任启亮宣布食博会开幕。市委常委、常务副市长周天伟致辞，淮北市作为一座移民城市，始终坚持开放为先，持之以恒推进“双招双引”，前八届展会吸引各类优秀企业、企业家和专业人才到淮北发展，全市累计签约引进重大项目297个。

（徐佳佳）

商贸企业选介

【淮北伯瑞特酒店】 位于淮北人民路与龙山路交叉口，有308间客房，房间整体呈南北分布，依次连接的三栋楼3—7层，朝南房间面向人工湖，为湖景房；特设行政楼层、无烟楼层、尊享景观楼层，北接时代公园，南邻浩渺湖泊。酒店共有餐饮区域6处，怡然大堂吧、米兰西餐厅、江南大院、百香苑包厢群、宴会厅、七贤居茶室，餐位数1800余个。2021年，推出多种招牌菜。获安徽省淮北市中国徽菜十大名店、第九届“淮北市人民政府质量奖”、淮北市餐饮行业十大餐饮名店等荣誉。

【金鹰国际购物中心】 1月8日正式营业，紧紧围绕“品牌成熟化、人才专业化、流程规范化、开发高效化、产出快速化”发展理念，实现了“星巴克、戴森、FILA”等标杆品牌引进。结合市场消费特点，抢抓节日销售，积极开展各类自创节点营销推广活动49场，全年总客流2440096人次，日均客流6685人次，同比上升5.91%，实销近4000万元，纳税943万元。

【安徽家家悦真棒有限公司】 成立于2019年10月23日，是以商超零售业为龙头，以现代物流为支撑的现代企业。公司淮北大区现有41家门店，门店总营业面积15万平方米，年销售规模8亿多元，位居淮北市零售业首位。2021年，投资10亿元在淮北相山经济开发区建立安徽家家悦供应链有限公司（淮北家家悦物流园），占地13.33公顷；新建超市零售网点11处，门店面积新增总计约5.2万平方米，总投资3000多万元。

【淮北万达广场】 2018年9月28日开业，系淮北市重点招商引

淮北盉街美食商业街玻璃栈道　（王刚　摄）

资项目，是安徽第16座、全国第260座万达广场。广场总建筑面积10.16万平方米，是集购物、休闲、娱乐、餐饮、健身为一体的淮北市规模最大的城市综合体项目。已形成近6万名稳定的VIP客群，微信粉丝数达10万人。10月30日，联合淮北市拥军办、戎耀双拥服务中心共同打造淮北市首家拥军商场。

【隋唐运河古镇】 位于淮北市长山路与南黎路交会处，占地面积约35公顷，总投资约25亿元。积极搭乘“春游江淮请您来”媒体平台，借势百万粉丝级抖音大V进行宣传，每日于五凤门、月老神庙以及元辰殿等景点进行直播宣传，推动网红景区打造。截至11月20日，隋唐草市商业街区累计接待游客量111.63万人次，组织开展活动25场，累计活动天数212天。年内，荣获“安徽省十大新晋网红打卡地”“首批安徽省旅游休闲街区”“省级服务业集聚区”等称号。

【淮北盉街美食商业街】 位于鹰山中路9号，街区整体建筑面积1.8万平方米，是以“盉”文化为主题、食品安全为品牌定位，涵盖火锅、烧烤、碳锅、音乐餐厅、休闲娱乐等业态街区。盉街整体建筑采用汉唐风格，融入现代元素，在全街区打造实时文化互动场景。通过雨巷花街、爱的阶梯、玻璃栈道、文化墙等多种载体展现“和美爱情”主题，利用城市记忆墙、荣誉墙等展现城市风貌，同时秉承中华民族“和”文化，与商家共同携手打造以“合作共赢”为目标的商业街区。

【淮北市大润发商业有限公司】 2021年实现销售额1.9亿元，为本地解决了近500名职工的就业问题，其中残疾人4人。公司聘用世界公认的第三方检测机构SGS（瑞士）通标公司，每月对食品安全进行一次全方位检查。总公司会每年在上海定期对分管食品安全理级主管集中培训一次，门店每年对全体员工做一次食品安全培训。

（徐佳佳）

集贸市场

【概况】 2021年，相山区共有区管农贸市场14家，其中1000平方米以上12家，综合批发类市场2家。

【相城农贸菜市场】 位于惠苑路98号附近，坐落于相山区南黎街道。2010年建成，建筑面积3200平方米，摊位251个，店铺近百家，设有水果、蔬菜、豆制品、熟食、米面油、水产、禽类等农副产品经营摊位。2018年以来，先后投入36万元对市场地墙砖进行修补，拆除公厕、家禽水产摊位，局部升级改造面积约410平方米。现由淮北明朋物业服务有限公司运营管理。

【相山家园菜市场】 位于渠沟路26号，坐落在曲阳街道，2012年

改造后的相山家园菜市场　（陈琪　摄）

建成，建筑面积3000平方米，摊位245个，并配有水果、蔬菜、豆制品、熟食、米面油、水产、禽类等农副产品经营摊位。2018年12月投入125.1万元对市场的地砖及吊顶工程，摊位洗手池及蔬菜、鲜肉和熟食商铺摊位，家禽水产摊位，门头，给水，监控，电器安装，排风排烟进行全面升级改造。现由相山家园市场管理服务部运营管理，年营业额1800万元左右。

【鹰山路菜市场】 位于鹰山路口子小区，坐落在相南街道，产权归华松集团公司所有，2016年建成，建筑面积约1800平方米，摊位230个、商铺17个，设有水果、蔬菜、豆制品、熟食、水产、禽类等农副产品经营摊位。2019年7月投入71万元对该市场的地砖及吊顶，摊位洗手池，蔬菜、鲜肉和熟食商铺摊位，家禽水产摊位，门头，给水，电器安装，排风排烟进行全面升级改造。由相山区鹰山路菜市场管理服务部运营管理，年营业额1500万元。

【凤凰新城农贸市场】 位于渠沟镇土楼街与淮海西路交叉口西南角，由渠沟镇政府建设，2012年建成，建筑面积约4200平方米，摊位120个、商铺98个，设有水果、蔬菜、豆制品、熟食、水产、禽类等农副产品经营摊位。2019年8月投入67.6万元对地面铺装、摊位（拆建）、公厕、家禽水产摊位、熟食摊位进行全面升级改造。由土楼村村委会运营管理，管理人员3名，年收入20万元。

【特凿菜市场】 位于东山街道东山路145–11号，由中煤第三建设（集团）有限责任公司建设运营，2002年10月建成，建筑面积2300平方米，摊位228个，设有水果、蔬菜、豆制品、熟食、水产等农副产品经营摊位。2016年进行升级改造。年营业额700万元。

【南湖路临时菜市场】 位于南湖路与梅苑路交叉口附近，由任圩街道红星社区建设，2006年建成，建筑面积900平方米，设有商铺1个，水果、蔬菜、豆制品、熟食、水产、禽类等农副产品经营摊位75个。2019年7月投入35.8万元对900平方米营业面积进行升级改造。

【凤凰山农贸城】 位于淮北市人民西路6号，101、202省道交会处西南角，由淮北绿皖市场运营管理有限公司管理运营，为综合批发类农贸市场。一期占地60亩，建筑面积32600平方米，2009年3月15日开工建设，2010年9月8日试营业。市场建成13栋商铺共333间，蔬果交易大棚7栋，其中商铺区主要以农副产品交易为主，经营副食品、干货、粮油、调味品等；蔬果交易大棚区建筑面积13050平方米，固定摊位近200个，用于水果、蔬菜交易；设立蔬果临时摊位近400个，服务种植农户近3000户，日均销量近百吨，满足城市供应新鲜叶菜、豆制品需求。全年交易量90万吨，交易额20亿元，日均交易额550万元左右。

（陈　琪）

财税·金融

财　政

【概况】2021年，相山区一般公共预算收入87701万元，同比增长18.6%，转移支付收入84498万元、上年滚存结余1364万元、调入资金等34888万元，收入总计208451万元。全区一般公共预算支出193539万元，同比增长8.2%，县区体制上解市支出4314万元，支出合计197853万元；结转结余9897万元，稳定调节基金701万元。相山区本级预算实现收支基本平衡。

【税收征管】2021年，区财政局实施深度税源管理，重点强化外迁税源跟踪服务，加强零星分散税源的征收管理，做到颗粒归仓。持续推进协税护税工作，组织镇（街道）、区直部门协助税务部门完成税源入库。加强财税协同，配合税务部门落实土地增值税清缴、“难办证”税收清缴、重点企业纳税业务外调等涉税业务，完成耕地占用税、垃圾处理费、残疾人保证金等改革事项。

【上级资金争取】2021年，区财政局争取一般性转移支付、共同财政事权转移支付、抗疫特别国债等直达资金23774万元，充分发挥直达资金惠企利民作用。累计入库专项债项目11个，争取债券资金5.61亿元，有力地支持了全区重大项目建设。

【助力实体经济发展】2021年，区财政局落实各项减税降费政策，关注重点行业、重点企业税负变化，辅导企业用足用好政策，全年累计减税降费16640万元。深入落实国家缓税措施，为33家企业办理增量留抵退税21247万元，为128家制造业中小微企业缓缴五税两费1105万元。注重发挥财政资金引导撬动作用，在战略性新兴产业培育、工业技术改造等方面持续加大投入，支持“三重一创”（建设重大新兴产业基地，推进一批重大新兴产业工程，组织一批重大新兴产业专项，构建创新型现代企业传承）产业发展。投入21618万元用于开发区兑现招商引资、产业发展奖补政策，投入7127万元支持研发投入、技术改造等科技创新工作，投入2302万元用于人才招引、就业保障工作。

【预算管理改革】2021年，相山区在全市率先完成预算管理一体化系统上线工作，构建区级项目库，依托预算一体化平台完成2022年预算编制工作，顺利通过预算管理一体化系统全流程压力测试，全面提高预算管理规范化、标准化和自动化水平。

【国企改革】2021年，区财政局制定《相山区国企改革三年行动任务清单》，科学谋划推进改革重点任务，推动国有企业不断提高经营效益。将党的建设与国有企业改革同步谋划，落实党组织前置研讨重大经营管理清单。印发《关于深化区属企业劳动人事和分配制度改革的通知》，提高企业竞争力和活力。完成国有企业公司制改革，成立新一届董事会，派驻监事会，真正形成各负其责、协调运转、有效制衡的法人治理结构。

【债务风险防范】 2021年，区财政局依法构建管理规范、责任清晰、公开透明、风险可控的政府举债融资机制。指导申报单位加强专项债项目组卷、申报，提高申报成功率。督促专项债项目实施单位，加快支出进度，提高使用效益。配合财政部驻安徽监察局、省审计厅开展政府债务监督专项核查工作。

（区财政局）

国有资产管理

【概况】 截至2021年，相山区资产总计账面数78074.09万元，较上年增长1.63%。负债总额26009.36万元，较上年增长-4.55%。净资产52064.73万元，较上年增长-25.70%。

【公租房资产管理】 相山区政府投资建设公租房4528套，面积249800平方米，总账面价值65418.17万元（指已实际交付使用的公租房）。

（区财政局）

税　务

【税费收入】 2021年，共组织税费收入62.75亿元，同比增长72.9%，增收26.45亿元，其中税收收入27.52亿元，增长15%；社保费收入14.76亿元，增长41.1%；非税收入18.64亿元，增长2238%；其他收入1.83亿元，增长64.3%。

【减税降费】 2021年，区税务局严格落实税费优惠政策，健全支持疫情防控和经济社会发展税费优惠政策落实工作机制，做到“减、免、缓、退”四个到位，全年新增减税降费1.95亿元。

【税收法治】 2021年，区税务局全面落实税收执法“三项制度”，落实《税务行政处罚“首违不罚”事项清单》。不断规范税收执法行为，积极推进风险管理，建立风险分析机制，增强风险应对能力。全年评估入库税款5243万元。

【办税缴费服务】 2021年，区税务局深入开展第8个“便民办税春风行动”，优化契税窗口，与区不动产登记部门实现“一门通办”。持续深化包保服务责任制，覆盖全区企业14772家，推送政策138359条次，开展政策专题培训16场。积极配合地方政府解决房地产领域“难办证”问题，完成土地增值税清算审核项目6个，建立51个房地产项目台账，查补税款1617万元，退税1212万元。办结149个房地产遗留项目，为9023户购房者提供办证发票，核发证明620份，清理欠税1.43亿元，切实提升纳税人、缴费人获得感。

2021年6月，区税务局在淮北中泰国际广场组织开展税法宣传活动
（区税务局　供图）

【征收管理】 2021年，区税务局积极推动《关于进一步深化税收征管改革的意见》落实落地，落实税收征管质量5C监控评价机制，大力推行增值税电子专用发票。积极承接非税职责划转，入库残保金312.21万元，垃圾处理费768.78万元，工会经费455.56万元。

（龙飞虎）

金　融

【服务实体经济】 2021年，区金融办制定《银行业金融机构服务地方实体经济发展评价办法》，清晰掌握辖区内金融活动的整体情况和重点情况。开展“四送一服”双千工程政策宣讲4次，组织银企对接座谈会5场，帮助12家企业获得银行贷款5000万元。

【创新金融产品】 2021年，辖区担保公司在保余额合计81225.31万元，“4321”新型政银担在保余额达到31910万元，同比增长223%，税融通业务余额70471万元，同比增长54%。与省担保集团紧密合作，推动“园区贷”在相山区成功落地，为首批7家企业提供批量融资担保服务2100万元，打通“政府+担保+园区+银行”四方合作支持中小微企业融资服务的快速通道。

【多层次资本市场参与】 2021年，区金融办开展形式多样的多层次资本市场业务培训，重点培训企业50家、机关单位60个，企业线上注册20家。对接培育“新三板”挂牌储备企业，深入开展企业上市挂牌指导工作，完成省区域性股权市场挂牌企业12家、储备股份制改制后备企业3家。举办相山区百家企业及机关单位金融资本市场业务培训会，引导企业加快融入多层次资本市场，破解融资难题。

【金融风险处置】 2021年，区金融办联合相关单位先后开展4次非法集资风险点集中排查和6次群众举报线索排查，累计排查经营主体274家，责令违规经营企业清退吸收公众资金26笔，涉及资金21.5万元，有效遏制辖区非法集资活动势头。加强对辖区担保公司、小额贷款公司、网络借贷公司、典当行的行业监管，严密防范非法吸收公众存款、高利贷等违法金融行为。

（区金融办）

2021年11月5日，相山区举行园区贷业务合作座谈会暨签约仪式

（区金融办　供图）

城建·环保

城市建设

【行政许可】2021年，区住建局受理道路破占及绿化占用行政审批25件，收取道路挖掘修复费和迁移、砍伐城市树木占用费241.81142万元。

【市政设施改造维修】2021年，区住建局组织市政排查100余次，发现问题千余处，修复损坏基础设施6000余平方米，维修窨井220余处，维修路灯360余盏。实施跃进路、惠苑路、桂苑路等管网清淤工程，清淤易淤堵管网20千米，进行黎苑路、惠苑路、梅苑路、跃进路、桂苑路、明珠广场等道路广场的防汛治理，确保了市政设施安全无隐患。

【园林绿化】2021年，区住建局定期完成近100万平方米绿地养护及病虫害防治，行道树大面积修剪10次，绿篱、模纹色块等修剪10余次，树木涂白2.2万余株，绿篱、色块喷淋100余次，浇水3000余车，乔灌木等重点施肥2次。深入推进园林绿化提升行动，实施裸土复绿、营造节点绿化景观和街头游园建设，拓展了城市绿图，城市绿色网格更加完善。按季度更换500平方米草花4次，交播草坪18万平方米，栽植麦冬9000余平方米；组织实施濉河生态公园等绿地提升改造工程，新建凤凰山路与淮海路交口游园和淮海路电厂西侧等绿地，新增绿地12万平方米。

【配套设施审查】2021年，区住建局共组织绿化审查项目10项、排水设施审查项目11项、海绵城市审查项目9项、道路审查项目11项、无障碍设施审查项目11项、节水“三同时”审查项目10项。

村镇建设

【农村危房改造】2021年，区住建局严格执行“户申请、村评议、镇审核、县（区）级审批”认定程序，规范操作。全年完成7户农村危房改造工作，发放补助资金8.4万元。根据《相山区健全防止返贫动态监测和帮扶机制实施方案》，完成房屋安全鉴定为D级的2户监测户的危房改造工作，发放补助资金4万元，切实改善农村低收入群体住房条件，在全市考核中位列第一名。

【农村公路建设】2021年，区住建局实施建制村通双车道公路建设工程10.15千米，自然村通硬化路和联网路改造工程2.55千米，县乡公路升级改造工程3.17千米，农村公路养护提升工程16.76千米，农村公路安全生命防护工程22.32千米，为农村群众出行和生产生活物资运输提供了更加优质的服务和保障。

建筑业监管

【新开工建筑项目监管】2021年，区住建局监管工程建筑面积379.98万平方米，新办理建筑工程报监10项，其中绿色建筑1项，工程受监率100%。建筑节能设计执行率达100%，施工阶段实施率达100%。

【建筑质量监管】2021年，区住建局下发质量隐患整改通知书50余份，消除质量隐患200余处，积极推进质量强区、工程质量标准化，推动争创质量高、成本低、经济效益好的精品工程，鼓励建筑企业争创"相王杯""黄山杯"，对申报的企业进行技术上帮助指导。监管工程长山路小学项目、碧桂园天玺项目、华邦国际大厦项目获得"相王杯"。全区工程质量处于受控状态，无任何质量事故发生。

【建筑安全监管】2021年，区住建局加强危大工程管控、源头安全管控，推进相山区工程建设项目审批管理系统建筑起重机械全过程管理，全年新报监项目起重机械全部开展网上办理安装、使用登记、拆卸工作，受理起重机械安装告知281台次，拆除起重机械205台次，办理使用登记238台次；聘请安全专家开展深基坑砖胎模、起重机械等危大工程专项检查；开展各季度在建工程项目质量安全、有限空间作业等专项检查，加强对企业的安全指导、帮扶。全区工程安全处于受控状态，未发生重大安全责任事故。

【建筑市场行为监管】2021年，区住建局根据《关于开展2021年度淮北市建筑市场监督检查有关工作的通知》等文件要求，督促全区在建的房屋建筑工程进行市场行为自查自纠。对违反农民工工资支付条例及市场行为的项目责令改正、停工整改。加强建筑市场及农民工工资支付监管，进一步规范了从业人员行为。

【消防审验】2021年，区住建局受理消防项目86项，发放消防设计行政审查合格意见书46项，对23个项目出具建设工程消防验收合格意见书，抽查备案17项，下发整改通知书18份，责令相关建设单位整改并及时反馈。

【建筑物防震减灾】2021年，区住建局加强监测预报，在任圩街道成见养猪场、渠沟镇鑫鹏生态园设置地震宏观观测点，由专人观测，实行每日报告和零报告制度；建立完善镇、街道成员单位联络测报网络，由镇（街道）分管安全副镇长（副主任）兼职防震减灾助理员，确保地震信息报送渠道畅通无阻。加强震害防御，加强建筑工程质量安全监督，要求施工单位严格按照设计标准及抗震烈度要求施工，确保建筑工程项目质量安全；联合镇（街道）加强农民自建房及城镇危旧房屋安全巡查，对城市危旧房进行检测，及时告知居民房屋安全隐患情况，避免发生人身安全事故；对农村危房结合民生工程实施改造，对鉴定为C或D级危房实施修缮加固或重建。加强农村工匠培训，3月，淮北市防空防震办联合相山区住建局（地震局）组织开办农村建筑工匠培训班，80余名农村工匠参加培训，培训内容包含建筑施工基础知识、建筑识图、抗震设防基本概念、农居地震安全基本原则、农居地震安全存在问题及全省农居抗震设防现状与管理等多个方面。

房地产业

【建筑业及房地产市场摸排】2021年，区住建局积极应对经济下行压力，有效化解多难困境，坚定不移推进建筑业高质量发展，全年完成建筑业产值50.1亿元，同比增长 19.4%；房地产销售面积 132.3 万平方米，同比增长 16%。

【保障房安置房项目建设】 政府统购田庄二期 1020 套安置房于 6 月竣工验收；政府统购安置房西城项目（碧桂园黄金时代）于 7 月由区棚改办、区征收安置中心、区财政局、相南街道共同现场验收 1225 套，并交付相南街道进行分配。督促加快任圩（龙源里）、丁楼（恒大悦府）、园林（铂悦府）安置房项目建设，完成方顶（金鼎世家）项目交付使用；协调各相关部门推进棚户区安置房项目按期竣工交付。

【廉租房补贴】 2021 年，区住建局继续推进廉租房发放补贴工作，同时实行实物配租和租赁并举的政策，切实将公租房租赁补贴覆盖到保障范围，全年廉租房补贴 430 户、1055 人次，补贴金额 493113 元。

【租赁保障性住房】 2021 年，区住建局按照目标任务，经初步分析研究，全区保障性租赁住房计划发展 6 处地块，总占地面积 105.98 亩，总建筑面积 221281.52 平方米，其中配套商业总建筑面积为 7706.12 平方米，住宅总建筑面积为 162225.4 平方米，地下建筑面积为 41400 平方米，共计 2180 套住房。

老旧小区改造

【老旧小区整治改造】 2021 年，中央下达全区 25 个城镇老旧小区整治改造任务，改造 335 栋老旧居民楼，涉及户数 10977 户，建筑面积 104.39 万平方米，计划改造资金 9950 万元。包括拆除违章建筑，路面断板维修、沥青路面铺设、道路划线，新建充电自行车棚，新建休闲健身广场，雨污分流，小区绿化提升，外墙面整治，楼梯间亮化及楼梯扶手除锈刷漆，楼道灯安装，路灯安装及修复，智慧安防系统安装，人行道及停车位面包砖铺设，节能及适老化改造等基础设施改造。项目于 5 月初开工，11 月底全部完工，完成率 100%。

【既有住宅加装电梯】 2021 年，区住建局结合"我为群众办实事"主题活动，根据《淮北市既有住宅增设电梯工作实施意见》精神，创新工作做法，简化审批流程，并在市级财政给予每台电梯 20 万元补助的基础上，区级财政再给予 5 万元补贴，持续推进加装电梯工作。截至年底，全市累计审查通过的加装电梯设计方案共计 42 件，4 件已建成运营，19 件正在施工建设阶段，5 件已办理施工许可证计划开工，14 件正在办理施工许可证。

【街巷提升改造工程】 2021 年，区住建局投资约 5000 万元对桃李巷、建安路、黎苑路、抗战路、红方巷、教育巷、永安巷、民生路、新风巷、花园路共 10 条街巷进行城市排水系统新建或清淤、路面翻新、人行道翻新、沿街店铺门头统一更换、沿街店铺台阶统一铺贴、沿街楼梯进行真石漆翻新、新增绿化、更换路灯、对街巷文化特色的提升及垃圾分类等提升改造工程。各项工程已全部完工，完成率 100%。

（区住建局）

城市管理

【安全生产检查】 2021 年，区城管局与二级机构签订《2021 年度安全生产责任书》，定时召开会议，压实安全责任。根据《关于落实社会公众反映违章建筑用于生产经营活动问题整治的函》文件精神，制订《区城管局安全生产隐患排查整治攻坚行动方案》《关于开展利用违章建筑从事生产经营活动安全专项整治工作方案》，深刻汲取违法违规建设、改建和加固施工导致建筑坍塌的重大生产安全责任事故教训，立即开展安全大检查，逐一消除安全隐患95处。

【环境保护排查】2021年，区城管局常态开展餐饮油烟、烟尘等大气污染防治工作，联合生态环境、市场监管部门等排查餐饮单位1308家，下达整改通知书60件，当场处罚20家。办理中央第三生态环境保护督察反馈案件10件，牵头验收中央及省生态环境保护督察交办问题23件。协助住建部门依法查处工地扬尘污染27件，处罚212万余元。

【项目建设】2021年，区城管局充分发挥智慧相山的指挥、调度、应急响应功能，将公安、交警、环保、住建、农水、应急等部门职能统筹运用，接收处置市级平台转办案件11339个，结案率99%；总结相南街道垃圾分类试点经验，并在南黎、任圩等8个街道推广，打造“一街道一特色”，直接惠及近4000户居民，成为全市标杆；常态开展城区69座、黄里社区16座公厕以及24座垃圾中转站管理考核，并建立择优考核机制，促使城区垃圾收集转运效率提升，进一步带动城市净洁新生活。

【市容整治】2021年，区城管局重新设计“门前三包”责任书，规范沿街商户悬挂张贴标准。增建城管岗亭16座，打造市容分队10个，发挥据点作用，辐射管控半径。制订《相山辖区洗车店专项整治行动实施方案》，排查整治洗车店92家。联合交警部门清除“僵尸车”175辆，处罚违规停放机动车7.7万辆次，暂扣非机动车4万辆次，有力规范市民行为习惯，营造良好社会风尚。做好疏堵结合文章，清理马路市场811处，占道经营处罚9000余件，同时持续完善“五好”早餐、蔬菜摊点5处，夜间摊点16处，设置时令瓜果摊群点50余处，划线挂牌经营，体现人性化管理。增添复描停车泊位2800个、非机动车泊位8000个，翻新隔离设施500个，科学规划城市空间。深入居民小区，制定《关于建立相山区物管小区违建信息发现登记报告制度有效处置在建违建行为的通知》，进一步完善违法建设上报工作流程，查处违建163处，约9000平方米。

【行政执法】2021年，区城管局根据《淮北市牌匾标识和非大型户外广告备案管理指导意见》，辖区门头店招备案443件，每季度开展一次专项整治工作，依法查处、清理黎苑路、中泰广场大型门头广告等90余处，立案18件，处罚26400元；一般程序案件456件，实施行政处罚308.8万元，其中查处“门前三包”案件81起，处罚3万余元；小广告立案37件，处罚3万元；房地产遗留案件36起，占道经营处罚9082起。及时公布行政许可及处罚信息共计400余件，认真完成“双公示一公开”报送工作。

【改革试点】城管进社区的“相山模板”在全市得到肯定，并被作为典型在全国城市管理视频会议上进行交流。规范化城管中队建设经验被全市借鉴学习。

【环卫保洁】淮北市城区环卫保洁市场化项目合同（合同期3年）于7月31日到期。经市政府专题会议研究决定合同延期至11月15日。后经市政府第57次常务会议同意将环卫保洁作业市场化项目延期至环卫一体化特许经营项目中标公司进场作业之日。合同延期期间区财政每月应承担清扫保洁服务费251.64万元。

市政府筹备采用“BOT（建设—运营—移交）+委托运营”模式实施市环卫作业一体化特许经营项目。相山区谋划市环卫作业一体化特许经营项目剥离城区生活垃圾分类、老旧小区环卫保洁等项目。

相山区公共自行车二期项目自2015年实施，服务期限到

2020年12月31日。为保障项目延续运行，经区政府第112次常务会议同意，实施程序继续采用政府采购、服务外包的模式，公开招标确定运营方，服务期2年，投入资金约227万元。

【物业管理】 2021年，区城管局实施《相山区物业服务质量提升年活动实施方案》。198个物管小区实现收支双公示，谋划将234个老旧小区纳入物业服务广覆盖项目。聘请第三方测评公司等方式对全区物管小区进行考核，东街道办事处、任圩街道办事处、西街道办事处获得2021年度镇（街道）综合考评前三名，淮北碧桂园、金水河畔（南区）等10个小区获优质服务物业小区荣誉。蓝湖绿城、国购西区、帝景翰园等19个小区被通报处罚。

相山区“难办证”遗留问题项目共139个（其中8个项目未办理总产，不在追缴范围内）。完成维修资金审核项目98个，街道负责分户时归集维修资金项目41个。98个项目应缴纳维修资金约41348万元，完成追缴资金约29076万元（其中抵押资产约4496万元，已申请债权约2413万元）。接收申请维修资金高达940余万元，现场勘查共500余次，支出金额640余万元，审减金额约166万元，审减率为17.66%。

（魏四方）

房屋征收安置管理

【概况】 相山区征收办成立于2010年5月，是相山区人民政府对全区国有土地上房屋征收管理的职能部门，主要负责组织实施本行政区域的房屋征收与补偿工作。2019年机构改革后，淮北市相山区人民政府房屋征收安置办公室正式更名为淮北市相山区房屋征收安置中心。2020年，相山区房屋征收安置中心经区委、区政府批准核定事业编制12名，2021年实有在编人员7人。

【房屋征收工作】 2021年，市政府下达相山区房屋征收任务为6万平方米，截至年底，全区共完成房屋征收面积8.1万平方米，完成市政府下达任务的135%。年内纳入相山区房屋征迁任务的项目共14个，区房屋征收安置中心定期对征收项目进行现场督查、指导，已完成3个项目的征迁工作，推进8个项目的清理扫尾，启动3个项目征收工作。已完成方安路雨水箱涵项目、孟山路东侧雨污分流项目和滨河学校地块3个项目。正在清理扫尾寇湾社区棚改、任圩二期棚改、机厂路西侧地块、长山路西组团7.4亩地块、方顶棚改遗留问题、开渠西路道口上跨立交、董庄社区南侧地块和梅苑西路西段8个项目。启动淮宿蚌城际铁路（相山段）项目房屋征收工作；任圩街道零星地块四、渠沟镇桥头村房屋征收项目在方案调整后重新启动征收。

（区征收办）

生态环境保护

【概况】 大气环境指标数据实现“两降一升”。截至12月31日，全区$PM_{2.5}$平均浓度为40微克/立方米，同比（48微克/立方米）下降16.7%，臭氧浓度93.5微克/立方米，同比（103微克/立方米）下降9.2%；优良天数比率78.25%，同比（70.8%）提高7.5%。2021年全区$PM_{2.5}$平均浓度、臭氧浓度、优良天数比率、大气量化考核综合分值均排名全市第一。水环境质量持续稳定，辖区主要河流水质状况良好，其中纳入市级考核的2个断面水质改善明显，地下水水质总体良好，饮用水源地水质达标率100%。土壤环境质量总体稳定，全区未发生重大生态破坏事件和重大环境污染事件。

【环保督察问题整改】 环保督察问题发现应改尽改，截至年底，

2017年中央环保督察以来交办的所有信访件及反馈问题共209件全部完成整改，包括2017年中央环保督察反馈意见12个，突出环境问题5个，交办信访件14件；2018年中央生态环境保护督察“回头看”交办信访件14件；2019年省生态环境保护督察转办群众信访件132件；反馈意见11个；“N”类突出生态环境问题（第五批）3个；2021年中央生态环境保护督察交办信访件18件。

【大气污染防治】 强化网格化精准治理，建立10个街道网格、88个社区网格，配备网格员278人，落实《相山区大气污染防治量化考核办法》，2021年实行周考核48次、月考核12次；全年累计下发环境事件567件，事件整改反馈率100%。持续开展“控煤、控气、控车、控尘、控烧”五控及四个专项行动。取缔散煤经营点2处。摸排涉挥发性有机物企业355家。对27个涉扬尘污染建筑工地下发行政处罚决定书，罚款212万元。区生态环境分局、区城管局、区市场监管局、区督查考核办联合检查城区主要商业路段、场所餐饮油烟门店1520家，处罚60家，下达责令整改通知书20份，督促完成无烟改造5处，依法取缔露天烧烤2家，城区内148家大中型餐饮业均安装了油烟净化器，安装率100%。道路机械化洒水雾化率达到100%，保持连续8年“零火点”纪录。修订完善《相山区重污染天气应急预案》，编制《相山区重污染天气应急减排清单》。

【水污染防治】 在郭王、刘楼、钟楼、张集村建设5个日处理共计800吨污水处理站点，并配套建设污水收集管网；对“淮水北调”工程输水通道—萧濉新河支流凤翔沟、湘西沟、申家沟3条河流进行治理；王引河（渠沟镇段）水环境综合治理项目正在编制方案，拟申请中央专项资金5000万元，对王引河水环境进行综合整治。开展“一河一图一策一单”专项行动。完成王引河、萧濉新河、老濉河、洪碱河、湘西河5条主河“一河一图一策一单”方案编制。开展园区涉水企业环境问题专项整治，对淮北市阿婆食品有限公司、安徽口口丫食品有限公司、淮北市香之旺食品有限公司、淮北市海鹏食品有限公司4家企业进行立案查处，共计处罚40万元。

【土壤污染防治】 筛选更新6家土壤污染重点监管企业名单，评估相山区双源核查清单共计14处，核对全区22家加油站信息，纳入安徽省土壤生态环境工作调度管理系统。指导101家危险废物产生单位及6家一般固废产生单位完成网上申报。共抽查危废产生单位24家次。

【城镇雨污分流】 相山区城镇雨污分流工程涉及土楼村、电校周边、启明社区、余庄、小新庄、马楼、寇湾、周庄社区、李楼南湖红星共9个片区，总面积约242.8万平方米，涉及居民10652户。共需建设排水管道总长约90千米，项目总投资约1.06亿元。各项工程已完工，正处于分片区验收阶段。

【黑臭水体治理】 2021年，区住建局通过河湖长制体系和河道日常监管与巡查，对违法建设及时进行拆除，定期清理蓝线范围内积存垃圾，严查入河排污口及向河道倾倒垃圾、偷排漏排污水等行为。通过加强河道岸带园林绿化养护管理，提升养护质量，改善河道周边环境。定期清理河道两岸积存垃圾、季节性落叶等50余车。已实现河面无大面积漂浮物，河岸无明显垃圾，无违法排污口的要求。实施城区雨污分流工程，从源头上彻底消除城市黑臭水体。河道已全部纳入正常维护阶段，保障水质稳定，河道周边生态环境明显改善，无新增黑臭水体。

【在建工地扬尘治理】2021年，区住建局打好建筑工地、搅拌站污染防治攻坚战。利用建筑工地驻点检查、扬尘检查、专项巡查、周二扬尘治理督查日活动促进扬尘治理水平提升；持续推进标准化建筑工地、搅拌站建设工作，提高扬尘治理在评先评优占比。加强现场指导，倡导预拌混凝土搅拌站绿色生产，倡导零排放工艺。督促渠沟镇城建所、相山开发区国土规划分局落实扬尘防治责任，齐抓共管，共防共治。

【瓶装液化气监管】2021年，区住建局组织参与瓶装液化气安全生产及市场经营行为联合检查53次，共收缴液化气钢瓶35只，取缔违规存放点5个，联合天柱液化气站，组织开展应急演练1次，印发用气安全须知3000份。联合区商务局、区应急局、区市场监督管理局、消防救援队，印发《加强餐饮行业燃气安全管理工作通知》文件，量化安全检查指标。新建网上经营许可证受理平台，开展不见面审批，杜绝线下接触，新办液化气经营许可证2个，到期续办1个。

（区住建局）

【环境监管】2021年，全区建成空气国控站点2个、空气标准站11座、微观站点65个，空气环境质量监测覆盖所有镇（街道）、开发区。已建成智慧河长监管平台，实现对空气环境质量和主要入境河流水质变化情况实时监测。同时每季度委托第三方检测公司对相山区境内8条河、2片湖、11条沟开展水质检测。环评审批时限压缩至1个工作日办结。全年审批建设项目29个，完成9家企业排污许可发证工作。

开展“环企直通车”行动，对36家存在环境问题的企业提出整改意见，对84家企业进行服务指导，检查园区新入驻的16个信息产业项目120余家次，对未依法排污、按证排污9家单位进行行政处罚，共罚款106.9万元，实施《环境保护法》及四个配套办法查处案件9件。

【环境宣传教育】2021年，全区召开4次新闻发布会。通过环保法律法规进机关、进企业、进农村、进校园等形式，宣传《中华人民共和国大气污染防治法》《中华人民共和国水污染防治法》《中华人民共和国固体废弃物污染环境防治法》等法律法规。利用电视、网络、报纸等媒体和六五环境日等宣传节点，开展环保宣传教育活动。被生态环境部、省生态环境厅、《淮北日报》、市生态环境局采用稿件80余篇。

【环保机制创新】2021年，全区推进“环长制”织密环境监管“一张网”。成立环长制工作领导小组，制订《相山区推行生态环境保护专项监督长制度实施方案》，建立领导干部包保责任网，成立区级环长制办公室，设立区级环境监督长2人、镇（街道、开发区）级19人、行政村（社区）级112人，配备环境监督员170人，开展专项培训3次。污染源排查。对辖区内的各类污染源开展排查，梳理各类污染源574家，其中工业企业136家、4S店及汽修厂107家、规模餐饮229家、建筑工地53家、规模养殖49家。生态环保专项资金申报。相山经济开发区淮河流域萧濉新河水系水环境综合治理项目申请中央水污染防治专项资金3500万元，又追加中央专项资金2000万元。臭氧防治取得实效。2020年底全区实施空气净化（纳米喷涂）项目，年内臭氧指标降幅居全省第一。

年内，相山区生态环境分局获全省生态环境保护执法大练兵表现突出集体、淮北市高质量转型发展先进集体、2020年度全市生态环境保护目标任务考核县区第1名等荣誉。

（区生态环境分局）

教育·科技

教育综述

截至2021年，全区有区属公办中小学39所（九年一贯制学校7所、初中5所、小学27所），民办中小学5所（其中普通高中2所）。义务教育阶段共有学生33662人（小学25465人、初中8197人）；高中阶段共有学生1971人。幼儿园、看护点72所（其中公办园22所），在园幼儿19300人。区辖市直属义务教育阶段学校14所、淮师大附属学校2所，共有学生34835人。区辖市直属幼儿园7所，在园幼儿3100人。

学前教育

【幼儿园扶持】 全年全区投入约260万元用于3所农村幼儿园（鲁楼幼儿园、徐集幼儿园、孟庄幼儿园）的校舍改造和设备购置；投入约350万元用于企业移交的矿务局幼儿园改善办学条件。贯彻落实城镇新建小区配建幼儿园相关规定，29所小区配建园移交后均已办成公办园或普惠性民办幼儿园。充分发挥优质学前教育资源示范引领作用，以省级示范园淮北市第二实验幼儿园“一园带五园”，成立第二实验幼儿园集团；以企业移交的淮矿集团机关幼儿园为龙头成立第三实验幼教集团，带动工程处幼儿园、金桥家园幼儿园以及西部农村4所公办幼儿园。

【教师素养提升】 2021年，区教育局对新聘教师采取“走出去，请进来，集体训，分开学”的方式进行全方位全覆盖培训，组织2000余人次参加“幼儿园园长和教师培训”“幼儿急救知识培训”等各类培训。以二幼名师、骨干教师、优秀教师为主体，对薄弱幼儿园大力实施“三送”工程，“送优课”“送培训”“送指导”达150余人次；举办相山区幼儿教师基本功大赛，不断增强教师教育教学能力。

【编制保障创新】 截至2021年，全区有公办幼儿园18所，实行幼儿教育集团化管理，在园幼儿2827人，班级99个，幼儿园编制30人（2009年核定）。根据《关于创新体制机制，加强公办幼儿园教职工队伍建设的意见》文件精神，统筹考虑办园规模和幼儿园类别等因素，按照每园3～6名编制标准，保障园长等重点管理教学人员用编。区教育局积极协调区委编办、市委编办，按照“管理团队编制保障法”重新核定全区公办幼儿园的编制，核定编制为40人。

义务教育

【师资队伍建设】 2021年，区教育局加大骨干教师培养力度，深入推进校本教研，加强“区—片—校”三级教研管理。通过开展主题研修、命题研究、微课题研究等活动，灵活有效地将教研重点指向课堂；加强名师工作室建设与管理，举办名师教学实践研讨会，充分发挥名师工作室学术引领、人才培养作用。开展送培送教、专题研修、跟踪指导等活动，充分发挥名优教师辐射作用，促进青年教师成长。公开引进高校优秀毕业生 20 名，招聘非在编教师 50 名；采取“1+N”的方式，与淮北师范大学基础教育开展全面合作，90 名美术、音乐、体育见习大学生，每周三下午到 32 所学校开展辅助教学工作，进一步壮大师资力量。

【基础项目建设】 2021 年，全区新开工项目 7 个，新建淮师大相山附校、滨河学校、区实验中学翠峰校区、二实小恒大校区，扩建张集中学、实验中学及钟楼中学，总投资约 10 亿元，增加学位约 7860 个。其中，淮师大相山附校占地 4.85 公顷，投资约 1.6 亿元；滨河学校占地约 4.8 公顷，投资约 1.01 亿元；相山区实验中学翠峰校区，占地约 2.33 公顷，投资约 4000 万元；二实小恒大校区占地约 2.33 公顷，投资约 3600 万元；张集中学，扩建用地约 1.2 公顷，新建教学楼及宿舍面积合计约 9200 平方米，投资约 2460 万元；实验中学，新建教学楼及宿舍面积合计约 6460 平方米，投资约 1744 万元；钟楼中学，新建教学楼面积约 5000 平方米，投资约 2000 万元。

【智慧校园建设】 按照《相山区智慧校园建设规划》，全年投资 220 万元完成 12 所学校智慧校园建设，正在进行安装调试和验收工作。完善优质均衡创建设施设备，7 月，区政府第 127 次常务会议审议通过了创建优质均衡示范区设施设备配备情况的汇报，“5G+ 智慧教育”及非信息化设备项目共计投资 4035 万元。

【实施集团化办学】 2021 年，全区范围内实施名校 + 新校、名校 + 小学校、大校牵手小学校，实现集团化办学（紧密型 + 松散型）结合的办法，初步形成 11 个集团校。同时，推进“学校共同体”，即城乡一体化进程。实现义务教育学校城乡之间、公民办学校之间文化共建、资源共享、教学共研。

【特色学校创建】 2021 年，区教育局立足全区学校现状和优势，将特色学校创建与地方传统文化、特色体育项目相结合，“一校一品”办学格局基本形成。形成古城路小学“书香浸润人生”、长山路小学“国学经典传颂”、翠峰小学“翰墨书香”、淮纺路小学“阳光体育”等 10 余项特色品牌。淮纺路小学 clever 跳绳队走出国门、走向国际舞台，先后获得世界级奖牌 30 余枚。加强足球示范校创建工作，凤凰城学校建立校园足球训练基地。全区 18 所学校被教育部命名为“全国校园足球特色学校”，有“全国足球特色幼儿园”1 所。积极开展文明校园创建活动，古城路小学被评为全国文明校园；太阳城学校、濉河花园小学等 6 所学校被评为第二届淮北市文明校园。淮海路小学获第三批全国中小学中华优秀传统文化传承学校称号。

【“双减”政策落地】 课后服务。通过改革作业形式、全面开展课后服务，极大丰富了学生的课余生活，最大限度满足学生多样化需求，不断提高教育质量、提高作业管理水平、提高课后服务水平。全面建立“基础作业 + 弹性作业”模式，关注学生个体差异，增强作业的层次性、适应性和可选择性，满足学生不同需求。在家长和老师之间开展问卷调查，广泛征求师生家长意见，科学合理确定以“普惠托管 + 个性化课程”的方式，即“1+X”综合课程（“1”即辅导作业，“X”即体育运动、健康实践、科学实验、劳动实践、感恩教育、趣味阅读、绘画指导等近10个方面的综合课程)，积极构建“基础服务+拓展服务+延时服务”体系，最大限度满足学生多样化需求，大力破解学生负担过重的难题。暑假，在渠沟镇率先探索实施暑期托管服务，学校充分利用图书馆、阅览室、运动场地等场所，为学生们提供社会实践、兴趣拓展、文体活动及作业辅导等丰富多彩的托管服务，积极解决学生暑期“看护难”问题。全区33449名在校生，参与学生数22985人，其中一周五天均参加课后服务学生数22620人。

校外培训机构整治。成立校外培训机构专项治理领导小组，加大监管力度。组织相关人员采取“四不两直”方式对校外培训机构开展督查，公布举报电话，鼓励家长、学生、社会各界监督举报，严格限制机构数量、限制培训时间、限制收费价格。开展在职教师参与有偿补课和校外培训机构活动的整治工作，提高在职教师拒绝参与有偿补课的思想意识，加大查处在职教师参与校外培训机构行为的力度。组织所有教师、家长、各培训机构认真学习“双减”政策，签订《学校“双减”承诺书》《教师“双减”承诺书》《学生家长承诺书》《校外培训机构规范办学承诺书》，并要求在学校及办学场所门口向社会公示，确保“双减”各项政策宣传到位。8月21日、10月1—7日，相山区在辖区内开展两次全覆盖、拉网式排查，督查38处证照齐全校外培训机构，收回办学许可证3处；督查作坊式黑机构13处，下发关停通知书5份。根据举报线索，联合镇街对五马路大润发松鼠Ai、太阳城小区北门无名黑机构、古城路纪念日三楼严学教育3处“黑机构”变相开展学科类培训，进行关停处理。

减轻学生家长负担。管好教育教学秩序。依据课程标准，开齐开足国家规定课程，优化教学方式，上好每一节课。管好考试评价，按照“五育并举”的要求，围绕学生发展的核心素养，完善考核评价指标体系。大力实施“德育铸魂行动、智育提质行动、体教融合行动、美育熏陶行动及劳动促进行动”。管好教师队伍，健全教师日常监管机制，采取零容忍态度，严肃查处教师校外有偿补课行为，进一步强化师德师风建设，不断提高教师职业素养。

民办教育

【概况】 截至2021年，全区有民办初中1所、民办小学2所，在校学生3517人，在校教职工192人，其中专任教师154人；民办幼儿园54所(其中普惠性民办幼儿园47所)、看护点18所，在园幼儿13777名，在园教职工1575人，其中专任教师988人。

【业务指导】 充分发挥第二实验幼儿园省市一类幼儿园的示范、引领作用，加强对民办幼儿园的业务管理和指导，认真贯彻落实《幼儿园指导纲要》和《3～6岁儿童发展与学习指南》，进一步规范教师教学行为，坚持以游戏为幼儿基本活动，提高其科学保教水平。每学期区教育局均要安排民办学校教师的培训工作，以提升教师的政治素质和专业水平。

【协同监管机制建立】 2021年，区教育局加大行政执法力度，对违法违规办学行为严厉查处，不断规范民办教育办学行为。开学初、期中、期末，区教育局联合公安、消防、卫生、市场监管等部门集中开展安全大检查，强化民办教育的消防安全、疾病防控、饮食卫生等规范管理意识，消除安全隐患。推进管办评分离，建立民办学校定期年检制度，区教育局根据评估结果，对办学质量不合格的民办学校予以警告、限期整改直至取消办学资格。

【民办学校党建】 2021年，区教育局党委通过派驻党建指导员，加强对党员的指导管理，对现代花园学校等13家有3名以上正式党员的民办教育机构进行单独组建，为党员不足3人的其他民办学校组建6个联合党支部，实现学校基层党组织全覆盖。

教育改革

【人事制度改革】 2021年，区教育局全面落实中小学教职工“区管校聘”管理体制，加强区域内中小学教师的统筹管理，根据区域内各中小学学校学生数变化，按照“总量控制、统筹调配、竞聘上岗、合同管理”的原则，在编制控制使用总额内实施余缺调剂，灵活、动态、统筹使用编制。在全区范围内实施“无校籍管理”，健全教师交流机制，合理配置教师资源，实现全区师资均衡配置。截至年底，全区交流教师307人次，向乡村交流教师88人次。制定下发《相山区关于推行中小学校长职级制改革的实施方案（试行）》《相山区中小学校长职级制评定办法》，作为区深改项目在全市率先落实，已完成答辩测评、满意度调查等环节，11月开始执行。

【教学科研改革】 2021年，区教育局坚持德智体美劳“五育”并举，大力实施“德育铸魂行动、智育提质行动、体教融合行动、美育熏陶行动及劳动促进行动”。着重打造学校领导干部队伍与教师队伍建设，提升学校领导干部管理水平、教师队伍教学水平，提高教育教学质量。从责任与担当、师德建设、专业水平三个维度开展培训工作。采用“请进来、走出去”“名校挂职”“城乡交流”等形式，努力打造高素质的教师队伍；以“名师工作室”“名班主任工作室”“名校长工作室”为依托，加大教育教学改革力度，全面提升教育教学质量。有效开展“联片教研”活动，采取以强带弱、同质结合和“片区”集体备课等形式，打磨精品课堂，打造教研团队，推进“学校共同体”即城乡一体化进程。实现义务教育学校城乡之间、公民办学校之间文化共建、资源共享、教学共研，实现城乡教师业务素质和工作水平共同提升。

【办学体制改革】 2021年，区教育局突破行政区划和中心城区、近郊、远郊三个区域界限，以“名校办分校，集团化办学”推动区域教育共进、城乡教育融合发展。通过“一拖N”管理模式、捆绑发展模式、对口支援模式，在全区范围内实施集团化办学（紧密型+松散型结合），成立以二实小为龙头学校的市第二实验小学教育集团；以省级示范园淮北市第二实验幼儿园“一园带五园”，成立第二实验幼儿园集团；以企业移交的淮矿集团机关幼儿园为龙头，带动工程处幼儿园、金桥家园幼儿园以及西部农村4所公办幼儿园，成立第三实验幼教集团等。全区初步形成11个集团校，全面推动教育发展从“基本均衡”走向“优质均衡”。

【教育督导方式改革】 2021年，区教育局在督导工作实践中，按照科学高效的工作原则，打破原来以区域划分责任区的做法，按照不同学段划分为学前、小学和中学三个督学责任区，进一步强化督导工作的专业性。围绕校园安全、疫情防控、食堂管理、小学科教学、师德师风建设、规范办学等督导重点，发挥引领作用，提高督导水平。

【招生制度改革】 2021年，区教育局科学规划主城区学区划分，规范义务教育招生，实行网上报、线下摇号方式，坚持免试就近入学、规范有序入学、阳光监督入学，确保公平、公正、公开。为推动学前教育普及普惠，缓解“入园难”问题，2020年第二实验幼儿园首次采取公开摇号方式入学。年内相山区实行公办民办学校实行同步报名、同步开展录取、同步注册学籍，选定7所小学和2所初中开展网上报名试点，开启网上报名新模式。

学校选介

【淮北市第二实验小学】 位于风景秀丽的相山脚下，学校始建于1972年，占地1.47公顷，建筑面积14287平方米，48个教学班，学生2574人，专任教师137人。学校秉承“世界因我多一点温暖”的教育理念，以质量立校，以特色强校，温暖管理，锐意改革，努力打造具有二实小特色的“温暖教育”品牌，朝着把学校办成“教师乐教，学生乐学，充满魅力的温暖校园”的办学目标奋进。9月，碧桂园东校区正式开学，标志着以二实小为龙头的名校集团化办学模式的初步形成。总部与各分校间管理同步进行，骨干交流使用，推行相同的教研制度，名校带分校、集团化办学带来的积极效应已然显现。2021年微视频《老师妈妈》荣获中华全国总工会“网聚职工正能量 争做中国好网民”优秀奖；学校获安徽省儿童青少年近视预控“示范校”称号、淮北市青少年毒品预防教育先进集体；五（8）中队荣获安徽省优秀少先队集体称号；在淮北市首届青少年创意编程与智能设计大赛中获优秀团队奖。

【淮北市淮海路小学】 2021年，大力改善校园环境，营造浓厚的文化氛围，绿化、美化、净化到位，优化育人环境，提升文化育人、环境育人效果。积极探索“轻声教室、无声走廊、文明校园”的活动。分校环湖小学顺利开班上课，学校被评为全国青少年足球特色学校、全国柔道特色校、淮北市十佳校园记者站，一项课题获得淮北市第二届优秀教研成果评比一等奖，一项获得安徽省思想政治工作研究会优秀研究成果评选二等奖，学校经典诵读作品《读中国》获得市级二等奖，3位老师承担省线上教学资源的录制工作，1名教师获得省校园创作大赛一等奖，多名教师在市“中国梦 劳动美”书画比赛等活动中获奖，4名学生在省、市“百年光辉历程 全面建成小康”读书教育活动及市“知法守法”演讲比赛中获奖，14名学生在省级读书征文（创作）活动中获奖，近百名同学在市中小学生电子板报创作大赛、书画大赛等赛事中获奖。

【淮北市古城路小学】 始建于1964年，占地10999平方米，校舍建筑面积14361平方米，运动场地面积8325平方米。在编教师139人，学历达标率100%，其中高级教师13人，省、市、区级骨干教师、教坛新星、优秀教师、最美教师80多名，现有教学班55个，在校生近3000人。学校配备有3间电脑室、2间实验室，新建图书馆藏书近70000册，设有红领巾开放式书吧7个，以及图书阅览室、语音室、录播室、航空航模室、机器人室、书画室、音乐室、舞蹈室等功能室。150M宽带进校园，全校已实现网络化、信息化。以建党百年为契机，开展师生思想道德教育系列活动，“讲好红色故事·赓续红色基因”故事比赛，“学史崇德·童心向党”党员教师讲党史、“向国旗敬礼”等迎建党百年主题教育；以“12·4”第八个国家宪法日为主题，开展普法宣讲活动；组织“五小”志愿者服务队开展“守护生命，践行美德”系列活动；以“红色领航·青蓝工程”党建品牌建设为载体，教师的教育教学能力和水平得到极大提高。先后获全国文明校园、全国青少年校园篮球特色学校、全国中华优秀传统文化传承学校、国家级规范汉字书写教育特色学校、全国雏鹰红旗大队、中国少年科学院科普基地、省廉政文化建设示范点、省廉洁教育进校园示范点、省未成年人思想道德建设先进单位、省绿色学校、省近视防控示范学校、省优秀少先队集体、省最美校园书屋、省红领巾示范学校、省语言文字规范化示范学校、省电教达标一类学校、省少年科学院分院、省家教名校、省示范家长学校、省少先队素质教育基地称号。

【淮北市翠峰小学】 始建于1986年，有教学班25个，学生1340人，教师67人。学校西侧二期扩建工程已完工，新建校史馆、科技馆和图书阅览室各1间，校园各处新增学生“读书吧”6个，校园整体占地面积18154平方米。先后获得全国校园足球特色学校、安徽省智慧校园实验校、安徽省语言文字规范化示范校、安徽省防震减灾科普示范校、淮北市优秀少先队集体、淮北市书法教育实验学校等称号。党支部2021年获淮北市先进基层党组织和相山区先进基层党组织称号。2021年有5个课题同步开展，其中安徽省课题“运用童谣、歌曲、微视频等文化产品加强少先队员爱国主义教育的研究”已完成中期汇报，淮北市教育科学规划课题“传统文化传承与小学少先队活动课融合实践研究”已进入结题阶段，“利用线上教育平台“3+1”模式提高学生英语听读能力的研究”于4月通过立项，另有2项市级课题“小学数学计算题错误原因分析及干预策略研究”“自编儿童特殊剪纸在校本课程中的开发研究”于12月通过立项。

【淮北市第二实验幼儿园】 创办于2000年9月，是一所集团化全日制公办幼儿园。获评“安徽省一类幼儿园”、“安徽省绿色幼儿园”、“安徽省语言文字示范园”、“全国足球特色幼儿园”、“全国近视防控示范幼儿园”、淮北师范大学“国培”基地、淮北市青年文明号、淮北市平安校园。总园位于淮北市惠黎路60号，占地面积6812平方米，建筑面积5113平方米，绿地面积1200平方米。总园下设5所分园，有49个班级，2000名幼儿，225名教职工，其中高级教师3人、一级教师27人，市级骨干教师1人、相山区教坛新星2人、骨干教师2人；教师学历达标率100%，专业合格率100%。秉承“文化立园、快乐成长”的办园理念，开设的黏土班本课程、足球游戏课程、传统节日课程、户外分区游戏课程都极具特色。创编中大班足球循环游戏活动，将足球游戏融入幼儿一日生活，形成“趣动足球、乐享成长”的足球教育理念，呈现了精彩纷呈的足球校园文化。构建科学的管理网络，形成了园长统一领导、分级管理、各职能部门分工负责、园长监督的互动式管理网络。在党建引领下，聚焦提升教育教学、园务管理能力和增强教师专业素养，促进区域幼教协同发展。带领党员教师开展“送培送教”“支教薄弱园”“党员名师上示范课”等实践活动，创建“党建引领，扶弱助小”的党建品牌特色。年内获得淮北市优质课评选一等奖，在淮北市“果力”智能机器人比赛中获一等奖、优秀组织奖等。

【淮北市第三实验幼儿园】 前身为淮北矿务局机关幼儿园，始建于1958年9月。2021年移交属地管理，是一所集团化全日制公办幼儿园，是“淮北市一类幼儿园”“文明单位标兵”、淮北师范大学“国培计划”基地、淮北师范大学“教育实习基地”。总园位于相山区花园路4号，占地面积2756.24平方米，建筑面积3769.42平方米。下设金桥家园幼儿园、工程处幼儿园2所分园，有20个班级，600多名幼儿，77名教职工，其中教师60人，一级教师19人，二级、三级教师30人；教师学历达标率100%，专业合格率100%。实施“核心园+新园+弱园”的办园模式，把总园打造成以自然为本，环境优美，气象清新，色彩和谐，整洁雅致的优质核心园，从生命教育建设—德育建设—课程建设—课堂建设—校园建设—园区影响力建设方向发展，与新建园金桥家园幼儿园，薄弱园工程处幼儿园实行管理、师资、设备、文化等优质教育资源共享，促进新办园高起点发展、高品位管理、高质量办学；发挥优质核心园引领辐射作用，共享管理优质资源，缩小薄弱园差距，带动其整体提升。以常规管理为基础，追求精细高效；以师德塑造为核心，强化团队建设；以园本教研为依托，探索成长机制；以幼儿发展为目标，促进家园互动；以师生安全为根本，创建平安校园；以基础建设为抓手，扮靓园容园貌；以后勤管理为保障，提高保育质量；以追求品质为导向，提升办园成效，推动相山学前教育的均衡发展。

【淮北市太阳城学校】 是一所九年一贯制学校，坐落于人民路太阳城小区东侧。学校创建于2018年7月，占地2.4公顷，现有初中教学班17个、小学教学班16个，教师89人，中小学在籍学生1582人。学校按照编制标准和学科要求配备学历合格的专任教师，其中省级骨干教师1名，市级骨干教师2名，区级骨干教师5名，名师工作室成员4名，淮北市名班主任工作室成员2名，具有研究生学历5人。设置了280米的环形塑胶跑道，标准的室内篮球馆、羽毛球馆、乒乓球馆，为学生的全面发展提供了优良的环境和条件。绿化占地面积1300多平方米。学校总建筑面积24770平方米，校舍安全，无D级危房。有多功能梯形会议厅2间，座位250多个，拥有物理、化学、生物实验室、计算机教室各2间，美术、音乐、舞蹈教室、书法教室、图书室各1间，每个教学班均实现“班班通”。有体育室、卫生室、综合档案室各1间。先后荣获淮北市语言文字示范化师范学校、淮北市文明学校、淮北市青少年毒品预防教育先进集体、淮北市绿色学校、淮北市近视眼防控示范学校、淮北市体育传统项目学校（篮球、足球）等称号。

【相山区实验中学】 始建于1958年，有2个校区，其中土楼校区位于渠沟镇土楼街，占地3.33公顷。翠峰校区位于淮北市鹰山路与惠苑路交叉口西南角，占地2.4公顷，主体工程基本竣工，2022年秋季开始招生投入使用。现有在校学生1142人，24个教学班，教职工79人，其中副高级教师26人、中级教师36人，本科以上学历教师70人。先后被评为淮北市教育先进单位、文明单位、绿色学校、平安校园、书法特色学校；安徽省未成年人思想道德建设示范学校、安徽省语言文字规范化示范校、安徽省德育百强校、全国校园足球特色学校。学校现代化教育教学设施齐全，有微机室、音乐室、书法室、理化生实验室、图书阅览室和现代化的多功能录播室、3D专用教室，校园网络和班班通等现代化技术设备配套完善。学校食堂建筑面积2860平方米，共三层。宿舍楼共2幢各五层，面积近5000平方米。每间宿舍配备空调和高规格的床位，每人有独立的书桌，住宿条件优越，管理严格。学校以“励志笃学，荣校报国”为校训，注重“博爱乐教，身正德高”的校风建设，加强学生“博学善思，笃志力行”的学风熏陶，弘扬传统美德，全面贯彻党的教育方针，创新教学理念，“五育并举”，开展丰富多彩的活动，促进新时代学生的全面发展。

【相山区张集中学】 创办于1983年，有16个教学班，在校学生1017人，在职教师54人，其中高级教师6人，市级优秀教师10人，市级优秀班主任4人，市优质课教师12人，区级优秀教师15人，区级优秀班主任3人，区优秀校干3人。下半年，学校新建教学楼、宿舍楼工程破土动工，计划于2022年9月新学期开学投入使用。教学班内配备了先进的智慧黑板。教学楼内微机室、图书室、理化生实验室、录播室、报告厅等功能室齐全。以“家”文化为核心，秉承“办一所有温度的学校，做一名有尊严的老师”的办学理念，逐步摸索出“学校管理精细化、寄宿管理亲情化”的办学之路。学校选派责任心强的老师担任生活指导老师，建立了一支“有爱心、懂教育”的生活教师团队。生活指导老师尽心尽责，与学生同吃同住，同宿同归，与住宿生“零距离”接触，以为人师表的形象影响学生，教育学生。在这里，每一个住校生都能“学会自理、学会关心、学会生存”。实现了用亲情打造温馨乡村寄宿制学校的目标。先后获安徽省教育系统先进集体、淮北市依法治校先进学校、淮北市平安校园、相山区教育工作先进集体、相山区高效课堂改革先进集体、相山区先进基层党组织等荣誉，并连续获得相山区学校目标管理考核一等奖。

（区教育局）

科学技术

【概况】 2021 年，全区净增高新技术企业 20 家、高新技术企业总数达到 48 家；产学研合作项目 20 项；备案安徽省科技型中小企业库 46 家；获批省市级科技重大专项、省重点研究与开发项目 8 项；科技成果登记 80 项。

【科技成果转化】 2021 年，区科技局加快推进产学研合作，深化与中科院、合肥工业大学、安徽理工大学、江南大学、淮北师范大学等高校院所合作，积极构建重大科研成果技术熟化、产业孵化、企业对接、成果落地全链条转化机制。淮北矿业（集团）有限责任公司、中煤特殊凿井有限责任公司、安徽省正大源饲料集团有限公司、安徽果力智能科技有限公司、安徽相品智能科技有限公司等企业与安徽理工大学、中国科学技术大学、西安电子科技大学、安徽大学、淮北师范大学等高校院所建立产学研战略合作关系；安徽曦强乳业集团有限公司、淮北徽香昱原早餐工程有限责任公司、淮北德兰和创生物科技有限公司、安徽盛美诺生物技术有限公司、安徽贝宝食品有限公司等 20 余家企业与高校院所签订产学研合作协议。产学研合作项目入库 139 个，科技成果登记 80 项。高度重视双创载体建设，全区共有国家级孵化器 1 家、国家众创空间 1 家、省级众创空间 2 家、市级孵化器 1 家。

【高新技术企业】 2021 年，区科技局加大高新技术企业培育力度，完善高企发展库、培育库，形成培育梯次，实施重点培养，动态管理，梯次培育，压茬推进，重点围绕高新技术产业领域发展方向，明确培育目标，选择一批具有明显优势的重点产业和骨干企业，以点带面，加强指导，强力辅导，提高企业申报积极性，提高认定通过率、成功率，发挥示范引领作用，扩大高企申报的覆盖面。全区拥有高新技术企业 48 家，其中年内净增 20 家。培育省

2021 年 3 月 26 日，相山区科技局举办 2021 年相山区创新发展有关政策解读会

（区科技局　供图）

级高新技术企业 14 家，备案国家科技型中小企业 46 家。

【科技创新】2021 年，区科技局强化企业创新主体地位和主导作用，引导和鼓励企业持续加大研发投入，全面加强技术创新、产品创新、管理创新、商业模式创新，全区完成研发经费投入 98307 万元，同比增长 25.9%，占全区 GDP 的比重为 2.48%。积极组织企业参与 2021 年淮北市创新创业大赛，其中安徽相品智能科技有限公司获大赛初创组二等奖，安徽省博垣环保科技有限责任公司和智慧膜团队荣获大赛初创组三等奖。

【项目资金申报】2021 年，区科技局认真研究国家、省、市科技方面政策，切实把上级扶持企业创新发展的各项政策资金落实到园区、企业。向上争取省、市财政资金支持全区特色产业发展，为 8 家企业争取引导企业加大研发投入补助资金 110 万元，为 24 家企业争取市级三年倍增奖励资金 375 万元、区级高企认定奖励资金 156 万元；为 2 家区级乡村振兴科技项目发放专项资金 15 万元。积极组织企业申报 2021 年省级重点研究与开发项目，省、市级科技重大专项。安徽省正大源饲料集团有限公司、安徽汉芳生物科技有限公司、安徽雷根生物技术有限公司等 4 个项目成功获批 2021 年度省重点研究与开发项目，其中安徽汉芳生物科技有限公司摘得 2021 年长三角科技创新联合攻关专项。淮北民生矿山机器有限公司、安徽相品智能科技有限公司等 3 家企业成功获批市级重大专项，争取资金支持 300 万元。

2021 年 9 月 29 日，区科技局"四送一服"企业座谈会在安徽贝宝食品有限公司召开　　（区科技局　供图）

【创新创业环境营造】2021 年，区科技局坚持"亲商、安商、爱商"理念，不断改善和健全政务服务，进一步营造鼓励大众创业、万众创新的良好氛围。加强政策宣传，针对企业对科技政策缺乏了解、自主知识产权意识淡薄等问题，大力宣传技术合同登记税收优惠政策及其对技术合同登记的重要意义，增强企业申请认定的主动性，全年技术合同累计登记 482 份，技术合同吸纳额 35 亿元。加强企业帮扶，扎实开展"我为群众办实事"和"四送一服"双千工程，帮助企业解决在科技研发、科技项目申报以及高新技术企业申报过程中面临的问题，为企业发展提出针对性的意见与建议，并提供政策支持，为企业科技创新工作提供线上线下全方位服务，支持企业创新发展。

（徐晨曦）

文化·旅游·体育

文 化

【公共文化】2021年，区文化旅游体育局开展“科学健身·运动抗疫”全民健身大课堂健身气功（五禽戏）直播教学活动3期、太极拳线上教学2期；线上乡村春晚6场；非遗产品线上推介活动6期；图书推荐29期，诗词共赏4期，相图荐听24期，春节民俗知识博览3期，红色书籍推荐17期，举办“趣答民俗·福满新春”“百年荣光·薪火相传”等线上答题活动4期；推出优秀戏曲动漫片展播活动，共放映优秀原创戏曲动漫片34场。开展庆祝中国共产党成立100周年系列活动。4月23日，相山区庆祝中国共产党成立100周年红色经典诵读大会在隋唐运河古镇成功举办；6月19日，在运河古镇举办“唱支心歌给党听”庆祝建党100周年群众歌咏大会，上台表演的群众近300人；6月30日，淮北矿业会议中心举办“唱支心歌给党听”相山区党史学习教育暨庆祝建党100周年歌咏大会，用歌声全面回顾中国共产党建党百年以来走过的光辉历程，热情讴歌党的丰功伟绩；开展“百年辉煌、记忆相城”相山区庆祝中国共产党成立100周年书画展，参与群众近万人。“我们的节日”系列文化惠民活动。9月29日至10月1日，在隋唐运河古镇五凤门开展为期3天的“相山区庆祝中华人民共和国成立72周年”系列文化惠民活动，喜迎新中国72周年华诞，现场参与群众约2000人，其中“盛世中国梦 启航新征程”相山区庆祝新中国成立72周年文化惠民演出通过相山文旅体公众号和安徽文化云平台全程直播，线上观看人数共计31600人次。“看电影 学党史”公益电影放映活动。共放映公益电影198场。“送戏进万村”演出活动。截至5月，全区“送戏进万村”活动目标任务13场演出全部结束，在全市率先完成全年目标任务。

【文化产业】2021年，区文化旅游体育局高标准建设钟楼淮海战役支前博物馆，积极推进渠沟镇博物馆小镇建设，改造提升钟源阁红色文化博物馆、徐度乐事迹馆、相山区烈士陵园等红色文化站点，打造皖北爱国主义教育基地；依托隋唐运河古镇、南翔云集文化街区、友谊巷等特色街区，培育文化产业新亮点，打造国家级休闲旅游街区；高标准推进食博园文化旅游基础设施建设，深入挖掘相山美食文化资源，申报2个市级以上工业研学基地——凤凰山绿色食品博览园和果力智能。

【非物质文化遗产保护】6月，相山区非遗项目周氏面皮作为省文旅厅指定项目，参加“走进澳门——安徽美食周”活动，在为期一周的宣传活动中，让澳门同胞感受到了相山非遗美食的魅力。

组织开展省、市、区级非遗项目申报工作，对符合条件且有申报意向非遗项目进行重点辅导，新入选省级非遗项目4个（全市6个），申报市级非遗项目7个，有市级非遗传承人14个，新增区级非遗项目8个。

【文物保护】2021年，区文化旅游体育局对照划定和公布保护范围，设置相山区文物保护安全责任公示牌15个。完善记录档案，专人负责管理文物保护点。制定并完善安全巡查制度、安全责任人公示制度，签订安全责任书。全年未发生火灾事故、“法人违法”或盗掘盗挖古墓案件，未发生造成县级以上文物保护单位本体损毁的安全事故。

旅　游

【全域旅游示范区创建】2021年，区文化旅游体育局加快建立全域旅游体制机制，制订《相山区国家全域旅游创建工作实施意见》和年度创建工作计划，进一步完善《相山区全域旅游发展总体规划》，起草《相山区推进文化旅游业发展实施意见》《相山区文化旅游业发展奖补办法》。凤凰山绿色食品博览园获批国家AAA级旅游景区，隋唐运河古镇获评安徽省旅游休闲街区、安徽省级服务业集聚区。提升黄里景区、钟源阁红色博物馆、徐度乐事迹馆、钟楼知青馆等4个旅游景点，申报2个市级以上工业研学基地——凤凰山绿色食品博览园和果力智能。打响隋唐文化节、黄里杏花文化旅游节等2个旅游活动品牌，推出老家椒糊子、淮北卤鹅、周氏面皮3个地方美食。积极推进省级全域旅游示范区创建，相山区在全省22个省级单位中通过初审进入前12名，进入答辩和实地验收阶段。

【旅游项目建设】2021年，黄里基础设施及配套设施提升工程项目有序推进；隋唐运河古镇项目总投资24亿元，一期建成运营，二期、三期建设顺利推进。南翔云集项目总投资10亿元，主体结构建设完成，正在进行少量外墙装饰和街区绿化。加大旅游配套设施建设，改造旅游公厕4座，建设改造钟楼街、张集街2条，完成省道101、202沿线以及城区道路设置8块旅游道交通指引牌。

【文旅宣传推介】2021年，区文化旅游体育局开展“全景相城・‘游’你做主”5・19中国旅游日宣传活动，发放宣传资料300余份，接受群众咨询近百次；参加淮北・徐州、淮北・枣庄文旅推介会，作《相王故里・山水美城》专题推介；参加省级旅游交易推介会、2021安徽自驾游大会，宣传推介相山区旅游资源和旅游产品，其中周氏面皮代表淮北美食走进粤港澳大湾区，安徽淮北天宏集团实业有限公司怕上瘾方便面获2021中国特色旅游商品大赛中国特色商品银奖，持续扩大了相山区旅游品牌的知名度和美誉度。

体　育

【体育活动】2021年，区文化旅游体育局举办淮海经济区足球精英赛、相山区第四届全民健身休闲季系列活动；开展“我们的节日——重阳”登高活动。积极组队参加第十四届全国运动会、淮北市第十一届职工运动会，取得优异成绩。年内，相山区文化旅游体育局被评为全国群众体育先进单位，相山区文化馆舞蹈队参赛中华人民共和国第十四届运动会群众展演广场舞项目获第一名。

【体育设施建设】2021年，区文化旅游体育局新建26个全民健身苑、1个体育俱乐部。积极申报安徽省2021年体育强省专项资金150万元用于建设濉河体育公园；积极申报2022年中央预算内资金用于体育公园、登山步道建设。

（区文旅体局）

医疗·卫生

医疗保障

【城乡居民基本医疗保险】 10月16日，区委、区政府组织召开全区参保缴费动员会，区政府分管副区长张运岭到会并作具体工作安排。随后，各镇（街道）、村（居）层层召开工作会议，保证了参保缴费工作组织有力。全面启用全省统一医保征缴系统，采取“线上＋线下”“窗口＋自助”相结合的缴费模式，切实方便参保群众。下发关于2022年城乡居民医保参保缴费宣传手提包220个、公告3000份、抽纸20000份、宣传袋15000个、宣传折页10000份、宣传条幅260个、易拉宝160个、宣传伞500把、电子凭证激活手册10000份，制作音频宣传资料，发到村和社区广为宣传。2022年居民医保财政补助标准由550元提高至580元，个人缴费标准由280元提高至320元，明确了分类参保资助政策和参保接续规定等内容，医疗救助对特困人员给予全额代缴、对低保对象、返贫致贫人口和监测对象分别给予280元、250元和160元定额资助。截至2022年1月11日，全区完成参保缴费24.14万人，完成总任务数的96.2%。

【城乡医疗救助】 全年助推医保特殊人群参保有效衔接乡村振兴战略。开展“三个排查”，即排查特殊人群是否全部纳入城乡居民基本医保、大病保险、医疗救助制度，经排查，全区特殊人群全部纳入城乡居民基本医保、大病保险补偿和医疗救助制度。排查低保户、计生特殊家庭、特困供养人员、重点优抚对象、防返贫监测人口参保费用是否由政府定额代缴，核对低保户、计生特殊家庭、特困供养人员、重点优抚对象、防返贫监测人口有2022年度参保缴费情况，低保户参保费用按照每人280元的标准由政府定额代缴，计生特殊家庭、特困供养人员、重点优抚对象按照每人320元的标准由政府定额代缴，防返贫监测人口按照每人160元的标准由政府定额代缴。排查低保户、计生特殊家庭、特困供养人员、重点优抚对象、防返贫监测人口待遇政策是否落实到位。全区8296名特殊人群中，有低保人员7507人，特困供养人员329人，计生特殊家庭299个，重点优抚对象234人，防返贫监测人口16人，确保医保信息系统动态实现一一对应、不落一人。全年全区累计筹集医疗救助资金672.42万元，其中上级补助549万元，区级配套123.42万元。累计救助17312人次，支出资金672.42万元，其中直接救助8167人次，支出资金437.09万元，参保资助9145人次，支出资金235.33万元。

【电子医保凭证推广】 2021年，区医保局与淮北市医保局、定点医药机构等多方联动，开展多种激励活动，广泛宣传医保电子凭证的重要性和便捷性，提高全区医保电子凭证的使用率。常态化推进医保业务编码贯标和信息平台建设搭建工作，严格按照时间节点，加班加点配合省市步伐，做好承上启下的协调、核查、督导工作，确保两定机构编码达标，动态管理机构信息维护及时，专网搭建、接口开发和测试、权限信息填报准确到位。

【打击欺诈骗保】 2月26日，相山区召开医保系统“三个以案”警示教育暨打击欺诈骗保专项整治动员部署会，观看太和医保乱象警示教育片，学习“一条例两办法”等重要文件资料，通报上年查实的8起医药机构违反协议管理的典型案例，汇编医保基金监管政策法规，选编典型案例50例。制定新增定点医药机构服务协议签订前的业务培训规程，统一政策学习资料，印制《医疗保障基金监管政策法规汇编》《医疗保障基金监管典型案例选编》，并于4月16日开展第一批次培训及测试，多维度督导辖区医药机构提高行业自律意识。2020年度根据淮北市审计局移交的2家民营医院涉嫌违规、23家定点医疗机构涉嫌违规收取静脉输液续瓶费、5家医疗机构超限用药等3项问题线索，联合市医保局基金安全监管中心及区相关部门作进一步调查核实，违规收取的6.5万余元续瓶费、3.65万余元超限定用药费用全部追回，涉嫌违规的2家民营医院处理决定书已送达，其中1家的违规医保基金30余万元已全部追回。组织联合执法检查组对辖区定点医药机构开展全覆盖式联合执法检查，截至年底，已完成驻点督察29家一级医疗机构和全覆盖369家定点医药机构检查任务，共发现违规问题130家次，已处理定点医药机构130家次，已追回全部违规医保基金150万余元。

【行风建设】 2021年，区医保局强化行风建设，提升医保公共服务能力。优化硬件体验，配备取号机、自助打印机、自助一体查询机等便捷设备，采用用户评价系统，工作人员主动接受群众的评价和监督，提供投诉信箱、投诉电话、满意度评价，进一步提升办事群众的体验感和满意度。医保局服务窗口通过标准化建设，不断优化办事流程，提升群众办事体验。政务服务中心二楼入口提供医保导询服务，综合柜台推行“一窗受理、一站式服务、一柜台办结”的模式，将参保登记、医保关系转移等13项业务全部整合放到综合柜员窗口办理，杜绝了个别窗口扎堆排队、个别窗口无人问津的尴尬局面。

（区医保局）

卫生健康

【概况】 2021年，全区有各级各类医疗机构260家，其中一级医院20家、社区卫生服务站70家、卫生室22家、诊所104家、门诊部31家、医务室1家、社区卫生服务中心11家、卫生所1家，现有医护人员2564人，其中执业医师（执业助理）医师1058人，护士1506人。

【卫生应急】 2021年筹建相山区疾病预防控制中心，实施人员配备、房屋建设、仪器设备、职能落实“四个标准化”建设。市疾控中心相山分中心成立工作帮扶组帮助区级开展工作，2023年以后由区疾控中心独立承担疾控工作，市级提供业务指导和技术支持。各街道成立公共卫生办公室、各街道社区卫生服务中心按照突发公共卫生事件的应急处置工作职责与流程，配备专（兼）职人员负责卫生应急工作。

按照区级医疗系统现状，相山区调整突发公共卫生事件应急领导小组和突发公共卫生事件应急专业队伍名单，出台《相山区突发事件医疗卫生救援应急预案（2021版）》，建立健全多部门

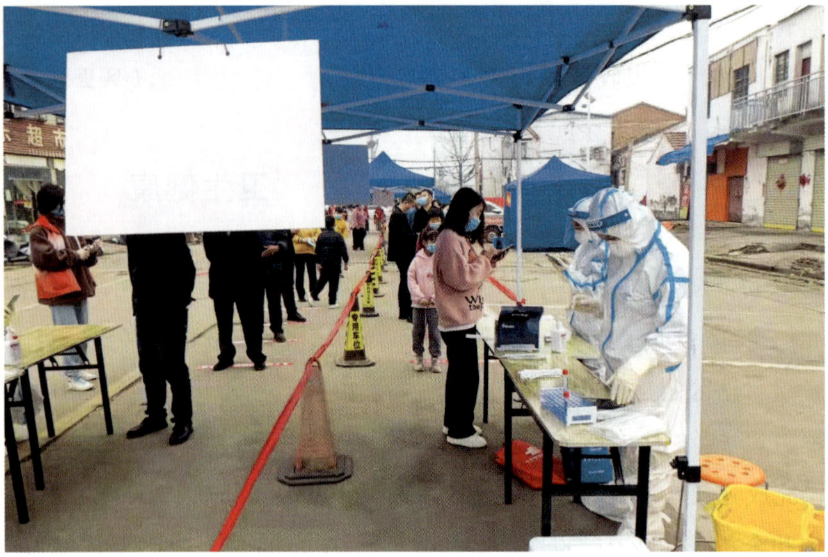

2021年12月30日，相山区开展大规模核酸检测演练（区卫健委 供图）

协作突发公共卫生事件应急管理机制。年初，相山区作为全国自然灾害风险普查试点区，全区98家医疗机构参与此项调查工作填报《公共服务设施调查表》，数据反馈良好。5月8—14日为全国第13个防灾减灾宣传周，主题为“防范化解灾害风险，筑牢安全发展基础”，全区各医疗机构利用健康讲座、播放宣传片、应急演练等各手段引导居民增强风险防范意识，加强医疗机构应急队伍处置能力培训；8月，在任圩街道新星社区承办“新冠疫情防控应急演练”，市级、区级医务人员、街道工作人员及群众1000余人参加社区封控、全员区域核酸检测演练等内容，收到良好效果；12月，开始在全区范围内开展全员区域大规模核酸检测演练，10个镇（街道）近300个核酸采集点3000人次参与，核酸检测群众58000余人，为以后出现疫情迅速进入防控状态打下良好基础。

坚持完善全区疫情防控体系，统筹协调各部门始终保持战时状态。为应对新冠疫情发展的态势，邀请第三方检测机构对辖区各医疗机构进行核酸检测人员培训，组建约30组90人的区直医疗机构核酸检测人员队伍，确保需要的时候能立即调出人员，同时对辖区医疗机构医务人员进行核酸检测培训，加强全区核酸检测人员储备，提升核酸检测能力。

【疫情防控】 全年区委常委会、区政府常务会议听取全区疫情防控工作汇报19次，调度部署全区疫情防控工作。区疫情防控指挥部办公室根据风险形势发布通告4期。制订《相山区各类人群新冠病毒疫苗分阶段接种实施方案》《相山区新冠病毒疫苗接种场所突发事件应急处置预案》《相山区新冠肺炎疫情大规模人群核酸检测现场采样工作方案（试行）》等，推进新冠疫苗接种、大规模核酸检测等重点工作。

根据境外及国内疫情风险形势，常态化摸排风险地区到淮北

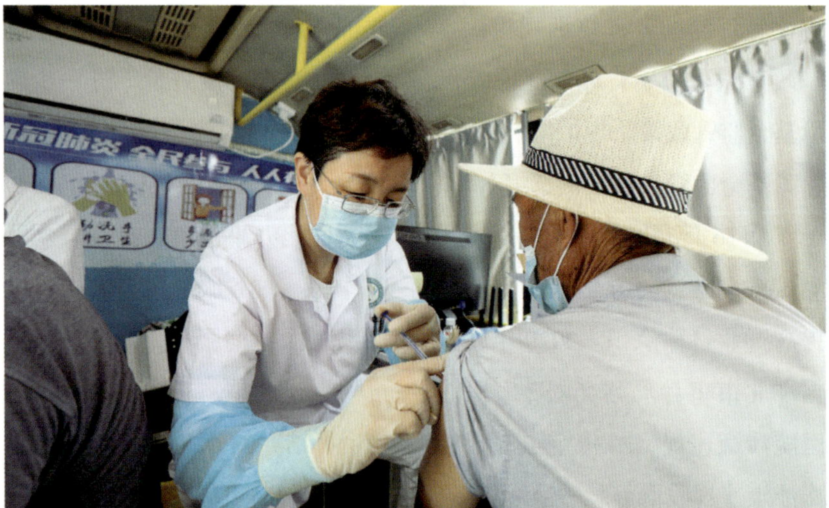

2021年7月6日，相山区首台新冠疫苗移动接种车投入使用（陈文骁 摄）

人员并落实管控措施，未发现确诊病例、疑似病例、无症状感染者。截至年底，全区仍在集中隔离78人、居家隔离36人、健康观察22人。

全区共设置核酸采样点377个，常态化开展应急演练，检验居民组织、队伍协作和系统操作能力，全年累计检测居民4.85万人。共设置集中隔离（储备）点15个、隔离房间1238间，全年先后启用集中隔离点6处，均能在12小时内完成各项准备并接收隔离人员。根据疫情形势，多次对备用隔离点工作队伍、物资储备、工作流程、改造计划等准备工作进行再梳理，做好随时启用的准备。累计接种新冠疫苗116.68万剂次，完成全程接种48.94万人，全程接种率98.74%（全市最高），脱漏率0.4%（全市最低）。8月31日，在全市率先完成18岁以上人群新冠疫苗第一剂次接种工作目标；9月20日，在全市率先完成新冠疫苗第二剂次接种工作目标，市疫防办两次发送贺信表扬。

制订《火车站新冠肺炎疫情防控管理工作实施方案》，在进出站口外设置管控区域，安装硬隔离、闸机，设置临时核酸采样点、临时观察点，成立工作专班，对出站人员逐个进行查验，对省外到淮北未持48小时内核酸阴性证明的，现场核酸采样后放行。在长途汽车站设置临时核酸采样点，对省外到淮北人员进行查验，未持核酸阴性证明人员现场采样。在渠沟镇张集村设置卡点，对到淮北车辆进行查验，开展人员体温检测、核酸阴性证明查验等工作。

【医联体建设】7月，相山区建立市人民医院牵头，渠沟镇卫生院、南黎街道和凤凰新城社区卫生服务中心为成员的“1+3”城市紧密型医联体，市人民医院安排33名专家定期到基层医疗机构坐诊，开展诊疗服务。组建紧密型医联体后，渠沟镇卫生院推广“微创拔牙”“温针灸治疗关节疼痛”等4项新技术，开展门诊手术40余台。开展义诊下乡、健康讲座等活动20余次，受益居民1200余人次。凤凰新城社区卫生服务中心开展皮肤浅表肿瘤扩大切除、色素痣手术切除治疗、皮肤真菌镜检等新技术项目，开展皮肤外科及手外科手术24例。南黎街道社区卫生服务中心建立康复医学专科，接诊治疗患者12例。组建紧密性医联体以来，基层医疗机构上转病人52例，其中渠沟镇卫生院2例、凤凰新城社区卫生服务中心15例、南黎街道社区卫生服务中心25例。渠沟镇卫生院建立激励机制，每月医疗收入扣除成本后，提取50%用于人员奖励（约5.5万元），人员奖励为400元到1000元不等，提高了医务人员工作积极性。

【卫生监督执法】2021年，区卫健委加快建立统一、高效的基层卫生行政执法体系，解决基层“看得见、管不着”和执法力量薄弱等问题。全区共设立12家卫生监督协管站，有92名卫生监督协管员，覆盖1个镇8个街道1个经济开发区，覆盖率100%。共有54人取得卫生行政执法证，人员配备向基层和一线倾斜，充实一线执法力量，建立健全卫生监督协管服务工作机制。镇（街道、开发区）的卫生监督执法工作由镇（街道、开发区）卫健办承担，业务上受区级卫生监督执法机构的指导，负责统筹做好行政区域内卫生监督及卫生监督协管工作。镇卫生院和城市社区卫生服务机构承担卫生监督协管服务工作，村（社区）卫健员兼任村（社区）卫生监督信息员，负责做好辖区内信息收集和报告工作。全年全区进行卫生监督协管巡查296次，卫生监督协管信息报告327条。卫生监督执法100余人次，检查医疗机构257家，查处68家，行政处罚22件，查处无证行医16人，取缔黑诊所19家，没收医疗器械146件、药品30余箱。

【妇幼保健】全年全区免费婚前医学检查2549对，婚检率98.6%，疾病检出率9.65%，孕前优生健康检查1355对，完成早孕随访540例。规范高危孕产妇管理，畅通救治绿色通道，加强出生缺陷干预，保障母婴安全。全区孕产妇活产数3269人，健康管理3050人，健康管理率93.30%；孕产妇系统管理2858人，系统管理率87.43%；产妇出院后0至7天内接受产后访视3233人，产后访视率98.90%。全区建册孕妇产前筛查率为85.27%，妊娠风险筛查4547人，妊娠风险筛查率99.74%，发放母子健康手册3203册，使用率为96.53%。全区儿童建卡率98.2%，7岁以下儿童健康管理2.55万人，3岁以下儿童健康管理1.01万人，婴儿死亡率3.06‰，5岁以下儿童死亡率3.67‰，新生儿疾病筛率96.5%，在园儿童体率95.33%。

【婴幼儿照护服务体系】普惠制托育服务工作纳入民生工程，年度目标任务为新增托位310个，截至年底已新增托育机构6家，新增托位520个，完成托育照护机构备案10家。为7家机构申报国家发改委托育项目资金660万元。多措并举强力推进公共场所母婴设施建设，坚持安全、舒适的原则制定《公共场所母婴设施配置标准》，按照标准打造“母爱10平方”，全区应配置母婴设施场所数23个，已配置母婴设施场所数23个，配置率已达100%；已建母婴设施共计25个，累计占地350平方米；在建母婴设施1个，占地5平方米。有效缓解了群众对母婴设施的需求，保障了全区公众场所的母婴权益。

【基本公共卫生服务】2021年，以满足居民公共卫生和基本医疗需求，对居民健康问题实施干预，有效预防、控制传染病及慢性病的发生，全面提升基本公共卫生服务能力。区卫生健康委成立1个领导小组，设立基本公卫、医政医管2个办公室，组建疾控、妇幼、卫生计生监督3个业务指导小组，全面负责项目实施、人员培训、绩效考核及日常监管等。按照市级下达文件，全区人口任务数为51.1万人，基本公共卫生服务资金按70元/人·年，其中市疾控承担三项（传染病、预防接种、严重精神障碍），资金为3.67元/人·年，由市级承担考核拨付。全区共收到基本公共卫生服务资金3475.836万元，其中中央资金2126.3万元，省级资金666.9万元，市级资金439.4万元，基本公卫资金来源按照6∶2∶2配套，中央60%，省级配套20%，市区配套共同承担20%（市级配套资金9.24元/人·年、区级需配套资金4.76元/人·年），年内区级配套资金243.24万元已到位，全年支出资金3469.9134万元，资金支出率达全年资金的100%，（“两卡制”管理的公共卫生服务经费每工分为1.0567元，按照工分值兑现金额为1892.0941万元，两卡制分配资金占总资金的54.4%），在年终资金清算时共计扣除考核排名较差的11家机构，扣除资金5.8万元，奖励给考核优秀的15家机构5.8万元。同时细化资金管理办法，确保资金使用规范合理。

【家庭医生签约服务】2021年，区卫健委制定出台《关于印发〈相山区2021年家庭医生签约服务实施方案〉的通知》，实事求是、科学合理确定签约服务的工作目标。根据省市工作要求签约工作目标不加码，工作服务不下滑，在稳定签约数量、巩固覆盖面的基础上，把工作重点向提质增效转变，确保应签尽签、应履尽履。截至年底，全区共计完成2021年度家庭医生签约16.2万人，签约率31.68%（任务数为30%），重点人群签约10.4万人，签约率67.6%（任务数为60%），有偿签约3.1万人，签约率6.01%（任务数为5%），有偿签约高血压患者1.3万人，签约率2.47%（任务数为2%），有偿签约糖尿病患者0.63万人，签约率1.24%（任务1%）；全区贫困人口1222人，共计签约1188人，签约率达97.21%，2021年度家庭医生签约任务已经完成；有偿签约服务包履约率99.2%（任务数为95%），有偿签约服务包的完成率96.88%（任务数为90%），家庭医生履约服务完成目标任务。

年内，相山区卫生健康委制定出台《关于印发相山区2021年基本公共卫生及家庭医生签约服务工作量化标准（试行）的通知》等文件，深入实施“两卡制”试点工作，截至年底，全区99家“两卡制”基层医疗机构已经入户采集居民信息（人脸识别）369139人，采集率81.3%，提供服务工分值17898198.67，年底根据考核校正结果，结算工分值资金。

【计划生育】 截至9月30日，全区总人口43.9万人，出生婴儿2282人，其中一孩出生1015人，占出生总量44.5%；二孩出生1060人，占出生总量46.5%；多孩出生207人，占出生总量9%。出生人口性别比112.67，综合节育率92.29%。全区适度生育水平保持良好，符合预期增量；政策外多孩生育保持在省控制目标之内；全区出生人口性别比与全市均值基本持平，趋于正常发展。

计划生育家庭奖励扶助对象322人，发放奖扶金31.656万元；特别扶助对象359人，发放特扶金215.4万元；奖励扶助对象扩面1915人，发放奖扶金188.22万元；节育手术并发症11人，资金3.12万元。享受独生子女保健费4722人次，资金124.47万元（其中16岁以上682人，资金20.45万元）；企业退休一次性奖励816人，资金163.2万元；城镇居民养老保险优待计生家庭，其中二女户家庭及独生子女家庭2698人，计生1000元代缴人员20人，共计需政府另增加补助11.43万元。农村特困独生子女户参加城镇居民医保153人，资金4.284万元；农村特困双女绝育户参加城镇居民医保73人，资金2.044万元；特扶对象参加城镇居民医保67人，资金1.876万元；三级以上手术并发症参加城镇居民医保10人，资金0.28万元，共计303人，资金8.484万元。

【爱国卫生运动】 开展爱国卫生月集中宣传活动，开展世界无烟日宣传活动，开展以“依法科学治理，共建健康家园”为主题的第12个爱国卫生运动法制宣传周活动。全区创建无烟机关54个，无烟医疗机构101家，无烟学校52所。结合文明城市创建工作，进一步落实街道社区、乡村，特别是老旧小区、城乡接合部等薄弱区域的环境卫生保洁制度，消除卫生死角。加强居民楼道间和房前屋后乱堆乱放、乱搭乱建的清理整治，对人员集中和使用频次高的公共场所和设施定时清洁消毒。新申报省级卫生村2个，市级卫生村6个，复审省级卫生先进单位2个、卫生村（社区）31个。认真落实，扎实推进病媒生物防制、省级卫生城市复审等各项工作。建立相山区爱国卫生运动工作群，便于工作安排、任务布置、资料传递、信息沟通、迎检调度。

【卫生民生项目建设】 2021年，相山区卫生健康民生工程有幼儿托育、妇幼健康和职业病防治，出生缺陷防治，城市社区医疗卫生机构和村卫生室标准化建设3个大项。

*幼儿托育、妇幼健康和职业病防治。*幼儿托育。全区原有托育机构7家，托位484个，入托人数156人。截至年底，新增托育机构6家（全年任务5家），完成年度目标任务的120%；新增托位数520个（全年任务310个），完成年度目标任务的167.7%。妇女儿童健康水平提升。免费婚检，全区婚姻登记应检人数为2586对，免费

婚前医学检查2549对（全年任务2156对，不作考核目标），婚检率98.57%，完成年度序时进度118.23%，疾病检出492人，疾病检出率达9.65%，超额完成年度序时进度；适龄儿童免疫规划疫苗接种，全区适龄儿童免疫规划疫苗接种110900次（任务120000剂次，仅为调度参考，不作考核指标），完成年度目标任务的92.42%。职业病防治。全年完成重点职业病监测在岗期间个案体检卡数13151人次（全年任务数11000人次），完成年度目标任务的119.5%，超额完成年度序时进度。

出生缺陷防治。截至12月20日，全区建册人数2085人，其中符合筛查条件的建册孕妇数为1745人，已做产前筛查1778人；产前筛查率85.27%，其中符合筛查条件建册孕妇的筛查率101.89%；孕妇咨询随访人数1778人，咨询随访率为100%。（任务数约1750人，仅为调度参考，不作考核指标）。

城市社区医疗卫生机构和村卫生室标准化建设。全年目标任务是达到标准化建设的城市社区医疗卫生机构和村卫生室40个；乡村医生岗位培训29人；具有执业（助理）医师的村医进修5人；政府办社区卫生服务中心进修4人。截至年底，完成标准化建设的城市社区医疗卫生机构和村卫生室数40个，完成率100%；具有执业（助理）医师的进修村医5人及政府办社区卫生服务中心进修4人已经分别完成在淮北市人民医院的进修培训任务，完成率100%；在岗乡村医生29人均已经完成在渠沟镇卫生院开展的乡村医生岗位技能培训任务，完成率100%。

【近视眼适宜技术试点】 2020年相山区申报并获批成为全国儿童青少年近视防控适宜技术试点区之一。2021年相山区开展入校视力监测62107人。开展近视防控宣教工作教职工培训1场，全区中小学及幼儿园主要负责人及校医共计63人参加活动；近视防控宣教活动33场，累计影响学生16613人次；开展近视防控用眼行为监测实验学校1所，用眼行为监测班级1个，34人参与监测。发放近视防控宣传物料（近视防控家庭护眼手册3万份、近视防控练习本、视力表等）106400份。

【基层卫生服务建设】 依托相山区人民医院，打造集公共卫生医学中心、疾控、应急调度、职业卫生监督及应急物资储备、妇幼保健等综合性的区公共卫生应急服务中心。该项目位于南湖路首府小学东校区东侧，新建区人民医院南侧，占地面积11.5亩，建筑面积约17291.43平方米，地上12817.18平方米，地下停车场4474.25平方米（含与区人民医院地下连廊）。项目总投资约7700万元，预计2022年8月底前完工。

配置完善公立医疗机构设施

2021年6月，区卫健委组织医务人员走进校园开展近视防控筛查（区卫健委　供图）

设备，相山区人民医院配置CT、超声、检验、体检等设备，智能化、信息化建设完成；渠沟镇卫生院参照二级乡镇卫生院标准配置CT、超声等医疗设备完成；曲阳、南黎、凤凰、任圩四家公立社区卫生服务中心配置DR、超声、体检等医疗设备完成；区人民医院北院新住院大楼的内部装修、配置脑电图、无抽电休克治疗仪等设施设备完成。

相山区人民医院新院区　　（区卫健委　供图）

【区人民医院建设】 相山区人民医院4月正式迁入新址运行，迁入后完成部分功能科室的定位设置、临床运行需要的设备采购、医院信息化建设及医保结算的合并对接，各类医疗设备的安装、运行调试等工作。按照4月25日区委常务会会议明确研究的意见，积极协调推进相山区人民医院与市人民医院紧密型医联体建设工作，围绕医联体建设方案的要求内容，梳理共建协议中存在的问题和难点，精准对接市、区两级领导和专家团队的现场调研，安排专人为市人民医院的管理团队和技术团队工作开展提供服务，创造条件解决办公场所、医疗设备等具体问题。6月以来，派驻到相山区人民医院的专家有40人左右，间接增加门诊200余人次，其间，从市人民医院下转各类病人30人（肛肠外科居多），上转到市人民医院的各类危急重症患者9人，双向转诊的通道基本建立。　（区卫健委）

社会生活

民生工程

【概况】2021年，相山区实施29项民生工程项目，累计投入5.84亿元，其中中央级资金2.12亿元、省级资金0.7亿元、市级资金0.39亿元、区级配套0.63亿元、其他2亿元，圆满完成年度民生工程工作目标任务。

【民生资金投入】2021年，区财政局印发《相山区2021年民生工程资金筹措方案》，明确规定资金来源、使用途径，建立民生工程资金调度支付“绿色通道”，做到及时申请、及时拨付。对政策已明确、上级资金暂未到位的，采取垫付资金的办法，让群众更早享受民生福利。

【民生项目管理】2021年，区财政局完善《相山区信息公开实施方案》，重点推进民生工程信息全程网上公示，工程类项目重点公示项目点建设、开工竣工时间、建设单位等；补助类项目重点公示受益对象基本信息、审核人员姓名、发放金额等，对公示对象涉及隐私的，按上级主管部门相关规定执行，必要时通过隐藏部分信息字段方式公开。建立信息公示动态管理机制，对涉及项目实施达到阶段性目标的，根据目标完成情况按阶段公示。

2021年11月4日，“法援惠民生 保障未成年人权益”法律宣传活动现场

（区财政局 供图）

【民生政策宣传】2021年，区财政局印发《相山区2021年民生工程宣传方案》，创新宣传载体，利用会议、文件、横幅、媒体网站等多种形式，多角度、多层面宣传实施民生工程政策、实施情况和工作成果。全年累计发放宣传彩页10万份，发送民生工程政策宣传短信60万条，刊发政策宣传信息499篇，其中在区级平台刊发稿件17篇，在市民生工程网站刊发稿件356篇，在《淮北日报》刊发稿件26篇，在省民生工程网

2021年12月1日，海宫社区居民积极观看民生工程政策宣传文艺巡演

（区财政局　供图）

站刊发稿件25篇，在“学习强国”学习平台刊发稿件8篇，在人民网刊发稿件2篇，在中安在线刊发稿件24篇。

【民生监督检查】 民生工程项目严格执行“一把手”负责制，坚持督查与考核相结合，月度考评与年终考核相结合，按照各项民生工程实施时间节点、月度工作任务安排，对组织实施工作进行量化评定，分值计入年底总分。不定期邀请人大代表、政协委员和特邀监督员对部分重点项目进行联合督查。民生工程项目严格实行预算绩效管理，对2020年度实施的10项任务进行绩效评价，做到项目年初计划有目标、项目完成有评价、评价结果有反馈、反馈结果有应用。

（区财政局）

社会保障

【城乡居民基本养老保险】 城乡居保缴费标准设每年100元、200元、300元、400元、500元、600元、700元、800元、900元、1000元、1500元、2000元、3000元、5000元14个档次。全区参续保66731人，其中参保缴费26543人1022.02万元，完成当年民生工程目标任务的102.09%；领取待遇19895人，累计发放养老金3266.20万元，发放率100%。

【机关事业单位养老保险】 全区106家单位参加机关事业单位养老保险，累计征缴基本养老保险收入5331.40万元。其中，单位征缴收入3555.88万元，个人征缴收入1775.52万元；累计征缴职业年金收入1324.16万元，其中单位缴费收入438.09万元，个人缴费收入886.07万元；累计发放机关失业养老金8542.11万元。

【城镇企业职工社会保险】 截至年底，全区正常征缴计划参保企业2911家，累计养老保险参保人数105782人，失业保险参保人数63399人，工伤保险参保人数67519人。

【老农保】 老农保应清理人数3259人，已清理3258人，未清未退人数1人，其中合并入库649人（其中待遇领取人数210人）、退保含注销人数2609人。

（区人社局）

民政事务

【社会救助】 民生兜底保障方面，扎实做好脱贫攻坚成果同乡村振兴有效衔接工作，联合制定《相山区巩固拓展民政领域脱贫攻坚成果同乡村振兴有效衔接实施方案》《关于巩固拓展脱贫攻坚兜底保障成果进一步做好困难群众基本生活保障工作实施细则》，织密扎牢兜底保障安全网，深化社会救助制度改革，将城乡低保和特困人员审批权限委托下放至各镇（街道）、开发区，打通服务群众的最后一公里。截至年底，全区共发放城市低保金3879.1936万元，保障73705人次，人均月补助526元；发放农村低保金954.441万元，保障19839人次，人均月补差481元；发放特困供养资金346.0555万元，保障4055人次，发放特困供养人员护理补贴20.6856万元；下拨各镇（街道）、开发区临时救助备用金48.52万元，发放临时救助金60.954万元，救助230人次；发放艾滋病人生活救助金23.88万元，救助1536人次；发放精简社救资金72348元，救助52人次。

【社会事务】 2021年，区民政局积极开展婚姻登记工作，严格按照规定办理婚姻登记业务，全年共办理结婚登记3341对，补发结婚证1282对，离婚申请2342对，离婚发证1128对，补发离婚证459人。加强殡葬管理工作，大力宣传殡改政策，做好春节、清明节等重要时间节点群众祭祀活动服务管理。做好流浪乞讨人员救助工作，录入全国救助系统28人，救助资金7.1万元。做好重度残疾人护理补贴和困难残疾人生活补贴发放工作，严格补贴申报、审核、审批程序，做好跨省通办的办理，全年发放重度残疾人护理补贴247.338万元、救助41223人次，发放困难残疾人生活补贴122.6377万元、救助21720人次。继续坚持完善儿童福利制度，做好依法收养登记工作，办理2个三代以内的收养工作；发放孤儿基本生活保障59.07万元、救助575人次。

【社区建设】 城乡社区治理服务方面，加强基层政权数据建设，用好基层政权建设和社区治理数据信息系统，提高各镇（街道）、开发区相关工作人员系统应用推广能力。加强和完善城乡社区治理，推进社区基础设施建设工作，争取各级资金39万元用于社区维修改造和修缮改造。继续推进城乡社区协商工作，其中相南街道中城社区获评安徽省第三批城乡协商试点单位，已实现整体覆盖。积极推进智慧社区建设，积极配合市民政局做好智慧社区试点项目推荐，推荐锦华苑社区和新华社区进行智慧社区试点工作，实现从管理到服务的有效转变。做好民政领域“小微权力”工作，在全区民政系统内实施领域“小微权力”清单化管理工作，梳理9项民政兜底保障和救助政策。规范村级组织工作事务、证明事项工作，开展“社区万能章”治理专项行动，要求各镇（街道）、开发区对基层群众性自治组织出具证明状况进行摸底，集中清理不符合法律规定和文件精神的基层群众性自治组织出具证明事项20项。高质量完成村（社区）“两委”换届工作，召开全区村（居）民委员会换届选举工作暨观察员培训会，明确居委换届阶段任务、重点工作、注意事项和法定程序，辖区内75个社区、13个行政村于12月15日前全部完成村（居）民委员会换届选举工作。

（区民政局）

扶贫开发

【概况】 2021年全区有困难群众479户1168人（动态调整后）、监测对象6户16人。其中，渠沟镇现有困难群众348户831人，涉及12个村，监测对象5户14人，涉及5个村；相山经济开发区现有困难群众131户337人，涉及4个涉农社区，监测对象1户2人，涉及1个涉农社区。经过五年的不懈努力，现行标准下的497户1242人农村困难群众实现全面脱困。全区累计投入财政扶贫资金6671.5万元，人均帮扶措施达8个以上。

【扶贫措施】 2021年，区扶贫办印发《相山区巩固拓展脱贫攻坚成果集中排查工作方案》，对渠沟镇、相山经济开发区内17个村（社区）15509户农户开展全覆盖排查。积极协调人民银行、人社、民政、公安、市场监管、不动产中心等部门和单位，对初排监测对象的财产、车辆、房产、财政供养人员、经商办企业等情况进行严格数据比对，提高监测对象排查的精准性。确定监测对象6户16人，其中边缘易致贫户1户1人，突发严重困难户5户15人。制订《相山区防止返贫动态监测和帮扶工作网格化管理实施方案》，建立组、村、镇、区四级监测预警网格762个，其中村组网格452个，镇级网格290个，区级网格20个。安排区直相关部门每月开展1次农户信息筛查预警。建立资产管理台账，共梳理经营类资产46个，资产总值5216.22万元，到户类资产64个，资产总值1457.82万元，夯实带贫益贫机制的物质基础。巩固义务教育控辍保学成果，落实困难家庭学生教育帮扶机制。全年通过区级教育资助学生153人，通过国家教育资助生活补助92人，高中免学费22人，高中国家助学金资助22人，大学助学金资助12人，助学贷款资助8人，雨露计划资助49人。全年发放农村低保金871.8835万元，累计救助18189人次，发放特困人员供养资金317.793万元，累计救助3732人次，发放失能半失能护理补贴18.9456万元，发放重度残疾人护理补贴34500人次、207万元，发放困难残疾人生活补贴18188人次、102.74万元。对7名新考入本科困难家庭学生和在读研究生困难家庭学生发放3000～5000元资助金。

（孙炎宏）

老龄事业

【社会养老机构建设】 2021年，区民政局支持社会力量兴办养老机构、运营公办养老机构，通过公开招标方式对失能失智人员进行评定，全年核发社会养老机构一次性建设资金46.2万元、运营经费242.46万元。

【社区和居家养老服务】 2021年，区民政局大力开展居家和社区养老服务改革试点工作，积极构建多层次养老服务体系。开展2021年城乡养老服务三级中心一次性建设补贴和运营补贴的联合验收、认证工作，全年共发放资金385万元。联合第三方机构和辖区街道、社区以及社区老人代表，不定期对各机构运营情况进行督查，不断提升运营成效和居民满意度。实现80岁以上高龄补贴应发尽发，全年共为9774位高龄老人发放高龄津贴480.492万元。

【适老化改造试点】 全年共投资57万元对114户老年人家庭进行房屋适老化、无障碍厕所等设施改造，着力改善老年人的居住条件。逐步提高养老服务智慧化水平，支持各镇（街道）、开发区推广应用智能养老产品，鼓励家庭安装智能安防设备，淮北市朝阳养老公寓成功创建智慧养老省级示范机构。积极探索医养结合的机构养老模式，初步形成“以医辅养、以医带养、以医托养、以医联养”的医养结合模式，8月，民生社区养老服务中心依托幸福社区卫生服务站，获评第四批安徽省医养结合示范创建单位；12月，朝阳老年公寓作为淮北市代表参加安徽省2021年中医药健康养生与养老发展高峰论坛暨博览会（安徽省老博会），并拍摄视频资料参加老博会云展。

（区民政局）

镇 街道

渠沟镇

【概况】渠沟镇位于淮北市西郊，南接市区人民路，北依相山，东傍濉河，西与河南接壤。面积62.2平方千米，辖桥头、土楼、大梁楼、油坊、瓦房、钟楼、徐集、张楼、张集、郭王、刘楼、孟庄、鲁楼13个行政村，常住人口4.3万人，耕地5.2万亩。设党委1个，下辖党（总）支部47个，其中机关党（总）支部6个，共有党员1659人。

2021年，全镇完成财政总收入1.5亿元，是2016年的2.1倍，实现翻番。全镇财政收入年均增长12%，固定资产年均增长10%，工业总产值年均增长8%，农村居民可支配收入年均增长8.9%。实现7个村集体经济收入50万元以上，3个村集体经济收入100万元以上。年内，渠沟镇被评为安徽省第七次全国人口普查先进集体。

【产业发展】2021年，渠沟镇依托工业项目区，深入摸排有效招商信息，加大项目引进力度，全年新增商贸企业4家，安徽鼎阳再生资源有限公司、淮北皖骏机械制造有限公司、淮北秦氏服装有限公司3家工业企业完成纳统。淮北市鸿济新型建材有限责任公司、安徽桓君耐火材料科技有限公司2个5000万元以上工业项目建成投产。稳步推进芳香小镇建设，全镇芳香作物种植面积4500余亩，投资357万元的鲁楼温室花卉基地和1400万元的郭王冷链物流项目建成使用，一镇一业特色更加鲜明。不断优化农业产业结构，新增土地流转面积8521亩，新增新型农业经营主体29家，培育省级示范家庭农场4家、省级示范合作社1家。大力发展订单农业，种植越冬菠菜1000余亩，小麦良种繁殖1000余亩，不断促进农业产业发展。以“旅游+”为引擎，中皖文旅集团有限公司投资5000万元的三乡公社和三乡文旅项目、淮北校春文化旅游发展有限公司投资2000万元的锦鲤文化和生态文旅项目、山东中盈生态环境工程有限公司投资2000万元的农业嘉年华项目正有序建设中，打造近郊型观光农业。

【乡村振兴】2021年，渠沟镇组建产业、人才、文化、生态、组织振兴5个专项行动小组，制定《渠沟镇乡村振兴战略实绩考核指标》，夯实乡村振兴保障机制，全镇共谋划项目17个。健全防止返贫监测帮扶机制，全镇确定监测对象5户14人，实施巩固拓展脱贫攻坚成果项目7个，郭王村双创基地、钟楼村芳香作物初加工厂、钟楼商贸综合体等项目主体完工，项目建成后将持续按照6%的扶贫收益分红惠及脱贫群众，助力脱贫成果稳步过渡。大力发展设施蔬菜、特色水果、花卉、中药材等现代农业，打造阳光玫瑰葡萄产业基地、绿优和华力蔬菜种植基地、四季火龙果园基地等农产品种植基地。在张楼村试点推行“党支部领办合作社”创新机制，成功举办首届葵花节，带动村民致富。

【村镇建设】2021年，渠沟镇突出规划引领，按照主体功能定位，对国土空间的开发、保护和整治进行全面安排和总体布局，推进“多规合一”，扎实开展村庄规划试点工作，引进高层次团队编制村庄规划，钟楼、瓦房片区，鲁楼村、徐集村村庄规划编制完成并通过专家评审。扎实推进农村人居环境整治，完成新建农村无害化卫生厕所74户，升级改造旅游公厕4座。重点项目加快实施，主动作为、成功破解大梁楼采煤塌陷村庄搬迁项目困局，一期项目主体完工，二期项目进展顺利，初步具备分房入住条件。桥头片区征迁项目大头着地，400余户群众喜迁新居。人民西路、南循环线全线贯通，青年路、青梁路、梁钟路基本建成，即将通车，群众居住环境和出行条件进一步改善。

【环境保护】2021年，渠沟镇打赢蓝天保卫战，严格执行大气污染防控措施，集中开展露天烧烤和餐饮油烟整治，加强对建筑工地、搅拌站的常态化监管，秸秆禁烧再次实现全年“零火点”目标任务，秸秆综合利用率达到91%以上，$PM_{2.5}$指标完成年度目标任务。依法严厉打击环境违法行为，完成中央督查组交办环境整改问题5件、河长制督办问题3件。

【疫情防控】2021年，渠沟镇构建新冠疫情防控网格化体系，全面落实“外防输入、内防反弹”的常态化总体防控策略，压实基层防控责任。深入宣传、全员发动，依规安全有序推进新冠病毒疫苗接种，全镇完成疫苗全程接种42902人，超额完成目标任务。严格落实值班值守制度，制定并印发新冠肺炎疫情防控工作方案和应急预案，全域实行“两码”联查，开展新冠肺炎疫情防控演练和大规模核酸检测演练，提升了预防控制重大疾病和卫生事件的应急能力。全年共摸排境外返回人员18人，重点地区人员96人，全部落实隔离管控措施，无一例感染，筑牢疫情防控安全线。

【民生保障】全年全镇投入民生保障资金1300余万元对困难群众进行救助，低保金、分散供养五保资金、临时救助金、孤儿救助金、重度残疾人护理补贴和生活补贴应发尽发。全镇全年完成城乡居民基本养老保险续费10888人，城乡居民医疗保险缴费39788人，为37人办理医疗救助，新增转移就业103人，就业援助对象认定2人。鲁楼村、徐集村养老服务站建设完成。扎实开展“一格三员”（一个网格配一名网格员、一名警务员、一名调解员）、“两卡制”（居民通过身份证或医保卡登录全省基本公共卫生服务管理系统，确认获得基本公共卫生服务项目）、家庭医生签约服务、免费优生健康检查、免费孕前健康检查等工作，为598人次发放农村计划生育家庭奖特扶资金66万元。张集中学、相山区实验中学改扩建工程开工建设。解决土楼御景园、金桥家园安置房难办证问题576户，完成率达99%。保质保量完成人口普查任务，获评第七次全国人口普查省级先进单位。

【社会事业】2021年，渠沟镇加强新时代精神文明建设，组织开展新时代文明实践活动220次、志愿者服务活动362次、乡村春晚3场。拍摄制作《徐度乐事迹》宣传片及徐度刚讲述徐度乐事迹视频，弘扬徐度乐精神，讲好渠沟红色故事，发挥榜样的示范引领作用，社会风气不断优化。落实防范化解重大风险，开展防范和处置非法集资排查，核查辖区内小额金融企业5家。落实安全生产“一岗双责”制度，多部门联合开展安全生产隐患大排查66次，及时消除安全隐患152处，停业整顿企业7家，关停幼儿园食堂1家，安全生产形势持续稳定。充分发动人民群众参与平安建设，积极开展普法宣传活动62次，不断提高辖区群众的法治意识。

【基层党建】 2021年，渠沟镇落实领导干部联系支部制度，班子成员分别担任1个党组织党建指导员。实行书记领办项目，健全党建工作目标考核制度，把党建工作纳入村班子和干部年度考核内容。科学谋划推动党史学习教育，推进“四史”宣讲进机关、进学校、进企业、进乡村、进家庭、进小区，开展“四史”宣传教育，领导干部宣讲2次、老党员宣讲3次、老干部宣讲2次，各党（总）支部利用党员固定活动日共开展集中学习65次，举办“读党史、守初心、担使命”全民阅读演讲比赛、党史知识竞赛、“说学比唱”党史读书班等丰富多彩的活动，引导辖区党员从百年党史中汲取丰厚营养，坚定理想信念，牢记初心使命，主动担当作为。

【基层党组织建设】 2021年，渠沟镇选好“领头雁”，通过“登台讲、晒事迹，比干劲、比发展”擂台赛的形式，选树“皖美村支书”。持续开展“一抓双促 奋斗最美”村书记大讲堂5期，开展村书记及党务工作者培训班1期，让村书记和党务工作者分享感悟。积极组织党员志愿活动，开展党员助力秸秆禁烧的“三助四亮”（“助宣传、助巡逻、助收获”“亮身份、亮承诺、亮服务、亮职责”）活动，抗疫救灾中冲锋在前，发挥先进模范作用。打造特色鲜明的党建品牌，提升党建工作质效，选取张楼村（乡村振兴示范村）进行重点打造，积极培育“三同惠民”（党群同心、服务同行、合作同兴）党建品牌。结合选派工作，打造集村民议事、党员活动、调解纠纷于一体的“同兴小院”，实行党员干部包村联户，探索“党支部+合作社+农户”发展模式，在党组织的领导下，干群同心，凝聚合力，向乡村振兴的目标迈进。

【村级集体经济】 全年全镇谋划村级集体经济项目78个，村级集体经济收入696.02万元，其中100万元以上的强村3个，收入50万元以上的村7个。稳步推进支部领办合作社项目试点工作，张楼村成立由村书记为责任人的合作社，建立起“党支部+合作社+企业+农户”的发展模式，村集体带头注入20%股金，村“两委”成员走村入户动员群众整合土地资源入股合作社，村民自愿加入合作社抱团发展，获得劳务费、年底分红等收入，入社村民占股80%（按照每亩900元土地流转金折合股金），积极探索劳动力入社方式，注重劳动积累。全年动员256户村民参与，流转土地600余亩，种植油葵经济作物，每亩收益约2000元，带动村民共同致富。

（渠沟镇）

任圩街道

【概况】 任圩街道位于市区近郊东南部，北接东山街道、杜集区高岳街道，南临濉溪县、烈山区，东与烈山区烈山镇、杜集区矿山集街道毗邻，西连南黎街道，是淮北市城市新区的中心，相阳路、相山南路、南湖路、龙山路、人民路和南黎路等城市路网穿境而过。辖区总面积26.5平方千米，包括寇湾、李桥、陈庄、新星、南湖、红星、代庄、光明、余庄、任圩、古镇、权园、园林13个社区，常住人口4.92万人。党工委有8个党总支部，77个党支部，有党员1248人。

2021年，街道完成限上社会消费品零售总额273886.3万元，同比增长14.4%。城镇居民可支配收入增长10.2%，完成区级下达目标任务。利用省外资金13.7亿元，超额完成年度目标任务。实际利用外资5600万美元。

【项目建设】征收拆迁。年内先后完成古城北路147亩地块、淮北万达广场北115亩地块、淮师大附校及周边项目、方安路雨水箱涵项目、相山区公共卫生应急服务中心建设项目等5块地块的征收清零，全面实施寇湾小丁楼和长山南路西地块棚改，小丁楼项目总计322户，已签约309户，拆除135户，长山南路西地块总计138户，已签约128户，拆除128户，有效保证了重点项目的拆迁供地。

招商引资。充分发挥沿东湖、中湖、南湖经济带及淮北万达广场、淮北隋唐运河古镇商圈的辐射带动，大力推进房地产、商贸、旅游等业态的发展壮大，全年在建房地产项目8个，其中新开工房地产项目4个，在建旅游商贸项目1个，其中新开工5个，上报招商信息4个（运河大观园——锦江之星酒店、皇家花园——泰来洗浴中心项目、和禾和电梯项目、安徽网科），累计完成实际利用外资12亿元。

跟踪服务。积极落实“六稳”“六保”，全面抓实跟踪服务，积极推进重点项目建设，先后推进实施重点项目26个，总投资271.7亿元，年度计划投资29.4亿元。其中，续建项目8个，计划总投资102.3亿元，年度计划投资20.9亿元，计划新开工项目5个，计划总投资39.1亿元，年度计划投资8.5亿元，储备项目13个，计划总投资130.3亿元，年度需纳统项目4个。全年续建项目完成投资26.5亿元，实现新开工项目5个，完成投资6.2亿元，储备项目转化3个，完成投资6.2亿元，全年完成全社会固定资产投资32.5亿元，总量和增速均居全区镇、街道开发区第一，完成入库统计项目5个。

【产业发展】汽车城商圈。淮北汽车城位于城孟山路南段，拥有汽车销售企业89家，汽贸后市场配套物流、出租企业56家，配套商贸企业24家，检测、维修、中介等服务企业15家，其他企业32家，累计登记入驻的企业达216家，已经发展成为淮北市及周边地区汽车销售行业的集聚区，建成了孟山路汽车销售一条街、汽车4S店项目区和二手交易大厅、商用车市场、车管服务站、保险公司、车辆维修市场等汽车销售和配套产业，创造了良好的经济和社会效益。全年实现营业收入50亿元，税收4300多万元，就业人数2360人。

综合体商圈。淮北万达广场占地10.7万平方米，商铺业态组合涵盖服装、精品、餐饮、儿童、体验近300家品牌，70家餐饮形成最全的风味美食中心，全年客流达950万人次，销售额6.3亿元。街道依托万达，积极提升周

2021年2月9日，任圩街道仁和小区部分居民们终于拿到了心心念念的“大红本”
（任圩街道　供图）

边环境，全力做好拆迁供地，逐步加快万达周边房地产及商贸流通业的发展。

文旅商圈。隋唐运河古镇项目占地523亩，以隋唐文化为魂，以运河文化为脉，以淮北文化为根。一期商业街区隋唐草市于2017年12月28日正式开放运营，商业面积3.25万平方米，累计接待游客近700万人次，为社会提供就业岗位逾千个，年均社会总产值逾亿元。大观园、南市金街板块预计2022年下半年正式投入运营，商业总建筑面积可达20万平方米。项目的建设与运营对促进经济社会发展全面绿色转型，打造淮北市“城市名片”与“城市会客厅”起到了积极作用。

【重点工作】 疫情防控。全面落实公共场所疫情防控，努力做好建筑工地、商超、理发店、药店、餐饮、冷冻食品、冷链物流等重点场所、重点领域的疫情防控。积极推进疫苗接种工作，尤其在8月疫苗接种攻坚阶段，街道上下齐心协力，奋力实现提前完成第一针剂接种目标。8月14日，通过制定切实可行的预案，积极组织群众参与，全面落实防疫措施，成功在新星社区代表全市举办全民核酸检测演练，受到市、区领导表彰。全年共核实发热门诊就诊人员2874人次，上报重点地区到淮北281人、境外到淮北35人，累计完成居民接种新冠疫苗26000多剂次。

文明创建。城市管理，不断加大市容环境整治力度，积极开展违章搭建查处、占道经营整治、门头店招规范等活动，拆除违法搭建54间，2100余平方米，整治出店经营、违章摊点73余次，规范管理摊点220余处，查处违章广告52起，收缴拆除破旧广告灯箱32块，规范店牌店招46个，拆除违规设置各类广告牌40余块。物业管理，加大对物业公司管理和监督力度，不断提升物业管理水平，并结合城管进社区，积极推进小区乱搭乱建、乱停乱放、飞线充电、私设菜园等综合整治，积极倡导文明友爱的风尚，全力提升小区的综合环境。老旧小区治理，先后实施南湖、红星、寇湾等老旧村庄雨污分流和环境整治等工作，改善了人居环境，提升了居民的幸福感。

隐患化解。采取开门接访、带案下访及依法调处等有效手段，积极化解、调处各类信访隐患，先后调处矛盾纠纷190起，化解信访隐患74起，并成功化解了铂悦府和相城家园等安置房问题群体性信访隐患。

【基层组织建设】 党建品牌建设。在13个社区建立48个网格党支部和48个居民议事会，红星社区“聚心小院”服务群众做法多次被“学习强国”宣传报道，新星社区五星级服务做法入选全市基层党建创新案例。以“书记项目”为抓手，打造汽车城党群驿站、运河古镇商圈党建，汽车城商圈党建联盟成为集区域性、开放性、

2021年12月31日，任圩街道社区“两委”荣退暨新老班子交接仪式举行
（任圩街道 供图）

综合性为一体的“一站式”党群服务平台，运河古镇红帆益站在全省“小个专”迎检以及在全市基层党建现场会迎检中获得高度肯定。万达广场非公党建文化长廊，路通公司为代表的党建工建互促典型，都为非公企业良性发展提供了组织保障。

红色“益”站布局。各社区共打造13个红色“益”站，进一步延伸社区服务功能，推动服务重心下沉，实现为民服务零距离。推行网格支部书记＋网格长“一肩挑”，通过支部骨干“推选”、党员中心户“自荐”等方式，选优配强网格员队伍，强化党组织“龙头”作用。按“虚拟组织，实体运行”方式管理，通过党员带动，组织群众、发动群众、服务群众，提升党组织在群众中的凝聚力和影响力。

庆祝建党百年活动。通过开展文艺演出、开设讲座、唱红歌、手抄报等系列活动，营造浓厚节日氛围，先后在市级以上媒体发布庆祝建党百年信息10余篇，7月1日“学习强国”推送任圩街道庆祝中国共产党成立100周年综合性信息，获得良好反响。将党史学习教育和庆祝中国共产党成立100周年系列活动相融合，先后开展集中学习52次、各类宣讲31次、学党史文艺活动11次，办实事40余件，在“学习强国”、安徽先锋网、《淮北日报》、淮北电视台、相山发布等媒体发布信息20余条。

（任圩街道）

东街道

【概况】 东街道位于淮北市主城区繁华地段，东临东山路，西接相山路，南到铁路，北靠相山，总面积3.1平方千米，常住人口4.71万人。辖区内有100多家常驻单位，包括市交通局、市长途汽车站、市政工程处，淮北师范大学及其附属中学、淮北市第四中学、淮海路小学等院校，淮北矿工总医院、安徽皖北康复医院等大型医院，淮北久兴批发市场、真棒超市、百货大楼等大型商场，长山路和东岗楼立交桥大型标志性建筑2座。现有铁路社区、闸河社区、供电社区、机厂社区、民生社区、幸福社区6个社区。

2021年，街道完成5个招商有效信息，利用省外资金5.4亿元；完成固定资产投资10.77亿元。淮北学院路110千伏变电站工程项目、淮海健康养老综合服务中心2个项目竣工；长山路西组团安置房、碧桂园、绿金时代大厦部分完工。限额以上消费品零售总额同比增长14%以上，限额以上小微企业同比增长9.5%以上，限下样本点同比增长38.5%以上；新增限上商贸企业1家、个体经营户1家。批发业限下销售额增速35.5%；零售业限上销售额增速4.9%、零售业限下销售额增速45.9%；住宿业限上营业额增速–22.3%、住宿业限下营业额增速111.2%；餐饮业限上营业额增速33.1%。新增优质服务业规上纳统企业1家。

【招商引资】 全年东街道共外出6批次14天12家，接待到淮北客商7批次7家。重点在谈项目有中药材深加工（中药饮片研发）项目、现代农业产业园项目、联森工业产业园项目、友谊巷街区改造项目。认真落实帮扶制度，进一步开展大走访、大调研活动，收集企业反馈问题，让企业第一时间获得帮助。其中“解决碧桂园菜市场项目施工问题”典型范例入选省“四送一服”办印发的《“四送一服”双千工程企业诉求办理范例（第五十七期）》。

【项目建设】 全年东街道老旧小区改造共涉及2个社区、2个小区、406户、3.508万平方米。老旧小区改造工作涉及千家万户，是居民关心、社区费心的“老大难”问题，东街道将迎难而上，进一步改善老旧小区人居环境，提升城市品位，将实事办实、好事办好，努力让辖区居民真正看到变化，得到实惠。

【民生保障】2021年，东街道健全以最低生活保障、孤儿救助、医疗救助制度为主要内容的新型社会救助体系，完善政务公开制度，做好廉租住房补贴和公共租赁住房工作，促进社区建设发展和三级养老服务中心建设，做好两委换届和高龄补贴，做好残联各项工作。截至11月，低保户共有124户199人，发放保障金1286927元。临时救助共申请享受7户，发放临时救助金18600元。现享受廉租住房保障补贴户3户8人，季发补贴金4851元。80岁以上老人1412人，每人每月40元补助。百岁老人5人，每人每月600元，“三无”人员3人。孤儿2人，每月补助1100元。重度残疾人居家托养共申报12户，各社区依托养老服务中心同步打造残疾人之家及工作站，已全部建设完毕。加大对辖区困难计生家庭的帮扶救助，联合社区卫生服务中心和社区卫生服务站经常对计生特殊家庭开展上门服务，按照序时进度完成免费孕前优生健康检查任务。全年计划生育生育特别扶助金39.6万元，国家奖励扶助金0.408万元，50岁奖励扩面扶助金1.248万元，特扶对象65岁以上老年护理补贴4.08万元，独生子女父母退休一次性奖励19.4万元，独生子女保健费8.715万元，二女户长效节育等奖励补助已落实发放到位。

【社会事业】全年东街道共办理就业失业登记证57人，为30人办理就业援助申请，小额担保贷款43人，申请金额430万元，为78人申请灵活就业人员社保补贴，补贴金额18.87万元。为207人进行失业登记，通过职业指导、职业介绍、职业推荐帮助235人实现失业再就业。全年城乡养老保险完成参续保缴费515人，任务完成率103%，继续加大宣传，确保完成城居保扩面任务。认真核查养老保险冒领、多领，并追缴上缴财政。开展城乡居民基本医疗保险工作，积极营造宣传氛围，力争参保率达100%。进一步扩大居民对欺诈骗保的知悉度，提高医疗机构的自我约束意识，共同维护好医保基金安全。集中宣传开通医保电子凭证，鼓励线上续费，拓宽缴费渠道、方便居民，全面提高医保电子社保卡覆盖率。认真做好劳动人事争议调解工作，对劳动者投诉案件做到专人接待，专人调解。做到接案一起，受理一起，结案一起，全年共调解劳动纠纷案件11起。

【基层党建】2021年，东街道抓牢抓实党史学习教育，开展党工委理论学习中心组学习13次，紧紧围绕习近平总书记在党史学习教育动员大会上重要讲话精神、在庆祝中国共产党成立100周年大会上的重要讲话精神以及深入学习贯彻党的十九届六中全会精神等内容组织专题学习研讨4次，发放党史学习教育书籍1万余本，举办党史学习教育专题宣讲报告会3场，党工委书记带头讲党课4次，集中观看红色电影1场，组织开展“奋斗百年路 启航新征程”“学党史 跟党走 毅起行”等庆祝中国共产党成立100周年系列活动，常态化强化线上线下学习、“三会一课”、主题党日等党员经常性教育，切实提升辖区党员领导干部学习实践能力，在知行合一上下功夫、求实效。

围绕换届选举相关政策、流程规范等要求，推行“一幅流程图、一张时间表、一本指导手册”的操作规程，进行全覆盖业务培训，立足选人用人基本点，严把换届纪律教育关，有序推进各项关键环节，从10月15日街道召开社区“两委”换届工作动员会到12月12日全面完成6个社区“两委”换届工作。

聚焦责任落实，高标准、高质量开好2020年度民主生活会暨中央、省委巡视整改专题民主生活会，管好用好述职考评“指挥棒”，落实责任抓好整改；聚焦支部建设，认真做好党员教育管理专项整治和基层党组织标准化建设评估工作，落实党支部工作联系点制度，解决实施老旧小区加装电梯、红色串门、幸福课题等项目清单11项；聚焦基层基础，抓好11家街道“大工委”33家社区“大党委”“一述双评”工作开展；做好党员信息管理系统日常维护；有序推进发展党员工作进度，已发展党员18名；认真开展党内表彰、关怀慰问，做好“两优一先”推荐上报，走访慰问辖区党员126户，发放慰问金6.3万元；新增非公党支部2个，常态化开展“问题帮办、助企发展”主题活动；做好“光荣在党50年”纪念章核查上报，发放431枚；持续规范党员电教远程教学应用日常管理。获安徽省先进基层党组织称号。

对标对表红色物业建设新要求，推动碧桂园红色物业“新项目”建设；推进辖区11个红色“益”站便民利民暖心“新地标”打造升级，打造有温度的“红色共享圈”；持续推广线上东街e睦邻“指尖党建”，累计注册使用人数达2408人，线下开展“红色串门”走访入户4884户，落实51个网格组成的“一张网”治理模式，强化多元共治“新载体”；打造党史学习教育与“我为群众办实事”实践系列活动新亮点，开启“东街小睦说党史”在线直播和线下宣讲5期，被省、市委宣传部点赞，开办“东街睦邻”公益集市16期，筹集义卖资金近5000元，推动12个民生项目解决落地，开展“睦邻洁”美丽家园PK挑战赛11期，在打造“后创城时代”美丽系列示范点建设的同时真正实现了陌邻向睦邻的转变，不断提升党建引领城市社区治理水平。

【平安建设】 2021年，东街道继续开展平安东办建设，坚持党建引领，充分发挥网格化管理优势，健全完善综治信息平台，统筹推进矛盾纠纷排查、重点人员管控、反邪教、禁毒、扫黑除恶等工作，3月，东街道代表全市唯一街道层面迎接省委政法委邪教转化工作验收，获得省委好评。

（东街道）

西街道

【概况】 西街道位于市区西部，是淮北市的经济、文化中心，东至相山路，西到电厂西山脉，北靠相山，南邻惠黎路。总面积4.7平方千米，辖安康、新华、体育、利民、洪山、建安、鹰山、鹰南8个社区，常住人口5.73万人。辖区驻街单位61个，辖1个社区党委、14个党总支、132个党支部，3324名党员。

2021年，利用省外资金1.93亿元。完成固定资产投资27544万元，同比增长319%，完成年度任务109%。工业总产值完成6.3亿元。限额以上消费品零售总额完成261861.5万元，同比增长8.4%，限额以上小微企业完成14649万元，同比增长34.4%，限下样本点同比增长52.9%，完成新增限上商贸企业3家，大个体1家。批发业限上销售额增速30.5%，批发业限下销售额增速64%，零售业限上销售额增速8.8%，零售业限下销售额增速45.3%，住宿业限上营业额增速3.5%，住宿业限下营业额增速78%，餐饮业限上营业额增速43.7%，餐饮业限下营业额增速77.8%。

【基层党建】 2021年，西街道深入学习贯彻中共十九届六中全会精神，开办“红色晨读”“党史夜校”，推深做实党史学习教育。组织开展党史宣讲、主题党课30余场，“党史夜校”31期。严格落实党风廉政建设，做实日常监督，认真落实党建第一责任人责任。全年立案查处违纪案件7件，结案7件，初核了结3人，采用第一种形态处理11人，主动约谈24人，处置信访件2件。依托辖区内网格党支部及居民议事会，充分发挥党员在社区网格中的先锋模范作用。挖掘辖区资源，打造党史学习教育基地——“四史学堂”和利民、洪山、鹰山3个社区的党群服务中心，擦亮“书香洪山”“健康利民”等特色品牌，建成8个“红色益站”。向辖区204家单位派驻31名高素质的党建指导员，做实做细“四送一服”等工作，助力企业高质量发展。联合“大工委”单位，开展项目化对接服务，促进各领域党建融合发展。共召开联席会26次，开展活动18次，参与单位60余家，受益群众1000余人次。扎实推动“四下基层”领导干部工作落实，领导接访92批361人次，基层现场办公49次，化解案件56起。网上办信案件255件，一次性化解率100%。在新华社区推行“三四五”工作法，分类施策，精准改造，推动小区焕新。分别于11月9日、12月13—14日完成支委、居委换届选举工作。

【重点项目】 2021年，市应急广播系统工程项目、淮北市人民医院信息化升级改造项目和市医保局医保信息化建设项目硬件固定投资费用已投产；淮北市人民医院采购飞秒激光手术系统及准分子激光角膜屈光治疗机项目已投产。燃气公司老旧管网改造项目、淮北市体育中心场馆维修项目和淮北市200台新能源空调公交车采购项目投资未完成。相山区全民健身活动中心项目正在进行地下室回填土、相山区西园中学大门西侧集中搬迁项目正在进行山石开采。配合区生态环境局做好“散乱污”企业回头看；继续加强工地和雨后道路扬尘管控；持续开展餐饮油烟和露天烧烤专项检查；坚持做好秸秆禁烧工作。全年统计辖区污染企业、饭店、散乱污共计513个，细化工作目标，建立污染源工作台账。对辖区的挥发性有机物气体排放企业进行摸排，完成对辖区相关企业错峰生产的管控；对御香家园工地、西苑中学西地块、九州巷老夜市、人民医院住院部西、五金巷等重点区域，开展多次专项治理，取得良好成效，完成中央督办案件3件，群众投诉案件29件，开展环保宣传活动11次。

【社会事业】 全年，西街道共有45户68人享受低保，全年共发放低保金526318元；孤儿2人，按月发放基本生活费；为280名重度残疾人发放护理补贴资金合计20.16万元，为28名困难残疾人发放生活补贴资金，其中一、二级23人，合计1.84万元，三、四级5人，合计2000元。给68人发放持扶金40.8万元；给20人发放持扶老年护理补贴，合计金额4.8万元。发放16周岁以下独保费428人次，金额11.38万元。给188人发放独生子女退休一次性奖励，金额37.6万元。城居养老保险参保缴费任务数500人，完成数530人，任务完成率106%，超额完成2021年度参续保工作任务。城居养老保险人均缴费高达994元，远远高于全市273.69元的人均缴费水平，缴费档次结构进一步优化，缴费水平得到切实提高。到龄待遇领取人员700人，符合待遇领取条件的人员养老金发放率100%。

【疫情防控】 2021年，西街道定期召开疫情防控工作调度会，正向引导宣传，织密区域联动组织网和联防联控责任网，实行网格化管理小单元作战，确保风险地区来淮人员不漏一人；强化管控和督查，创新“2+2+1”的双查验两登记一督查工作机制，建立一支20人的督查队伍，确保小区和重点场所疫情防控常态化工作有效落实。截至年底，接种第一针剂36045人，完成全程接种率35928人，完成率99.68%；超56天未接种109人。

【文明创建】 全年西街道总结并推荐身边好人、道德模范等先进事迹10余篇，其中4人被评为相山好人，3人被评为淮北好人。以贴近实际、贴近生活、贴近群众为原则，精心组织街道党员、居民开展形式多样、内容丰富的新时代文明实践学雷锋志愿服务活动，不断规范志愿服务机制。全年开展文明实践活动200余次，7000余人参加。以问题为导向，针对市文明办模拟测评及市区领导“行走相山”督查问题，每月组织社区开展2次自查、1次互查；成立由20名退伍军人为主力的街道综合执法直属中队，每天巡逻在辖区范围内，加大整治力度，并在九州巷、洪山菜市场、人民医院周边街巷打造“六严禁”严管街巷，对出店经营划黄线警示，效果明显，达到标准。

【城市管理】 全年西街道依法规劝、清理不规范经营影响市容环境卫生秩序案件2000余起，暂扣各类经营工具300余件。其中，立案查处200余起，制作一般程序案件卷宗67起，累计罚款金额13.17万元。大力整治辖区内非机动车乱停放现象，依法拖离非机动车4800余辆，累计处罚款8万余元；对未经批准投放在辖区内的共享电动单车（青桔）实施依法暂扣，累计暂扣400余辆；对在人行道上违停的机动车实施贴单，累计贴单5000余张，另外对一些违停的车辆张贴“温馨提示单”，累计张贴8000余张；清理辖区内乱张贴小广告3500余处，亮化辖区内街道两侧商铺橱窗700余平方米；累计拆除影响市容环境秩序的各类建筑物、构筑物500余平方米；对电厂后山上市民私自抢建的各类违法建设依法予以拆除，累计拆除500余平方米；处理回复“市长热线”、行风热线、督查通知单等案件200余起；处理回复各类“智慧城管”案件2200余起；处理城管、110转市民举报、电话举报及市民来访反映各类问题800余起。

【社区建设】 2021年，西街道加强社区基础设施建设，打造标准社区，鹰山社区在电厂北村新选址约1100平方米，4月打造完成，5月搬迁到新办公用房办公。洪山社区10月搬迁到新办公用房办公。各社区依据党的方针政策和国家法律法规，征求辖区居民意见，结合实际，修订完善各社区居民公约，并予以公布。

【物业管理】 2021年，西街道按期完成处理智慧城管交办的任务和市长热线、业主投诉等900余件案件的整改回复工作。加装电梯工作，自4月既有住宅加装电梯工作开展以来，西街道物管办积极协调并联合联席办、设计院、电梯公司、社区人员，查看既有住宅加装电梯现场58处；已在联席办上会10部，均已通过，正施工9部。房地产办证工作，西街道共存在房地产开发遗留问题的项目32个，已办结32个项目，共涉及7949套房产，已分户6000余户，剩余的因其他原因或遗留问题未分户的，将继续办理分户工作；五号公馆、华信商业大厦2个项目，经督促开发商承诺2022年3月底完成总产权办理。物业管理工作，认真做好物业监督管理工作，严格审核维修资金使用和现场查验工作，做好电梯安全使用监督检查及其他设施设备的安全生产工作。

【平安建设】 2021年，西街道组织社区专职管理员开展视频会议系统、综治分平台使用、操作维护培训。现街道和8个社区视频系统正常使用，且明确专人维护保管，综治信息化系统录入房屋19935户57831人。西街道党政领导全年共接待来访群众92批361人次，化解事项56件。信件办理无中央交办件；省长信箱共办件6起，均办结。网上信访共办理网上信访件55件，其中求决类23件、意见建议类30件、其他类2件，均落实回访，一次性化解率均达100%。

【双拥工作】 2021年，西街道及6个社区积极争创全国街道、社区示范型退役军人服务站，软硬件均通过市级退役军人事务局验收。优抚对象共计92人，“双四一活动”对象共计8人。制作宣传展板86块、荣誉墙9块、宣传标语48条、宣传资料2500份。组织退役军人专岗人员政治理论和业务学习4次。春节期间，认真做好年画、春联等发放工作，并走访慰问辖区参战退役军人8位、现役军人家庭3户、困难退役军人10户、优抚对象5户、中华人民共和国成立前参战和抗美援朝老兵退役人员31人，合计发放慰问金28500元；清明节前夕，和驻街单位人民银行走访慰问辖区军烈属1户，带去慰问礼品，价值500元；端午节走访慰问10户“双四一”对象，发放慰问品价值1000元；建军节走访慰问61户军烈属及参战老兵，发放慰问金3.05万元。为二等功臣和困难退役军人家庭捐赠全自动洗衣机2台，发放惠民优待卡1600余份，送立功受奖喜报2份，发放慰问金共计1000元。

【电子政务】 2021年，西街道按照“公开为原则，不公开为例外”的要求，将行政决策、政府文件、工作机构设置、工作措施、政府重点工作进展、民生问题、经济建设、社会管理和公共服务的政府信息，按规定予以主动公开。全年共公开政府信息750条，未发生因违反政府信息公开工作规定而申请行政复议、提起行政诉讼、申诉的情况。针对政务信息公开工作的新要求，通过以会代训、专业人士集体辅导、个人自学相结合的方法，对信息公开专栏维护人员开展工作培训。为深入贯彻落实区级工作要求，加快推广“互联网＋政务服务”平台，切实提高网上办件量，社区采取“一人一块地”的方式向居民发放宣传单，同时向群众详细解释“互联网＋政务服务”为群众带来的实实在在的好处，让群众真心实意愿意注册账号，提高注册成功率。充分调动各社区工作热情，有效提升注册量，全年法人注册1829人，完成比例为17.81%。政务服务办件量共计274566件，人均办件量为4.79。

（西街道）

相南街道

【概况】 相南街道位于淮北市新政务区，东起长山路，西至濉溪路，南临人民路，北接惠黎路，面积4.3平方千米，常住人口7.58万人。街道下辖春秋、海宫、西城、中城、桓谭、相阳、黎苑、杏林、惠苑路9个社区，驻地单位190余家。

2021年，街道完成招商有效信息5个，当年转化项目3个，转化率达60%，利用省外资金6亿元。完成固定资产投资13.041亿元，完成率100.4%。完成外贸进出口428万美元，实际利用外资403万美元。限额以上消费品零售总额同比增长18.9%。限额以上小微企业同比增长23.1%。限下样本点同比增长99.3%。新增限上商贸企业3个、个体经营户2个。批发业限上销售额增速29.2%，零售业限上销售额增速–13.2%，住宿业限上营业额增速20.1%，餐饮业限上营业额增速25%。新增规上服务业3家、省重点2家。

【基层党建】 2021年，相南街道坚持把笃学笃信笃行习近平新时代中国特色社会主义思想作为党建工作的首要政治任务，街道干群“四个意识”不断增强、“四个自信”不断坚定、“两个维护”不断落实。购买学习用书2000余套，认真学习贯彻落实中共十九届五中、六中全会精神。共召开理论中心组学习3次，专题学习5次，举办理论宣讲4场，参加活动200余人，解决为民服务实事371件。以提升组织力为重点，推动基层党组织全面进步、全面过硬，建强每一个基层党组织。严格党建督查考核，对社区和非公企业党组织开展党建工作3次全面督查。向242家企业派驻35

名党建指导员，帮助企业解决生产、经营、党建难题57件。新成立单独组建党组织7个。结合“四送一服”，街道紧扣生产经营和党员职工需求提供精准服务。率先在全区采用结构化面试方式，好中选优，选出优秀人才22人。班子成员呈现出年轻化、高学历特点，班子结构得到进一步优化。发动3000余名党员开展争当信息员、宣传员、调解员、服务员等“四员先锋”活动。全年发展党员43名。坚持把“红色元素”贯彻于整个居民自治工作全过程，充分发挥党员“红色头雁”模范作用。推行精细化、零距离服务，把党的“以人民为中心的发展理念”落到实处。打造9个社区“红色益站”，“360民意小圆桌”，提供精准精细的便民服务。“一家人”工作法推广有力有效，雷云说事拉理室、老梁茶室、全志说事明理室成为化解基层矛盾、推进基层治理的金字招牌。全年发动“大工委”“大党委”单位45家，召开联席会议28次，共同开展活动51次，服务实现精准化。通过“网格”与“网络”联动，共办理各类服务事项371件次，社会治理、民生服务、党员管理等工作得到全面提升。

2021年12月13日，相南街道新任社区书记领办“开门一件事”

（相南街道　供图）

【项目建设】2021年，淮北南翔云集文化特色街区项目项目共12栋商业楼，已全部封顶，正在进行地下室和外墙装饰及道路施工、绿化，2号、3号楼外立面已基本竣工，计划2022年1月22日开街运营；碧桂园黄金时代项目共28幢楼，其中住宅22幢、商业楼4幢、幼儿园1幢、商住楼1幢，28幢楼已全部封顶，正在进行室外零星施工；怡和家园二期共7幢楼，已完工5幢，另外8号楼已出地面7层，14号富丽华商业楼8月底开始施工，正在基础施工；金冠紫园商业楼项目，已开始进行地基施工。

【民生工程】2021年，相南街道坚持利益导向机制，落实各种奖励优惠政策。全年计生新增特扶家庭3户，春节、中秋节分别为每户发放慰问金500元。社区干部、家庭医生每月至少上门走访1次。发放独生子女光荣费553人；发放退休一次性奖励104人。困境儿童、残疾人、低保家庭等困难群体精准帮扶政策不断完善。为辖区内305户低保户、3名孤儿、788名80岁以上老人、26户廉租房补贴户、61名贫困精神残疾人、347名重度残疾人、101名困难残疾人、81名优抚对象、124名灵活就业人员按月度季度准时发放各项补贴。生育登记达98%。有市级托育示范园1家，3家正在申报。632名80岁以上老人享受80周岁以上高龄津贴，高龄津贴每人每月40元。38人享受公租房补贴。为61名贫困精神残疾人办理药物补贴，人均1000元，103名残疾人享受困难残疾人生活补贴，352名残疾人享受重度残疾人护理补贴，人均每月60元；低保303户、487人。新增就业82人，采集用工信息397条；推荐小额担保贷款14人，申请金额140万元。就业援助认证58人，累计为224人办理灵活就业养老医疗保险补贴，总补贴金额59.771万元。办理城乡居民基本养老保险任务数为1200人，完成109.17%，全区排名第二。

【退役军人服务】2021年，创建全国300名退役军人以上村（社区）示范型退役军人服务站工作（街道3个社区符合条件），在惠苑路打造双拥模范单位。完成退役军人信息平台全要素信息采集工作（新系统），为2022年退役军人优待证发放做准备，为现役军人家庭、退役军人发放光荣牌。

【信访工作】2021年，相南街道构建街道、社区“书记抓、抓书记”“经常抓、抓经常”的信访工作格局，落实带班领导接访制度，全年接访下访156批680人次，主要领导接访77批232人次。办理“网上信访”事项73件，来信16件，来访13件，化解集体访信访积案2件，初步形成解决方案10件，解决6件信访积案。街道信访总量同比下降40.7%，越级访同比下降90%，信访秩序明显好转。被评为全省信访系统先进集体。

【综治工作】2021年，相南街道及时调整充实平安建设工作领导小组，充分发挥政法委员职能，加强人员配备，建立健全综治网络和常抓不懈的工作机制，做到综治维稳工作有领导管，具体工作有人抓。及时制发年度工作要点，与各社区签订平安建设目标管理责任书，同时明确9名社区两委成员负责综治工作，落实经费保障，更新综治中心各项规章制度，做到机构健全、业务规范。主要领导亲自协调解决建设过程中困难和问题，综治中心建设顺利进行，为相南的综治和平安建设提供强力的支撑。对重点邪教人员建立四级包保制度，定期走访帮教慰问，街道党工委书记亲自带队到邪教重点人员住处进行教育帮教，专门慰问邪教重点人员。创建“12348”工作法，完善排查、收治、监管责任机制，确保不出事。与外单位交流相南社戒社康工作取得成果和成功经验。加强肇事肇祸等严重精神障碍患者摸排管控工作，严格按照区政法委的部署，积极开展梳理摸排，对符合条件的27名人员及时签订监护协议，规范采集录入和更新维护信息，加强关爱服务，按年发放监护补贴，做到全面掌握肇事肇祸等严重精神障碍患者底数和现实情况，预防、减少严重精神障碍患者肇事肇祸案事件的发生。

【安全生产】2021年，相南街道对辖区人员聚集活动场所、工贸、危化、特种行业等12个重点行业领域，集中开展安全隐患排查整治行动。全年共检查学校4所、幼儿园3所、KTV4家、建筑工地4家、各类经营门面商铺320家，发现问题18处，现场整改17处，限期整改1处（已整改）。联合派出所、区消防队对居民区电动车飞线充电检查4次。联合市场监管所检查辖区内大型酒店、菜市场、沿街餐饮、施工工地食堂等重点领域食品安全检查30次，发现安全隐患问题9处，整改9处。在全街道开展安全生产“大排查、大整改、大执法”行动，共计检查各项安全生产工作210余次。全街道电动车共统计排查11790辆，其中2轮10694辆、3轮1078辆、4轮18辆。做好铁路护路工作，把辖区铁路沿线西城、桓谭等6个社区铁路护路工作纳入重要议事日程和综治目标考核，切实提高铁路护路工作整体水平。

【文明创建】2021年，相南街道组织各社区整治辖区大环境130余次，发动志愿者2359人，活动中各社区共清理生活垃圾、建筑垃圾、杂物等367车，动用铲车6次5台、大小挖掘机各2台次，清理卫生死角610处，发放宣传资料25000份，安装公益广告890块，清除小广告600余处、

2021 年 9 月 28 日，黎苑社区组织小区未成年人和在党 50 年老党员开展同唱一首歌活动　（相南街道　供图）

小菜园 40 余处 600 平方米。文明创建九大提升行动中，相南街道在辖区公共场所规范设置刊播社会主义核心价值观和与本场所、地域相符合的主题公益广告 310 余块。结合执法中心全面规范环境秩序，立案查处、处罚不文明行为，全年共处罚 686 起；对基础设施破损累出问题导向，建立问题清单，逐一销号，继续发扬“四位一体”先锋模范作用，各社区建立公安、城管、网格员、志愿者一体化建设，为街道经济发展和社会发展提供良好的安全保障。

（相南街道）

东山街道

【概况】 东山街道位于相山区东部，东邻杜集区，西至东山路，南接任圩，北到九一〇厂，面积 1.5 平方千米，常住人口 2.65 万人，是典型的城乡接合区域。下辖祥和、东山、翰林、建国、周庄、方顶、马庄等 7 个社区。

2021 年，街道利用省外资金 12.2 亿元。完成固定资产投资 19.4 亿元。限额以上消费品零售总额同比增长 35.8% 以上，限额以上小微企业同比增长 32% 以上；新增限上商贸企业 1 家、个体经营户 4 个；批发业限上销售额增速 17.4%。新增优质服务业规上 1 家，省重点 2 家。年内，东山街道被评为第七次全国人口普查省级先进集体、全省自强模范暨扶残助残先进集体、省第一批“金牌劳动人事争议调解组织”、淮北市关心下一代工作先进集体。

【重点项目】 2021 年，金鼎世家项目竣工建成，国金华府项目美璟苑已交房，紫麟苑已封顶，正在进行小区大门建设及室外绿化。港利文庭雅苑项目一期已陆续交房，二期工程完成 96%。江山悦项目所有楼层已封顶，正在进行内部装修及水电穿线。世茂云图项目正在稳步推进。

2021 年 7 月 1 日，东山街道庆七一主题党日活动举行

（东山街道　供图）

【党建工作】2021年，“两委”换届选举产生“两委”成员51名，社区书记主任“一肩挑”比例达到100%，35岁以下社区书记占比28.6%，35岁以下社区“两委”干部23人，占比45.1%，大专以上学历占90.2%，实现了社区干部队伍学历、年龄双优化，全区“两委”换届现场会在街道召开，作典型发言。先后开展理论中心组学习10次，“书记读书班”6期，举办党史专题讲座9期，组织“东山党员游淮北”活动5次，开展形式多样的庆祝中国共产党成立100周年活动。

【基础设施建设】2021年，街道党群服务中心完成门前广场改造，街道新时代文明实践所建成并投入使用，完成泉山路桥下及辅道两侧工程建设。古城东路马庄路段即将通车，国金、世贸幼儿园建设完成，世贸农贸市场、朝阳小学扩容快速推进。

【民生工程】全年东山街道共办理城乡居民社会养老保险1831人、城乡居民基本医疗保险近7500人；发放残疾人护理补贴236人、高龄津贴987人；动态办理低保申报，在册保障179户289人；家庭医生签约1626人，发放独生子女退休一次性奖励61人、独生子女保健费286人、特别扶助对象52人。街道及社区8个养老服务中心、1个托幼试点已投入运行；退役军人全要素信息采集基本完成。

推动完成翰林社区原肉联厂家属院电改。全力推进“难办证”问题，方安一期已办理296套、方安二期已办理451套、广泽家园已办理1398套，办结率分别为97.5%、97.2%、100%，安置房税费收缴与找补款兑现实现“双清零”；青和宝地五区、E派已办理560套、新兴公司相潭苑、新兴小区一期已办理444套，办结率分别为77.8%、75.5%。

优化调整网格党支部47个、居民议事会47个，网格党支部覆盖率90%。以建国社区为试点，推进社区网格化管理做深做实，实现小事手机网格处理、大事议事平台协调处理。推进“小微权力”平台建设，梳理27条服务事项，明确事项范围、办理主体、办理方式、办理时限，让群众明白、干部清白。翰林社区作为全市“小微权力”现场会观摩点接受观摩指导。

【安全维稳】2021年，东山街道累计接访302批536人次，下访53人次，排查隐患63件，化解矛盾31件。始终严格落实稳控措施，确保人稳当地，被评为全区平安建设优质单位。与辖区单位签订目标管理责任书，开展安全检查60余次，开展危房排查20余次，下发限期整改指令书40余次，及时处理安全隐患30余起。重点解决马庄社区废弃危化罐隐患、粮食局车队危房改造等问题，集中清理了小区飞线400多处。落实建筑工地“六个百分百”治

2021年6月28日，市纪委书记、监委主任李朝晖（左二），区委书记胡启书（左三）观摩“小微权力”平台建设观摩点——翰林社区

（东山街道　供图）

理措施，重点解决特凿公司水源井保护地污染源问题，重点整治立交桥下水源井周边环境。对辖区 10 家废品收购点进行统一清理整治，排查清理餐饮业排放不达标单位，辖区空气质量持续提升。

【疫情防控】 2021 年，东山街道摸排重点地区到淮北人员 678 人，境外返淮北人员 26 人，核实医院反馈发热信息 1132 人次。全力推进疫苗接种，接种第一针疫苗 21894 人，完成全程接种 21820 人，全程接种率 99.66%。加强针及 3 岁至 11 岁儿童接种持续推进。

（胡月圆）

三堤口街道

【概况】 三堤口街道位于淮北市西南部，北临人民路，南至三堤口，东起符夹线，西至萧濉新河。面积 3.8 平方千米，下辖董庄、朱庄、纺织、庆相桥、虎山北路、三堤口、濉溪、口子、恒源和刘桥 10 个社区，常住人口 6.18 万人。

2021 年，街道利用省外资金 9 亿元。固定资产投资平稳增长，在库项目 8 个，完成投资 98684 万元，同比增长 918.7%，超额完成全年目标任务，居全区第 1 位。完成外贸进出口额 463 万美元。完成规模工业总产值 4976.2 万元，同比累计增速 10.5%。限上社会消费品零售额完成 16655.1 万元，同比增长 11.2%；限上小微企业完成零售额 2942.5 万元，同比下降 1.5%；限下样本点完成零售额 24.3 万元，同比增长 76.5%；新增限上商贸企业 1 家，大个体 1 家，新增省重点服务业 1 家。

【疫情防控】 2021 年，三堤口街道严格落实疫情防控各项要求，紧盯重点区域和关键点，建立健全常态化疫情摸排、管控机制。在周边城市出现疫情后，街道第一时间组织摸排，对次密接人员组织隔离、居家观察，督促辖区商超、菜市场、企事业单位和其他经营场所全面落实疫情防控措施，严格有效管控，防患于未然。积极推进疫苗接种工作，精准推送未接种人员信息，及时提醒、组织群众按期接种，对有思想包袱的人群，上门开展耐心细致的思想工作，确保应接尽接，在规定时间内超额完成一、二针剂接种指标，开展加强针剂催种工作，全力构筑全民免疫屏障。

【项目建设】 2021 年，朱东朱西城中村改造（香榭左岸）项目，1—5 栋内外墙涂抹完成，8—11 栋外架搭、楼植筋完成，已上报投资 3 亿元。林溪雅苑项目，1—4 栋 6 层主体已建成，5—7 栋钢筋安装、墙柱合模已完成，12 栋楼底板防水已完成，配套幼儿园已竣工，已上报投资 3.2 亿元。

【棚户区改造】 2021 年，董庄南侧地块征收工作，该地块占地 9.5

2021 年 8 月 13 日，在三堤口街道党群服务中心举办剪纸活动

（三堤口街道 供图）

公顷，于2020年5月启动，一期占地2.5公顷，涉及征收户89户，已签约77户，安全拆除74户，剩余12户正在走裁执分离程序。二期已完成测绘，正在继续开展入户走访、政策宣传和摸清安置意向等工作，条件成熟即可启动。

【社会保障】 2021年，辖区城镇居民人均可支配收入增长20.2%；城乡居民养老保险缴纳1428人，完成目标任务102%；为辖区221户困难群体办理低保，大病救助3户、临时救助1户，为361人办理残疾人护理补贴，为86人办理创业证，就业帮扶177人。各项民生工程和社会保障举措提质扩面，辖区困难群体生活得到有效保障。

【社会治安综合治理】 2021年，三堤口街道按照“全覆盖、零容忍、严执法、重实效”的工作要求，对街道重点监管的企业开展专项监督检查，扎实做好建筑工地、小餐饮市场、瓶装液化气、违规使用泡沫夹心板等领域的安全生产和消防安全工作。已建立并落实督查发现问题、督促问题整改、验收问题销号的定期安全生产巡察整改工作流程制度，累计开展专项督促30余次，发现问题全部在规定时间、按要求整改到位，辖区未发生安全事故。工作中注重提升全面安全意识，相继组织开展冬季用电安全、防火逃生知识、应急自救等专题知识讲座6次，采取栏内宣传和入户走访等方式加强安全知识宣传，全民安全意识不断提升。

【生态环境】 2021年，三堤口街道切实增强环境保护意识，工作中定责定岗，对重点区域、路段、场所严格监管，重要时间节点24小时监管，$PM_{2.5}$等各项指标均在可控范围内。严格落实夏秋两季秸秆禁烧工作，辖区全年无火点。“林长制”“河长制”属地责任全面落实。

【文明创建】 2021年，三堤口街道深入开展社会主义核心价值观、遵德守礼、未成年人思想道德宣传，全面提升全面道德素养，个人创建素养逐渐养成。运用“两化共治、五长齐管”社会治理模式，网格化管理，物业化服务，网格长、路长、巷长、楼长、店长多方联动，协力推动秩序规范，文明创建工作在日常，不再靠突击。家天下小区作为垃圾分类试点小区，先试先行，已落实各项基础工作，正在全办全面推广。创城迎检工作中，软件材料、硬件设施、大环境卫生规范达标，纺织社区溪河苑小区圆满完成入户问卷调查任务。

【房地产领域专项工作】 房地产领域历史遗留“难办证”问题涉及街道17个项目，年内均已办结。董庄拆迁安置房、余庄三栋楼、水岸人家小区、天象农行干校小区、小余庄商住楼5个项目287套房屋分户产权已办结，甲天下安置房、金帝御景商住楼、梅苑二期、宏芝苑二期等5个项目，办证率达80%以上，剩余6个项目因个人手续不齐全、房款争议、开发企业拖欠税费等原因，办证率略低于80%。街道全力督促企业补齐税费、解决争议，帮助个人完善手续、解决问题，加快推进办证工作。

（三堤口街道）

南黎街道

【概况】 南黎街道位于老濉河以北，符夹铁路沿线以东、以南，龙山路以西。面积8平方千米，下辖丁楼、学院、桂苑、李楼、梅苑、康乐、城里、锦华苑、曙光9个社区，常住人口12.32万人。

2021年，街道利用省外资金9.5亿元。完成固定资产投资16.3亿元。外贸进出口完成760万美元、实际利用外资2000万美元。工业总产值增长15.5%。限额以上消费品零售总额同比增长11.5%以上，实际完成17.8%。新增限上商贸企业4家、个体经营户8户，实际完成3家限上商贸，2家个体，纳统数全区第一。批发业限上销售额增速8%，实际完成-41.5%。批发业限下销售额增速16%，实际完成43.5%；零售业限上销售额增速9%，实际完成8.7%。住宿业限上营业额增速20%实际完成14.5%。餐饮业限上营业额增速30%，实际完成46.5%、餐饮业限下营业额增速35%，实际完成33%。新增服务业2家，全区新纳统数量第二。

【项目建设】 2021年，辖区有丁楼污水处理广扩建工程、淮北市相山区人民检察院办案技术综合楼项目、淮北市游泳馆健身项目、黎苑路东扩项目、全民健身项目、兆基花园项目6个重点项目。其中，续建项目6个，计划新开工项目3个，储备项目5个。

【基层党建】 2021年，南黎街道推动网格化治理服务创新，职能部门下沉网格收集问题349个，解决问题328个。创新打造"流动宣讲桌""流动议事桌""书记有约圆桌会"，开展宣讲10余次，议事20余次，共收集群众诉求26件，解决25件，1件以居民议事形式正在进行。锦华苑社区党总支获评安徽省先进基层党组织。推动房产中介行业党建促发展，以"三心党建"工作模式，开展"党员亮身份"等活动，收集建议20余条。打造行业红色"益"站5个，开展"房产知识进社区"活动2次，服务居民200余人。依托"红色物业"服务助治理，集中摸排辖区36家物业企业，成立党组织21个，建立由社区、物业、业主委员会、辖区派出所、街道城管执法队、司法所"六位一体"的"小圈子"物业治理探索模式。扎实开展党史学习教育，众安物业党支部结合党史学习教育打造"众安美好书屋"，创新"30分钟"党史课，开展集中学习60余次，收集群众急难愁盼40余条，分类销号，已基本解决。

【平安建设】 2021年，南黎街道常态化宣传扫黑除恶斗争工作，构建多元化化解纠纷矛盾工作新格局，化解信访积案。严格落实"三到位一处理"工作机制，依法处置缠访闹访行为。夯实重点人员逐级包保和定期接访制度。全年共排查调解各类矛盾纠纷23起，成功调处23起，调解率100%，调解成功率100%。

【民生保障】 全年南黎街道低保共保障621户893人，发放金额920793元；城镇医疗救助458人次，救助金额527630.19元；临时救助18人次，救助金额3.5万元（困难居民临时救助9人次，救助金额1.24万元；困难大学生临时救助9人次，救助金额2.26万元）；新申请残疾人生活补贴31人，护理补贴54人；生活补贴删除130人，护理补贴删除109人；生活补贴降级11人；残疾儿童康复填表20人，辖区孤儿全年共享

2021年1月25日，南黎街道联合淮北市书法家协会、淮北市美术家协会举办"墨香迎新春，春联送祝福"活动 （南黎街道 供图）

受补贴 6.3 万元；为辖区 80 周岁以上不满百岁的老人申请高龄津贴，共发放 301120 元；为 4 位百岁老人发放高龄津贴 2.88 万元。

【文明创建】 2021 年，南黎街道落实领导班子包保社区制度，坚持“谁主管谁负责、谁不达标问责谁”原则，发现问题 1652 处、整改 1652 处，整改率 100%，实现街道及 9 个社区新时代文明实践所（站）全部达标，顺利通过验收。全年共清理非法户外广告（门头店招）328 处，清理非法小广告 36000 余处（其中立案查处 8 起、罚款 10000 余元），清理各类杂物 3150 余车。以市区文明办在城里社区、梅苑社区港利小区打造试点为契机，结合“我为群众办实事”活动，进行全方位、无死角“复制粘贴”，集中修复道路破损、沉陷问题，补植绿化补种花草。有效解决工行小区维修改造、曙光社区道路维修改造、慢城花园还原房破损道路硬化及路牙石窨井更换改造、麒麟花园北区活动场地硬化改造、李楼社区道路铺装沥青路面、李楼社区李楼新村道路硬化、李楼社区（水岸北门东侧、凯莱文苑西门、可伦公馆北门）破损路面硬化、国购小区中间路路面维修及窨井提升、李楼社区临时菜市场西道路硬化、小区内人行道停车位施划工程等问题。组建 10 支志愿服务队常态化开展志愿服务、网格巡查，全年解决重难点问题 598 起。实施“大宣传”工程，完成文明创建问卷调查 100% 入户率。

【疫情防控】 全年南黎街道摸排重点地区到淮北人员 1808 人，境外到淮北人员 201 人。辖区 9 个社区 83 个小区设立 84 个核酸检测点，定期组织核酸演练，提高疫情处置应急能力。组成志愿者队伍参与疫苗接种，悬挂宣传条幅 200 余条，发放宣传单 3 万余张，提高接种覆盖面。南黎街道第一针剂接种数 64010 人，完成全程接种人数 63692 人，完成全程接种率 99.5%。

（南黎街道）

2021 年 9 月 17 日，南黎街道文化站组织开展“我们的节日·中秋——经典诗词诵读”活动

（南黎街道 供图）

曲阳街道

【概况】 曲阳街道位于城乡接合部，东起濉溪路，西临 238 省道，南到老濉河，北至徐里，是相山区主城区的西大门，面积 14.8 平方千米，下辖濉河、刘庄、渠沟、惠民、任井、滨河、前黄、下街、黄里 9 个社区，常住人口 5.34 万人。辖区有美名远扬的特色农产品黄里软籽石榴和笆斗杏，其中黄里笆斗杏于 2016 年 9 月成功获认国家农产品地理标志，是淮北市首个通过国家农业部门申报认证的地理标志农产品。辖区内基础设施完善，有中学 1 所、小学 3 所、幼儿园 6 所，有医院 1 家、社区卫生服务中心 1 个、社区卫生服务站 7 个、卫生室 3 个，有银行商业网点 4 个、大型超市 4 个，市主干道淮海路、人民路、濉溪路穿境而过，公交首末站点

1 处，5 路等多条公交线路通行，交通、生活便利。

2021 年，街道利用省外资金完成 4.1 亿元。固定资产投资累计完成 12.96 亿元，完成目标任务的 108%。在库社会消费品零售单位 16 家，全年限上社会消费品零售额累计完成 11668 万元，累计增速 25.8%。限上批发业完成销售额 49348.9 万元，同比下降 3.8%，限上零售业完成销售额 5199.3 万元，同比增长 54.8%，零售业限下销售额同比增长 50.4%，限上住宿业完成营业额 2652 万元，同比增长 27.7%，限上餐饮业完成营业额 7442.9 万元，同比增长 30.7%。

【党建工作】 2021 年，曲阳街道扎实推进基层党组织建设，认真贯彻落实全国省市区组织会议精神，以提升组织力为重点，着力提高新时代党的建设质量，扎实推进基层阵地建设，“红色益站”“五益滨河”“红色物业”党支部、“请你来协商”政协平台、网格党支部、居民议事会全部落地推动，切实将“一组一会”制度落实到位，充分发挥基层党组织的政治引领和居民理事会的协商议事作用，激发基层治理新动能；严格落实党风廉政建设，扎实推进惩治和预防腐败体系建设，廉政教育、制度建设、监督制约等工作得到加强，严肃查处违纪违法行为，干部勤政廉政水平进一步提高。

【疫情防控】 2021 年，曲阳街道对境外和重点地区到淮北人员进行摸排上报并落实管控，实行 24 小时疫情防控值班值守，强化督查，确保相关管控落实到位。全办共摸排 18 岁以上人群 42465 人，已接种 41584 人，接种率达到 97.93%，于 10 月 15 日完成到期应种人群接种工作任务。

【人居环境改善】 2021 年，曲阳街道整治推进抗战路、红方巷街巷、渠沟西路改造提升工作，打造特色街巷，改造抗战路、红方巷、渠沟西路基础设施，提升相山家园菜市场、侵华日军渠沟大烧杀遇难同胞纪念地周边环境秩序及宣传氛围，其中渠沟西路改造工程，街道通过自筹资金等方式筹集安装路灯 40 余个，解决渠沟西路两侧居民出行不便问题；抗战路改造工程，铺设沥青路面约 12000 平方米，人行道提升改造约 5800 平方米，围墙亮化约 3000 平方米，完成墙体绘画约 1800 平方米，栽植景观树 170 株，改造增设路灯 40 余个。

【社会保障】 2021 年，曲阳街道对各社区现享受低保户进行年审；为辖区内 304 名重度残疾人及 215 名贫困残疾人发放生活补贴，救助残疾家庭子女共计 23 人；排查摸底 2021 年度低保大学生 11 人，并进行资金救助，共发放救助金 2.57 万元；享受医疗救助 235 人，落实救助金额 270.7415 万元。

【平安建设】 2021 年，曲阳街道推进治理体系和治理能力现代化，打造一体化综治管理平台，推进“雪亮工程”建设，街道视频监控全面联网，实现社会视频资源互连互通，加强综治网格建设，9 个社区、91 个网格全部完成信息录入。深入开展扫黑除恶专项斗争，运用横幅海报、电子屏幕、网络媒体开展宣传，以入户问卷调查形式为居民提供法律咨询和服务，营造良好综治和平安建设工作氛围。

【信访工作】 党政领导开门大接访及“四下基层”，全年接访、下访群众 242 批 358 人次，化解矛盾 102 件；完成中央和省、市、区交办及“治重化积”案件 37 件；申报完成信访救助 3 人；依法处理违法上访人 4 人。召开信访事项听证会 10 次、评议会 1 次，案件全部办结并网传；召开信访工作联席会议 18 次；网上办理案件 112 件，全部办结，及时受理率 100%，按期办结率 100%，参评率 100%。

（曲阳街道）

人物及荣誉

全国巾帼建功标兵

郑红梅 女，1973年10月生，中共党员，大学本科学历，现任曲阳街道濉河社区党总支书记、濉河社区主任。作为一名基层工作者，她19年如一日扎根基层，勤勉敬业、扎实工作、求真务实、克己奉公。圆满地完成了党和政府交办的各项工作任务，做到了让组织放心、群众满意。没有惊天动地的事迹，可她坚实的足迹踏遍了社区的每个角落。近年来，先后获得淮北好人，相山区三八红旗手、劳动模范、创城先进个人、棚改先进个人、优秀调解员和安徽省“抗疫先进个人五一劳动奖章”等称号。

忠于职守，服务群众。立足社区实际，兢兢业业，以服务群众为宗旨，全心全意为人民群众办实事、办好事。始终坚持群众利益无小事，老百姓反应的每一件小事都是大事，都关系百姓切身利益。经常主动走到社区居民中间，嘘寒问暖、问需问计，更好地服务居民，让老百姓有幸福感和获得感，不断提高居民的幸福指数。水清木华小区对面的河堤北侧荒地，杂草丛生，建筑垃圾随处倾倒，影响了周围群众的正常生活，附近的居民怨声载道。郑红梅看在眼里，急在心里，多方协调，积极争取各方支持建立街头公园，2021年4月，街头公园项目开始施工，路过的群众拍手称赞，历经2个月的时间，原来的脏乱差现已成为一道靓丽的风景线，大大改善了群众的生活环境。为给居民创造便利、优美舒适的居住环境，本着创城为民创城惠民的宗旨，积极向上级汇报对毁损的老旧小区红方小区、干校后苑小区进行升级改造，小区内的道路维修、地面硬化、路灯安装、墙面粉刷等进行整治，改善了居民的居住环境，受到居民的好评。郑红梅扎扎实实为群众办理每一件实事，能够做到想民之所想，急民之所急，不辜负社区居民对她的充分信任。

不忘初心，解民所忧。作为社区书记，一直把为群众服务作为指导工作的座右铭，热心为民、任劳任怨、真抓实干，积极带领社区干部为居民办好事、做实事、解难事，忠实履行社区书记的职责。她常说：“社区工作看似都是琐碎小事，但老百姓的生活却是大事，别人不管不干的麻烦事，我们社区干部就要挺上去。”当她得知社区居民梁大爷因视力低下，导致行走不便，就安排工作人员和残联联系，为梁作民本人申请盲杖，同时家里安装无障碍设施，楼梯和卫生间安装扶手，大大方便了他的生活。有一位居民因患脑出血导致半身不遂，妻子也离他而去，只有年迈的父母照顾他的起居，郑红梅知道后，帮助他申请低保和特困救助，并经常和志愿者们到他家里开展志愿服务活动，与其谈心，鼓励他树立生活的信心。始终把居民的冷暖放在心上，用自己务实的工作作风，细致的工作方法，温暖了需要帮助的居民，居民都亲切地称她是“居民的贴心人”。

身先士卒，履职尽责。处处以身作则，各项工作身体力行，带头真抓实干，足迹踏遍社区大街小巷和居民小区。坚持重要工作亲自部署、重大问题亲自过问、重点环节亲自协调，始终把群众的利益和幸福感放在重要位置，凡事都亲力亲为。有一次早上当她得知碧桂园天玺基坑塌方时，第一时间赶到现场，查看险情，发现塌方处距离干校厚苑 4 号楼只有 2.8 米，首先想到的是老百姓生命财产安全，一方面让老百姓抓紧撤离并安抚他们，另一方面督促施工方抓紧采取措施，尽一切所能让老百姓的损失降到最低。并要求施工方让有权威的检测机构进行定期检测，确保此次塌方给居民楼没有造成安全影响。还有因受“温比亚”台风影响，淮北地区下起几十年不遇的大雨。8 月 18 日早上，道路积水，车辆无法通行，她心急如焚，想到了三工区四排房的老百姓的安危，她冒雨前行，第一时间和她的同事赶到三工区四排房，这里已是积水成河，她和同事蹚着污浊恶臭的污水，来到空巢老人武风华、张贯荣家，看着他们安然无恙，她悬着的心放下了。接着给他们的子女打电话联系，直至老人都安全搬走她才放心。郑红梅情牵居民，用心用爱为老百姓解难事、解烦事，被群众称为不退缩的“主心骨”。

防疫一线的“铁娘子”。面对突如其来的疫情，郑红梅虽心急如焚，却临危不乱，带领社区工作人员进行周密筹划，冷静部署，对辖区外来人员有条不紊地进行逐户排查，入户排查时又恰逢冷风夹雪的恶劣天气，从初一开始，就没有离开过一线，带领社区工作人员对辖区 5176 户认真排查，做到疫情防控地毯式全覆盖，筑牢疫情 "第一防线 "。一直坚持冲锋在前，扎实工作，充分发挥“排头兵”“主心骨”作用。面对疫情她不畏惧、不怕难、不退缩、勇向前。疫情期间，把手机放在枕头边，时刻准备着处理一切事情，没有睡过一次好觉，晚上 11 点多各卡点打来的电话反映问题都要及时处理，遇到紧急任务总是第一个上前，一天夜里 12 点多，接到紧急工作部署，要对密切接触者进行集中隔离，她直接奔赴一线，等回到家里已凌晨 1 点多了。她深知，社区工作人员 28 人，9 个小区，9 个卡点，要打赢这场疫情防控阻击战，全靠社区工作者是不够的，必须要发动群众广泛参与，做到群防群控、依靠群众。为了发挥辖区党员的先锋模范作用，成立临时党支部，社区党员踊跃报名，积极参与，每个卡点上都有党员的身影，在他们的带动下各卡点每天都有前来报名的志愿者，还有热心居民捐助口罩、酒精、消毒液、面包、鸡蛋、牛奶等物资，社区党员、物业公司、居民志愿者共同加入疫情防控阻击战中。依托党员发动群众，筑牢疫情防控隔离墙，众志成城打赢这场疫情阻击战。郑红梅将防控工作落到实处，切实守护群众安全，真正做到了联防联控无死角、群防群治全覆盖。疫情防控各项工作做到抓紧、抓实、抓细、抓落地，做到闭合管理。织密疫情防控网，筑牢防控责任链。社区无一例疑似病例和确诊病例，疫情防控工作取得阶段性成效。保障了辖区人民群众的身体健康和生命安全。

安徽省最美家庭

朱溟家庭，共3口人。朱溟是淮北市相山区人民检察院未成年人检察部主任，她曾荣获全国侦查监督优秀检察官、安徽省侦查监督十佳检察官、安徽省维护妇女儿童权益贡献奖、淮北市三八红旗手及淮北市十大法治人物等荣誉。丈夫祝勇，曾被评为“全省优秀人民警察”、全省公安机关“迎接十九大忠诚保平安”活动先进个人，五次荣立个人三等功。儿子是一名在校大学生。朱溟家庭充满正能量，每个人均有良好的社会公德和极强的环保意识，属于名副其实的绿色低碳家庭。

朱溟家庭响应习近平总书记号召，积极学习绿色低碳知识，践行绿色低碳的生活理念。注重学习和积累绿色低碳知识，注重学习查阅绿色低碳类报纸杂志和书籍，比如绿色食品、家庭节能小窍门、垃圾分类知识等，营造绿色低碳氛围，经常提示家庭成员树立绿色低碳意识。

朱溟家庭在节约用水方面也很用心，家里均安上了节水龙头，减少水流量。平时家里用过的洗菜水和洗衣水也都存着用来拖地，淘米的水用来浇灌花木。节约用电方面，灯具使用节能灯，并养成随手关灯的习惯，尽量减少开空调的次数。朱溟就连日常的买菜也会提着个菜篮子去，朱溟告诉身边的人，这样做是为了减少一次性产品的消费，降低白色污染。在业余生活中，朱溟喜欢养些花花草草，这些植物素有“空气净化器”的美称，净化甲醛等有害物质，用绿色植物来装饰家庭带来好心情的同时，还提高了空气质量。

2021年3月，朱溟和丈夫正在教儿子弹吉他

朱溟和家人上班和上学，都习惯骑公共自行车出行，朱溟说，这样骑车上班既能锻炼身体，又能节能减排。朱溟也将绿色低碳的理念和意识带到了工作单位，她引领同事节约水、电、纸等公共资源，减少垃圾生成，按照分类标准准确投放垃圾。朱溟作为一名未成年人检察官，还经常走进校园为孩子们讲解低碳生活知识，使孩子们在幼小时期便将低碳生活理念植入心中。

淮北市“五一劳动奖章”获得者

张　燕　女，1974年7月生，中共党员，现任惠苑路街区党支部书记。多年来，怀着对党的事业无限忠诚，从一名普通的个体户成长为街区党支部书记，可以说是一个励志的典范。以满腔的热忱投入街区的科学发展之中，心系党建、心系党员、心系群众，以一个普通共产党员的高尚情怀，带领街区兄弟姐妹取得不平凡的业绩，因成绩突出，街道党工委成立街区党支部。1994年创立淮北第一家专营鲜花店——阳光花业，已经发展为拥有8名高级花艺师的完善花艺机构，业务遍及鲜花、仿真花作品的创作，主要承接会议、展览、庆典、婚庆等现场花卉花艺布置和店堂、橱窗、家装等花卉设计，现有2家分店。

2019年加盟“兮蒙品牌”，在花店里开起了饮品甜点，在经营、资金、宣传等方面给予大力支持，并逐渐步入正轨。鲜花与饮品的结合不仅适应了潮流，更给人们的生活提供舒适的环境。2019年10月成立惠苑路街区党支部，被任命为党支部书记，作为街区党支部书记，时刻为街区商户着想，平日里帮助商户解决问题，向上级反映问题，带领商户组织活动，成为街区商户和上级沟通的纽带，为街区的发展做出了贡献。

时刻提醒自己要尽己所能为社会做出一点贡献，多年来坚持为孤寡老人送关怀、送温暖没有间断，通过自己的行动，让老年人体会到社会的温暖，给老人们带来精神上的安慰和陪伴。经常为山区希望小学尽绵薄之力，为山区孩子捐去衣物、健康读物，为周边地区家里贫困的学子提供资金上的支持。常怀感恩心，已经成为阳光花业企业文化的重要部分，潜移默化地影响了公司团队，提升了团队成员的社会责任感。

2021年淮北市“最美职工”

纵　峰　1998年7月参加工作，2000年起先后担任仪电班长、机电工段长、机电车间主任、保全车间主任。多次获得公司先进个人、先进管理工作者、企业劳动模范、企业金冠工匠等称号，2018年获评淮北市“爱淮北，爱企业优秀职工”，2020年获评“淮北市劳动模范”。

参加工作以来，一直以一名党员的标准严格要求自己，在工作岗位上，严谨求实，勤奋刻苦，兢兢业业，始终如一。为了把工作做得完美，经常加班加点学习新的业务知识，在繁忙的工作之余挤出时间刻苦学习知识，不断提高自身素质。根据行列机取出的结构，结合压机生产工艺，与湖州和晟机械厂联合研制出压机全自动伺服取出机械手，解决了老式气动机械手安装受限多、能耗高、震动大、故障率高的问题，摆脱了产品基本靠人员手动取出的局面，总结出产品自动取出机械手的应用方法，减少产品取出人员40余人，解放了劳动力，改善了现场工作环境，实现了生产线产品取出自动化。2016年公司开展电力需求侧平台建设，实现了负荷控制、计量监察、电压检测、负荷过载提醒等功能。实时监控高能耗设备的运行能耗情况，大幅提高了工作效率，节省了人力物力资源。面对激烈的市场竞争，通过市场调研与上海满竹科技公司利用公司旧设备12工位液压压机改成12工位全自动伺服冲压压机，在二车间试用取得成功，获得了伺服压机生产使用的第一手资料，每年为公司降低能耗40余万元，为全伺服压机在公司全面推广奠定了强有力的基础。

具有高度的责任感、事业心和强烈的开拓精神，勤奋工作，勇于创新，大胆改革。将实施目标管理与绩效考核有机结合，建立起相配套的方针目标、程序方法、管理制度、人力培训等多方面组成体系，通过流程再造，实现岗位优化、工作量化、业务流程化。通过自评、互评，实现定岗、定员、定额、定薪，强化全程控制。通过实行岗位级别工资和责、权、利结合，调动员工的积极性；通过实行全面预算管理，明确成本目标，规范绩效考核，加强成本控制。企业内部加强新工艺、新技术在玻璃器皿生产中的应用，降低了生产成本，实现了节能、降耗，节省了人力资源。

不忘初心，牢记使命。在党性修养上一步步提高，出色完成各项工作任务，在党员先锋模范带头作用上起到了很好的表率。加强政治理论知识的学习，理想信念坚定，为企业努力创造效益，把自己的个人价值和企业发展很好融为一体，积极支持、打造、宣传企业新文化和努力提高企业新形象。在社会生活中，始终牢记党员身份，严守党员标准，广泛深入积极参加多项组织活动，充分发挥了共产党员的先锋模范表率作用。身在一线，不怕苦、不怕累，勤俭节约，关心同事，帮助困难员工，积极主动传授技艺，是广大员工的贴心人。

刘方方 侨银公司中转站主管，从事环卫工作10多年。2006年8月，刚刚毕业即当了一名环卫工人，刚参加工作时19岁，是全班组年龄最小的一名员工，由于对人员及路段的不熟悉，提前排好名单及路段，尽快了解熟悉工作，同时要完成自己本职岗位的巡查工作，对发现的质量未达标等问题，不但要求责任人及时整改，而且要敢于直面批评教育，始终保证作业质量达标运行。保洁从凌晨四点到晚上九点三班制运作，几乎每天凌晨四点就要赶到路段对一天的清扫进行安排，重点路段以及日常保洁管理都要安排得井然有序，不能有半点疏漏，尽心尽责。

刘方方自参加环卫工作以来，立足本岗，敬岗爱业，为自己的工作而感到自豪，在心灵深处珍爱这个行业，孜孜不倦地耕耘在环卫事业这片沃土上，用辛勤汗水涤荡大街小巷中的污泥浊水。严格要求自己，自觉遵守环卫工作的各项规章制度，早出晚归，不管狂风暴雨，还是严寒酷暑，十几年如一日，身为考勤员，以身作则，做好榜样，积极搞好工作。

2017年调入中转站管理工作，看似简单的岗位，其实非常复杂，她时刻提醒自己多排查，熟知工作职责，尽心尽责处理好中转站收集与运输工作，让每一天的环卫工作能有条不紊地运行着，以一颗爱心对待同事，急他人之所急，想他人之所想，关心爱护每一个工人，当一辆辆载满垃圾的小车拉进中转站的大门时，立刻上前帮助她们推车，并协助她们把垃圾倒进池内，环卫工作既辛苦又危险，每天都要面对着川流不息的车辆，她时常叮嘱工人们要时刻注意安全，不但做好中转站管理一职，还要协助处理好其他各项任务。

2018年进入侨银公司任职中转站主管，始终以高标准严格要求自己，爱岗敬业，忠于职守，任劳任怨，以扎实的工作作风，执着的热情在平凡的岗位上谱写人生的光辉篇章。

附　录

相山区组织机构和负责人名录

（截至 2021 年 12 月 31 日）

中共相山区委员会

书　记：胡启书（　—2021.8）
　　　　朱　龙（2021.12—　）
副书记：朱　龙（　—2021.12）
　　　　张　利（2021.12—　）
　　　　侯孝东（　—2021.3）
　　　　沈慧星（女，2021.3—　）
常　委：赵　华
　　　　池圣洲（　—2021.10）
　　　　刘安顺
　　　　左钱发（2021.4—　）
　　　　杨　飞
　　　　李延栋（　—2021.3）
　　　　魏　宾（2021.3—　）
　　　　王玉岭（2021.11—　）
　　　　李拥军（2021.4—　）
　　　　杨强国

区人大常委会

主　任：李清平（　—2021.10）
　　　　李　梅（女，2021.10—　）
副主任：刘　斌（女）
　　　　朱正春
　　　　刘　云（女）
　　　　王　俊

区人民政府

区　长：朱　龙（　—2021.12）
　　　　张　利（2021.12—　）
副区长：赵　华
　　　　左钱发（　—2021.4）
　　　　任　强（　—2021.3）
　　　　朱东升（　—2021.3）
　　　　黄思华
　　　　唐　兵（挂职，2021.5—　）
　　　　李拥军（　—2021.4）
　　　　郑　翔（2021.1—　）
　　　　张长明（2021.3—　）
　　　　任　宁（女，2021.3—　）
　　　　张运岭（2021.4—　）

区政协

主　席：赵德华
副主席：张仁喜
　　　　李世林
　　　　李良成

田　骊（女）

秘书长：刁守华

副主任：张　妍（女）

曹　璨（女）

区纪委

书　记：杨　飞

副书记：唐广建（　—2021.5）

束衍彪（　—2021.5）

李本胜（2021.5—　）

王莉红（女，2021.6—　）

常　委：王晓勤（女，　—2021.5）

李本胜（　—2021.5）

杨彩侠（女，2021.5—　）

朱　林（2021.5—　）

吴　杰

王亚辉（2021.4—　）

区监委

主　任：杨　飞（2020.1—　）

副主任：唐广建（　—2021.5）

束衍彪（　—2021.5）

李本胜（2021.5—　）

王莉红（女，2021.7—　）

委　员：王晓勤（女，　—2021.5）

李本胜（　—2021.5）

朱　林

吴　杰（2021.5—　）

王亚辉（2021.4—　）

区委办公室

主　任：朱超武

副主任：刘　波（　—2021.8）

区人大常委会办公室

主　任：侯公领

区政协办公室

主　任：刁守华

副主任：刘丹丹（女）

孟　刚

区委组织部

部　长：李延栋（　—2021.3）

魏　宾（2021.3—　）

副部长：周　浩（　—2021.11，

兼职 2021.11—　）

梁　辉（兼职）

李　璇（女）

区委宣传部

部　长：刘安顺

副部长：朱　明

赵辉东

区委统战部

部　长：李延栋（　—2021.4）

李拥军（2021.5—　）

副部长：刘　学（　—2021.12）

何　荷

宋雨倩（女，2021.12—　）

区委政法委

书　记：池圣洲（　—2021.11）

王玉岭（2021.11—　）

副书记：崔晓光（兼职）

施宏波（兼职，　—2021.12）

毛　强（兼职，2021.12—　）

刘 兵（兼职， —2021.2）
郑 翔（兼职，2021.2— ）
张学义
张建设

区委政策研究室

主 任：刘 波（2021.8— ）
副主任：李杰钦（ —2021.12）
张纯一（ —2021.7）
刘 波（主持工作，2021.1—2021.8）
欧阳婉君（女，2021.8— ）

区委编办

主 任：相加好
副主任：徐晓华
李 琪（女， —2021.8）
汪玲玉（女，2021.8— ）

区直机关工委

书 记：李清华
副书记：王飞鸽

区委巡察办

主 任：杨彩侠（女）
副主任：赵从英（女）

区委督查考核办

主 任：郭建峰
副主任：吴 杰（2021.12— ）
梁 帅（女）

区老干部服务管理中心

主 任：谢 娟（女）
副主任：孟雷霆

区档案馆

馆 长：靳秀明（女， —2021.12）
张 源（2021.12— ）
副馆长：陈金川

区委党校

校 长：李延栋（2021.2—2021.4）
魏 宾（2021.4— ）
副校长：梁 辉（2021.1— ）
孙静宇（女，2021.5— ）

区总工会

主 席：孔庆明（ —2021.12）
王佰成（2021.12— ）
副主席：刘峰松（女）
张金成（挂职）
常兴无（兼职）

团区委

书 记：王 钰（女）
副书记：赵莹莹（女）
马慧丽（女，兼职）
岳 磊（兼职）

区妇联

主 席：罗秀萍（女）
副主席：任春艳（女）
宋 磊（女，挂职）
杨 蔚（女，兼职）

区科协

主 席：王毅松

副主席：陈　坤（　—2021.1）
孟　兰（女，2021.1—　）
黄昌印（兼职）
刘　珂（兼职）
李云松（兼职）

区残疾人联合会

理 事 长：徐　鑫
副理事长：徐跃武（　—2021.1）
陈　坤（2021.1—　）

区工商联

党组书记：刘　学（　—2021）
宋雨倩（女，2021.12—　）
主　　席：任　宇（　—2021.12）
杨　蔚（女，2021.12—　）
副 主 席：高　睿（女）

区政府办

主　任：孙　刚
副主任：卓德政

区发改委

主　任：许　静（女，　—2021.11）
孟跟东（2021. 11—　）
副主任：马媛媛（女，　—2021.7）
程拯艮
张纯一（2021.7—　）

区教育局

局　长：张　明（女）
副局长：张友均
杨　蔚（女，　—2021.12）

区科技局

书　记：任桂华（女，　—2021.4）
王玉国（2021.4—　）
局　长：任桂华（女，　—2021.4）
郭大庆（2021.4—　）
副局长：赵　杰（女）
张亚丽（女，2021.1—　）

区经信局

局　长：孟跟东（　—2021.11）
郭建峰（2021.11—　）
副局长：任永平（　—2021.8）
张　欣
李　琪（女，2021.8—　）

区民政局

书　记：郭艳平（女）
局　长：郭大庆（　—2021.4）
周绍亮（2021.4—　）
副局长：付艳艳（女）
董　尉（女，2021.4—　）

区司法局

局　长：孙　川
副局长：马　冲
任清杰

区财政局

局　长：陆　恒
副局长：宋　磊（女）
陈　淼

区人社局

局　长：许敬刚（　—2021.11）

周　浩（2021.11—　）

副局长：吴泽宇

张秋婉（女）

区住建局

局　长：吕鹏宇（　—2021.5）

唐广建（2021.5—　）

副局长：吕　超

魏红干

区农业农村水利局（扶贫开发局）（　—2021.7）

局　长：王　前（　—2021.7）

副局长：王少强（　—2021.7）

李德成（2021.1—2021.7）

区农业农村水利局（乡村振兴局）（2021.7—　）

局　长：王　前（2021.7—　）

副局长：王少强（2021.7—　）

李德成（2021.7—　）

区商务局

局　长：郑玉梅（女）

副局长：夏蕴琦（女）

区文化旅游体育局

局　长：乔清华

副局长：罗素芹（女，　—2021.1）

汪　民

李　宁（女，2021.8—　）

区卫生健康委员会

主　任：魏真平

副主任：孙　玲（女）

王传军

区退役军人事务局

局　长：任　健

副局长：郭剑影

张雷鸣

区应急管理局

局　长：柳　泰（　—2021.4）

单光敏（2021.4—　）

副局长：金　勇

穆井义

区审计局

局　长：刘　欢（女）

副局长：丁允锋

王忠军

区市场监管局

局　长：杨春华

副局长：杨晓东

蒋海峰

区统计局

局　长：王海英（女）

副局长：张亚丽（女，　—2021.1）

赵　璐（女）

区医疗保障局

局　长：王佰成

副局长：张　玲（女）

李　侠（女）

区城市管理局（城市管理行政执法局）

局　长：吕维民

副局长：万福威（　—2021.4）

刘加连

区委信访局、区政府信访局

局　长：马心合

副局长：朱红军

丁长颖（女）

区数据资源管理局

局　长：王　惠（女）

副局长：杨　伦

区投资促进局

局　长：宋雨倩（女，　—2021）

副局长：孟　兰（女，　—2021.1）

黄东旭（2021.1—　）

陆小洁（女，2021.1—　）

区机关事务管理中心

主　任：张　源（　—2021.12）

靳秀明（女，2021.12—　）

副主任：孟　艳（女）

刘海兵

区中湖社会事务服务中心

主　任：

副主任：郑　杰（主持工作）

许理斌

董　伟（女）

相山经济开发区管委会

书　记：王之成

主　任：王之成

副书记、副主任：

张　源（　—2021.5）

副书记：周开丰（2021.5—　）

副主任：周开丰（　—2021.5）

胡　泽（挂职）

区房屋征收安置中心

主　任：赵　飞

副主任：张淮红（女）

牛北超

渠沟镇

党委书记：张长明（　—2021.3）

沈慧星（女，2021.3—　）

党委副书记、镇长：徐顺利

人大主席：陈　兴（　—2021.11）

许敬刚（2021.11—　）

党委副书记：郭　强

吴思霖（女，挂职）

纪委书记：王亚辉（　—2021.4）

况　恒（2021.4—　）

副镇长：王晓艳（女）

曹秀芳（女，　—2021.1）

周宝军

吴泽宇（2021.12—　）

人大副主席：吴　昊

任圩街道

党工委书记：朱志民

党工委副书记、主任：张　明

人大工委主任：王裕祥

党工委副书记：范传良

赵　飞（挂职，2021.7—　）

纪工委书记：况　恒（　—2021）

副主任：李　勇

赵　彪（2021.12—　）

西街道

党工委书记：周 健

党工委副书记、主任：王 广

人大工委主任：侯春辉

党工委副书记：赵 锋

纪工委书记：聂 瑾（女，2021.1— ）

副 主 任：霍晨辉（女）

耿 莉（女）

东街道

党工委书记：李 亚（女）

党工委副书记、主任：郜 标

人大工委主任：张长寨

党工委副书记：陈 静（女）

纪工委书记：王 芳（女）

副 主 任：梁广刚

郑春丽（女）

东山街道

党工委书记：任 杰

党工委副书记、主任：陈晓枫

人大工委主任：张 伟

党工委副书记：许 潇

纪工委书记：聂 瑾（女， —2021.1）

尤 馨（女，2021.1— ）

副 主 任：高 戈

焦海红（女）

三堤口街道

党工委书记：牛 煦

党工委副书记、主任：朱 飞

人大工委主任：毛传银

党工委副书记：丁严超

纪工委书记：李朝辉（女）

副 主 任：董 尉（女， —2021.4）

任 薇（女）

相南街道

党工委书记：程 斌（ —2021.12）

朱超武（2021.12— ）

党工委副书记、主任：崔海啸

人大工委主任：张 强

党工委副书记：丁志强

纪工委书记：周超军

副 主 任：王 芳（女）

吴士彬

南黎街道

党工委书记：周绍亮（ —2021.4）

柳 泰（2021.4— ）

党工委副书记、主任：单光敏（ —2021.4）

刘士贵（2021.5— ）

人大工委主任：王玉国

党工委副书记：何庆义

纪工委书记：葛 兰（女）

副 主 任：赵 彪（—2021.1）

万福威（2021.4— ）

孔 蕾（女，2021.5— ）

曲阳街道

党工委书记：徐敬东

党工委副书记、主任：刘 杰

人大工委主任：章义德

党工委副书记：邢诚诚（女）

纪工委书记：张秀芳（女）

副 主 任：汤传庆（ —2021.5）

王玉亨（ —2021.1）

赵 彪（2021.1—2021.12）

翁庆利（2021.1—　）

王　彪（2021.12—　）

区法院

党组书记、院长：崔晓光

副　院　长：郑士田

张余庆

朱晓瑜（女）

纪检组长：杨　斌

政治部主任：刘乾坤

区检察院

党组书记：施宏波（　—2021.12）

毛　强（2021.12—　）

检　察　长：施宏波（　—2021.11）

毛　强（2021.11—　）

副检察长：马学良

陆青峰

李胜利

纪检组长：侯丽君（女）

政治部主任：徐子云（女）

相山区 2021 年国民经济和社会发展统计公报

2021 年，面对风险挑战增多的复杂局面，全区认真贯彻落实党中央、国务院，省委、省政府和市委、市政府决策部署，精准落实各项宏观政策，加大助企纾困力度，持续做好“六稳”“六保”工作，科学统筹疫情防控和经济社会发展，新兴动能持续增强，创新活力不断释放，企业效益稳步提高，经济运行稳定恢复，主要指标保持在合理区间，“十四五”实现良好开局。

一、综合

全年全区实现地区生产总值（GDP）413.0 亿元，同比增长 4.5%，高于全市 1.1 个百分点，总量和增速均居全市第 2，两年平均增长 3.9%。其中第一产业增加值 5.3 亿元，增长 8.9%，两年平均增长 5.6%；第二产业 142.9 亿元，下降 1.6%，两年平均增长 0.1%；第三产业 264.7 亿元，同比增长 7.4%，两年平均增长 5.3%。三次产业结构比为 1.3 ∶ 34.6 ∶ 64.1。

二、农业

全年全区农林牧渔业总产值 87229 万元，同比增长 11.1%。全年粮食播种面积 7160 公顷，产量 3.9 万吨。其中，小麦总产 2.3 万吨，平均单产达 490 公斤；玉米总产 1.5 万吨。蔬菜面积、产量双增长，蔬菜种植面积 1412 公顷，增长 5.4%，蔬菜产量 5.5 万吨，增长 5%；水果产量 1.8 万吨。全年猪牛羊禽肉产量 2158 吨。12 月末，家禽存栏 15.5 万只，增长 11.8%；羊出栏 13183 只，增长 12.8%，存栏 8690 只，增长 30.9%。

三、工业

2021 年，全区规模以上工业企业达 76 家，产值超 5000 万元的企业 33 家，其中产值超亿元的企业 21 家，占全部规模以上工业数量的 27.6%。全区规模以上工业总产值同比增长 16.5%，增加值下降 2.8%。从经济类型看，1—12 月，国有控股企业增加值同比增长 9.2%，股份制企业下降 3.9%，外商及港澳台商投资企业下降 7.5%。从大类行业看，20 个工业大类行业中有 12 个行业增加值保持同比增长，增长面 60%，7 个保持两位数以上增长，3 个行业增幅超 40%。其中电气机械和器材制造业、印刷和记录媒介复制业、汽车制造业增速位居前 3 位，分别增长 987.4%、64.9% 和 58%。

1—12 月，规上工业企业实现营业收入 335.1 亿元，增长 20.7%，两年平均增长 7.9%；利润总额 36.8 亿元，同比增长 19.4%。

四、建筑业

全年全区 17 家建筑业企业实现产值 64.1 亿元，同比增长 16.2%，较上年同期加快 7.4 个百分点，两年平均增长 12.4%。产值占比前 4 企业产值 57.8 亿元，增长 13.6%，占总产值的 90.2%，拉动总产值增长 12.7 个百分点，贡献率 71.6%。全区建筑业企业房屋施工面积 476.9 万平方米，同比增长 29.2%，其中本年新开工面积 164.2 万平方米，增长 13.0%。

五、固定资产投资

2021 年，区委、区政府认真贯彻落实“管行业必须管投资”机制，加大双招双引工作力度，聚焦重点领域和重大项目，基础设施、卫生和社会工作等社会领域投资快速增长，全年固定资产投资同比增长 9.2%，较 2020 年加快 2.9 个百分点。其中高技术产业投资同比增长 16.3%，高于全部投资 7.1 个百分点。社会领域投资同比增长 395.4%。从构成看，建安投资同比增长4.8%，占全部投资69.2%，拉动全部投资3.6个百分点，设备工器具购置占15.2%，同比增长21.4%；其他费用占15.6%，同比增长22.4%。

六、国内贸易

2021年限上商贸企业151家，全年实现社会消费品零售总额220.3亿元，增长13.5%。其中限额以上社会消费品零售额88.4亿元，增长10.3%。从城乡分类看，城乡同步发展。全年城镇市场实现消费品零售额83.6亿元，同比增长9.9%，两年平均增长5.4%；乡村市场实现消费品零售额4.8亿元，同比增长13.2%，两年平均增长9.8%。从消费形态看，餐饮收入增势良好，明显高于商品零售。2021年实现餐饮收入8.8亿元，增长30.3%，两年平均增长16.6%；实现商品零售79.6亿元，增长8.5%，两年平均增长5.0%。从行业看，批零住餐四行业销售额同步增长。实现批发业销售额323.4亿元，增长24.3%；零售业销售额153.1亿元，增长11.4%；住宿业营业额3.9亿元，增长17.2%；餐饮业营业额27.7亿元，增长21.0%。

七、对外贸易

全年全区实现外贸进出口总额1.88亿美元，同比增长34.3%，较上年同期提高13.3个百分点。实际利用外资7144万美元，增长10.0%，完成全年目标的100.4%。

八、财政

全年全区一般公共预算收入8.8亿元（税收收入占95.4%），增长18.6%。一般公共预算支出19.4亿元，增长8.2%。其中，科学技术、城乡社区、节能环保、卫生健康等民生相关支出分别增长176.1%、21.2%、133%、40%。

九、人口

2021年末全区户籍人口44.3万人，比上年增加0.7万人。其中，男性22.1万人，增加0.3万人；女性22.2万人，增加0.4万人。城镇人口37.7万人，乡村人口6.6万人。

十、人民生活

2021年，全区全体居民人均可支配收入43318元，增长9.1%。其中，城镇居民人均可支配收入45004元，增长9.0%，增速与全市持平；农村居民人均可支配收入16976元，增长10.6%，高于全市2.1个百分点。城乡居民人均可支配收入比为2.65，比上年缩小0.05个百分点。

淮北市相山区第七次全国人口普查公报[1]

淮北市相山区统计局

淮北市相山区第七次全国人口普查领导小组办公室

2021 年 6 月 18 日

根据淮北市相山区第七次全国人口普查结果，现将 2020 年 11 月 1 日零时我区人口普查的基本情况公布如下：

一、人口总量

全区常住人口[2]为 548934 人，与 2010 年第六次全国人口普查的 467358 人相比，增加 81576 人，增长 17.45%，年平均增长 1.62%。

二、户别人口

全区共有家庭户[3] 195436 户，集体户 11944 户，家庭户人口为 507014 人，集体户人口为 41920 人。平均每个家庭户的人口为 2.59 人，比 2010 年第六次全国人口普查减少 0.17 人。

三、人口性别构成

全区常住人口中，男性人口为 269607 人，占 49.11%；女性人口为 279327 人，占 50.89%。常住人口性别比（以女性为 100，男性对女性的比例）由 2010 年第六次全国人口普查的 100.30 下降为 96.52。

四、人口年龄构成

全区常住人口中，0—14 岁[4]人口为 103644 人，占 18.88%；15—59 岁人口为 368422 人，占 67.12%；60 岁及以上人口为 76868 人，占 14.00%，其中 65 岁及以上人口为 58524 人，占 10.66%。与 2010 年第六次全国人口普查相比，0—14 岁人口的比重上升 3.46 个百分点，15—59 岁人口的比重下降 6.56 个百分点，60 岁及以上人口的比重上升 3.10 个百分点，65 岁及以上人口的比重上升 3.23 个百分点。

全区常住人口年龄构成

表 3　　　　单位：人、%

年龄	人口数	占常住人口比重
总计	548934	100.00
0—14 岁	103644	18.88
15—59 岁	368422	67.12
60 岁及以上	76868	14.00
其中：65 岁及以上	58524	10.66

五、受教育程度人口

全区常住人口中，拥有大学（指大专及以上）文化程度的人口为 135980 人；拥有高中（含中专）文化程度的人口为 103231 人；拥有初中文化程度的人口为 168085 人；拥有小学文化程度的人口为 84392 人（以上各种受教育程度的人包括各类学校的毕业生、肄业生和在校生）。与 2010 年第六次全国人口普查相比，每 10 万人中拥有大学文化程度的由 18906 人上升为 24772 人；拥有高中文化程度的由 20408 人下降为 18806 人；拥有初中文化程度的由 37120 人下降为 30620 人；拥有小学文化程度的由 13834 人上升为 15374 人。

六、平均受教育年限[5]

与 2010 年第六次全国人口普查相比，全区常住人口中，15 岁及以上人口的平均受教育年限由

10.59 年提高至 11.23 年。

七、文盲人口

全区常住人口中，文盲人口（15 岁及以上不识字的人）为 15446 人，与 2010 年第六次全国人口普查相比，文盲人口减少 2362 人，文盲率[6]由 3.81% 下降为 2.81%，降低 1.00 个百分点。

八、城乡[7]人口

全区常住人口中，居住在城镇的人口为 501240 人，占 91.31%；居住在乡村的人口为 47694 人，占 8.69%。与 2010 年第六次全国人口普查相比，城镇人口增加 92413 人，乡村人口减少 10837 人，城镇人口比重提高 3.83 个百分点。

注释：

[1] 本公报数据均为初步汇总数据。部分数据因四舍五入的原因，存在总计与分项合计不等的情况。

[2] 常住人口包括：居住在本乡镇街道且户口在本乡镇街道或户口待定的人；居住在本乡镇街道且离开户口登记地所在的乡镇街道半年以上的人；户口在本乡镇街道且外出不满半年或在境外工作学习的人。

[3] 家庭户是指以家庭成员关系为主、居住一处共同生活的人组成的户。

[4] 0—15 岁人口为 110854 人，16—59 岁人口为 361212 人。

[5] 平均受教育年限是将各种受教育程度折算成受教育年限计算平均数得出的，具体的折算标准是：小学 =6 年，初中 =9 年，高中 =12 年，大专及以上 =16 年。

[6] 文盲率是指常住人口中 15 岁及以上不识字人口所占比例。

[7] 城镇、乡村是按国家统计局《统计上划分城乡的规定》划分的。

重要文件辑录

2021年中共相山区委部分文件目录

表4

文号	标题
相区发〔2021〕2号	省委第十巡视组对相山区巡视“回头看”反馈意见整改落实方案
相区发〔2021〕7号	中共相山区委关于制定国民经济和社会发展第十四个五年规划和二〇三五年远景目标的建议
相区发〔2021〕11号	中共相山区委　相山区人民政府关于印发《相山区建设皖北承接产业转移集聚区实施方案》的通知
相区发〔2021〕13号	中共相山区委转发《相山区区、镇人大换届选举工作实施方案》的通知
相区发〔2021〕14号	中共相山区委　相山区人民政府关于印发《淮北市相山区推行耕地保护田长制的实施方案》的通知
相区发〔2021〕16号	中共相山区委　相山区人民政府关于2021年目标管理绩效考核工作的通知
相区发〔2021〕18号	中共相山区委　相山区人民政府关于印发《关于深入学习贯彻省第十一次党代会精神忠诚尽职奋勇争先加快建设现代化美好相山的实施方案》的通知
相区发〔2021〕19号	中共相山区委　相山区人民政府关于印发《相山区法治政府建设实施方案（2021—2025年）》的通知
相区字〔2021〕6号	中共相山区委　相山区人民政府关于相山区2020年度法治政府建设工作报告和2021年法治政府建设工作安排
相区字〔2021〕15号	中共相山区委关于表彰优秀共产党员、优秀党务工作者和先进基层党组织的决定
相区字〔2021〕16号	相山区委关于表彰相山区新时代担当作为先进典型的决定
相区字〔2021〕17号	中共相山区委　相山区人民政府关于表彰2020年度相山区“品质相山”建设先进集体和先进个人的决定
相区字〔2021〕19号	中共相山区委　相山区人民政府关于表彰2020年度目标管理绩效考核先进单位的决定

续表 4

文号	标题
相区办发〔2021〕4 号	中共相山区委办公室　相山区人民政府办公室关于对全区优秀招商引资企业（项目）及优秀招商人员、优秀招商服务人员表扬的通报
相区办发〔2021〕5 号	中共相山区委办公室　相山区人民政府办公室关于对 2020 年度优秀企业进行表扬的通报
相区办发〔2021〕6 号	中共相山区委办公室　相山区人民政府办公室关于 2021 年招商引资工作的意见
相区办发〔2021〕7 号	中共相山区委办公室　相山区人民政府办公室关于印发《2021 年度相山区招商引资工作目标管理考核办法及任务分解》的通知
相区办发〔2021〕15 号	中共相山区委办公室关于印发《中共相山区委关于落实全面从严治党主体责任实施办法》的通知
相区办发〔2021〕22 号	中共相山区委办公室　相山区人民政府办公室关于评选相山区“品质相山”建设先进集体和先进个人的通知
相区办发〔2021〕27 号	中共相山区委办公室　相山区人民政府办公室关于印发《相山区贯彻落实皖北承接产业转移集聚区建设若干政策分工方案》的通知
相区办发〔2021〕29 号	中共相山区委办公室　相山区人民政府办公室关于印发《相山区 2021 年秸秆禁烧工作方案》的通知
相区办发〔2021〕40 号	中共相山区委办公室　相山区人民政府办公室印发《关于强化知识产权保护的实施方案》的通知
相区办发〔2021〕41 号	中共相山区委办公室　相山区人民政府办公室关于印发《相山区改革完善社会救助制度实施意见》的通知
相区办发〔2021〕43 号	中共相山区委办公室　相山区人民政府办公室关于印发《相山区驻外招商中心派驻工作实施方案》的通知
相区办发〔2021〕48 号	中共相山区委办公室　相山区人民政府办公室关于印发《淮北市相山区落实中长期青年发展规划实施方案》的通知

2021 年相山区人民政府部分文件目录

表 5

文号	标题
相政〔2021〕3 号	相山区人民政府关于公布区级权责清单中依职权类权责事项目录（2020 年本）的通知
相政〔2021〕27 号	相山区人民政府关于公布相山区区级政府权责清单目录、相山区区级公共服务清单目录、相山区区级行政权力中介服务清单目录和镇、街、开发区权责清单及公共服务清单目录的通知
相政〔2021〕32 号	相山区人民政府关于印发《相山区银行业金融机构服务地方实体经济发展评价办法（试行）》的通知
相政〔2021〕57 号	相山区人民政府关于印发相山区全民健身实施计划（2021—2025 年）的通知
相政办〔2021〕1 号	关于印发《创建家庭农场农民合作社高质量发展示范区实施方案》的通知
相政办〔2021〕7 号	相山区人民政府办公室关于印发《相山区政府性投资工程建设项目招标文件咨询论证办法（试行）》的通知
相政办〔2021〕8 号	相山区人民政府办公室关于印发《相山区工程建设项目招投标领域专项整治工作实施方案》的通知
相政办〔2021〕9 号	关于印发《相山区国有土地上房屋征收测绘工作办法》《相山区国有土地上房屋征收项目基础资料审核细则》《相山区棚改贷款征收补偿资金支付细则》和《相山区国有土地上房屋征收项目档案管理办法》的通知
相政办〔2021〕20 号	关于印发《皖美消费 乐享江淮——相山区“约惠相城·云享欢乐 GO”2021 金秋消费季实施方案》的通知
相政办〔2021〕22 号	关于印发相山区推行生态环境保护专项监督长制度实施方案的通知
相政办〔2021〕23 号	关于印发《相山区进一步深入开展放心满意消费创建活动加强消费环境建设的实施方案》的通知
相政办〔2021〕27 号	关于转发淮北市人民政府办公室关于印发支持多渠道灵活就业若干措施的通知
相政办〔2021〕28 号	关于印发《相山区贯彻落实“食安安徽”品牌建设工作实施方案》的通知
相政办〔2021〕29 号	关于印发《隋唐运河古镇食品安全街区“食安安徽”品牌创建工作方案》的通知
相政办〔2021〕30 号	关于印发《相山区 2022 年烟花爆竹零售经营店布点规划和核发烟花爆竹零售许可证工作方案》的通知
相政办〔2021〕31 号	关于印发《相山区农业信贷担保“劝耕贷”支持乡村振兴实施方案》的通知

相山区2021年媒体发稿统计表

表6

时间	稿件题目	作者	媒体	其他
1月5日	安徽淮北相山区：读书吧里暖意浓	丁贤飞　詹　岩	安徽日报11版	文字
1月7日	安徽淮北相山区："绣"出城市好景致	丁贤飞　俞晓萌　杜　从　杨沐天	安徽日报客户端	图文
1月7日	淮北市相山区"十三五"投入专项扶贫资金4500万元	韩　惠　陈钦彦	人民网安徽频道	文字
1月8日	安徽淮北相山区："立"体服务"方"寸聚力	丁贤飞　詹　岩　胡少轩	安徽日报客户端	图文
1月13日	安徽淮北相山区：服务有温度　为民谋实惠	韩　惠　尹　振　胡文静	人民网安徽频道	文字
1月14日	淮北相山区：奋勇担当　巾帼争辉	俞晓萌　刘婉茹	人民网安徽频道	图文
1月22日	淮北相山区去年城镇新增就业15919人	丁贤飞　韩　笑	安徽日报客户端	图文
1月22日	相山区法院公开审理一起涉嫌贪污罪	丁贤飞　赵薛伟	安徽日报客户端	图文
2月3日	淮北相山区：守护蓝天碧水净土　描绘品质相山新貌	韩　惠　李红艳　刘艳芳	人民网安徽频道	文字
2月4日	相山区生态环境分局：守护蓝天碧水净土　描绘品质相山新貌	祝海洋　范为民　李红艳　刘艳芳	安徽经济新闻网	图文
2月20日	让创城成为常态　让文明成为习惯——淮北相山区推进文明创建长效化建设探索	李　芸	新华社智库	文字
2月25日	淮北相山区：凝聚辖区红色力量　为居民提供更多贴心服务	韩　惠　周　文	人民网安徽频道	文字
2月25日	"红色串门"，联结社区你我他	丁贤飞　韩　惠　周　文	安徽日报客户端	图文
3月3日	优发展环境　激发展活力	丁贤飞　韩　惠	安徽日报客户端	文字
3月4日	淮北相山区全力守护绿水青山	韩　惠　李红艳	人民网安徽频道	文字
3月4日	不负新时代　巾帼勇担当	丁贤飞　韩　惠　单刘清	安徽日报客户端	图文
3月8日	淮北相山区女警的"春风行动"	李　雯　张子明	人民网安徽频道	图文
3月9日	全力守护绿水青山	丁贤飞　韩　惠　李红艳	安徽日报客户端	图文
3月11日	"三向"发力，加强村干部队伍建设	丁贤飞　韩　惠　杜雅丽	安徽日报客户端	文字
3月11日	志愿精神　微光成炬	丁贤飞　韩　惠	安徽日报客户端	图文

续表 6

时间	稿件题目	作者	媒体	其他
3 月 12 日	淮北相山：志愿精神微光成炬	韩　惠	人民网安徽频道	图文
3 月 16 日	淮北市相山区：食品安全进校园	冯树风　杨沐天	人民网安徽频道	图文
3 月 17 日	淮北市相山区：食品安全进校园	丁贤飞　冯树风　杨沐天	安徽日报客户端	图文
3 月 19 日	淮北相山区：庆建党百年　展巾帼风采	詹　岩　姜义美　彭玲玲	人民网安徽频道	图文
3 月 22 日	淮北相山区配强非公企业党组织书记	丁贤飞　韩　惠	安徽日报 7 版	文字
3 月 25 日	淮北相山区发扬红色传统　激发奋进力量	俞晓萌　马慧丽　胡文静　刘沛超　张　影　周　玲　杨园园	人民网安徽频道	图文
3 月 26 日	淮北相山区加快培育电子信息产业集群	丁贤飞	安徽日报 6 版	文字
3 月 26 日	相山区：给群众满满安全感	丁贤飞　韩　惠　张少博	安徽日报客户端	文字
3 月 26 日	淮北食品工业博览会即将举办	丁贤飞	安徽日报客户端	图文
3 月 30 日	淮北市相山区：流动党史课来到党员群众身边	韩　惠　陈　静	人民网安徽频道	图文
3 月 30 日	“田间课堂”助春管	丁贤飞　韩　惠	安徽日报 11 版	文字
4 月 1 日	相山区开展音乐党课活动	丁贤飞　詹　岩　崔方圆	安徽日报客户端	图文
4 月 8 日	相山区：学党史　感党恩　跟党走	丁贤飞　詹　岩　曹菊菊	安徽日报客户端	图文
4 月 8 日	淮北市相山区：党史学习教育全面铺开	韩　惠　李　宁	人民网安徽频道	图文
4 月 10 日	路到家门口，出行不用愁	丁贤飞	安徽日报 1 版	文字
4 月 16 日	走出“小家”，融入“大家”	丁贤飞　韩　惠	安徽日报 9 版	文字
4 月 19 日	淮北市相山区三堤口街道筑牢综合减灾重要防线	袁　丁　彭玲玲	人民网安徽频道	文字
4 月 22 日	创新党建教育新模式	李　博　范克龙	安徽日报客户端	视频
4 月 22 日	【“皖美”安徽】淮北相山区：打造有温度的“红色阵地”	记者：徐秋韵	央广网	视频文字
4 月 23 日	相山推动党史教育进课堂	丁贤飞　俞晓萌　王　茗	安徽日报客户端	图文
4 月 27 日	相山警方反电诈再传捷报	丁贤飞　杨元杰	安徽日报客户端	图文
4 月 29 日	立足新起点　开启新篇章——淮北相山区委出台《关于加强新时代人大工作和建设的意见》侧记	丁　颖	人民网安徽频道	文字

续表 6

时间	稿件题目	作者	媒体	其他
5月6日	芳香小镇，鲜花盛开	丁贤飞　杨沐天	安徽日报客户端	视频图片文字
5月10日	淮北相山区法院：为民执法　不畏艰难	杨　军	安徽经济新闻网	图文
5月11日	淮北相山区：为民办实事　“锦旗”来点赞	朱雅楠	人民网安徽频道	图文
5月11日	相山区法院集中发放执行款3000余万元	丁贤飞	安徽日报客户端	图文
5月12日	“量身定制”，推动党史学习教育走深走实走心	丁贤飞　詹　岩　曹菊菊	安徽日报客户端	图文
5月13日	鼓韵声声唱党史	丁贤飞　俞晓萌　张如喜	安徽日报客户端	图文
5月14日	相山区：为瓜农开辟销售“绿色通道”	丁贤飞　徐志勤　杜　从	安徽日报客户端	图文
5月14日	防灾减灾宣传在行动	丁贤飞　俞晓萌　孟文丽	安徽日报客户端	图文
5月14日	相山分局禁毒大队检查辖区电子烟市场	丁贤飞　姜　宽	安徽日报客户端	图文
5月17日	淮北市相山区创新推动全国综合风险普查试点工作	肖　干　张少博　冯树风	人民网安徽频道	图文
5月20日	淮北相山区为瓜农开辟“绿色通道”	丁贤飞　徐志勤	安徽日报6版	文字
5月20日	相山区：多措并举开展党史学习教育	丁贤飞　詹　岩　孔庆明	安徽日报客户端	图文
5月20日	守卫群众健康的“好帮手”	丁贤飞　韩　惠　陈　丹	安徽日报客户端	图文
5月21日	淮北市相山区强化任后监督　用好地方人大人事任免权	邱晓玥	人民网安徽频道	文字
5月21日	学习有声有色　办事见行见效	丁贤飞　俞晓萌　纵蔼琳	安徽日报客户端	图文
5月21日	相山区76名“一府两院”工作人员首次向区人大常委会述职	丁贤飞　邱晓玥	安徽日报客户端	文字
5月24日	淮北味道　香飘全球	丁贤飞	安徽日报6版	文字
5月24日	淮北相山区“智医助理”上线	丁贤飞　韩　惠	安徽日报7版	文字
5月27日	用心学党史　真心办实事	丁贤飞　詹　岩　任春艳	安徽日报客户端	图文
5月28日	淮北相山区：用心学党史　真心办实事	詹　岩　任春艳	人民网安徽频道	图文
5月31日	淮北市相山区：关爱留守儿童　传承非遗文化	董　蔚	人民网安徽频道	图文
6月3日	打造共建共享共治和谐社区	丁贤飞　俞晓萌　尹　振	安徽日报客户端	图文

续表 6

时间	稿件题目	作者	媒体	其他
6 月 4 日	把惠民活动送到居民家门口	丁贤飞　詹　岩　胡文静	安徽日报客户端	图文
6 月 17 日	淮北市相山区推动党史学习教育贴近实际深入人心	俞晓萌　朱雅楠	人民网安徽频道	文字
6 月 17 日	葵花朵朵开　飘香富民来	丁贤飞　俞晓萌　陈文骁 万善朝　王　锴　杨沐天	安徽日报客户端	图文
6 月 17 日	相山区：为未成年人植下“精神防护林”	丁贤飞　俞晓萌　冯树风 席　岚　胡文静　陈　静	安徽日报客户端	图文
6 月 19 日	听红色故事　传红色基因	丁贤飞　杨沐天	安徽日报客户端	图文
6 月 19 日	颂光辉历程　唱百年梦想	丁贤飞　杨沐天	安徽日报客户端	图文
6 月 19 日	机不可失，快来这里欣赏向日葵吧！	丁贤飞　杨沐天	安徽日报客户端	视频图文
6 月 25 日	【“飞阅”中国】夏日淮北　“荷”你有约	杨沐天	新华网安徽频道	视频
6 月 25 日	相山区既有住宅加装电梯工作有序推进	丁贤飞　陈　思	安徽日报客户端	图文
7 月 2 日	相山区举行庆祝中国共产党成立 100 周年先进典型表彰暨歌咏大会	丁贤飞　俞晓萌　刘景昕	安徽日报客户端	图文
7 月 5 日	强化红线意识　筑牢安全底线	丁贤飞　詹　岩　臧午杨	安徽日报客户端	图文
7 月 6 日	淮北相山区：千人共唱　最美心歌献给党	中共相山区委宣传部	人民网安徽频道	视频
7 月 7 日	相山区：打造“硬核”纪检监察铁军	丁贤飞　俞晓萌　朱雅楠	安徽日报客户端	图文
7 月 12 日	淮北市相山区：蝶变重生路	俞晓萌　程拯良　魏智强	人民网安徽频道	图文
7 月 13 日	相山区法院：把百姓的事挂心间	杨　军　吴邦海	安徽经济网	文字
7 月 15 日	淮北市相山区闯出老工业区转型升级、协调发展的特色之路——宜居宜业的华丽转身	杨　军　刘景昕	安徽经济报 3 版	文字
7 月 15 日	党建引领，淮北主城区发展有“力量”！	丁贤飞　詹　岩　汪玲玉	安徽日报客户端	图文
7 月 16 日	为建设新阶段现代化品质相山注入“红色力量”	詹　岩　汪玲玉	人民网安徽频道	图文
7 月 16 日	党建互促进　品牌凝聚活力——安徽省淮北市相山区新时代文明实践中心融合发展观察	郭子涵　区文明办	新华社智库	文字
7 月 19 日	相山区又一所优质合作办学学校要开工建设啦！	王　茗	中安在线淮北频道	图文

续表 6

时间	稿件题目	作者	媒体	其他
7月20日	老工业基地搬迁改造的新生路	丁贤飞　沈　荟　俞晓萌　杨沐天	安徽日报客户端	图文
7月22日	让每个孩子都能享受优质教育	丁贤飞　俞晓萌　王　茗	安徽日报客户端	图文
7月29日	淮北相山区：打造“党建+X”工作模式　“三线”服务覆盖神经末梢	邹晨光　吕伟凡	人民网安徽频道	文字
7月30日	淮北相山区：“5+5心”推动党史学习教育“出新”更“入心”	刘　波	人民网安徽频道	文字
8月4日	老工业区改造闯出新路	丁贤飞　沈　荟　俞晓萌　杨沐天	安徽日报12版	文字
8月4日	淮北相山区全面提高防范各类灾害能力	丁贤飞　杭　琛	安徽日报客户端	文字
8月6日	相山老旧小区改造取得阶段性成效	丁贤飞　俞晓萌　尹　振　胡文静	安徽日报客户端	图文
8月9日	担当勇作为，做群众贴心人——记淮北市相山区委常委、政法委书记池圣洲	丁贤飞	安徽日报2版	文字
8月10日	淮北相山区建设综合减灾示范区	丁贤飞　张少博	安徽日报8版	文字
8月10日	日子红 | 品质相山：梦想照进现实	杨赛君	人民网安徽频道	图文
8月12日	淮北相山区：绘就城乡美景　建设宜居家园	詹　岩　王　云	人民网安徽频道	图文
8月13日	安徽淮北相山区：“煤城”变“新城”	程　晖	中国经济导报2版	文字
8月13日	“两癌”免费筛查宣传走进乡村	丁贤飞　刘景昕	安徽日报客户端	图文
8月15日	安徽淮北相山区：为民纾难解困办实事			视频
8月19日	“四员”助力环境优	丁贤飞　胡文静	安徽日报10版	文字
8月24日	淮北市相山区：让城市美在“面子”靓在“里子”	徐志勤　杜　从	人民网安徽频道	文字
8月24日	汇聚发展新动能　书写改革新篇章	丁贤飞　詹　岩　程拯良　张杏慧	安徽日报客户端	图文
8月25日	相山区：全力守护绿水青山	丁贤飞　詹　岩　李红艳	安徽日报客户端	图文
8月26日	淮北市相山区：强化疫情防控监督	刘欢欢	人民网安徽频道	文字

续表 6

时间	稿件题目	作者	媒体	其他
8 月 26 日	相山区：严防严控战疫情	丁贤飞　俞晓萌　吕伟凡	安徽日报客户端	图文
8 月 30 日	淮北相山区提升法援惠民实效	丁贤飞　俞晓萌	安徽日报 8 版	文字
8 月 30 日	第十四届全运会群众展演广场舞决赛，淮北相山区获得一等奖	丁贤飞　杨沐天	安徽日报客户端	图文
9 月 2 日	淮北市相山区：持续提升教育服务品质	俞晓萌　王　茗	人民网安徽频道	文字
9 月 2 日	“五个聚焦”办实事解难题	丁贤飞　俞晓萌　霍晨辉　胡文静	安徽日报客户端	图文
9 月 8 日	护航开学季　相山在行动	丁贤飞　韩　惠	安徽日报客户端	图文
9 月 9 日	淮北相山区：让城市增“颜值”涨“内涵”	徐志勤　杜　从	人民网安徽频道	图文
9 月 14 日	“网格议事会”点亮“微心愿”	丁贤飞　刘景昕　詹　岩	安徽日报 11 版	文字
9 月 23 日	淮北相山区：“益”品牌助力基层党建提质增效	韩　惠　李栗原　汪玲玉	人民网安徽频道	文字
10 月 6 日	安徽淮北：学校扩建了　入学就近了	丁贤飞　徐　鑫	安徽日报 4 版	文字
10 月 13 日	淮北相山区：项目为王　实干为先	张纯一	人民网安徽频道	文字
10 月 13 日	淮北相山区：党建引领激发社会治理新活力	詹　岩　胡少轩	人民网安徽频道	图文
10 月 15 日	节假日相山区哪里最热闹，这组数据告诉您！	丁贤飞　韩　惠　陈　琪	安徽日报客户端	图文
10 月 18 日	淮北相山区高度重视新型职业农民培训工作	杨　军	安徽经济网	图文
10 月 19 日	民法典实施后安徽首起指定遗产管理人案审结	周瑞平　吴邦海	人民法院报 3 版	文字
10 月 20 日	淮北相山区强化保障推进重点项目	丁贤飞　张纯一	安徽日报 6 版	文字
10 月 21 日	“一键通办”解急难	丁贤飞	安徽日报 10 版	文字
10 月 21 日	相山区：为城市增“颜值”提“内涵”	丁贤飞　朱　冬　杜　从　闻　集	安徽日报客户端	图文
10 月 22 日	淮北相山区各项民生工程有序推进	韩　惠　徐　梅	人民网安徽频道	文字
10 月 26 日	淮北相山区：群众体育工作成果丰硕	韩　惠　胡建英	人民网安徽频道	图文
10 月 27 日	淮北相山区多举措推动特殊群体党史学习教育	丁贤飞　韩　惠　孟文丽	安徽日报客户端	图文

续表6

时间	稿件题目	作者	媒体	其他
10月27日	淮北相山区："芳香小镇"助农增收	杨　军	安徽经济网	图文
10月29日	淮北相山区：决战四季度　增强新动能		人民网专题网页	
11月1日	淮北相山区：防范打击非法集资、传销活动　守好"钱袋子"	张　正	人民网安徽频道	文字
11月3日	淮北相山区探索党建新模式　助推房产中介行业健康发展	韩　惠　代盼盼	人民网安徽频道	文字
11月12日	安徽淮北市相山经济开发区大学科技园加快建设	韩　惠	新华丝路安徽频道	文字
11月18日	淮北相山区建设大学科技园	丁贤飞　韩　惠	安徽日报6版	文字
11月22日	淮北市相山区敬老活动有声有色	詹　岩　郭素云	人民网安徽频道	文字
11月24日	淮北市相山区以文明创建为抓手推进"我为群众办实事"	俞晓萌	人民网安徽频道	图文
11月25日	淮北市相山区亮剑"推拖绕、懒散慢、事难办"　提升群众满意度	韩　惠　惠永康　童肖肖	人民网安徽频道	图文
11月25日	让"面子"更靓　让"里子"更实　——淮北市相山区以文明创建为抓手推进"我为群众办实事"	丁贤飞　俞晓萌	安徽日报客户端	图文
11月29日	淮北市相山区举办2021年宣传思想工作暨意识形态与通讯员培训班	王守明　陈文骁　席岚	人民网安徽频道	图文
11月30日	充电蓄能！唱响相山好声音再发力	丁贤飞　王守明　陈文骁　席　岚	安徽日报客户端	图文
11月30日	运河风情入画来	丁贤飞	安徽日报11版	图文
12月1日	淮北相山区：以"新"换"心"　提升居民幸福感	韩　惠　刘　华	人民网安徽频道	图文
12月3日	产业支撑，这里的农民越干越有劲！	丁贤飞　孟文丽　李凯强	安徽日报客户端	图文
12月3日	相山区多措并举保障养老金发放	丁贤飞　詹　岩　王　琛	安徽日报客户端	文字
12月6日	淮北市相山区推进质量强区战略　助力高质量发展	韩　惠　臧午杨	人民网安徽频道	图文
12月6日	淮北市相山区：强化培训跟踪服务　确保农民学以致用	杨　军	安徽经济网	图文
12月8日	淮北相山区：办好群众家门口的"关键小事"	韩　惠　胡文静	人民网安徽频道	图文

续表 6

时间	稿件题目	作者	媒体	其他
12 月 8 日	淮北这个区获“安徽省质量强区”殊荣	丁贤飞　韩　惠　臧午杨	安徽日报客户端	图文
12 月 9 日	淮北相山区：邻里“搭把手”　小区更和谐	韩　惠　曹菊菊	新华社安徽频道	文字
12 月 9 日	淮北相山区：聚心聚力办好“开门一件事”	韩　惠　曹菊菊	人民网安徽频道	图文
12 月 10 日	丰富冬季“菜篮子”	周方玲	安徽日报客户端	图片
12 月 10 日	淮北相山区：“邻里搭把手”传递和谐大爱	韩　惠　曹菊菊	人民网安徽频道	图文
12 月 10 日	淮北市相山区：丰富冬季“菜篮子”	周方玲	人民网安徽频道	图片
12 月 13 日	淮北相山区中小学校长职级制改革落地	余　婷	人民网安徽频道	文字
12 月 14 日	淮北相山区：搭建便民新平台　服务群众零距离	韩　惠　曹菊菊　吕伟凡	人民网安徽频道	文字
12 月 15 日	五百亩胡萝卜丰收啦！	丁贤飞　冯树凤	安徽日报客户端	图文
12 月 15 日	淮北相山：胡萝卜喜获丰收	冯树凤	中安在线淮北频道	图片
12 月 15 日	淮北市相山区：“双零社区”护航青少年健康成长	韩　惠　胡晓雪	人民网安徽频道	图文
12 月 15 日	淮北相山区：护航青少年健康成长	韩　惠　胡晓雪	新华社安徽频道	图文
12 月 16 日	淮北相山：托育让父母不犯难，让娃娃“上好学”	韩　惠　赵　茜	新华网安徽频道	文字
12 月 17 日	淮北市相山区：创建公益品牌　打造女职工“温馨驿站”	韩　惠　潘　娣	人民网安徽频道	文字
12 月 21 日	淮北市相山区召开文明创建工作调度会	夏文彬	人民网安徽频道	图文
12 月 22 日	淮北市相山区高质量完成村（社区）“两委”换届	汪玲玉　李粟原　吴可海	人民网安徽频道	图文
12 月 22 日	淮北相山区：一杯姜茶暖相城	朱　冬　吴　波	人民网安徽频道	图文
12 月 24 日	张利“行走相山”督查文明创建工作	强　云	人民网安徽频道	图文
12 月 24 日	淮北市相山区：美丽乡村更宜居　群众生活更幸福	韩　惠　孟文丽	新华社安徽频道	图文
12 月 27 日	淮北相山区：激活红色引擎　凝聚奋进力量	韩　惠　汪玲玉	中安在线淮北频道	图文

续表6

时间	稿件题目	作者	媒体	其他
12月27日	淮北市相山区：抓住家庭“小细胞”做好美丽“大文章”	韩　惠　孟文丽	人民网安徽频道	图文
12月27日	淮北相山区：激活红色引擎　凝聚奋进力量	韩　惠　汪玲玉	市场星报安徽财经网	图文
12月28日	淮北相山区：激活红色引擎　凝聚奋进力量	韩　惠　汪玲玉	新华社安徽频道	图文
12月28日	淮北市相山区高水平开放叩开活力之门	詹　岩	人民网安徽频道	图文
12月29日	加装电梯破解“上楼难”	丁贤飞　闫文化　席　岚	安徽日报6版	文字
12月28日	相山区：激活红色引擎　凝聚奋进力量	丁贤飞　韩　惠　汪玲玉	安徽日报客户端	文字
12月30日	淮北市相山区文化旅游体育事业实现新跨越	韩　惠　孙琳妍	人民网安徽频道	文字
12月29日	淮北相山区：激活红色引擎　凝聚奋进力量	韩　惠　汪玲玉	人民网安徽频道	文字
12月31日	淮北市相山区多措并举推进养老服务体系建设	韩　惠　曹　靖	人民网安徽频道	图文

索　引

本索引采取主题分析索引法编制，按索引词首字汉语拼音字母排序，同声同韵按声调、同音字按笔画顺序排列，若首字相同则按第二字音序排列，以此类推。索引词后的阿拉伯数字表示该词把在页码。

A

B

C

D

F

G

H

J

K

L

M

N

T

W

X

Y

Z